KB119458

불교의 전파와

천산북로

강거(康居)   고거(高車)

천산산맥

대월씨(大月氏)   소륵(疏勒)   언기(焉耆)   이오(伊吾)

고창(高唱)

대완(大宛)   천산남로(서역북도)   구자(龜玆)   누란(樓蘭)   돈황

▲총령(파미르 고원)   선선(鄯善)   양관(陽關)

사거(莎車)   차말(且末)

대하(大夏)   계빈(賓)   서역남도

우전(于闐)   ▲곤륜산맥

▲히말라야 산맥   티베트

천축(天竺; 신독)

사자국(師子國)

남해항로

주요 지명, 국명

(敦)煌) 주천(酒泉) 장액(張掖) · 업(鄴)

만리장성 고구려

신라

백제

장안(長安) 낙양(洛陽)

· 양주(涼州)

건업(建業;建康)

양자강 회계(會稽)

양양(襄陽)

· 장사(長沙)

광주(廣州)

· 익주(益州) 남해(南海)

교지(交趾) · 창오(蒼吾)

한위양진남북조 불교사

1

이 한위양진남북조 불교사의 번역은 1938년 상무인서관(商務印書館) 초판본을 1991년 상해 서점(上海書店)에서 다시 영인한 판본으로 저본을 삼았습니다.

이 책은 (재)한국연구재단의 지원으로 학고방출판사에서 출간, 유통합니다.

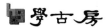

한국연구재단 학술명저번역총서
동양편 *612*

한위양진남북조 불교사1

Han · Wei · Qin North and South Dynasties Buddhist history

탕융동 지음 | 장순용 옮김

學古房

머리말

중국불교를 체계적으로 연구하려면 인도에서 전래된 초기불교에 대한 연구가 필수적이다. 이 책은 한(漢)나라, 위(魏)나라, 동진(東晉)과 서진(西晉), 남북조(南北朝) 시기에 걸쳐 인도불교가 전래되면서 중국의 유교, 도교 사상과 충돌하고 교류하며 점차 중국식 불교로 변용(變容)되어 가는 과정을 방대한 사료와 엄밀한 고증을 거쳐 다루고 있다. 무엇보다 풍부한 자료를 인용하면서 정확한 고증을 가했기 때문에 중국불교사를 연구하는 사람이라면 반드시 읽어야 할 필독서이다. 이 책은 저자 탕융동(湯用彤)이 10여 년에 걸쳐 초기불교를 연구한 끝에 이루어진 역작으로 중국의 초기불교를 연구한 저서로는 최초의 저술이자 이후 다른 저작들의 토대가 되었다.

중국사상사와 선종 역사에 대해 연구한 중국 신문화운동의 선구자 후쓰는 『한위양진남북조 불교사』를 이렇게 평가했다.

"탕융동의 저작은 지극히 세심하고 곳곳마다 증거를 중시해서 증거가 없는 말은 일리가 있어도 감히 사용하지 않았는데, 이는 참으로 배울 만한 태도이다."

또 『중국불교사』라는 방대한 저서를 낸 일본의 유명한 불교학자 카마다 시게오는 이렇게 말했다.

"(탕융동)은 중국의 전통적인 학술방법을 근대 유럽, 미국의 연구방법과 통합하여 완벽한 학문을 다스리는 방법을 창출했다.

『한위양진남북조 불교사』는 교리에 치중하지도 않았고 교단에도 치중하지 않았지만 양자의 정수를 파악하고 있다. 또한 사상의 전개를 중심으로 과거 교리사의 구조를 타파하였기에 엄연히 사회 맥락과의 연결을 중시하는 정통적인 통사(通史)라고 할 수 있다."

이처럼 저명한 학자들에게 호평을 받으면서 오늘날까지도 그 평판이 이어지고 있지만, 그러나 『한위양진남북조 불교사』는 거의 고문(古文)과 전문적인 지식으로 쓰여 있어서 번역이 여간 까다롭지 않았다. 역자는 고심 끝에 이 책의 번역을 가독성(可讀性)을 염두에 두면서 직역을 위주로 했다. 그 까닭은 이 책의 독자를 전문가 그룹과 초기불교에 관심을 갖고 있는 소수 독자라고 보아서 이들에게는 원문의 맛을 훼손할 수밖에 없는 의역보다는 원문의 맛을 간직한 직역이 더 낫다고 생각했기 때문이다.

끝으로 번역을 도와준 사람을 언급하지 않을 수 없다. 베이징에 거주하는, 이제는 교수직에서 은퇴하고 불법(佛法) 전파에 전념하고 계신 이영란 교수께서 거의 공역자(共譯者) 수준에서 도움을 주셨다. 번역 원고를 원문과 꼼꼼히 대조해 살펴보면서 수정할 곳이 나오면 수정해 주셨고, 그리고도 남는 의문점이 있으면 베이징 대학 교수인 탕융동의 아들 탕이제(湯一介)의 제자 양호(揚浩) 박사를 찾아가 자문을 구해 정확한 뜻을 알려주었다. 탕이제 교수는 암 투병 중임에도 불구하고 이 책의 서문까지 써주셔서 역자를 격려했다. 이영란 교수를 비롯해서 탕이제 교수, 양호 박사에게 지면을 빌어서나마 심심한 사의를 표한다.

2014년 사패산에서
장 순 용

서(序)

내 아버지의 명저 〈한위양진남북조 불교사〉가 한국에 번역, 소개된다니 기쁨을 금치 못하겠다. 아버지는 1964년에 세상을 떠났으므로 올해는 서거 50주년이 되는 해이다. 바로 이때 아버지의 주요 저작이 외국어로 완전 번역되어 출간된다니 진실로 사람의 마음을 고무시키는 사건이 아닐 수 없다.

아버지는 일찍부터 중국 고대의 전통문화를 익혔고 나중엔 미국 하버드 대학에 유학해서 서양사상과 학문 연구의 방법을 체계적으로 배웠다. 그 뒤 중국의 전통적인 고증학과 서양 현대학문의 연구 방법을 결합해서 〈한위양진남북조 불교사〉를 완성했다.

이 〈한위양진남북조 불교사〉는 1938년에 초판이 나왔다. 이 책은 고증, 자료, 방법, 의리(義理) 등 다방면에 걸친 장점으로 출판하자마자 중국의 불교사를 연구하는 기본 경전이 되었다. 나는 여기서 특별히 아버지가 이 책을 쓰면서 행한 연구 방법의 특징을 소개하고 싶다. 아버지는 바로 "묵묵히 감응해서 체득해 이해하는", 즉 '묵응체회(默應體會)'의 방법을 제시했다.

다시 말해서 불교의 역사적 사건에 대한 고증과 분석은 오래된 유적과 사적에 대해 탐구하고 토론하는 것만이 아니라 역사적 사실(史實)에 대해 공감할 수 있는 암묵적인 감응이 있어야 한다. 그리고 남겨진 문자 기록에 대한 고증에 의존할 뿐만 아니라 그 사상에 대해서 심성(心性)의 체득이

있어야 한다. 나는 이 점만으로도 서양의 현대적 학술 방법을 지나치게
맹신하는 편협함을 바로잡을 수 있다고 생각한다. 동시에 독자들은 이
책이 70여 년 전에 출판되어서 그 동안 상당히 많은 학술적 성과가 나타났다
는 점을 감안해야 한다. 즉 학술 연구는 언제나 비판, 전승, 창신(創新)의
과정을 거쳐 발전한다는 것을 완전히 이해해야 한다.

  이 번역 작업은 장순용 선생을 비롯해서 이영란 박사와 저의 제자 양호
박사의 인연이 화합해서 이루어진 것이다. 마지막으로 역자 장순용 선생과
이영란 박사에게 진심으로 감사의 뜻을 전한다.

탕이제[湯一介]

목차

1

제1 한(漢) 나라 시대의 불교

❸

1. 이 책은 『한위양진남북조 불교사』의 완역이다.

2. 원주는 각 장의 끝에 미주로 처리하였으며, 원주의 주석은 *로 표시하고 부연 설명을 하였다.

3. 본문 중 괄호 안의 작은 글씨는 원주에 해당된다.

4. 각주는 역주이다.

5. 본문 활자와 급수가 같은 괄호 안의 글씨는 역주에 해당한다.

6. 독자의 이해를 돕기 위해 해제 외에도 〈역사적 배경〉과 〈불교전파경로와 주요 지명(地名), 국명(國名)〉의 지도를 첨가했다.

해 제

　『한위양진남북조 불교사』는 중국의 초기불교를 다룬 저작들 중에서 가장 최초로 이루어진 저술로서 초기 중국불교사를 연구하는 사람에겐 가장 먼저 접해야 할 텍스트이다. 이 책은 한나라와 위진남북조 시대 때 전래된 인도 불교를 수많은 사료(史料)의 분석과 엄밀한 고증을 통해 중국 초기불교의 형성과 변천 과정을 서술하고 있으며, 특히 앞서 말한 인도와 중국 두 문화의 차이에서 발생한 갈등을 극복, 융합하면서 점점 중국화 하는 과정을 상세히 기술하고 있다. 무엇보다『한위양진남북조 불교사』에서는 중국불교의 원류와 불교사상의 원형을 만날 수 있다는 것이 가장 큰 장점이다. 여기서는 후세 중국불교의 초석을 마련한 사상과 인물에 대해 간략히 소개하겠다.

　먼저 이른바 격의불교를 들 수 있다. 격의불교를 통해 우리는 인도불교가 중국의 노장사상을 만나서 그 핵심 용어들이 어떻게 번역되고 어떻게 수용되었는지 알 수 있다. 특히『노자』,『장자』,『주역』의 삼현(三玄)을 토대로 형성된 위진 시대의 청담 사상을 불교의 고승들이 불법을 전파하기 위해 이용함으로서 양자의 교류가 심화되었는데, 고승들은 불교의 내용으로 삼현을 논하였고 청담의 언어(예컨대 노자의 무(無)로 불교의 공 사상을 설명하였으며, 현학자들은 불교의 이치를 현학과 융합해서 새롭게 해석했다. 당시 이들이 다룬 근본[本]과 지말[末]의 문제, 유(有)와 무(無)의 문제, 그리고 언어와 실상의 문제 등은 후대 중국식 불교의 단초를 마련한 것이다.

　다음으로 주목해야 할 것은 삼론종의 형성이다. 불교의 공(空) 사상을 소개하고 있는 중론, 백론, 십이문론의 삼론을 『반야』의 심오한 뜻을 깊이 통달한 구마라습이 번역하면서 공(空)에 대해서도 격의를 벗어나 본질적인 뜻을 이해하기 시작했다. 인도 대승불교의 반야와 공 사상을 담고 있는 삼론은 중국에 들어와서 크게 번성했기 때문에 삼론종이야말로 이후에 이어지는 천태나 화엄 종파의 토대로서 주목하지 않을 수 없다. 삼론의 흥기는 승랑(僧朗)과 그에게서 가르침을 받은 주옹(周顒)으로부터 시작하는데, 그가 『삼종론』에서 수립한 공가명(空假名), 불공가명(不空假名), 가명공(假名空)의 세 종지는 위로는 승조의 학설과 이어지고 아래로는 삼론종을 개창해서 한 시대의 새로운 풍조를 앞장서서 열었다. 특히 승조는 『조론』에서 현학의 유무 대립을 넘어선 비유비무(非有非無)의 중도적 관점을 제시하였으며, 아울러 『반야무지론』을 통해 반야 사상에 대한 탁월한 이해도 선보이고 있다. 그리고 후대에 고구려 승려 승랑에 의해 부흥한 삼론종에서는 진제(眞諦)와 속제(俗諦)를 변증법적으로 통합하는 중도를 제시하고 있는데, 이 승랑의 삼론학은 훗날 천태 사상이나 선종이 태동하는 계기가 되었다.

　그리고 본격적으로 불법을 전파하고 경전을 번역한 고승들의 활동, 그 중에서도 석도안과 석혜원, 그리고 구마라습과 축도생의 활동을 들지 않을 수 없다. 왜냐하면 이들 고승들의 활동이 이른바 중국불교의 초석을 깔아 놓아서 중국식 불교의 기틀을 닦았기 때문이다. 먼저 중국불교가 인도 승려들의 전도(傳道)에서 벗어나 본격적으로 흥기한 것은 석도안으로부터 시작한다. 도안의 업적으로는 역경 사업에 종사하면서 경전을 서분, 정종분, 유통분으로 나누어 해석한 것과 승려의 성을 석(釋)씨로 통일한 것, 그리고 승려의 생활 규범을 제정한 것 등을 들 수 있으며, 아울러 사상적으로는 반야의 공관(空觀)을 주장했고 도솔천에 왕생하기를 염원하는 미륵 사상도 가졌다.

도안의 뒤를 이은 혜원 역시 아비다르마를 전파하는 등 역경 사업에 크게 공헌을 했으며, 아미타불의 정토 사상을 바탕으로 염불 수행을 하였다. 또 『사문불경왕자론』을 지어서 사문은 왕들을 공경하지 않아도 된다고 주장했다. 축도생은 열반부의 경전을 번역하고 일천제 성불론을 주장했다. 그는 불성의 뜻에 대해 실상(實相)은 무상(無相)이고, 열반과 생사(生死)는 둘이 아니고, 불성(佛性)은 본래 갖춰져 있고, 불성은 신명(神明)이 아니라고 주장했다. 아울러 그는 돈오 사상도 주장했는데, 지도림이 칠지(七地)에 이르면 돈오가 발생한다고 한데 반해 도생은 십지(十地)에 이르러야 진정한 돈오가 일어난다고 했다. 후세 사람들은 지도림의 돈오를 소돈오라 하고 도생의 돈오를 대돈오라 했는데, 도생의 돈오 사상은 훗날 선종의 돈오 사상의 토대가 되었다.

마지막으로 난세에 구원의 길을 제시한 정토 사상과 법상종의 유식학을 주목하지 않을 수 없다. 북방에서 정토 염불의 수행법을 크게 전파한 승려는 북위의 담란(曇鸞)으로 후세에 대한 영향력이 지극히 컸다. 담란이 행한 염불은 응당 염불삼매(念佛三昧)이지 후세에 입으로 부처의 명호를 외우는 염불이 아니다.

남방의 진제(眞諦)는 법상유식학을 전파한 대가이다. 진나라와 수나라 시대의 북방 지론학자는 대부분 전제가 번역한 『섭대승론』을 연구하기 시작했다. 진제가 열반한 후 『섭론』의 학설은 진제의 제자들에 의해 북방으로 전파되었다. 북위 말엽에는 『지론』이 유행하면서 『화엄』의 학문도 상당히 성행했고, 그 중 종남산을 중심으로 활동한 두순, 지엄 등은 수나라, 당나라의 불교 종파인 화엄종 시대를 열었다. 또 훗날 선종의 초조가

4 •

된 보리달마와 지공과 부대사의 활동 등을 통해 선종의 씨앗이 이미 태동하고 있음도 엿볼 수 있다.

* 판본에 대해

『한위양진남북조 불교사』는 1938년에 두 권으로 상무인서관(商務印書館)에서 최초로 출간되었다. 그리고 1955년에 중화서국(中華書局)에서 다시 간행해서 1962년에 재쇄를 찍었고, 1983년에 중화서국에서 가로쓰기의 간체(簡体)로 새롭게 출간되었다. 또 1991년 12월에 상해서점에서 영인본이 나왔고, 역자는 이 판본을 번역 텍스트로 삼았다. 그리고 1997년 9월에 북경대학에서, 2006년 4월에 곤륜출판사에서 다시 간행되었으며 그 이후 여러 출판사에서 간행되었다.

* 저자에 대해

저자 탕용동(湯用彤; 1893년 ~ 1964년)의 자(字)는 석여(錫予)이고 호북성 황매(黃梅) 사람으로 감숙성 통위(通渭)에서 태어났다. 그는 중국 근대의 유명한 국학대사(國學大師)로서 중앙연구원의 수석위원이다. 스스로 "어려서 가정교육을 받아 일찍부터 역사서를 공부했다"고 하였으며, 평생 한학을 연구한 아버지의 영향을 크게 받았다. 1908년 북경의 순천학당(順天學堂)에 입학해서 처음으로 신식 교육을 받았고, 1911년에 청화(清華) 학교에 들어가 1917년에 졸업한 후에 미국으로 유학하여 산스크리트어와 팔리어를 배웠다. 하버드대학에서 석사 학위를 받고 1922년에 귀국하여 국립 동남(東南) 대학(1927년 후에 국립중앙대학으로 개명) 철학 계열에서 교편을 잡고 1925년에 주임이 되었다. 그 이후 1931년에 북경대학 철학교수, 1945년 대리(代理) 서남연합대학(西南聯合大學) 문학원(文學院) 원장,

1946년 북경대학 문학원 원장, 1949년 1월에 북경대학 교무위원회 주석(主席), 1951년 10월 이후에는 북경대학 부총장을 역임하다가 1964년에 병으로 서거했다.

중국불교사와 위진 시대의 현학(玄學)에 대해 정통한 그는 대표작으로 『한위양진남북조 불교사』, 『위진현학논고(魏晋玄學論稿)』가 있는데, 이는 오늘날까지도 그 학술적 가치를 높이 평가받고 있다. 아울러 수·당 시대의 불교사를 기술한 『수당불교사고』를 비롯하여 『인도철학사략(印度哲學史略)』, 『왕일잡고(往日雜稿)』, 『강부찰기(康復札記)』 등이 있다.

* 각 장(章) 해설

이 책 『한위양진남북조 불교사』는 20장으로 이루어져 있다. 제1장부터 제5장까지는 제1부로 '한나라 시대의 불교'이고, 제6장부터 제20장까지는 제2부로 '위진남북조시대의 불교'이다.

제1장에서는 불교가 중국에 전래된 전설을 다루고 있는데 모두 근거가 없는 낭설이라 고증하고 있다. 저자는 불교사에 대한 연구는 불교사 발전과 변천 상황을 각별히 중시해야 한다고 보지만, 그렇다고 해서 불교가 중국에 전래된 연대(年代)에 대한 확정이 급선무는 아니라고 생각한다. 그리고 이런 인식 하에서 이 장에서는 불교가 중국에 전래된 십여 종의 전설을 고증하면서 그 속에 담긴 허구성을 지적하고 갖가지 전설이 발생한 원인에 대하여 논하고 있다.

예를 들면 백익(伯益)이 부처의 존재를 알고 있었다고 하는 설은 『산해경(山海經)』에 나오지만, 그러나 이와 관련된 문구는 이미 세상 사람들이 위경으로 의심하는 『해내경(海內經)』에서 나오는 말이며 『해내경』에 기재된 글도 황당한 내용에 불과하다. 주나라 시절에 불교가 이미 중국에 전해졌다고 하지만, 이에 대한 문헌 기록인『주서이기(周書異記)』는 위서에 불과하다.

또『열자(列子)』에는 공자가 이미 부처를 알고 있었다는 내용이 실려 있는데, 하지만 공자가 지적한 서방의 성자는 서역으로 간 노자를 가리킬 수도 있으며 게다가『열자』라는 책도 위진(魏晉) 시대 때 지어진 위서(僞書)이므로 믿을 만한 것이 못된다. 또『습유기(拾遺記)』에는 전국 시대 연소왕(燕昭王) 시절에 인도에서 도인이 왔다고 실려 있지만, 이 사적은 순수하게 진(晉) 나라 때 지어진 원문이 아니라 양나라 때 개작된 내용이라 믿을 수 없으며 특히 연소왕 때는 불교가 아직 인도를 벗어나지 못할 때였다.

전설에 의하면 중국 지역에 일찍이 아육왕사가 있었고 유적을 발굴했다고 하는데 이러한 것들 역시 견강부회한 허구이며, 진시황 시대에 외국의 승려가 왔다고 하지만 이 설은 후세에 나온 것이다. 또 아육왕이 동북지방에 불교를 전했다는 믿을 만한 기록은 없다. 아육왕이 조성한 8만4천 개의 탑이란 것도 사실무근이며, 부처의 상(像)을 조성하는 일도 아육왕 시대의 인도에서는 아직 나타나지 않았다. 일본 사람이『사기, 시황본기(始皇本紀)』의 불득(不得)을 불타(佛陀)라는 읽는 것도 발음에 대한 잘못이다.

전설에 의하면 동방삭은 이미 불법을 알고 있었다고 한다. 하지만『한서』의 기록에 의하면, 이는 후세 사람이 부회한 기괴한 이야기이다. 또『위서』에는 장건이 서역으로의 교통을 열어서 불법을 전해 듣게 되었다고 하지만 이는 저자의 억측일 뿐이다.『위서』는 휴도왕 금인(金人)을 불상이라고 하지만, 역사 자료에 근거하면 이 금인은 사실은 하늘에 제사를 지내는 신주(神主)이다.

유향(劉向)의『열선전서(列仙傳序)』에서는 신선이 된 사람 중에 절반은 불경에서 나왔다고 하지만, 사실상 이 책은 도교의 도사(道士)의 개작을 거쳤기에 믿을 바가 못 된다. 특히 화호설(化胡說)이 나오면서 불도(佛道)와 선두를 다투자 부처를 믿는 자들은 위서(僞書)를 대량으로 만들어서 자신들의 세력을 확장했다.

제2장에서는 한나라 명제(明帝)가 꿈에 금인(金人)을 보고서 영평(永平) 시기에 서역으로 불법을 구하러 갔다는 소위 영평구법설을 다루고 있다. 이 설은 후세 사람들이 견강부회한 부분이 있지만 전설 자체는 일정한 진실성이 있다. 이 장에서 저자는 남조(南朝) 이전에 전해온 영평구법설의 문헌을 세 가지 부류로 나누고서 일곱 가지 분야로 구법 전설의 진위를 고증했다. 세 가지 부류란 모자(牟子) 계통, 『화호경(化胡經)』 계통, 『명상기(冥祥記)』 계통이다. 모자 계통의 기록에 의하면, 명제가 야밤에 금인(金人)에 대한 꿈을 꾸고서 서역에 사자를 파견하여 대월씨국에서 불교 경전 『사십이장경』을 필사하고 불상 그림을 그렸다고 한다. 『화호경』 계통은 부처님이 성도하고 열반한 연도를 기록해서 부처님이 노자의 후대 사람이라는 것을 증명하려고 했다. 『명상기』에서는 섭마등(攝摩騰) 등이 중국에 와서 경전을 번역했고 사자는 채음(蔡愔) 한 사람일 뿐 장건 등 세 사람은 아니라고 했다.

구법 전설의 진위에 대한 고증은 일곱 분야로 서술하고 있다.

첫째, 불법은 한나라 명제 때 시작된 것이 아니다. 서한 말기의 이존(伊存)은 이미 구두로 불경을 전수했고, 명제 시대의 초왕 영(楚王 英)은 이미 불교도를 위하여 만찬을 준비했었다.

둘째, 『이혹론(理惑論)』과 『사십이장경서』 및 『사십이장경』의 내용을 상호 비교한 결과 『사십이장경』이 비교적 일찍 나온 것이고, 『이혹론』은

『사십이장경서』에 입각해 명제의 사적을 수정하고 증보한 것이다

셋째, 명제의 구법 이야기는 의문점이 있지만 그렇다고 해서 이 이야기가 전혀 근거가 없다고 할 수도 없다. 본래는 근거가 있었지만 후세 사람이 추가하고 부회하여 이루어진 것일 수 있다.

넷째, 구법설에 나오는 채음, 섭마등의 내용은 후에 추가한 것으로 후세 사람이 부회했을 수 있다. 즉 양진(兩晉) 이후에는 경전과 불상이 늘 외국의 승려를 따라 함께 들어왔으므로 어쩌면 이로 인해 채음이 불상을 바치고 섭마등이 함께 왔다는 사적이 더 부회되었을 것이다.

다섯째, 전설에서 제시한 축법란의 내용은 상당히 기괴하고 근거가 없다.

여섯째, 영평구법설은 왕부의 『화호경』에서 위조한 것이 아니다.

일곱째, 명제의 구법전설은 상당한 근거가 있고 또한 후세 불교도의 기대, 즉 제왕이 불교 포교의 중요한 역할을 하는 걸 함축하고 있다.

제3장에서는 한명제의 영평구법설을 전하고 있는 『사십이장경서』도 후대에 개찬되었다는 내용을 다루고 있다. 특히 양계초의 의견에 대응하여 네 분야로 나누어서 『사십이장경』에 대하여 다시 고증하고 있다.

첫째, 양계초는 『장방록』의 기록에 근거하여 『사십이장경』이 산스크리트 원본으로부터 번역한 것이 아니라 중국 사람이 『효경』, 『노자』 등에 근거하여 편찬한 것이라고 하는데, 저자는 오히려 그의 인용문에 근거해 『장방록』에선 '외국의 경전을 초록(抄錄)한 것'이라 하여 스스로 중국에서 편찬하지 않았다고 했다고 지적했다. 이는 오늘날 존재하는 팔리어 불경을 살펴보아도 『효경』과 같은 문체는 적지 않다는 걸 알 수 있다. 예컨대 숫타니파타(Suttanipata)는 부처님이 설한 많은 장(章)을 모아서 이룬 것이

다. 이 경전이 후한 시대에 이미 세상에 나온 것은 의심할 바가 없으니, 최초로 이 경전을 인용한 사람은 후한 시대의 양해(襄楷)이고 현존하고 있는 자료 중에서 최초로 이 경전을 기록한 것은 승우의 『우록』이라 고증했다. 또한 도안의 경전 목록에 이 경전이 실려 있지 않은 이유를 설명하면서 도안은 실제로 보지 못했을 것으로 추정했다.

둘째, 양계초가 『사십이장경』을 위서라고 한 이유는 한역(漢譯)의 문체답지 않게 그 문장이 우아하고 아름다웠기 때문이라고 했다. 그러나 저자는 『장방록』에 근거하여 남북조 시대 송나라 때 『사십이장경』은 두 가지 번역본이 있다고 추측하면서 하나는 한나라 시대에 번역한 것이고 또 하나는 삼국시대의 오나라 지겸이 번역한 것이라 했다. 지겸의 번역은 문장이 아름다워서 후세 사람은 그가 번역한 것을 한나라 시대의 번역본으로 오해하게 되었다.

셋째, 양계초는 『사십이장경』에 대승의 교리가 담겨 있다고 하면서 저자가 불교와 도가의 사상을 조화시킬 뜻을 품고 있다고 했다. 그러나 이는 판본의 역사를 살펴보지 않고 경솔하게 말한 것이다. 이 경전은 많은 판본이 있고 문자도 많은 차이가 있으며 게다가 후세 사람이 개찬했다. 경전 속 대승의 교리와 노자, 장자의 사상은 후세 사람이 추가한 것이라 당나라 이전의 옛날 판본이 아니다.

『사십이장경』의 판본은 세 가지 계통으로 나눈다. 고려본(高麗本), 송나라 진종(眞宗)의 주석본, 송나라 수수(守遂)의 주석본이다. 송나라 진종의 주석본과 송나라 수수의 주석본은 모두 진실하지 않고 후세 사람이 개찬한 것이 확실한데 특히 수수의 주석본이 더 심하다.

넷째, 『사십이장경』은 본래 대승의 교리와 노자, 장자의 현리(玄理)가 포함되지 않았지만, 그러나 그 내용을 한나라 시대에 유행한 도술(道術)과 비교해 보면 서로 통하는 점이 있다. 크게 보면 한나라 시대의 불교는 사실 도술의 일종이었고, 이 때문에 『사십이장경』은 당시 사회에서 가장 유행하는 경전이었다.

제4장에서는 한나라 시대 불교의 전체적인 상황을 서술했다. 주로 지배 계급과 사대부가 불교를 추종하는 상황을 분석했고 동시에 이 시대의 주요 번역가와 불교에 관한 전문적인 저술에 대해 서술했다. 대체로 서한 시대에 불교는 이미 중앙아시아 각국에 전파되었으며, 한무제가 서역을 개척하자 불교는 그 기회를 타고 각지로 전파되었다. 중국 불교는 한무제가 교통 왕래를 한 안식국(安息國), 강거국(康居國), 우전국(于闐國), 구자국(龜玆國) 등에서부터 전래되었다. 최초로 불교의 전래와 관련된 나라는 대월씨국(大月氏國)이다.

불교가 최초로 중국에 전래된 기록은 대월씨국 왕의 사신 이존(伊存)이 구술한 불경에 관한 것이다. 이 사건에 대한 갖가지 역사 기록을 살펴보면, 경전을 전수한 장소와 인명 등은 다르지만 전수받은 사람은 모두 중국의 박사 제자이고 구전으로 전수한 사람은 모두 대월씨 사람이다. 따라서 불경 번역본은 영평구법설 속의 『사십이장경』으로부터 시작하지는 않았지만, 불법 전파의 시작점은 서한 말엽으로 추측할 수 있다. 정사(正史)의 기록에 의하면, 영평 사이에 후한의 초왕 영(楚王 英)은 불교의 인사(仁祠; 절)를 숭상했고 출가자와 재가 불자에게 음식 공양을 올렸다. 여기서도 알 수 있는 것은 불교는 처음엔 하나의 제사나 방술로서 전파되었고 이는 당시의 풍습과 맞아떨어진 것이었다. 약 백 년 후에 한환제(漢桓帝) 역시 궁전에서 노자와 불교를 함께 제사지냈다.

또 이 시기의 불교는 도술에 의존해 있었기 때문에 양해와 같은 중국

인사들은 불교를 황로와 일가(一家)로 보았다. 화호설(化胡說)의 영향으로 불교와 황로가 실제로 근본적 차이는 없다고 보았기 때문에 함께 봉행하고 제사지낼 수 있었던 것이며, 나아가 『태평경』은 불교를 반대하면서도 불교의 학설을 자기 것인 양 도용했던 것이다.

또 위대한 번역가 안세고가 수많은 경전을 번역한 시기도 바로 이때였다. 그가 번역, 출간한 경전에는 선수(禪數)에 관한 것이 많아서 중국 불교에 미친 영향도 역시 선법(禪法)에 있다. 모자의 『이혹론』도 이 시기에 나왔다. 모자는 스스로 불도를 정밀히 지향하고 아울러 『노자』 5천문(文)을 연구했다고 말했으니, 이는 이미 도술을 버리고 현리(玄理)를 이야기한 것이다. 한나라 시대의 불교는 방술에 부속되어 있었고 위진 시대의 불교도는 『노자』, 『장자』를 숭상했으므로 모자의 『이혹론』은 두 시기를 연결하는 과도기적 저술로서 중국 불교 역사에서 중요한 한 페이지를 차지한다고 할 수 있다.

제5장에서는 한나라 시대의 불도와 도교가 대립하고 교섭하는 내용을 다루고 있다.

벽곡을 하고 기(氣)를 길러서 장생불사(長生不死)의 신선이 되는 술법은 도교가 비롯된 기초였으며, 당시 점점 유포되고 있던 불교 역시 이런 종류의 도술로 간주되고 있었기 때문에 불교와 도교는 본질적으로 서로 통해 있었고 그 시대에는 한 종류로 보았다. 그래서 당시 유행하는 불교 내용을 분석하고 부처의 제사와 승가에 대하여 서술했으며, 아울러 태평경과 불교의 관계를 고증하고 불경의 강의와 주석을 논했다.

구체적으로 한 나라 시대의 불교 신앙은 신령(神靈)은 불멸(不滅)이며 돌고 돌면서 보응(報應)한다는 설이다. 당시 도가에서는 원기(元氣)가 영원히 존재한다고 하고 불가에서는 생사가 윤회한다고 함으로서 정령의 불멸과 인과의 보응이 서로 따르며 끝내 유행하는 신앙이 되었으니, 이처럼 석가와 노자는 한나라 시대 때는 관계가 밀접했다.

그리고 당시 유행한 『사십이장경』의 종지는 범행(梵行)을 장려하는데 있었다. 즉 사문이라면 계(戒)를 행해서 애착과 욕망을 극복해야 하는데, 욕망을 극복하는 방법은 첫째는 선정(禪定)이고 둘째는 계율이다.

한나라와 위나라 두 시대에는 안세고의 선법이 유행했고 특히 그가 번역한 『안반수의경』은 중국 최초로 성행한 교법이다. '안반'은 들숨과 날숨으로 선심(禪心)을 호흡에 기탁하는 것이 중국의 방사들이 토납(吐納)을 익히는 것과 비슷했는데, 이처럼 선법이 당시 유행한 도가의 토납술에 계합했기 때문에 널리 유행할 수 있었던 것이다. 또 한나라 때 불교는 사사로운 욕망을 없애는 걸 유달리 중시해서 살생을 경계하고 보시를 즐기는 일을 강조했으며, 황로를 신봉한 자들, 특히 『태평경』의 경우에는 늘 보시를 즐기고 생명을 애호(愛好)하라고 말했으니, 이 때문에 불가와 도교는 더욱 계합하였던 것이다.

한나라 때는 이미 부처를 변화하면서 죽지 않는 신인(神人)으로 보았기 때문에 재계(齋戒)와 참회 의식을 마련해서 법도에 맞게 사당에 제사를 지내는 것도 전혀 이상한 일이 아니었다. 또 『태평경』은 불교와 밀접한 관계가 있는데, 여기서는 첫째, 『태평경』은 불교에 반대하는가, 둘째, 그러면서도 불교의 학설을 절취(竊取)하고 있는가, 셋째, 양해와 노자의 화호설(化胡說)의 관점에서 살펴보고 있다.

총체적으로 말해서 한나라 때 상류사회는 황로술을 좋아해서 불교까지 아울러 좋아했지만, 그렇다고 해서 불교를 중시한 자는 그리 많지 않았다. 그러나 위진 시대에 현학(玄學)이 점점 번성하자 불교는 더욱 현리(玄理)에 의존하면서 크게 사대부의 격찬을 받았으니, 이때부터 불학(佛學)은 사상계의 주도권을 잡으면서 또 다른 한 시기에 들어갔다.

제6장에서는 모자『이혹론』의 내용에 대한 분석을 시작으로 위나라 정시(正始) 시기에『노자』,『장자』의 현담(玄談)이 융성했던 것과 불가의 현풍(玄風)의 뿌리를 밝히고 있다. 모자는 고요하고 담박한 성품을 지키고 무위의 행(行)을 관찰할 것을 사람들에게 가르쳤으며 불도(佛道) 역시 자연을 법으로 삼고 무위를 중시한다고 말했다. 그는 담박함과 무위를 중시했기 때문에 도가의 양생술을 거짓으로 보아서 "대도(大道)에서는 도가의 방술을 취하지 않으며, 무위는 도가의 방술을 귀하게 여기지 않는다"고 말했다. 위나라로 접어들면서 청담의 기풍이 번성하고 불경의 번역이 많아지자 불교는 이내 방사(方士)를 벗어나 독립적으로 청정무위의 현묘한 이치에 나아가 고담준론(高談峻論)을 하였는데, 모자의『이혹론』에는『노자』,『장자』의 도가와 계합한 불교가 위진 시대에 현리(玄理)의 대종(大宗)으로 발전하는 변화의 단초가 갖춰져 있다.

한나라 말엽, 지겸은 지루가참의『도행반야경』에 이어서『반야소품(般若小品)』을 거듭 번역한 적이 있고, 지루가참의『수능엄경』과 유지난(維祇難)의『법구경』을 개정했다. 그는 경전의 문자에 출입(出入)이 있는 것을 매우 중시했기 때문에 회역(會譯)을 했는데, '회역'이란 처음부터 여러 경전을 모아 그 문장을 비교해 교정함으로써 그 뜻[義]을 밝히는 것으로 지겸으로부터 시작되었다. 범패와 전독(轉讀)은 삼국시대에 이미 유행한 듯한데, 지겸은 자신이 직접 번역한『서응본기경』중에 제석천(帝釋天)의 음악의 신(神) 반차(般遮)가 석실(石室)로 내려와 거문고를 타며 노래를 한 내용을 취해 범패로 만들었다. 아울러 그는 일체의 명사(名辭)를 번역할 때 호음(胡音)을 쓰지 않을 걸 주장하면서 중국식의 아름다운 문장의 기교를 추구하고 있는데, 이처럼 그가 경전 번역에서 문장의 아름다움을 추구한 것은 이미 불교가 현학화(玄學化)하는 단초를 열었다고 할 수 있다.

강승회는 그 중요성이 찬술에 있지 번역에 있지 않다. 그가 번역한 『육도집경』은 직접 만든 것이지 호본(胡本)으로부터 번역한 것이 아니기 때문에 오히려 한나라와 위나라의 불교학을 연구하는 사람에게 가장 중요한 자료이다. 한나라 말엽 낙양의 두 계통의 불교는 삼국시대에 남방으로 전파되었는데, 첫째는 소승을 위주로 하는 안세고의 선학(禪學)이고 둘째는 지루가참의 『반야경』으로 대승의 교학이다. 안세고와 강승회의 학설은 주로 양생(養生)하여 신(神)을 이루는 것이고, 지루가참과 지겸의 학설은 주로 신(神)과 도(道)의 합일이다. 전자는 도교에 접근하면서 위로 한나라 때의 불교를 계승하고, 후자는 현학과 동일한 흐름으로 양진(兩晉) 이후에 유행한 불교학으로서 위로 지루가참과 지겸에 접하고 있으니, 양신(養神)을 중시하는 전자는 점점 쇠퇴하고 반야(般若)를 중시한 후자는 점점 융성하면서 불교의 현학화는 바로 이때부터 시작했다고 할 수 있겠다.

진나라 때 반야학의 흥기는 남방에서 지겸의 학설을 확대했다. 뿐만 아니라 북방에서도 반야학을 열심히 연구한 사람이 있었으니 바로 주사행(朱士行)이다. 그는 서역으로 불법을 구하러 가서 『방광반야경(放光般若經)』을 번역했다.

제7장에서는 양진(兩晉) 시기의 명승(名僧)과 명사(名士)들을 서술하면서 반야 사상의 유행을 분석하고 현풍(玄風)이 남쪽으로 건너간 과정과 축법호, 축숙란 등의 불경 번역, 백법조의 활동, 축도잠, 지둔 등 고승과

명사의 교류를 설명하고 있다. 아울러 동진 시대의 황제들과 불법의 관계를 고증하고 유명 인사들의 불교 학설에 대한 숭배도 서술하고 있다.

저자는 먼저 『반야경』의 유전(流傳)을 상세히 고증하고 있다. 주사행부터 구마라집까지 『반야경』의 추구가 불교 의학(義學)의 대종(大宗)이 되었으며, 구마라집이 『대품』과 『소품』을 번역하게 되자 성공(性空)의 전적(典籍)이 무성하게 퍼지면서 『반야경』의 뜻이 더욱 퍼져나가 법성종(法性宗)의 이치[義]가 나날이 번창하였다.

또 저자는 대량의 자료 고증을 통하여 양진 시대 명승들의 사적을 경전 번역과 강설을 위주로 아주 상세히 서술하고 있다. 그 중 축법호(竺法護)는 『방등경』과 같은 심오한 경전을 많이 번역했는데, 구마라집 이전의 승려들이 연구한 대승의 중요 전적은 대체로 그의 손에서 역출된 것이다. 스승과 제자인 우법란(于法蘭)과 우도수(于道邃)는 청담의 기풍과 품격을 갖추고서 산천을 좋아해 은둔 생활을 하였다. 또 미친 척 방탕한 생활을 하면서 마음을 사물 밖에 두는 것을 임달(任達)이라 하는데, 축숙란과 지효룡이 행한 사적이 이와 비슷했다. 축숙란과 청담의 리더인 악령(樂令)은 서로 수작을 응대하며 주고받았고, 지효룡은 완첨과 유개와 왕래했다. 백법조(帛法祖)는 왕부(王浮)와 정사(正邪)를 다투었으며, 왕부는 누차 굴복을 당하자 화가 나서 『노자화호경』을 지어 불법을 무고하고 비방하였다.

정시(正始)의 풍조는 영가(永嘉) 시기에 이르자 더욱 치성해져서 당시 명사들은 낙양에 모여 허현(虛玄)하고 무위(無爲)인 이치를 논쟁하면서 경쟁적으로 청담(淸談)의 언어를 펼쳤다. 그에 따라 청담과 불교는 점점 서로 접근했으니, 이는 동진 이전에 이미 시작된 것이다.

세상이 혼란해지자 명사들은 잇달아 장강을 건넜고, 이로 인해 현풍이 남쪽으로 전파되었다. 서진의 축숙란, 지효룡의 기풍과 동진의 강승연,

백고좌 등의 사적을 살펴보면 『노자』, 『장자』의 청담과 불교 현학의 결합은 훨씬 더 빨랐다. 왕필, 하안, 혜강, 완적의 시대엔 학사들이 아마도 짬짬이 불법에 대해 관심을 기울였을 것이며, 명사들은 강동(江東)으로 피난을 가서도 역시 축도잠(竺道潛), 지둔(支遁)과 같은 사문과 교류하였다. 실제로 불교가 중국에 전래된 후로 전위(前魏)에 이르기까지 불교를 중시하고 추앙한 명사(名士)는 드물었으며 승려를 존경한 사람은 더더욱 드물었다. 그러나 서진 시기의 완적, 유량, 지효룡은 승려와 벗이 되었고 동진의 명사는 지도림을 숭배했으니 전에 없던 일이라 할 수 있다. 이들의 존경과 숭배는 당시 불법이 흥성했기 때문이 아니라, 지도림 같은 명승(名僧)은 그 취향이 『노자』, 『장자』와 부합했고 풍모나 정신도 청담을 논하는 담객(談客)과 비슷했기 때문이다.

동진의 황제 원제와 명제는 불법을 숭상하고 명리(名理)를 중시한 탓에 축도잠과 지도림도 그들의 존경을 받았다. 성제 시기에 청담이 수그러들자 명승이 강동으로 내려가 청담의 흐름이 회계 일대를 중심으로 번성했으며, 애제 이후에는 불법과 청담이 나란히 조정에서 번성해서 명승과 명사의 상호 관계는 더욱 두드러졌다. 서진 시대에는 불교학에 대한 명사들의 찬술이 많지 않았지만 동진 시대에는 찬술이 적지 않았다. 그러나 일반 학자는 불법의 심오한 이치를 다 이해할 수 없었다고 한다.

동진 때 불교와 도가는 서로 크게 저촉되지 않았다. 실제로 당시 현학을 좋아하고 청담을 중시한 명사는 불법의 현묘함이 극(極)에 이르렀다고 인정했기 때문에 명승의 기풍과 법도는 항상 동일한 무리들의 영수(領袖)가 되었다.

제8장에서는 충분한 역사자료에 근거하여 석도안의 일생을 고증하고

전기 수준에서 상세히 서술했다. 특히 저자는 명승은 당대에만 불법을 찬란하게 할 뿐이지만 고승(高僧)은 부처의 은혜를 후세에 이어갈 수 있어서 불교의 전 역사에서 고승은 많지 않다고 하면서 이런 의미에서 석도안은 고승이라 하였다.

위진 시대에 불법이 번성한 원인은 첫째, 불도징이 행한 신이(神異)의 술법에서 보듯이, 불교를 민간에 전파하는 일은 보응 이외에 반드시 방술에 의존해 추진되었기 때문이며, 둘째, 위진 시대의 청담에서 도움을 얻었기 때문이며, 셋째, 중원의 중국 민족과 오랑캐[夷]의 경계가 점점 사라져서 외부에서 온 종교가 더욱 성행했기 때문이며, 넷째, 바로 도안의 찬란한 업적 때문이다. 도안은 안세고가 번역한 경전에 부지런히 주석을 붙였고 『반야경』을 가장 오랫동안 연구했으며 축법호가 번역한 대승경전을 전파해서 양진 시기 때 실제로 불교의 중심이 된다. 처음엔 북방의 불도징을 따르며 수업했으며, 나중에는 북방의 구마라집이 멀리서 도안의 기풍과 덕을 흠모했으며, 남방의 혜원은 실제로 그의 제자가 되었다. 대체로 도안 법사는 불교의 전파와 경전 번역, 교리의 발명(發明), 불교 규범의 개정, 경전의 보존 등에서 크나큰 공적이 있으며, 아울러 역경의 규모와 인재의 배양에서도 나중에 도래한 구마라집의 토대가 되었다는 점에서 그의 사적은 아주 중요하다.

도안은 처음에는 '격의'를 이용했지만 후에 새로운 깨달음이 있자 이(理)의 가르침을 널리 알리는데 『노자』, 『장자』 등을 부회(附會)하는 건 이치에 적합하지 못하다는 걸 알았다. 『우록, 도안전』에서는 "경전의 뜻이 명확해진 것은 도안으로부터 시작되었다"고 하였다.

도안은 또 갖가지 경전을 수집해 『종리중경목록(綜理衆經目錄)』1권을 지으면서 반드시 경전의 판본을 눈으로 본 것만 목록에 넣었으며, 모든 출가승은 부처님의 제자로 석(釋)씨 성을 따르는 것도 도안으로부터 시작했다.

저자가 추가로 따로 고증한 것은 도안의 미륵 사상이다. 도안은 양양에 있을 때 제자와 함께 미륵 앞에서 도솔천에 왕생하기를 서원했으며, 임종 시에도 부처님의 명호를 염(念)했다. 당시에는 염불이 바로 선(禪)의 일종이었으며 이는 후세 사람들의 염불과는 다른 것이다. 하지만 후세 사람은 도안을 미륵 사상의 시조로 인정하고 있다. 또 도안은 불경 번역 사업도 적극적으로 장려했다. 매번 직접 교정을 하고 번역을 마친 후에는 항상 그 연기(緣起;번역을 하게 된 인연)를 서문으로 썼다.

결론적으로 도안이 불학(佛學)에서 차지하는 지위는 이렇다. 한나라 이래로 불교학을 종합하면 하나는 선법(禪法)이고 또 하나는 반야(般若)인데, 도안은 실제로 두 계통을 집대성하였다.

제9장에서는 우선 격의와 석도안 시대에 반야학을 연구한 육가칠종(六家七宗)에 대하여 서술했다. 한나라 말기부터 남조시대의 송나라 초기까지 중국에서 가장 유행한 불교경전은『반야경』인데, 저자는 반야학이 성행한 원인을 당시에『반야경』과 현학의『노자』,『장자』를 함께 담론했기 때문이라 보고 있다. 그리고 구마라습 이전에『반야경』이 상당히 유행한 이 시기를 도안 시대라고 불렀다.

도안 시대에『반야경』학자는 아주 많아서 저마다 새로운 견해를 발표한 학파가 나왔다. 승조(僧肇)는『부진공론(不眞空論)』에서 삼가(三家)를 배척했고 담제(曇濟)는『중론소(中論疏)』에서 육가칠종을 서술했다. 육가칠종에 대해서는 구체적으로 다양한 설이 있는데, 원강(元康)은 본래 육가가 있는데 본무종(本無宗)은 다시 두 종파로 나누기 때문에 칠종이 된다고 하였고, 또 다른 설은 칠종 중에서 본무종을 제거하면 육가가 된다고 하였다.

중국 사상의 의리(義理)를 외래 사상에 배대(配對)하는 방법을 격의라고 한다. 중국은 진(晉)나라 초기에 격의의 방법을 시작했으며 축법아(竺法雅)가 창시했다. 축법아는 소년 시절에 이미 중국의 전통 학문에 능했고 불교의 의리에도 정통했기 때문에 두 사상을 비교할 수 있는 자격을 갖추고 있었다. 축법아의 격의는 도안의 반대를 받았지만, 도안의 학설도 늘 『노자』, 『장자』의 설을 융합했고 당시 명사들도 항상 불교와 노장을 병행하여 이야기했다.

칠종 중의 제1종은 본무종이다. 후대의 장소(章疏)에서는 도안이나 법태(法汰)의 설을 가리킨다고 보고 있으며 여산의 혜원도 본무의(本無義)라고 했다. 본무설의 지지자는 상당히 많아서 넓은 의미에서 거의 반야학의 별명이 되었다. 저자는 본무설이 발달한 이유가 당시의 현학과 청담에 있다고 한다. 이는 불교가 흥성한 중요한 원인이기도 하다. 도안의 일생은 모두 『반야경』과 관련되고, 후세 사람들도 도안을 반야학의 중진(重鎭)으로 여기고 있다. 도안은 소승의 선관(禪觀)으로부터 대승의 성공(性空)으로 들어간 것이다.

제2종은 본무이종(本無異宗)이다. 원강(元康)은 승조가 타파한 본무종은 법태를 가리킨다고 하고, 길장(吉藏)은 승조가 본무이종만 타파했다고 했으니 법태도 본무이종에 속한다고 말한 것이다. 본무이종은 만물이 무(無)에서 생겨난다고 하는데, 여기서 말하는 '무'가 구체적으로 무엇을 가리키는지는 명확하지 않다.

제3종은 즉색종(卽色宗)으로 지도림(支道林)의 주장이라고 한다. 즉색공은 색과 일체법이 모두 인연으로 이루어졌다고 한다. 극초(郤超)는 지도림의 신도(信徒)로서 두 사람의 말은 서로 계합하고 있으며, 저자는 극초의 불교 저술을 상세히 고증하고 있다.

제4종은 식함종(識含宗)으로 우법개(于法開)의 설이라 한다. 식함종은 욕계, 색계 및 무색계가 모두 몽환(夢幻)으로 심식(心識)에서 일어난 것이라 한다. 환화종(幻化宗)은 제5종으로 일(壹) 법사가 주장했다고 한다. 일 법사가 누구인지는 상세하지 않다. 환화종에서는 모든 법은 공(空)이지만 심신(心神)은 공하지 않다고 해서 그 존재를 인정하고 있다.

심무종(心無宗)은 제6종으로 온(溫)법사가 주장했다고 하지만 사실은 지민도(支愍度)의 설에서 시작된 것이다. 심무종은 마음은 공(空)하나 색(色)은 공하지 않다는 걸 주장했다. 연회종(緣會宗)은 제7종으로 우도수 (于道邃)가 주장했다고 하지만 이 설에 대한 자료는 지극히 적어 확증하기 힘들다. 대체로 인연의 회합(會合)이기 때문에 공이라고 주장한 것으로 보인다.

저자는 위진 시대의 현학은 바로 본체의 학문이라고 한다. 본무라는 말은『반야』실상의 별명일 수도 있는데, 육가칠종의 논지도 그 기본은 모두 본말의 유무에 대한 변론을 벗어나지 않았다. 진나라 시대의 불학과 현학은 근본 뜻은 차이가 없고 모두 무(無)를 중시하고 유(有)를 천시했다. 명사와 명승은 같은 기풍으로 행실의 품격이나 사용하는 용어, 채택하는 논지도 왕왕 서로 같았다.

제10장에서는 구마라집의 불교 전파와 승조(僧肇)를 대표로 하는 제자들 의 불교학에 대하여 서술했다.

서진 시대부터 구자국에는 이미 불교가 있었고 소승의 학설이 유행했다. 그리고 구마라집은 일곱 살 때 어머니를 따라 출가해서 비담학,『아함경』 등을 공부했다.

훗날 구마라집이 사륵국에 체류할 때 그의 학문에도 변화가 있어서
외도의 경서도 공부했는데, 예를 들면 바라문의 네 가지 『베다』이다.
그리고 사거국의 유명한 대승불교의 승려를 만나서 소승을 포기하고 대승
을 공부했다. 후에 구자국에서 장안으로 간 승려는 전진의 부견에게 구자국
에서 성행하는 불교에 대해 설명하면서 구마라집도 언급했다.

부견은 구마라집을 모셔온다는 구실로 여광(呂光)을 파견하여 구자국을
침범했다. 다음 해에 부견은 살해되었고 구마라집은 여광을 따라 양주에
왔다. 후진 시대에 요흥이 왕이 되면서 구마라집은 고생 끝에 마침내
장안에 도착했다. 요흥은 그를 각별히 대우했고 구마라집은 장안의 소요원
에서 경전과 논서를 번역하기 시작했다.

불법은 용어를 변별하는 일이나 미묘한 뜻을 이해하는 일이 어려워서
사실상 능통하기가 쉽지 않은데, 구마라집은 이런 어려움을 이해했기
때문에 그가 번역한 경전은 중국에서 널리 유통되었다. 또 불교학의 의리도
깊이 터득한지라 그를 따르는 제자들의 학문과 문장도 모두 우수했고
번역한 경전의 언사도 훌륭했다.

동시대에 구마라집과 함께 장안에 있었던 고승은 각현이다. 각현은
선법(禪法)에 정통했고 계율도 엄격히 지키면서 정진했는데, 구마라집의
제자들과 충돌하여 장안에서 쫓겨났다. 결국 남방으로 내려가 여산에
머물렀고 나중엔 건업에 도착했다. 저자의 분석에 의하면, 각현이 쫓겨난
원인은 구마라집과의 종파적인 파벌 때문이다. 즉 각현은 구마라집의
학설에 복종하지 않은 것이다. 각현은 계빈국에서 수학해서 그의 학설은
사바다부(沙婆多部;근본설일체유부)에 속한다. 하지만 구마라집은 일체
유부를 공부하긴 했지만 사륵국에서 대승으로 전환했다. 따라서 두 사람이
계를 지키는 방법과 가르치는 선법은 달랐다. 구마라집은 필경공(畢竟空)

을 주장했지만, 각현이 번역한 『화엄경』은 대승의 유부(有部)에 속한 것이라서 두 사람의 주장은 서로 달랐다.

구마라집은 주로 역경에 치중했고 저술은 비교적 적다. 이 장에서는 구마라집이 찬술한 목록을 고증했다. 현존하는 찬술에 의하면 구마라집의 종지는 네 가지가 있는데, 첫째는 『반야경』의 삼론 학설을 중시했고, 둘째는 소승의 일체유부의 학설을 배척했고, 셋째는 구마라집에 와서 무아의 뜻이 비로소 천명되기 시작했고, 넷째는 구마라집이 필경공을 주장한 것이다.

구마라집의 제자들 중에 후세에 큰 영향을 미친 자는 승조, 도생, 승도, 승숭 등이다. 승조는 삼론의 시조이고, 도생은 『열반경』의 성인이고, 승도와 승숭은 『성실론』 논사들의 발단이 되었다. 이 장에서는 승조의 일생과 저술을 고증했는데, 다만 『보장론(寶藏論)』은 승조에게 가탁하여 지은 저술로 보고 있다.

저자는 승조의 학설을 즉체즉용(卽体卽用)이라고 한다. 즉 물불천론(物不遷論), 부진공론(不眞空論), 반야무지론(般若無知論) 등은 모두 이 즉체즉용을 중심으로 삼고 있다. 승조는 『반야경』, 『유마경』, 『중론』, 『백론』 등의 경전과 논서의 의리를 융합했고 중국식 문체로 글을 지으면서 인도식의 명상(名相)이나 사수(事數)를 제거했으므로 현학 계통에 속한다고 할 수 있다. 구마라집이 사망한 후 도생은 남방으로 갔고 승조는 요절했다. 그 후 북위 태무제의 훼불을 거치면서 명사와 명승들이 강남으로 가면서 의학이 남방으로 이전하는 추세가 형성되었다.

제1장에서는 혜원(慧遠)이 다방면에서 불법을 널리 전파한 사실을 서술하면서 불교사에서 그가 차지하는 위치를 언급했다. 동진 시대의 불교는

세 가지로 크게 나눌 수 있는데, 첫째는 승가제바(僧伽提婆)의 비담학이고, 둘째는 각현의 선법이고, 셋째는 구마라집의 삼론이다. 이 세 가지가 남방에서 널리 퍼지게 된 것은 모두 혜원의 공로이다.

저자는 혜원이 양진 시대 불교의 융성에 중요한 역할을 한 것을 평가하면서 혜원의 경력을 고증하고 젊은 시절 도안 밑에서 수학한 과정을 서술했다. 혜원은 도안과 사별한 후에 마지막으로 동쪽 여산에서 30여 년간 은둔했다. 진나라 말엽, 조정에서 불교는 상당히 성행했지만 전적으로 바른 길로 간 것은 아니었다. 불교도 중에는 정치에 간섭하다 끝내 나라의 쇠망과 관계된 자도 있었다. 그래서 당시에 불교를 반대하는 여론도 상당히 강했고, 환현(桓玄)은 진짜 사문을 가려내라는 명령을 내리기도 했다.

이러한 시대 배경 속에서 혜원은 불법을 유지하고 보호했을 뿐만 아니라 서역에서 승려를 초청하여 아미타불 정토를 최초로 제창했다. 한편 비담학은 주로 일체유부의 학설인데, 도안은 관중 지역에서 이 학설을 전파하려고 노력했다. 서역에서 온 승려 중에 번역의 대가라 할 만한 사람은 승가제바(僧伽提婆)인데, 승가제바는 여산에서 비담학의 주요 경전인『아비담심론』을 번역했다. 승가제바는 후에 건업으로 가서 비담학을 크게 일으켜서 한때 비담학이 풍미했다.

구마라집이 중국에 왔을 때 혜원은 바로 편지를 보내서 교류를 하는 한편 제자를 구마라집에게 보내 도(道)를 묻도록 했다. 여산의 승려들은 선후로 장안에 많이 갔는데, 이는 아마도 혜원의 적극적인 권장과 큰 관계가 있을 것이다. 구마라집이 사망한 후 관중 지역은 혼란에 빠졌고 제자들은 사방으로 흩어졌다. 도생 등은 남방으로 내려가서 구마라집의 학문을 강동 지역에 퍼트렸고 그 결과 구마라집이 번역한『성실론』,『십송률』,『삼론』,『법화경』등은 남방 지역에서 크게 성행했는데, 이는 모두 혜원이 여산에 자리 잡고 있는 것과 관계가 있다. 혜원은 강동 지역에 선법이 모자라는 것을 보고 제자를 서역으로 보내 경전을 구하도록 했다. 각현이 남방으로 온 후 선법은 남방에서 유행하기 시작했다. 각현은 관중 지역의 승려들에게 배척을 받자 제자들과 함께 여산으로 갔는데, 혜원은 관중에 있는 요흥에게 서신을 보내 그가 배척당한 일을 설명하고 각현에게 선경(禪經)을 번역해달라고 요청했다.

혜원은 박학해서 현학과 불교에 모두 능통했고 유학에도 능했다. 불교학 방면에서 그의 종지는 반야학이다. 그는 정령불멸설(精靈不滅說)을 주장했고 생사보응설도 긍정했으니, 이로 인해 아미타불 정토에 왕생하기를 발원했다. 이 장에서는 혜원과 18현자(賢者)들이 백련사(白蓮社)를 세운 것에 대해 상세히 고증하면서 회원이 123명이라는 전설은 모두 허망한 것이라고 밝혔다. 이 밖에 혜원의 염불은 확실히 좌선이지 후세 사람들이 말하는 입으로만 하는 염불이 결코 아니라고 지적하고 있다.

제12장에서는 양진과 남북조 시대의 경전 전래와 번역 상황에 대해 서술했다. 또 진나라 말엽 북량의 경전 번역과 불교 전파가 이후 남북조 시대에 중대한 영향력을 행사했기 때문에 양주 지역의 불교 상황도 특별히 서술했다.

인도에서 발생한 불교가 중국에 전래된 것은 경전 번역과 중요한 관계가 있으며, 아울러 중국과 인도 사이의 교통로도 중요한 관계가 있다. 중국과 인도 사이의 교통은 바닷길과 육로가 있으며, 중국 서북지역과 인도와의 교통은 오늘날 신강과 중아시아 지역을 통한 도로이다. 불교 경전의 중국 전래는 중국 승려가 서역으로 가서 가져오거나 아니면 서역의 승려가 동쪽으로 오면서 가져온 것이다.

서역으로 불법을 구하러 가는 것은 주사행 이후 진나라 말엽 송나라 초기에 가장 흥성했는데, 그 중에서 법현(法顯)이 제일 유명하다. 법현이 다녀간 지역은 한나라 시대의 장건, 감영(甘英)이 도착하지 못한 지역이다. 자신의 여행 과정을 기록한 그의 『불국기』를 보면 여행 도중의 어려움을 읽을 수 있다. 법현 외에 서역으로 간 승려로는 지엄(智嚴), 보운(寶雲), 법령(法領), 지맹(智猛), 법용(法勇) 등이 유명하다. 송나라 중엽부터 제나라, 양나라 시대에 서역으로 불법을 구하러 간 자는 비교적 적은데 유명한 자로는 법헌(法獻)이 있다.

불교가 중국의 중원 지역에 전파되는 과정에서 하서(河西) 지역은 중요한 요충지로서 역경 역사에서도 중요한 위치를 차지한다. 가장 일찍 하서에서 경전을 번역한 사람은 진나라 초엽의 축법호이다. 또 북량 시기에 양주는 경전 전래와 번역의 중심지였다. 북량 시대에 경전 번역의 대가는 담무참(曇無懺)인데, 그는 대본(大本) 『열반경』을 번역했고 이후 남북조 시대에 큰 영향을 주었다.

남조와 북조 시대에는 경전 번역이 흥성했다. 강남 지역에서 경전 번역이 성행한 시기는 진나라 말엽으로 여산 혜원과 큰 관계가 있다. 즉 승가제바가 『비담』을 전수했고, 각현이 경전을 번역해서 선법을 전수했고 또 건업에서 60권 『화엄경』을 역출했다. 그 밖에 구나발마(求那跋摩), 승가발마(僧伽跋摩), 구나발타라(求那跋陀羅), 진제(眞諦) 등은 모두 남조 때 경전과 논서 번역의 대가이다.

구마라집이 사망하고 담무참이 피살된 후 북조의 경전 번역은 한동안 아주 쇠퇴했다. 하지만 북위가 천도한 후 낙양의 역경 사업은 전에 없는 성황을 이루었다. 그 중 번역의 대가는 보리류지(菩提流支), 늑나마제(勒那摩提) 등이고 번역한 중요한 경전으론 『십지경론』 등이 있다.

이 시기의 경전 번역은 특징이 있으니, 구전(口傳)이 있는가 하면 원본에 의존한 것도 있는데 원본의 언어는 산스크리트도 있고 호어(胡語)도 있다. 내용상으론 법성종의 경전도 있고 법상종의 경전도 있다. 전체적으로 보면, 이 시기의 번역 사업은 크게 발전해서 번역의 안목도 정확해지고 번역의 도구도 점차 완비되고 번역 제도도 점점 엄밀해졌다. 이 시기에는 한문을 외국 문장으로 번역하는 상황도 있었으니, 보리류지는 북위 담무최의 『대승의장(大乘義章)』을 호어로 번역했고, 유세청(劉世淸)은 『열반경』을 돌궐어(突厥語)로 번역했다.

제3장에서 저자는 먼저 구마라습, 혜원 이후에 남북의 불교학이 점차 나뉘면서 남방은 의리(義理)에 치우치며 위진의 현풍을 계승했다고 말한 뒤 이 장에서 주로 불교가 남방을 통일하는 주요 과정과 상황을 서술하고 있다. 예를 들면 제왕, 사대부와 불교의 관계를 분석했고, 몇 번이나 있었던 의리에 대한 변론, 즉 백흑론(白黑論)의 논쟁, 돈점(頓漸) 논쟁, 이하(夷夏; 오랑캐와 중국)의 논쟁, 본말(本末)의 논쟁, 신멸(神滅)과 신불멸의 논쟁 등이다.

송나라 초엽 원가(元嘉) 시기에 불법은 문치(文治)의 중요한 표현이었을 뿐만 아니라 현풍과 청담도 성행했다. 도가와 속가가 백흑론의 논쟁을 일으키고 육체와 정신(形神), 인(因)과 과(果)의 논쟁도 벌였다. 『백흑론』은 혜림(慧琳)이 지었는데 백학(白學) 선생과 흑학(黑學) 선생의 문답 형식으로 유교와 불교의 같고 다른 점을 변론하고 있다. 백흑론에서는 불교의 주장을 풍자하면서 유교와 불교는 귀결처는 같지만 실제로 가는 길은 다르다고 했다. 혜림의 논설을 하승지는 찬동했고, 종병은 혜림의 허망함을 질책하기 위하여 하승지와 변론을 주고받았다. 하승지도 『달성론(達性論)』

을 지어서 불교를 비방했고 안연지는 그와 변론했다. 이 논쟁의 중심은
바로 앞서 말한 육체와 정신, 인과 과의 문제이다.

송나라와 제나라 때 강남의 귀족은 불교와 긴밀한 관계가 있다. 유명한
귀족은 장씨(張氏)、여강 하씨(廬江 何氏)、오군 육씨(吳郡 陸氏)、여남
주씨(汝南 周氏)、그리고 왕씨(王氏)와 사씨(謝氏)의 양대 가문이다. 사씨
가문에서 가장 유명한 자는 사령운인데 그의 일생은 불교 및 불교도와
인연이 있었다. 이 장에서는 그의 일생을 서술하면서 그가 남긴 결과를
평했다.

남조의 조정과 불교는 긴밀한 관계를 맺고 있어서 팔관재를 지내거나
사찰과 탑의 건설 등이 이루어졌다. 특히 불교와의 관계에서 유송(劉宋)의
두드러진 특색은 비구니가 조정의 금궁(禁宮)에 드나들면서 귀족, 후궁과
함께 어울린 것이다. 남조의 왕들은 불교를 믿는 자가 많았다. 많은 왕들이
어린 시절 궁내에서 불교의 영향을 받았고 자란 후엔 사대부의 불교 신앙에
영향을 받은 탓에 불교에 대한 믿음이 강할 뿐만 아니라 현리(玄理)에도
정통했다. 그중에서 제나라 경릉왕 소자양이 대표적인 인물로서 그의
통치시대에 불교학은 지극히 번성했다.

남조 시대에 불교와 도교의 논쟁은 이론 차원이고 근본적으로 불교를
공격하는 학설은 신멸론((神滅論)과 이하론(夷夏論)이었다. 도사 고환(顧
歡)이 『이하론』을 지어서 두 종교를 회통했지만 도교에 치우쳤기 때문에
『이하론』이 출간되자 사진지(謝眞之) 등 많은 사람들이 논문을 지어서
반박했다. 그 밖에 학자들은 유교, 불교, 도교의 본말(本末)에 대하여
논쟁했다. 불교도는 도교를 지말(枝末)이라 질책했고 도교는 불교가 그
근본을 얻지 못했다고 비난했다. 당시에는 현학과 불교를 합하여 도가(道
家)라고 부르면서 공자의 명교(名敎)와 구분했다. 도가의 교훈과 명교의

가르침이 같은가 아니면 다른가가 근본과 지말을 구별하는 것이었다. 양나라 범진은 『신멸론』을 지어서 신불멸의 논쟁을 유발했다.

남조 시대의 불교는 양무제 시대에 전성기에 도달했다. 사찰을 짓고 의리를 전파하는 일이 모두 지극히 성행했다. 진(陳)나라 때의 불교는 승가와 사찰의 파괴를 어느 정도 복원은 했지만 양나라 시대만큼 번성하지는 못했다. 불교학 분야에서는 법랑(法朗)의 삼론학과 진제(眞諦)의 섭론학, 지의(智顗)의 천태종은 모두 수나라, 당나라 불교학의 선두를 차지했다.

제14장에서 저자는 남방 불교는 현학(玄學)의 의리에 치우쳤고 위나라, 진나라 계통을 이어받았지만, 북방의 불교는 종교 행위에 치중했고 아래로 수나라, 당나라의 종파로 이어진다고 보았다. 역사 자료가 부족하지만, 후진 말엽부터 북위 태무제(太武帝) 시대까지 불법이 비교적 흥행한 지역은 서북의 양주 (涼州) 지역과 동북의 연주(燕州) 지역이다.

태무제(太武帝), 헌문제(獻文帝) 시대에 유명한 승려는 현고(玄高), 사현(師賢), 담요(曇耀) 등으로 북위 불법의 흥망성쇠와 중대한 관계가 있다. 현고는 서북 지방 선학(禪學)의 종사이고 태무제의 불법 훼멸에 가장 먼저 타격을 받았다. 태무제는 최호(崔浩), 구겸지(寇謙之)의 건의를 듣고 불법을 파괴하기 시작했으니, 태무제가 불법을 훼멸시킨 것은 불교와 도교의 투쟁의 결과라고 할 수 있다. 최호는 불법을 훼멸한 4년 후에 살해되고 또 2년 후에는 태무제도 피살되었다.

문성제(文成帝) 때에 불법은 다시 흥성했고 사현과 담요가 다시 불법을 일으켰다. 북위의 여러 제왕은 점점 중국화 되어서 그들이 불교를 믿는 방식은 남방의 군주와는 많이 달랐다. 그중에 효문제(孝文帝)는 의학(義學)을 선양했다. 효문제 후에 의학 승려가 많이 나왔고, 선무제(宣武帝),

효명제(孝明帝) 시기에는 역경과 강론이 성행했다. 북조에서는 탑을 세우고 불상을 제조하는 일이 보편화되었고 사찰을 짓는 풍조도 매우 유행했다. 그 폐단을 바로잡기 위하여 북조는 승가에 대하여 제한을 했지만 실행이 쉽지 않았다.

효문제 이후 불교 의학의 성행과 동시에 북조의 경학(經學)도 함께 유행해서 서로 합류하며 좋은 영향을 주었다. 불교도 중에는 유학의 대가인 출가자도 나왔으니, 예를 들면 도총(道寵), 승범(僧范) 등이다. 위나라는 두 개로 분열되어 서위는 장안으로 도읍을 이전했고 관서(關西)의 불법도 점차 흥성했다. 북조의 불교 배척은 격렬했지만 남조와는 달랐다. 글을 지어 논쟁하는 일은 별로 없었고 대체로 행사(行事)를 통해 표현했으며, 불교를 배척하는 문장도 적을 뿐만 아니라 치도(治道)의 관점에서 말한 것이었다.

북위 태무제의 훼불 이후 도교와 불교는 병행해서 유행했다. 그러나 효문제와 선무제 등이 불법을 중시하자 도교는 조정에서 불교에 대항할 수 없었다. 불교와 도교 두 종교는 주(周)나라 제(齊)나라 시기에 나라의 민생에 무거운 부담이 되었고, 급기야 북주의 무제 시대에 와서는 불교와 도교를 모두 파괴되었다. 불법을 훼멸한 지 5년 후에 무제가 죽고 선제(宣帝), 정제(靜帝)가 즉위하자 불법은 다시 부흥했다.

제15장에서는 남북조 시대의 불교 서적 찬술에 대하여 간략히 서술하고 있다. 저자는 중국 불교의 사상을 탐구하려면 이전 시대의 불교 서적 찬술이 아주 중요하다고 인식하고 있다. 중국 불교는 인도 불교와 달라서 의존하는 경전뿐만 아니라 전래되어 온 학설에 대해서도 반응이 다르다. 불교 서적과 관련된 찬술은 그 문장의 체제에 따라 주소(注疏), 논저,

역자(譯者)의 찬집, 사지(史地)의 편저, 목록, 위서 등이 있다.

주소는 원래의 경전에 의거해 경전의 심오한 의미와 어려운 부분을 해석하는 것이다. 주소는 대체로 두 종류로 나눈다. 경문에 대하여 문장을 따라 해석하는 주소는 문자가 비교적 번잡하며, 경문의 대의(大義)를 개괄하는 주소는 문장이 비교적 간결하다. 동시에 경문을 더 잘 이해하기 위하여 주소를 지을 때는 경문에 대하여 과(科)를 나누는데 즉 분(分), 장(章), 단(段), 절(節) 등이다.

개인은 불교의 의리에 대한 이해를 발휘하기 위하여 많은 논저(論著)를 짓는데, 이는 경전의 서문, 통론, 전론(專論), 의장(儀章), 쟁론(爭論) 등 문장의 형식으로 나타났다. 경전의 번역본과 저작이 번잡하게 많으면 찬집(纂集)할 필요가 있었으니, 예컨대 비교적 양이 많은 단행본 경전은 초록(抄錄)하고 다수의 경전일 경우는 모아서 찬집을 했다. 동일한 불교 경전의 다른 번역본에 대해서는 회역(會譯)을 하거나 중국 사람이 찬술한 것에 대해서는 편집 등을 하였다.

중국은 인도보다 역사 서적을 중시해서 역사와 지리 분야의 저작을 편집하고 책으로 묶는 일에 힘을 아끼지 않았다. 구체적으로는 석가모니 전기가 있고 인도 성현의 전기, 중국 승려의 전기, 불교 통사, 명산사탑기(名山寺塔記), 사료의 보존 등이 있다. 번역과 저작이 번다하게 많아지자 목록의 편집도 아주 중요해졌다. 예를 들면 실역자(失譯者)에 대해 고증하고, 역저(譯著)의 연원과 역자의 생애에 대해 조사하고, 번역 장소와 시간 등에 대하여 고증하고, 위경을 표시하고 이역(異譯)이나 별개의 판본, 실역(失譯) 등을 고증했다. 위진 남북조 시대에 위서(僞書)를 짓는 풍조가 유행하면서 불교 경전도 적지 않게 위조했는데, 위서를 제작한 동기와 자료 등을 통해서 위서란 걸 변별할 수 있었다.

제16장에서는 장(章) 전체를 축도생에게 할애하고 있는데, 먼저 『열반』이 전래된 역사를 서술하고 그다음 불교에 대한 축도생의 견해를 고증하여 서술했다.

진나라와 송나라 시대의 불교학은 세 가지 분야에서 중요한 전승(傳承)이 있다. 구마라집이 전한 『반야』학, 제바가 전한 『비담』학, 담무참이 번역한 『열반경』이다. 도생의 학문은 이 세 가지 성과를 모아서 대성(大成)했으며 특히 『열반』학의 뜻을 이어받았다. 법현이 서역에서 가져온 『열반경』을 각현이 6권으로 번역했다.

담무참(曇無讖)은 북량에서 『열반경』 40권을 번역했는데 이를 "대본"이라고 부른다. 도생은 강남의 6권짜리 번역본에 근거해서 불성의 학설을 크게 천명했는데, 그 후 대본이 전래되자 열반학은 더욱 성행했다. 혜엄(慧嚴), 혜관(慧觀), 사령운 등은 담무참의 번역본을 기초로 삼고 법현이 얻은 판본에 의거해 증보와 개정을 거쳐 36권을 만들었는데, 세상에서는 이를 남본(南本)이라 하고 담무참의 번역본은 북본(北本)이라고 한다. 전체적으로 보면 남본과 북본의 차이는 미미하다. 첫째, 품목의 증가로 이는 단지 북본의 전오품(前五品)에 미칠 뿐이며, 둘째, 경문의 문자를 수정한 것으로 이는 남본과 북본의 차이가 훨씬 더 미세하다.

도생은 반야, 비담, 열반의 세 학문에 능통해서 중국불교 역사상 손꼽히는 인재이다. 여기서는 도생의 일생을 고증하고 그의 저서 및 상황에 대하여 서술했다. 도생이 제시한 불교의 의리(義理)에 대한 선명한 견해는 후세의 불교에 중요한 영향을 미쳤다. 예를 들면 불성의 뜻, 법신(法身)은 색(色)이 없다, 부처는 정토가 없다, 선(善)은 보응을 받지 않는다, 일천제(一闡提)도 불성이 있다, 돈오(頓悟) 사상 등이다. 특히 돈오와 점오에 대한 논쟁은 남조 송나라 초기에 유행했다.

후세의 기록에 의하면, 도생은 대돈오를 주장했고 지도림 등은 소돈오를 주장했다. 저자는 중국 불교에서 도생이 차지하는 위치는 현학에서 왕필이 차지하는 위치와 비슷하다고 했다. 도생은 반야 실상의 뜻을 깊이 체득했고 언어 밖의 뜻을 깨우쳤으므로 언어 문자의 표현에 집착하지 않고 홀로 도를 밝혔다고 할 수 있다. 도생의 학술은 주로 두 가지가 있으니, 즉 반야로 일체의 모습을 타파하는 뜻(般若掃相義)과 열반은 마음의 성품이란 뜻(涅槃心性義)이다. 이치로 보면 『반야』에서 말하는 실상과 『열반』에서 말하는 불성은 별로 차이가 없다.

『반야』에서는 불성의 뜻에 대하여 명확히 이야기하지는 않았지만 총명하고 지혜로운 자는 이미 『열반』의 뜻을 깨우쳤다. 도생 전에 혜원, 구마라집도 역시 불성의 뜻을 체득했다. 도생이 말한 불성의 뜻에 대하여 이 장에서는 다섯 가지로 서술하고 있으니, 즉 실상(實相)은 무상(無相)이고, 열반과 생사(生死)는 둘이 아니고, 불성(佛性)은 본래 갖춰져 있고, 불성은 신명(神明)이 아니고, 도생이 설명한 요점이다.

도생은 대본이 남방에 전해지기 전에 이미 일천제(一闡提)에게 불성이 있다는 설을 주장했다가 문장에만 집착하는 신도들의 배척을 받았다. 후에 대본이 전래되어 경전에 그런 말이 있는 것을 알게 되자, 당시 사람들과 후세 사람들은 도생의 선견지명을 찬탄했다. 도생의 다른 견해는 돈오성불설이다. 그러나 돈오와 점오의 변론은 도생에서 시작된 것이 아니다. 돈오설의 최초의 창시자는 지도림이다. 그는 제7지에 이르면 돈오가 발생한다고 했다. 도생의 대돈오설과 비교하여 지도림의 돈오설은 소돈오라고 한다. 돈오설은 체(體)와 용(用)의 변론과 관련되는데, 도생은 체와 용은 분리할 수 없다고 주장하면서 이(理)를 깨닫는 것은 반드시 완전한 체(體)로서 깨달음은 돈오여야만 하고 진정한 돈오는 십지(十地)에서 발생한다고 했다.

도생 이후 사령운은 도생의 돈오가 갖는 뜻을 서술했지만, 그러나 그의 서술엔 특징이 있었으니 바로 유가와 불가의 언설을 절충한 것이다. 당시에도 돈오설을 반대하는 사람이 있었는데 그 중 유명한 사람이 바로 혜관(慧觀)이다. 도생 문하에는 도유(道猷), 법원(法瑗) 등이 돈오를 제창했고, 당시 송 문제는 돈오를 특별히 제창했다. 남제 때 형주의 은사(隱士) 유규(劉虯)도 선(善)은 보답 받지 않는다는 뜻과 돈오 성불의 뜻을 천명했는데 당시 그를 굴복시킬 자가 없었다. 저자의 고증에 의하면, 유규의 돈오설은 후량 시대의 승정(僧正) 법경(法京) 선사로부터 얻은 것이라고 한다.

제17장에서는 남방 지역의 열반과 불성에 관한 여러 학설을 정리했다. 주로 법요(法瑶), 보량(宝亮), 양무제, 지민(智旻), 지장(智藏) 등의 설이다. 불성에 관한 학설은 『열반경』의 중심 사상이지만, 이를 연구하는 각 가(家)는 서로 다른 이해를 하고 있다. 균정(均正)의 『사론현의(四論玄義)』에서는 불성에 관한 설이 근본(本) 삼가(三家)가 있고 지말(末) 십가(十家)가 있다고 했다. 그 중 도생, 백마 애(白馬 愛) 법사에 대해서는 앞장에서 이미 논술했고, 담무참의 설은 삼론종의 조사이고 지론사와 섭론사는 열반경에 속한 종파가 아니므로 논의하지 않았다. 저자는 그 밖의 각 가(家)의 학설과 스승에게 전승받은 상황에 대해 서술하고 있다.

법요(法瑶)는 도생의 학설에 적대적인 태도를 취하고 있다. 그에게 도생의 학설과 다른 점은 세 가지가 있으니, 바로 이(理)를 정인(正因)의 불성으로 삼고, 점오를 주장하고, 감응은 무연(無緣)이라고 주장한 것이다. 보량(寶亮)은 진(眞)과 속(俗)을 함께 이루고 있는 중생의 진여성리(眞如性理)를 정인(正因)의 불성체(佛性體)로 삼았고, 또 체(體) 위에 고통을 피하고 즐거움을 구하는 용(用)을 수립했다. 양무제는 『열반』의 학설을 특히 중시해서 전문적인 소(疏)를 지었고 직접 강해(講解)를 했는데, 그는 불성이 바로 신명(神明)이라고 했고 마음을 불성의 체(體)로 여겼다. 장엄 승민(莊嚴 僧旻)은 중생을 정인의 불성으로 여겼으며, 지장(智藏)은 항상 마음을 정인이라고 말했다. 이 밖에 남북조 시대에는 불성의 본유(本有)와 시유(始有)에 대한 논쟁이 있었다.

제18장에서는 남조 불교학이 서로 다른 단계로 발전하는 상황을 서술했다. 송나라, 제나라 시기에 『열반』, 『성실』이 선후로 유행했고, 양나라, 진나라 때는 현담(玄談)이 다시 성행하고 『반야』, 삼론학이 부흥했다. 양나라 시대에 『성실』과 삼론은 치열한 논쟁을 하면서 각자 문호를 설립하는 지경에 이르렀는데, 이는 수나라, 당나라 불교 종파의 단초(端初)라고 할 수 있다.

『성실론』은 구마라습이 만년에 번역했다. 그가 이 논서를 번역한 이유는 명상(名相) 분석이 상당히 조리가 있고 내용도 『비담』을 타파하면서 『반야』와 비교하며 공부할 수 있었기 때문이다. 실제로 구마라습은 이 책을 별로 중시하지 않았다. 구마라습 이후 의학은 남방으로 전파되었다. 송나라 시대는 학풍이 비교적 평범하였고 『성실』은 초학자에게 편리한 탓에 배우는 자가 많았으므로 대승으로 추대되었다. 남조는 양나라부터 진나라까지 『성실』을 익히는 자가 많았고 대대로 전승되었다. 『성실』 논사는 강습 과정에서 대량의 주소를 지었지만 전부 유실되고 지금은 없다.

『성실』이 유행하면서 『반야』, 삼론도 점차 흥기해서 제나라, 양나라 시대에는 주로 섭산(攝山)의 여러 승려들에 의탁했다. 양나라, 진나라 시대에 와서 『반야』, 삼론은 성행했는데, 이는 남조의 청담 현풍(玄風)과 커다란 관계가 있다. 삼론의 흥기는 처음에 주옹(周顒)으로부터 시작했다. 주옹이 지은 『삼종론(三宗論)』은 삼론 학자의 『성실론』에 대한 첫 번째 공격이었다. 『삼종론』에서는 공가명(空假名), 불공가명(不空假名), 가명 공(假名空)의 세 종지를 설립하고 있는데, 이는 위로는 승조의 학설과 이어지고 아래로는 삼론종을 개창해서 한 시대의 새로운 풍조를 앞장서서 열었다.

삼론의 번성은 주로 흥황(興皇) 법랑(法朗) 때였다. 법랑의 학문은 위로는 승랑(僧朗)까지 가고, 주옹(周顒)의 학설 역시 승랑에게서 얻었다. 삼론이 흥기한 후에는 당시 유행하고 있던 『성실』과 치열한 논쟁을 벌였다. 주옹과 법랑은 선후로 『성실』을 크게 공격했다. 법랑은 삼론의 학설을 크게 전파하여 제자들이 많았으며 이들은 장강(長江) 상류와 하류에 분포되었고, 나중엔 절강(浙江), 관중(關中) 지역에서 성행했다. 가상대사(嘉祥大師) 길장(吉藏)은 법랑을 스승으로 모시고 출가해서 후세 삼론학의 종장(宗匠)이 되었다.

제19장에서는 남북조 시대 북조에서 이루어진 선법(禪法), 정토 및 계율에 대한 연구를 중점적으로 서술했다. 남조는 의학(義學)을 중시했기 때문에 이 장에서는 남조 시대의 의학에 대한 연구 상황도 함께 서술했다.

진나라 말엽과 송나라 초엽에 구마라습과 각현(覺賢) 두 사람이 선경(禪經)을 역출하면서 선법이 크게 흥행했다. 한나라와 진나라 시대에 유행한 선법은 주로 염안반(念安般), 부정관(不淨觀), 염불(念佛), 수능엄삼매(首楞嚴三昧)의 네 종류이다. 진나라 말엽과 송나라 초기에 선법은 남방 지역에서 상당히 성행해서 이를 수행하는 자가 많았다. 주로 촉지(蜀地), 형주(荊州), 건업(建業) 등의 지역에서 유행했다. 진나라 말엽에 양주는 선법이 가장 성행한 지역으로 농서(隴西)에는 유명한 현고(玄高) 선사가 있었으며, 좌선 수행은 숲속의 조용하고 그윽한 곳이 적합하기 때문에 숭산은 점차 선승들이 모여드는 곳이 되었다. 북위 때 낙양으로 수도를 옮긴 후 효문제는 불타(佛陀) 선사를 위하여 숭산에 소림사를 지었다.

효문제 이후에 선법은 북방에서 특히 성행했지만, 그러나 의학 분야는 아주 쇠퇴해서 많은 승려들이 경전의 의리에는 밝지 못한 채 수행에만 치중했다. 그 후 혜사(慧思), 지의(智顗)대사는 선정과 지혜는 반드시 함께 수행해야 한다고 특별히 강조했는데, 이는 아마도 북조 시대 일반 승려들의 치우친 태도를 바로잡기 위한 것이라 생각한다. 결국 선정과 지혜를 함께 수행하는 풍조가 형성되어서 수나라, 당나라 시대의 각 종파가 흥기하는데 초석이 되었다.

북위 시대에 영향력이 가장 큰 선사는 서역에서 온 보리달마(菩提達磨)이다. 이 장에서는 『낙양가람기』와 『속고승전』의 기록에 근거하여 달마의 사적과 주요 학설을 서술하고 있다. 저자는 달마가 전한 "남천축(南天竺)의 일승종(一乘宗)"은 실제로 『반야』의 법성(法性)의 뜻을 이어받았다고 본다. 달마가 수행한 대승 선법은 벽관법(壁觀法)이고 증득한 도(道)는 진과 속이 둘이 아니라는[眞俗不二] 것이며, 달마의 주요 가르침은 "이입사행(二入四行)"이다.

북위 태무제가 불교를 훼멸하여 선법은 일시적으로 쇠퇴했지만 얼마 후에 다시 부흥해서 북방에서 성행했다. 선사들은 아주 많았는데 승주(僧稠), 승실(僧實)이 가장 세력이 있었다. 그러나 남방은 양나라 이후에는 선법의 대가가 없었다. 남조 말기에 와서 선정을 수행하는 자가 약간 늘었지만 역시 북방의 훈도(薰陶) - 주로 십산 삼론사들-를 받은 것이다.

천태종은 남방에서 성행했는데 사실상 삼론사들이 선도적인 역할을 했다. 저자는 북방 선법의 영향을 네 종류로 분석했다. 즉 탑을 짓고 불상을 제작하여 공덕을 바라는 풍속을 바로잡았으며, 선법은 최종적으로 성행하여 강남에 들어가서 전국에 전파되었으며, 정(定)과 혜(慧)를 동시에 닦는 것은 수나라, 당나라의 종파에 영향을 미쳤으며, 선법은 스승으로부터 전수받는 것을 중시하여 수나라, 당나라 불교학의 문호(門戶)를 열었다.

염불은 타력(他力) 신앙으로 왕생을 주장한다. 중국에서 유행하는 정토의 가르침은 미륵정토(彌勒淨土)와 아미타정토(阿彌陀淨土)이다. 북방에서 정토 염불의 수행법을 크게 전파한 승려는 북위의 담란(曇鸞)으로 후세에 대한 영향력이 지극히 크다. 담란이 행한 염불은 응당 염불삼매(念佛三昧)이고 후세에 입으로 부처의 명호를 외우는 염불은 "염(念)"자에 대한 오해이다. 북조 시대의 불교는 여전히 한나라 시대의 불교 색채를 어느 정도 갖고 있었으니, 예컨대 수명을 연장한다는 설은 여전히 성행하고 있었다.

일반 사람들의 불교 신앙은 선악의 보응(報應)과 보시의 공덕을 특히 중시했다. 담정(曇靖)은 『제위경(提謂經)』을 위조했는데, 그 목적은 악을 막고 선을 권장하는데 있었다. 그는 오계(五戒)와 오상(五常), 오행(五行) 등을 배합하였는데 한나라 시대의 음양가의 방법을 여전히 활용하고 있었다. 이 북조 시대에 유행한 신앙이 낳은 결정체가 바로 삼계교(三階敎)이다. 예를 들면 당시 불법은 이미 말법 시대에 진입했다고 믿고 있었고, 특별히 장려한 선정과 고행 등도 북조 시대에 이미 유행했으며, 보시에 대한 강조도 북조에 유행한 신앙으로 손색이 없었다. 남북의 선법은 제나라, 양나라 시기에 약간 흥성해서 선정을 익혀 신통으로 유명한 승려가 나타났는데 바로 보지(寶誌)와 부대사(傅大士)이다.

남방은 남조 송나라 시대에 단지 『십송률』을 익혔을 뿐이고 『사분률』, 『오분률』을 배우는 자는 지극히 적었다. 남조의 율사(律師) 중에 가장 유명한 승려는 승우(僧祐) 율사이다. 북방에서는 『범망경』을 대표로 하는 대승보살계경(大乘菩薩戒經)이 유행하기 시작했으나 남방에서는 아직 주목받지 못했다. 북방의 북위 시대에 유행한 계율은 『승기율』와 『십송률』이고, 그 후 『사분률』이 크게 흥기했는데 혜광(慧光)이 가장 유명한 율사이다.

제20장에서는 북조시대 불교 의학의 유행에 관해 종합적으로 서술했다. 또한 『섭론(攝論)』은 남조 시대에 이미 번역했지만 실제로는 북조 시대에 성행했으므로 이 장에서는 역시 『섭론』의 학설도 다루고 있다. 『고승전』의 기록에 의하면, 남조와 북조의 불학은 상당한 차이점이 있는데 남방은 비교적 공(空) 사상이 성행하고 북방은 유(有) 사상에 치우쳤다. 북조에선 소승불교로는 『비담』, 『성실』이 유행했고 대승불교로는 『열반』, 『화엄』, 『지론』이 유행했다. 정영(淨影) 혜원의 『대승의장』을 보면, 북방의 주요 학술은 『비담』의 유(有) 사상이 시작이고 그다음은 『성실』의 공(空) 사상, 그리고 마지막에 가서는 유(有)의 『지론』과 묘유(妙有)의 『열반』으로 귀결된다.

북조 시대 초기에 불교 의학은 비교적 미약했다가 북위 효문제 시기에 팽성에서부터 흥기하기 시작했다. 팽성에서 불법을 전파한 자는 주로 구마라습의 후학들로서 유명한 자로는 승숭(僧嵩), 승연(僧淵) 등이 있다. 『열반경』은 양주에서 역출했지만 남북에서 모두 크게 유행했는데, 효문제 시대에는 더욱 성행하여 북방에서 『열반경』을 공부하는 자가 특히 많았다. 또 교리의 판석(判釋)은 북조에서 상당히 유행해서 많은 이설이 있었다. 북방의 지론사(地論師)는 사종설(四宗說)을 세웠는데 그 영향이 가장 컸다.

사종은 인연종(因緣宗; 『비담』을 말함), 가명종(假名宗; 『성실』을 말함), 부진종(不眞宗; 『열반』, 사론(四論)을 말함), 진종(眞宗; 『열반』, 『화엄』, 『지론』을 말함)을 가리키는데, 이 사종은 세 번째 부진종 외에는 모두 북조의 불학이다.

『비담』은 일체유부에 속하는데 위진 남북조 시대에 가장 중시한 경전은 『아비담심론(阿毘曇心論)』과 『잡심론(雜心論)』이다. 『비담』의 학설은 북조에서 지극히 성행했고 대표적 인물은 혜숭(慧嵩)으로 "비담 공자"라는 칭호가 있었으며, 그의 제자와 재전(再傳) 제자도 아주 많았다. 『성실』의 학문은 북방에서 처음엔 유행하지 않았으나, 후에 강남에서 북방으로 유입되면서 공부하는 자가 많아지기 시작했다.

법상종의 경전은 남조와 북조 시대가 다르다. 북방은 지론사이고 『십지경론』을 숭상했으며, 남방은 섭론사를 위주로 하고 『섭대승론』을 숭상했다. 『십지경론』은 보리류지, 늑나마제, 불타선다가 번역했고 그 이후 지론사는 남북 두 파로 나누어졌다. 북방파는 보리류지가 개창하고 도총(道寵)이 수제자이다. 그 후 상당히 많이 전파되었지만 역사 자료는 부족하다. 남방파는 늑나마제가 개창하였고 제자는 혜광 등이다. 혜광은 지론사의 원조이자 사분율학의 대가로서 선학의 명승이었기 때문에 제자가 많았고 영향도 아주 컸다.

남방의 진제(眞諦)는 법상유식학을 전파한 대가이다. 진나라와 수나라 시대의 북방 지론학자는 대부분 전제가 번역한 『섭대승론』을 연구하기 시작했다. 이 장에서는 진제의 경력을 상세히 정리했고 진제를 번역가일 뿐 아니라 불교 의학의 대가라고 했다. 진제가 열반한 후 『섭론』의 학설은 진제의 제자들에 의해 북방으로 전파되었다. 북위 말엽에 『지론』이 유행하면서 『화엄』의 학문도 상당히 성행했고, 회광과 그의 제자들도 『화엄경』을 공부했으므로 지론사는 화엄사라고 할 수 있다. 그리고 『화엄경』의 연구의 중심지는 종남산인데, 그 중 두순, 지엄 등은 수나라, 당나라의 불교 종파인 화엄종 시대를 열었다.

역사적 배경

『한위양진남북조 불교사』는 중국 역사에서 한(漢)나라(서한과 동한), 삼국(三國) 시대, 서진(西晉)과 동진(東晉), 그리고 오호십육국(五胡十六國) 시대를 지나 남북조 (南北朝) 시대까지의 불교 역사를 실증적으로 서술하고 있다. 수백 년에 걸친 이 기간 동안 여러 왕조가 바뀌고 수많은 나라가 생겼다 사라졌기 때문에 초기 불교 역사를 제대로 이해하기 위해선 시대 배경을 비롯해 각 왕조의 계보나 연호, 중요 인물들의 정치적 사적을 간략하나마 사전에 알아두는 것이 필요하다. 그래서 이 『한위양진남북조 불교사』를 이해하는데 필요한 각 시대의 역사 및 각 왕조의 계보와 연호를 기본적인 사항과 각 시대 고승들의 업적만 간략히 소개하겠다.

1. 한(漢)나라(서한과 동한)와 삼국 시대

기원전 206년에 유방은 진(秦)나라를 멸하고 항우와의 싸움에서 이긴 후 수도를 장안(長安)으로 삼아 한(漢)나라를 건립했다. 이 시기를 역사에서 는 '서한(西漢)'시대라 한다. 서한은 한무제(漢武帝) 때 가장 부강한 국가를 이루었다. 유교를 국가 통치 이념으로 삼았을 뿐 아니라 불교 전래에 가장 중요한 서역과의 교통로도 이때 장건에 의해 개통되었다. 그러나 서한 후기로 접어들면서 외척들의 발호로 국운(國運)이 기울다가 마침내 왕망(王莽)이 한나라를 찬탈하고 신(新)나라를 세우면서 기원후 25년 서한 은 멸망하고 만다.

이 왕망의 신나라를 멸한 사람은 황족(皇族)의 지류(支流)인 유수(劉秀)로서 훗날의 광무제(光武帝)이다. 그는 수도를 낙양으로 정하고 한나라를 다시 건립했는데, 역사에서는 이를 '동한(東漢)' 또는 '후한(後漢)'이라고 한다. 광무제가 중원(中元) 2년(57년)에 세상을 떠나면서 그의 아들이 황제로 즉위하니 바로 효명제(孝明帝)이다. 효명제는 '꿈에 부처를 보고 불법을 구하러 보낸' 감몽구법설(感夢求法說)의 주인공이며, 효명제 영평(永平) 16년(73년)에는 반초(班超)가 서역 정벌에 나섬으로써 서역과의 교통도 매우 활발해졌다.

효명제를 이은 장제(章帝)가 죽고 어린 나이의 화제(和帝)가 즉위하자 두태후(竇太后)의 섭정으로 점차 외척이 발호하기 시작했다. 이에 위기를 느낀 화제는 환관 정중(鄭衆)과 은밀히 모의하여 두씨 일족을 모두 숙청했다. 그러나 외척의 발호는 막았지만 동한 멸망의 최대 원인인 환관의 발호는 바로 이때부터 시작되었다. 두씨 일족이 숙청된 5년 후에 반초가 서역에서 돌아오고, 그로부터 3년 뒤에 화제가 죽고 상제(殤帝)가 즉위했다.

그러나 상제는 1년도 살지 못하고 다시 안제(安帝)가 즉위했다. 이후 영화 6년(141년)에 외척 양기(梁冀)가 발호하면서 얼마 후에 순제(順帝)가 죽고, 다시 충제(沖帝)가 즉위해 5개월 만에 죽고 그 뒤를 이은 질제(質帝)도 양기에 의해 독살되었다. 양기는 다시 환제(桓帝)를 옹립해서 권력을 전횡하였으며, 이를 보다 못한 환제는 환관과 결탁하여 양기 일족을 제거했다.

비록 외척들을 제거했지만 그 대신 환관들의 횡포가 심해지자 당시 사대부들, 특히 이응(李膺)과 태학생(太學生)들은 파당(派黨)을 지어 환관 타도를 부르짖었다. 그러나 환관들이 오히려 그들을 모함하는 상소를 올리자, 환제는 결국 사대부들을 평생 벼슬에 나서지 못하게 하는 종신금고(終身禁錮)에 처했으니, 이것이 바로 제1차 '당고(黨錮)의 화(禍)'이다.

이윽고 환제가 죽고 12살 된 영제(靈帝)가 황제의 지위에 오르면서 두태후가 섭정을 하였다. 두태후는 이응이나 두밀 등을 비롯한 천하의 현사들을 등용했다. 특히 진번(陳蕃)과 두무(竇武)는 환관의 우두머리인 조절(曹節), 왕보(王甫) 등을 주살할 계획을 세웠다. 허나 비밀 계획이 새나가면서 오히려 환관들의 반격을 받아 진번과 두무가 죽고 이응을 비롯한 당인(黨人)들은 죽임을 당하거나 금고에 처해졌으니, 이것이 제2차 '당고의 화'이다. '당고의 화'는 20년 동안 지속되면서 환관의 전횡과 폭정, 수탈 등으로 온갖 사회 갈등을 야기하다가 농민들의 반란인 유명한 '황건족의 난'이 발발하고 나서야 끝이 났다.

황건적을 이끈 사람은 장각(張角)이다. 그는 노자와 황제(黃帝)를 받드는 도교 계통의 태평도(太平道)를 만들어서 각종 부적과 주술로 신도들을 모아 농민 반란을 일으켰다. 이 황건적의 난을 평정하는 과정에서 조조의 위(魏)나라, 유비의 촉(蜀)나라, 손권의 오(吳)나라가 세워지면서 서기 220년부터 280년까지 대분열의 삼국 시대로 들어갔다. 조조는 동한의 마지막 황제인 헌제(獻帝)를 끼고 유비와 손권을 멸해 천하를 차지하려고 했지만, 유비는 건업(建業)에 수도를 둔 오나라의 손권과 결탁하여 적벽대전에서 조조의 군사를 격파해 삼국정립(三國鼎立)의 형세를 이루었다. 이후 삼국은 물고 물리는 전투를 벌이면서 천하의 패권을 다투었으며, 마침내 위나라 장군 사마의(司馬懿)의 손자 사마염이 세운 서진(西晉)에 의해 위나라가 멸망되면서 삼국 시대는 막을 내렸다.

삼국 중에서 촉나라는 불교에 대한 기록이 전혀 없기 때문에 이 촉나라를 제외하면 삼국시대 불교의 중심지는 북쪽은 낙양(洛陽), 남쪽은 건업(建業)이었다. 이 당시 강북에서는 중인도의 담가가라(曇柯迦羅), 담무제(曇無諦), 강남에서는 오나라의 지겸(支謙), 강승회(康僧會) 등이 활약했다.

이 가운데 담가가라가 서기 250년에 낙양 백마사에서 번역한『승지계심
(僧祇戒心)』을 번역해서 인도 승려를 모아 갈마수계(羯磨受戒)를 수립하고
담무제(曇無諦)도 『담무덕갈마(曇無德羯磨)』를 번역해서 중국에서의 정
식 수계작법(受戒作法)이 이로부터 시작되었다.

오나라의 지겸은 손권의 총애로 박사가 되어서『대아미타경』,『유마경』,
『서응본기경』,『대반니원경』등 갖가지 경전을 번역하였고, 강승회는
육바라밀의 실천을 설한『육도집경』등을 번역했으며 손권을 귀의시켜
강남에 최초로 건초사(建初寺)를 건립했다.

* 서한 왕조 계보와 연호(일부)

제7대. 한무제(漢武帝) 유철(劉徹);

건원(建元) 기원전 140년 ~ 기원전 135년/원광(元光) 기원전 134년 ~ 기원전 129년/
원삭(元朔) 기원전 128년 ~ 기원전 123년/원수(元狩) 기원전 122년 ~ 기원전 117년/원정
(元鼎) 기원전 116년 ~ 기원전 111년/원봉(元封) 기원전 110년 ~ 기원전 105년/태초(太
初) 기원전 104년 ~ 기원전 101년/천한(天漢) 기원전 100년 ~ 기원전 97년/태시(太始)
기원전 96년 ~ 기원전 93년/정화(征和) 기원전 92년 ~ 기원전 89년/후원(後元) 기원전
88년 ~ 기원전 87년 기원전 141년 ~ 기원전 87년

제10대. 한선제((漢宣帝) 유순(劉詢);

본시(本始) 기원전 73년 ~ 기원전 70년/지절(地節) 기원전 69년 ~ 기원전 66년/**원강
(元康) 기원전 65년 ~ 기원전 61년**/신작(神爵) 기원전 60년 ~ 기원전 58년/오봉(五鳳)
기원전 57년 ~ 기원전 54년/**감로(甘露) 기원전 53년 ~ 기원전 50년/황룡(黃龍) 기원전
49년**

제13대. 한애제(漢哀帝) 유흔(劉欣)
원수(元壽) 기원전 2년 ~ 기원전 1년

* 신(新)나라 왕조 연호

제1대. 가황제(假皇帝), 건흥(建興) 황제 왕망(王莽) 시건국(始建國) 9년 ~ 13년/**천봉
(天鳳)** 14년 ~ 19년/지황(地皇) 20년 ~ 23년

* 후한 왕조 계보

제1대. 세조 광무제(25년 ~ 57년) 유수(劉秀) **건무(建武)** 25년 ~ 56년/건무중원(建武
中元) 56년 ~ 57년

제2대. 현종(顯宗) 명제(明帝)(57년 ~ 75년) 유장(劉莊) **영평(永平)** 57년 ~ 75년

제3대. 숙종(肅宗) 장제(章帝)(75년 ~ 88년) 유달(劉炟) 건초(建初) 76년 ~ 84년/원화
(元和) 84년 ~ 87년/**장화(章和)** 87년 ~ 88년

제4대. 목종(穆宗) 화제(和帝)(88년 ~ 105년) 유조(劉肇) **영원(永元)** 89년 ~ 105년/원
흥(元興) 105년

제5대. 상제(殤帝)(105년 ~ 106년) 유융(劉隆) 연평(延平) 105년 ~ 106년

제6대. 공종(恭宗) 안제(安帝)(106년 ~ 125년) 유호(劉祜) **영초(永初)** 107년 ~ 113년/
원초(元初) 114년 ~ 119년/**영녕(永寧)** 120년 ~ 121년/건광(建光) 121년 ~
122년/연광(延光) 122년 ~ 125년

제7대. 소제(少帝)(125년) (북향후『北鄕侯』) 유의(劉懿)

제8대. 경종(敬宗) 순제(順帝)(125년 ~ 144년) 유보(劉保) 영건(永建) 126년 ~ 132년/
양가(陽嘉) 132년 ~ 135년/**영화(永和)** 136년 ~ 141년/한안(漢安) 141년 ~
144년/건강(建康) 144년

제9대. 충제(沖帝)(144년 ~ 145년) 유병(劉炳) 영희(永嘉) 144년 ~ 145년

제10대. 질제(質帝)(145년 ~ 146년) 유찬(劉纘) 본초(本初) 145년 ~ 146년

제11대. 환제(桓帝)(146년 ~ 167년) 유지(劉志) **건화(建和)** 147년 ~ 149년/화평(和平)
150년/**원가(元嘉)** 151년 ~ 152년/영흥(永興) 153년 ~ 154년/**영수(永壽)** 155년
~ 158년/연희(延熹) 159년 ~ 167년/영강(永康) 167년

제12대. 영제(靈帝)(167년 ~ 189년) 유굉(劉宏) 건녕(建寧) 168년 ~ 172년/희평(熹平)
172년 ~ 178년/**광화(光和)** 178년 ~ 184년/**중평(中平)** 184년 ~ 189년

제13대. 폐제(廢帝)(189년) ~ (少皇帝) (홍농왕『洪農王』) 유변(劉辯) 광희(光熹)
189년/소녕(昭寧) 189년

제14대. 헌제(獻帝)(189년 ~ 220년) 유협(劉協) 영한(永漢) 189년/중평(中平) 189년/
초평(初平) 190년 ~ 193년/흥평(興平) 194년 ~ 195년/건안(建安) 196년 ~
220년/**연강(延康)** 220년.

* 삼국시대 계보

위나라; 조조(曹操)를 태조(太祖) 무제(武帝)로 추대.

제1대. 문제(文帝) 조비(曹丕)(220년 ~ 226년) 황초(黃初) 220년 ~ 226년

제2대. 명제(明帝) 조예(曹叡)(226년 ~ 239년) 태화(太和) 227년 ~ 233년/청룡(靑龍)
233년 ~ 237년/경초(景初) 237년 ~ 239년 226년 ~ 239년

제3대. 폐제(廢帝) 조방(曹芳)(239년 ~ 254년) 애황제(哀皇帝)(소황제『少皇帝』,
제왕『齊王』) 정시(正始) 240년 ~ 249년/**가평(嘉平)** 249년 ~ 254년

제4대. 폐제(廢帝) 조모(曹髦)(254년 ~ 260년) (고귀향공『高貴鄉公』) 조모(曹髦)
정원(正元) 254년 ~ 256년/**감로(甘露)** 256년 ~ 260년 254년 ~ 260년

제5대. 원제(元帝) 조환(曹奐)(260년 ~ 265년) (진류왕『陳留王』) 조환(曹奐) 경원(景
元) 260년 ~ 264년/함희(咸熙) 264년 ~ 265년

촉나라; 소열제(昭烈帝) 유비(劉備)(221년 ~ 223년) - 후주(後主) 유선(劉禪)(223년
~ 263년)

제1대. 소열제(昭烈帝)(촉 선주『蜀先主』) 유비(劉備) 장무(章武) 221년 ~ 223년

제2대. 후주(後主)(회제『懷帝』, 안락사공『安樂思公』) 유선(劉禪) 건흥(建興) 223년
~ 237년/연희(延熙) 238년 ~ 257년/경요(景耀) 258년 ~ 263년/염흥(炎興)
263년 223년 ~ 263년

오나라;

제1대. 대제(大帝) 손권(孫權)(222년 ~ 252년) **황무(黃武)** 222년 ~ 229년/황룡(黃龍)
229년 ~ 231년/가화(嘉禾) 232년 ~ 238년/**적오(赤烏)** 238년 ~ 251년/태원(太

元) 251년 ~ 252년/신봉(神鳳) 252년
제2대. 회계왕(會稽王) 손량(孫亮)(252년 ~ 258년) (폐황제『廢皇帝』) 건흥(建興)
　　　252년 ~ 253년/오봉(五鳳) 254년 ~ 256년/태평(太平) 256년 ~ 258년
제3대. 경제(景帝) 손휴(孫休)(258년 ~ 264년) 영안(永安) 258년 ~ 264년
제4대. 오정후(烏程候) 손호(孫皓)(264년 ~ 280년) 원흥(元興) 264년 ~ 265년/감로(甘
　　　露) 265년 ~ 266년/보정(寶鼎) 266년 ~ 269년/건형(建衡) 269년 ~ 271년/봉황
　　　(鳳凰) 272년 ~ 274년/천책(天冊) 275년 ~ 276년/천새(天璽) 276년/ 천기(天
　　　紀) 277년 ~ 280년

2. 서진(西晉)

　위나라 승상 사마의(司馬懿)의 아들 사마소(司馬昭)가 촉한을 멸한 공로
로 진왕(晉王)이 되고, 사마의의 아들 사마염(司馬炎)은 서기 265년에
위나라 황제의 선양(禪讓)을 받아 새로운 진(晉) 왕조를 세우고 무제(武帝)
로 즉위했다. 그리고 무제 사마염은 15년 후 태강 원년에 오나라를 평정함으
로서 위, 촉, 오의 삼국 분열을 끝내고 천하를 통일하였다. 진나라가 수도를
낙양에 둔 265년부터 316년까지의 시기를 서진(西晉)이라 하고, 수도를
건강(建康; 현재의 남경)에 둔 317년부터 420년까지의 시기를 동진(東晉)이
라 한다.
　진무제는 초기엔 안정된 정치와 검소한 생활로 모범을 보였으나 점점
방탕한 생활을 하면서부터 사회도 사치에 빠져 부패가 만연했다. 당시
상상을 넘어설 정도로 사치가 심했던 인물로 석숭을 들 수 있는데, 그의
부(富)는 대대로 관료나 지주로서 백성을 착취했기 때문에 쌓을 수 있었던
것이다. 결국 290년 진무제가 죽고 진혜제가 즉위하면서 각 지역에서
군사력을 장악하고 있던 왕들이 반란을 일으켰는데 이것이 소위 '팔왕(八

王)의 난이다. 팔왕은 사마씨 일족인 여남왕(汝南王), 초왕(楚王), 조왕(趙王), 제왕(齊王), 장사왕(長沙王), 성도왕(成都王), 하간왕(河間王), 동해왕(東海王)으로 이들은 서로 권력을 잡기 위해 16년에 걸쳐 엄청난 살육을 자행하였다. 마침내 진혜제가 48세의 나이로 죽고 회제(懷帝)가 즉위해 연호를 영가(永嘉)로 정했는데, 이 시기에 동해왕 사마월만이 유일하게 생존하면서 '팔왕의 난'도 막을 내렸다.

　당시 팔왕은 상대를 꺾기 위해 흉노나 선비 등 북방의 이민족을 끌어들였다. 특히 남흉노의 유연(劉淵)은 기회를 틈타 영흥 원년(304년)에 스스로 한왕(漢王)이라 칭하면서 연호를 원희(元熙)로 정했고 4년 후 영가 2년에는 스스로 황제라 칭했다. 유연은 세력을 키우기 위해 다른 민족인 갈족(羯族)도 끌어들였는데, 이 갈족의 지도자는 석륵(石勒)이다. 영가 5년(311년)에 유연을 이은 유총(劉聰)이 낙양을 공격하자 회제를 보좌하던 동해왕은 구원병을 모집해 난국을 타개하려고 했다. 그러나 동해왕의 전횡에 분노한 회제가 그를 토벌하려고 하자, 그는 울분을 참지 못하고 죽으면서 후사를 태위(太衛) 왕연(王衍)에게 부탁했다. 왕연은 10만 백성을 데리고 낙양을 벗어나려고 했으나, 이 소식을 들은 석륵의 공격을 받고 죽임을 당하고 말았다.

　마침내 낙양은 함락되고 회제는 포로가 되었으며, 오왕(吳王) 사마안(司馬晏)의 아들 사마업(司馬鄴)이 장안에서 황제로 추대되어 민제(愍帝)가 되었다. 그리고 낙양을 점령한 흉노의 장수 유요(劉曜)는 낙양이 지키기 어려운 지형이라 생각해서 몽땅 불태워버렸다. 이 흉노의 반란은 회제의 시대에 일어났기 때문에 '영가(永嘉)의 난'이라 부르는데, 이 영가의 난으로 인해 서진은 급속히 멸망의 길을 재촉했으며 오호십육국이 북부 지역에서 점점 발호하였다. 결국 316년에 진민제가 유요에게 투항함으로써 서진은 멸망하였다.

위나라부터 서진 시대까지 정치가 혼란한 시대를 살아가면서 권력을 멀리하고 청담(淸談)의 문화를 일으킨 사람이 바로 죽림칠현이다. 죽림칠현은 위나라 말엽 하남성 일대의 대나무 숲에 모여 거문고와 술을 즐기며 청담을 나누던 일곱 명의 선비를 말하는데, 완적(阮籍), 혜강(嵇康), 산도(山濤), 상수(向秀), 유령(劉伶), 완함(阮咸), 왕융(王戎)을 말한다. 이들은 노자(老子), 장자(莊子)의 사상을 토대로 자유분방한 삶을 살았다.

서진 시대의 번역승으로 대표적인 인물은 축법호(竺法護)이다. 그는 당시 서역을 순례하여 『방등』 경전의 산스크리트본을 많이 얻었고 돈황에서 장안으로 들어간 뒤 영가 2년(서기308년) 78세로 입적하기까지 약 40년간을 오로지 역경에만 종사했다. 『광찬반야경』, 『정법화경』 등 모두 154부 309권을 번역하여 불교 발전에 큰 공을 세웠다.

* 서진 왕조의 계보

제1대. 무제(武帝) 사마염(司馬炎)(265년 ~ 290년) **태시(泰始)**(265년 ~ 274년)/함녕(咸寧)(275년 ~ 279년)/**태강(太康)**(280년 ~ 289년)/태희(太熙)(290년)

제2대. 혜제(惠帝) 사마충(司馬衷)(290년 ~ 300년) **영희(永熙)**(290년)/영평(永平)(291년 ~ 299년)/영강(永康)(300년)

제3대. 회제(懷帝) 사마치(司馬熾)(306년 ~ 313년) **영가(永嘉)**(307년 ~ 313년)

제4대. 민제(愍帝) 사마업(司馬鄴)(313년 ~ 316년) **건흥(建興)**(313년 ~ 317년)

* 1대 무제는 할아버지인 위나라 승상 사마의를 선제(宣帝)로, 사마소를 문제(文帝)로 추증했다.

* 팔왕의 이름; 여남왕(汝南王) 사마량(司馬亮), 제왕(齊王) 사마경(司馬冏), 초왕(楚王) 사마위(司馬瑋), 장사왕(長沙王) 사마애(司馬乂), 성도왕(成都王) 사마영

(司馬潁), 조왕(趙王) 사마륜(司馬倫), 하간왕(河間王) 사마옹(司馬顒), 동해왕(東海王) 사마월(司馬越)

3. 오호십육국(五胡十六國)과 동진(東晉)

서진이 멸망한 후 남쪽으로 내려가 동진 왕조를 세운 사람은 무제의 숙부인 낭야왕(琅琊王) 사마주(司馬伷)의 자손인 원제(元帝) 사마예(司馬睿)이다. 그는 측근인 왕도(王導)의 권유로 강남으로 건너와 건업(建業)에 수도를 정하고 호족 세력과 연합해서 새로운 나라 동진(東晉)을 세웠다. 처음엔 스스로 진왕(晉王)이라 칭하고 연호를 건무(建武)라 했으나, 후에 서진의 민제가 죽자 비로소 황제의 지위에 오르면서 연호를 태흥(太興)으로 고쳤고 아울러 건업도 업(業)이 민제의 이름인 업(鄴)과 비슷하다고 해서 건강(建康)으로 변경했다. 사마예 일행이 건강에 왔을 때 남방 호족들은 그들을 북쪽 지방에서 온 촌놈들이란 뜻에서 창부(傖夫)라 불렀다. 그러나 사마예는 왕도(王導)의 보좌를 받아 이들의 마음을 사서 나라를 안정시켰다.

앞서 말했듯이, 서진 말엽에는 중국 북부와 서부에 근거지를 둔, 소위 오호(五胡)라고 하는 흉노(匈奴), 선비(鮮卑), 갈(羯), 저(氐), 강(羌)이 중원에 진출해서 장강과 황하 일대에 16개의 나라를 세우는데 이를 '오호십육국'이라 한다.

오호십육국 중에서 최초로 이루어진 나라는 흉노족이 세운 한국(漢國)으로 유연(劉淵)이 세웠다. 유연의 아들 유총 때 서진을 멸했으나, 유총이 죽은 후에 유요(劉曜)의 전조(前趙)와 석륵(石勒)의 후조(後趙)로 분열되었다. 석륵과 유요는 서로 패권을 다투다가 마침내 석륵이 유요를 죽임으로써 전조는 37년 만에 멸망했다(329년). 후조는 갈족인 석륵이 세워서 석조(石

趙)라고도 부른다. 석륵은 한족과 흉노족을 평등하게 다스렸을 뿐 아니라 한족도 등용하는 등 정사를 올바로 이끌었다.

석륵이 재위 15년 만에 죽자 아들 석홍(石弘)이 대를 이었으나, 이내 석호(石虎)에게 지위를 빼앗긴 뒤 살해되었다. 석호는 유례가 없는 폭군으로 잔인무도한 정치를 펼쳤다. 석호가 죽은 뒤 석감(石鑑)이 즉위했지만, 그러나 석호의 양손인 염민(冉閔)은 석감을 죽이고 황제의 자리에 오르면서 국호를 위(魏), 연호를 영흥(永興)이라 했다. 한족 출신인 염민은 석호가 한족을 마구 죽였기 때문에 그 역시 갈족을 비롯한 이민족을 말살했다. 이민족간의 갈등이 아주 심해지자 결국 염민은 선비족 모용(慕容)씨의 포로가 되면서 3년 만에 멸망하고 말았다. 그 후 모용씨가 수립한 전연(前燕)은 저족이 세운 전진(前秦)에게 멸망당했다.

전진은 저족의 부(符)씨가 세운 나라라서 부진(符秦)이라고도 한다. 전진의 왕 부견(符堅)은 석호나 염민처럼 이민족 말살 정책을 취하지 않고 선비족, 강족, 갈족, 흉노족 등의 인재를 중용하고 한족 출신의 정치인도 중용했다. 그 중에 왕맹은 동진의 장수 환온(桓溫)도 감탄한 나머지 동진에 벼슬하길 권한 사람이었는데, 부견은 바로 이 왕맹을 등용해서 부국강병책을 실시해 중국 북부의 대부분을 통일하였다. 당시 숙신(肅愼), 우전(于闐), 대완(大宛), 강거(康居), 천축(天竺) 등 62개의 나라가 조공을 하며 친선을 맺었다. 그러나 왕맹이 죽자 부견은 그의 충고를 듣지 않고 동진을 토벌할 야심을 품었다. 부견의 동생 부융(符融)도 동진 정벌을 만류했고 당대의 고승(高僧)인 도안(道安)도 만류했지만, 부견은 전연(前燕)의 장수였던 모용수(慕容垂)의 권유에 따라 마침내 383년 동진 정벌에 나섰다.

동진의 재상 사안(謝安)이 이끄는 동진의 군사는 전진의 백만 군사가 공격해 오자 비수(肥水)를 사이에 두고 대치하였다. 부견은 동진의 장군이었다가 포로가 된 주서(朱序)를 다시 동진에 파견해서 항복을 권했다. 그러나 오히려 주서가 전진 군대의 약점을 폭로하며 동진 측에 가담하면서 비수 대전(大戰)은 동진의 역사적 승리로 끝나고 말았다. 비수 대전의 패배로 전진의 국세가 쇠퇴하자 그동안 부견에게 복종하던 이민족의 우두머리들은 저마다 부견을 벗어나 자신들의 길을 갔으며, 이때 모용수도 고국으로 돌아가 나라를 세웠으니 바로 후연(後燕)이다(385년). 게다가 장안에 있던 선비족이 반란을 일으키자 부견은 오장산(五將山)에서 일시 피신을 하고 있었는데, 이번에는 강족의 요장(姚萇)이 오장산을 포위해 그를 생포했다가 나중에 죽여버렸다. 그리고 부견의 후계자라는 의미에서 자기가 세운 나라도 진(秦)이라고 했으니 역사에서는 이를 후진(後秦)이라 부른다.

비수 대전 이전에 세워졌다가 멸망한 나라는 전량(前涼), 전조(前趙), 후조(後趙), 전진(前秦), 전연(前燕), 성한(成漢)이 있고, 전진이 멸망한 후에는 모용수의 후연이 남연(南燕)과 북연(北燕)으로 분열했고 요장의 후진을 비롯해 후량(後涼), 남량(南涼), 서량(西涼), 북량(北涼), 서진(西秦), 하(夏)가 난립하였다. 이렇게 해서 전진이 지배하던 판도는 비수 대전 후엔 10개국으로 분열했다가 나중에 선비족의 탁발(拓跋)씨가 세운 북위(北魏)에 의해 통일되었다.

전진의 위협이 사라진 동진에서는 호족과 농민의 갈등이 격화되고 정치가 문란해졌다. 이때 북부 지역에서는 선비족의 탁발규(拓跋珪)가 세력을 확장해 나갔지만, 효무제(孝武帝)는 주색과 유흥에 빠져 정사를 돌보지 않았다. 효무제가 죽고 장남인 사마덕종(司馬德宗)이 즉위하니 바로 안제(安帝)이다. 당시 비수 대전을 승리로 이끈 북부군의 총수 왕공(王恭)이

모반을 하다 실패로 끝났고, 399년에는 손은(孫恩)이 반란을 일으켰다가
유유(劉裕)가 이끄는 북부군에게 격퇴를 당했다. 당시 서부군의 총수는
환온의 아들 환현(桓玄)인데, 그는 북부군의 총수인 유뢰지를 죽이고 초왕
(楚王)이 되었다. 그리고 이듬해인 403년에 안제를 폐위하고 스스로 황제가
되어서 나라 이름을 초(楚), 연호를 영시(永始)라고 하였다.

그러나 403년 유유가 환현 토벌군을 일으켜 경구성(京口城)을 빼앗고
수도 건강으로 진격해 환현을 죽여서 결국 환현의 초나라는 3개월 만에
멸망하고 말았다. 유유는 안제를 복위시켰다가 다시 시해한 뒤에 동진의
마지막 황제 공제(恭帝)를 협박해서 황제의 지위를 이어받아 송(宋)나라를
세우니, 이때부터 남조(南朝)가 시작되었다.

이 시대의 고승으로는 먼저 불도징(佛圖澄)을 들 수 있다. 그는 후조(後
趙)를 세운 석륵(石勒)의 패업(霸業)을 도왔고 이어서 석호(石虎)에게도
깊은 예우를 받았다. 서기 348년 117세로 입적할 때까지 대략 38년에
걸쳐 불교의 전파에 힘썼다. 불도징의 문도로는 도안, 법화, 축법태, 축법아
등이 있었으며 그 가운데 도안이 으뜸이었다.

도안은 불도징에게 사사하였으며 훗날 후조(後趙)와 전연(前燕)의 전란
을 피해 문도 5백여 명을 이끌고 남하하였다. 양양(襄陽) 단계사에 있을
때 그를 따르는 자가 많았으며 유명한 문학자인 습착치도 도안과 깊은
교류를 가졌다. 전진(前秦)의 부견은 도안의 명성을 듣고 10만 대군을
보내 양양을 공략해서 도안과 습착치를 장안으로 모셔왔다. 그는 이곳에서
수많은 경전에 대한 목록인『종리중경목록』(흔히『도안록』이라 부름)을
저술했는데 현존하지는 않는다. 다만 양(梁)나라의 승우(僧祐)가『종리중
경목록』에다 새롭게 역출된 경전을 보충하여『출삼장기집』을 편찬해서
그 원형을 복원할 수 있다. 도안을 시발점으로 각 시대마다 경전의 목록이

편찬되어 후대의 불교연구에 크게 공헌하였다.

도안은『방광반야경』등을 강의하고 또 여러 경전에 서문을 짓고 주석을 단 것이 거의 22부에 이르렀다. 종래의 경전해석이 노장의 무(無)사상을 빌어서 불교의 반야사상을 설명하는 이른바 격의불교였고, 축법아, 강법랑, 동진의 축잠의 본무의(本無義), 지둔의 즉색의(卽色義), 축법온의 심무의(心無義) 등이 나왔지만, 도안은 이를 비판하면서 공(空)을 일체의 모든 법은 그 본성이 공적(空寂)한 것이라고 했다. 또 종래의 출가자들이 주로 출생국이나 스승의 성을 따랐는데, 도안은 출가자는 모두 부처의 가르침을 따르는 사람이므로 석(釋)씨로 성을 삼아야 한다고 주장하면서 스스로 석도안이라 칭하였다.

전진의 뒤를 이은 후진(後秦)에서는 불교가 더욱 성행하였는데, 그 대표자는 구마라집(鳩摩羅什)이었다. 후진의 요흥(姚興)은 후량(後凉)을 토벌하여 구마라집을 장안으로 데려간 후 그를 국사로 예우하며 소요원(逍遙園)을 하사하고 후에 장안대사(長安大寺)를 건립하여 경전 번역의 도량으로 제공하였다. 구마라집은 장안에서 12년 동안 역경에 종사하다가 서기 413년 70세를 일기로 장안대사에서 입적하였다.

그가 역출한 경전은 70부 384권에 이르렀는데 특히『반야경』,『법화경』,『유마경』등의 대승 경전과『중론』,『십이문론』,『대지도론』『십주비바사론』,『성실론』등을 들 수 있다. 특히 대승의 논서는 이때 처음으로 중국에 전해져서 훗날 이를 바탕으로 삼론, 성실론 등의 종파가 일어났다.

구마라집과 쌍벽을 이룬 사람으로는 혜원(慧遠)이 있었다. 도안의 문하에 있던 그는 전란을 피해 스승과 헤어져서 여산으로 들어가 동림사에서 30여 년을 주석하였다. 불법의 전파에 힘썼으니 불법을 선양하고 특히 남방으로 널리 전파하게 된 것은 모두 혜원의 강한 의지력 때문이다.

또 승려와 속인(俗人)들과 함께 결사하여 염불을 행했는데 오직 『반주삼매
경』에 의해서 미타불(彌陀佛)을 염(念)하는 것으로 훗날 정토교에서는
혜원을 정토종의 시조로 삼고 있다. 혜원은 반야 사상에 능통했을 뿐
아니라 유학과 노장사상에도 능해서 강남의 문사들과 교류가 빈번했다.
또 불교의 난해한 점에 대해 구마라집과 서신을 주고받은 것이 『대승의장
(大乘義章)』에 실려 있고, 『사문불경왕자론(沙門不敬王者論)』을 지어 사
문이 왕자에 예배하는 것을 배척했다.

　한편 북량에서는 담무참(曇無讖)이 하서왕 저거몽손의 예우를 받으면서
『대반열반경』 40권을 역출하였고, 당시 이 지역에 있던 혜숭, 도랑 등이
필사자(筆寫者)가 되었다. 후에 강남에서 혜엄, 혜관 등이 사령운 등과
함께 법현의 6권 『니원경』과 이 40권본을 대조하여 새롭게 36권의 『열반경』
남본(南本)을 만들게 되면서 열반경의 연구가 성행하였다. 제(齊)나라와
양(梁)나라에 살았던 보량(寶亮), 양나라의 지장(智藏) 등은 각기 의소(義
疏)를 짓게 되면서 열반학파가 강남 지역에서 번성하게 되었다.

　뒤이어 축도생이 나와서 구마라집이 천양한 『반야경』과 승가제바의
『비담』, 그리고 담무참(曇無讖)이 번역한 『열반경』 세 가지를 집대성했다.
그는 일찍부터 열반과 불성을 설을 밝혔으며 돈오(頓悟)의 의미와 일천제
(一闡提)도 성불할 수 있다는 뜻도 제시했다. 또 법신엔 색불(色佛)이
없고 정토(淨土)가 없고, 선(善)은 과보를 받지 않는다고 설했다. 축도생의
저작으로는 『유마경의소(維摩經義疏)』, 『묘법연화경소(妙法蓮華經疏)』,
『니원경의소(泥洹經義疏)』, 『선불수보의(善不受報義)』, 『돈오성불의(頓
悟成佛義)』 등 수십 편이 있다.

* 동진 왕조의 계보

제1대. 원제(元帝) 중종(中宗) 사마예(司馬睿)(317년 ~ 322년)

건무(建武) 317년 ~ 318년/대흥(大興) 318년 ~ 321년/영창(永昌) 322년 ~
323년

제2대. 명제(明帝) 숙종(肅宗) 사마소(司馬紹)(322년 ~ 325년)

태녕(太寧)(323년 ~ 326년)

제3대. 성제(成帝) 현종(顯宗) 사마연(司馬衍)

함화(咸和)(326년 ~ 334년)/함강(咸康)(335년 ~ 342년)

제4대. 강제(康帝) 사마악(司馬岳)

건원(建元)(343년 ~ 344년)

제5대. 목제(穆帝) 효종(孝宗) 사마담(司馬聃)

영화(永和)(345년 ~ 356년), 승평(昇平)(357년 ~ 361년)

제6대. 애제(哀帝) 사마비(司馬丕)

융화(隆和)(362년 ~ 363년), **흥녕(興寧)(363년 ~ 365년)**

제7대. 폐제(廢帝) 해서왕 사마혁(司馬奕)

태화(太和)(366년 ~ 371년)

제8대. 간문제(簡文帝) 태종(太宗) 사마욱(司馬昱)

함안(咸安)(371년 ~ 372년)

제9대. 효무제(孝武帝) 사마요(司馬曜)

영강(寧康)(373년 ~ 375년), **태원(太元)(376년 ~ 396년), 융안(隆安) 397년 ~
402년)**

제10대. 안제(安帝) 사마덕종(司馬德宗)

원흥(元興)(402년 ~ 404년), **의희(義熙)(405년 ~ 418년)**

제11대. 공제(恭帝) 사마덕문(司馬德文)

원희(元熙)(419년 ~ 420년)

* 오호십육국 왕조 계보

오호(五胡); 흉노(匈奴), 선비(鮮卑), 갈(羯), 저(氐), 강(羌)

16국; 전량(前凉), 후량(後凉), 남량(南凉), 서량(西凉), 북량(北凉), 전조(前趙),
   후조(後趙), 전진(前秦), 후진(後秦), 서진(西秦), 전연(前燕), 후연(後燕),
   남연(南燕),북연(北燕), 하(夏), 성한(成漢)

1) 흉노가 세운 나라

한(漢)나라, 유연(劉淵).

나중에 유요가 세운 전조(前趙)로 바뀜(304년 ~ 329년). 후조(後趙)에게 멸망

한왕(漢王) 유연(劉淵) 원희(元熙) 304년 ~ 308년

제1대. 태조(太祖)(유요가 추증) 광문황제(光文皇帝) 유연(劉淵)(308년 ~ 310년)
   영봉(永鳳) (308년 ~ 309년)/하서(河瑞) (309년 ~ 310년)

제2대. 폐제(廢帝) 유화(劉和) (310년)

제3대. 열종(烈宗) 소무황제(昭武皇帝) 유총(劉聰)
   광흥(光興) (310년 ~ 311년)/**가평(嘉平)** (311년 ~ 315년)/건원(建元) (315년
   ~ 316년)/인가(麟嘉) (316년 ~ 318년)

제4대. 은황제(隱皇帝) 유찬(劉粲)
   한창(漢昌) (318년)

제5대. 유요(劉曜) 광초(光初) (318년 ~ 328년)

제6대. 유희(劉熙) (328년 ~ 329년)

* 유요가 319년에 국호를 한(漢)에서 조(趙)로 변경하였다.

북량(北凉)(397년 ~ 439년) 저거몽손(沮渠蒙遜)

북량(北凉, 397년 ~ 439년)은 오호십육국 시대에 간쑤성[甘肅省]에서 건국된 나라이
다. 초대 왕은 단업(段業)이지만, 실질적인 창업자는 흉노계(匈奴系) 노수호족(盧水胡

族)의 저거몽손(沮渠蒙遜)이다.

제1대. 문왕(文王) 단업(段業)

　　신새(神璽) 397년 ~ 399년 천새(天璽) 399년 ~ 401년

제2대. 태조(太祖) 무선왕(武宣王) 저거몽손(沮渠蒙遜)

　　영안(永安) 401년 ~ 412년/현시(玄始) 412년 ~ 428년/승현(承玄) 428년 ~

　　431년/의화(義和) 431년 ~ 433년 401년 ~ 433년

제3대. 애왕(哀王) 저거목건(沮渠牧犍)

영화(永和) 433년 ~ 439년 433년 ~ 439년

고창북량 군주와 연호 재위 기간

제1대. 척왕(拓王) 저거무휘(沮渠無諱) 승평(承平) 443년 ~ 444년

제2대. 무척왕(武拓王) 저거안주(沮渠安周) 444년 ~ 460년

2) 갈족이 세운 나라

후조(後趙)(319년 ~ 531년) 석륵(石勒) 염위(冉魏)에게 멸망

후조(後趙: 319 ~ 351)는 오호십육국 시대 갈족(羯族)의 석륵(石勒)에 의해 건국된
나라이다.

조왕(趙王) 석륵(石勒) 태화(太和) 319년 ~ 329년

제1대. 고조(高祖) 명황제(明皇帝) 석륵(石勒)

　　건평(建平) 330년 ~ 333년

제2대. 폐제(廢帝) 해양왕(海陽王) 석홍(石弘)

　　연희(延熙) 333년 ~ 334년

세3대. 태조(太祖) 무황제(武皇帝) 석호(石虎)

　　건무(建武) 335년 ~ 348년/태녕(太寧) 349년

제4대. 폐제(廢帝) 초왕(譙王)

석세(石世) ~ 349년

제5대. 폐제(廢帝) 팽성왕(彭城王) 석준(石遵) ~ 349년

제6대. 폐제(廢帝) 의양왕(義陽王) 석감(石鑒)

청룡(靑龍) 349년 ~ 350년

제7대. 신흥왕(新興王) 석지(石祇)

영녕(永寧) 350년 ~ 351년

3) 선비족이 세운 나라

전연(前燕)(307년 ~ 370년) 모용황(慕容皝) 전진(前秦)에게 멸망

전연(前燕: 337 ~ 370)은 오호십육국시대 선비족(鮮卑族) 모용황(慕容皝)에 의해 건국된 나라이다.

고조(高祖) 선무제(宣武帝) 경소제 추증 모용외(慕容庾)

제1대. 태조(太祖) 연왕(燕王) 모용황(慕容皝) 337년 ~ 348년

연왕(燕王) 모용준(慕容儁) 348년 ~ 352년

제2대. 열조(烈祖) 경소제(景昭帝) 모용준(慕容儁)

원새(元璽) 352년 ~ 357년/광수(光壽) 357년 ~ 360년

제3대. 유제(幽帝) 남연(南燕) 헌무제 추증 모용위(慕容暐)

건희(建熙) 360년 ~ 370년

후연(後燕)(384년 ~ 409년) 모용수(慕容垂) 후연(后燕)에게 멸망

후연(後燕, 384년 ~ 407년)은 오호십육국시대 선비족 모용수(慕容垂)가 건국한 나라이다. 고구려 왕족 출신의 고운(高雲)이 왕위를 찬탈하고 북연(北燕, 407년 ~ 436년)을 세우면서 멸망하였다.

연왕(燕王) 모용수(慕容垂) 연원(燕元) 384년 ~ 386년

제1대. 세조(世祖) 성무제(成武帝) 모용수(慕容垂)

      건흥(建興) 386년 ~ 396년

제2대. 열종(烈宗) 혜민제(惠愍帝) 모용보(慕容寶)

      영강(永康) 396년 ~ 398년

      창려왕(昌黎王) 찬탈 군주 난한(蘭汗) 청룡(靑龍) 398년 398년

제3대. 중종(中宗) 소무제(昭武帝) 모용성(慕容盛)

      건평(建平) 398년/장락(長樂) 399년 ~ 401년

제4대. 소문제(昭文帝) 모용희(慕容熙)

      광시(光始) 401년 ~ 406년/건시(建始) 407년

남연(南燕)(398년 ~ 410년) 모용덕(慕容德)

남연(南燕 398년 ~ 410년)은 오호십육국 시대에 선비족(鮮卑族) 모용덕(慕容德)에 의해 건국된 나라이다. 후연(後燕)에서 분리 독립한 나라이다.

      연왕(燕王) 모용덕(慕容德) 398년 ~ 400년

제1대. 세종(世宗) 헌무제(獻武帝) 모용덕(慕容德)

      건평(建平) 400년 ~ 405년

제2대. 모용초(慕容超)

      태상(太上) 405년 ~ 410년

서진(西秦)(385년 ~ 431년) 걸복국인(乞伏國人)

서진(西秦, 385년 ~ 400년, 409년 ~ 431년)은 오호십육국 시대 선비족(鮮卑族) 걸복국인(乞伏國仁)이 세운 나라이다. 본래 국호는 진(秦)이지만 같은 국명을 가진 국가가 많았기 때문에 서진이라 구분하여 부른다.

제1대. 열조(烈祖) 선열왕(宣烈王) 걸복국인(乞伏國仁)

      건의(建義) 385년 ~ 388년

제2대. 고조(高祖) 무원왕(武元王) 걸복건귀(乞伏乾歸)

태초(太初) 388년 ~ 400년/경시(更始) 409년 ~ 412년 (400년 ~ 409년 동안
후진(後秦)에 복속됨)

제3대. 태조(太祖) 문소왕(文昭王) 걸복치반(乞伏熾磐)

영강(永康) 412년 ~ 419년/건홍(建弘) 420년 ~ 428년

제4대. 여무왕(厲武王) 걸복모말(乞伏暮末)

영홍(永弘) 428년 ~ 431년

남량(南涼, 397년 ~ 414년)

남량(南涼, 397년 ~ 414년)은 오호십육국 시대 선비족(鮮卑族) 독발오고(禿髮烏孤)
가 건국한 나라이다. 국호는 양(涼)이지만 같은 국호를 가진 국가가 많기 때문에
남량이라 부른다.

제1대. 열조(烈祖) 무왕(武王) 독발오고(禿髮烏孤)

태초(太初) 397년 ~ 399년

제2대. 강왕(康王) 독발이녹고(禿髮利鹿孤)

건화(建和) 400년 ~ 402년

제3대. 경왕(景王) 독발욕단(禿髮傉檀)

홍창(弘昌) 402년 ~ 404년/가평(嘉平) 408년 ~ 414년

4) 저족이 세운 나라

전진(前秦)(351년 ~ 394년) 부건(苻健) 서진(西秦)에게 멸망

전진(前秦: 351 ~ 394)은 오호십육국 시대 티베트계 저족(氐族)에 의해 건국된
나라이다. 국호는 진(秦)이지만 동시대에 같은 국명의 나라가 많기 때문에 가장
먼저 건국된 이 나라를 전진이라 구별하여 부른다.

태조(太祖) 삼진왕(三秦王) 무혜제(武惠帝) 350년

- 삼진왕(三秦王) 부건(符健) 350년

- 대진왕(大秦王) 부건(符健) **황시(皇始)** 351년 ~ 352년

제1대. 고조(高祖) 경명제(景明帝) 부건(符健) 352년 ~ 355년

제2대. 폐제(廢帝) 여왕(厲王) 부생(符生)

　　　수광(壽光) 355년 ~ 357년

제3대. 세조(世祖) 선소제(宣昭帝) 부견(符堅)

　　　영흥(永興) 357년 ~ 359년/감로(甘露) 359년 ~ 364년/건원(建元) 365년 ~
　　　385년

제4대. 애평제(哀平帝) 부비(符丕)

　　　태안(太安) 385년 ~ 386년

제5대. 고종(高宗) 고제(高帝) 부등(符登)

　　　태초(太初) 386년 ~ 394년

제6대. 부숭(符崇) 연초(延初) 394년

성한(成漢)(304년 ~ 347년) 이웅(李雄) 동진(東晋)에게 멸망.

성한(成漢, 304년 ~ 347년)은 오호십육국 시대 티베트계 저족(氐族)의 일파였던
파저족(巴氐族)의 이웅(李雄)에 의해 건국된 나라이다. 서진(西晉) 말인 304년에
건국되어 국호를 성(成)이라 하였는데 338년에 이수(李壽)가 국호를 한(漢)으로 고쳤
기 때문에 일반적으로 이를 합하여 성한(成漢)이라 한다. 후촉(後蜀) 혹은 성촉(成蜀)
이라고도 부른다.

시조(始祖) 경제(景帝) 이특(李特) 건초(建初) 303년 ~ 304년

- 진문왕(秦文王) 이류(李流) 303년 ~ 304년

- 성도왕(成都王) 이웅(李雄) 건흥(建興) 304년 ~ 306년

제1대. 태종(太宗) 무황제(武皇帝) 이웅(李雄)

　　　안평(晏平) 306년 ~ 310년/옥형(玉衡) 311년 ~ 334년

제2대. 애황제(哀皇帝) 이반(李班) 334년

제3대. 폐제(廢帝) 이기(李期)

　　　옥항(玉恒) 335년 ~ 338년

제4대. 중종(中宗) 소문황제(昭文皇帝) 이수(李壽)

　　　한흥(漢興) 338년 ~ 343년

제5대. 이세(李勢) 태화(太和) 344년 ~ 346년/가녕(嘉寧) 346년 ~ 347년

* 중종 소문제가 338년에 국호를 성(成)에서 한(漢)으로 변경하였다.

후량(後涼)(386년 ~ 403년) 여광(呂光)

후량(後涼 386년 ~ 403년)은 오호십육국 시대 저족(氐族) 여광(呂光)에 의해 건국된
나라이다.

- 주천공(酒泉公) 여광(呂光) 태안(太安) 386년 ~ 389년
- 삼하왕(三河王) 여광(呂光) 인가(麟嘉) 389년 ~ 396년

제1대. 태조(太祖) 의무제(懿武帝) 여광(呂光)

　　　용비(龍飛) 396년 ~ 399년

제2대. 은왕(隱王) 여소(呂紹) 399년

제3대. 영제(靈帝) 여찬(呂纂)

　　　함녕(咸寧) 399년 ~ 401년

제4대. 여륭(呂隆) 신정(神鼎) 401년 ~ 403년

5) 강족이 세운 나라

후진(後秦)(384년 ~ 417년) 요장(姚萇)

후진(後秦 384년~417년)은 오호십육국 시대 강족 요장(姚萇)이 건국한 나라이다.
건국한 사람의 성을 따서 요진(姚秦)이라고도 한다.

제1대. 태조(太祖) 무소제(武昭帝) 요장(姚萇)
　　　건초(建初) 386년 ~ 394년
제2대. 고조(高祖) 문환제(文桓帝) 요흥(姚興)
　　　황초(皇初) 394년 ~ 399년/홍시(弘始) 399년 ~ 416년
제3대. 요홍(姚泓) 영화(永和) 416년 ~ 417년

6) 한족이 세운 나라

전량(前凉)(317년 ~ 376년)

서진의 양주자사였던 장궤(張軌)가 세운 나라로 전진(前秦)에게 멸망당했다.

제1대. 태조(太祖) 무왕(武王) 장궤(張軌) 301년 ~ 314년
제2대. 고조(高祖) 명왕(明王) 장식(張寔) 영안(永安) 314년 ~ 320년
제3대. 태종(太宗) 성왕(成王) 장무(張茂) 영원(永元) 320년 ~ 324년
제4대. 세조(世祖) 문왕(文王) 장준(張駿) 태원(太元) 324년 ~ 346년
제5대. 세종(世宗) 명왕(明王) 장중화(張重華) 영락(永樂) 346년 ~ 353년
제6대. 애공(哀公) 장요령(張耀靈) 353년
제7대. 위왕(威王) 장조(張祚) 화평(和平) 354년 ~ 355년
제8대. 충왕(沖王) 장현정(張玄靚) **태시(太始)** 355년 ~ 363년
제9대. 도공(悼公) 장천석(張天錫) 태청(太淸) 363년 ~ 376년

* 301년 ~ 317년까지는 서진(西晉)의 연호를 사용하였다. 317년 ~ 353년, 355년
~ 361년에는 서진의 건흥(建興) 연호를 계속 사용하였으며, 그 외에 대내적으로
사용했던 독자 연호가 있었다. 361년 ~ 376년까지는 동진(東晉)의 승평(昇平)
연호를 사용하였고, 역시 대내적으로 사용한 독자 연호가 있었다.

서량(西涼)(400년 ~ 421년) 이고(李暠)

서량(西涼, 400년 ~ 421년)은 오호십육국 시대 한족인 이고(李暠)에 의해 건국된

나라이다.

제1대. 태조 무소왕(武昭王) 이고(李暠)

경자(庚子) 400년 ~ 404년/건초(建初) 405년 ~ 417년

제2대. 이흠(李歆) 가흥(嘉興) 417년 ~ 420년

제3대. 이순(李恂) 영건(永建) 420년 ~ 421년

북연(北燕)(409년 ~ 436년) 풍발(馮跋)

북연(北燕, 407년 ~ 436년)은 오호십육국 시대 고구려 왕족 출신의 고운(高雲)이 후연(後燕)의 왕위를 찬탈하고 건국한 국가이다.

제1대. 혜의제(惠懿帝) 고운(高雲)

정시(正始) 407년 ~ 409년

제2대. 태조(太祖) 문성제(文成帝) 풍발(馮跋)

태평(太平) 409년 ~ 430년

제3대. 소성제(昭成帝) 풍홍(馮弘)

태흥(太興) 431년 ~ 436년

하(夏)나라(407년 ~ 431년) 혁련발발(赫連勃勃)

제1대. 세조(世祖) 무열제(武烈帝) 혁련발발(赫連勃勃)

용승(龍昇) (407년 ~ 413년)/봉상(鳳祥) (413년 ~ 418년)/창무(昌武) (418년 ~ 419년)/진흥(眞興) (419년 ~ 425년)

제2대. 혁련창(赫連昌) 승광(承光) (425년 ~ 428년)

제3대. 혁련정(赫連定) 승광(勝光) (428년 ~ 431년)

남량(南涼, 397년 ~ 414년)

선비족인 독발오고(禿髪烏孤)가 건국. 남량의 독발씨가 탁발씨(拓跋氏)로부터 갈라졌기 때문에 탁발량국(拓跋涼國)으로도 부른다.

제1대. 열조(烈祖) 무왕(武王) 독발오고(禿髪烏孤)
    태초(太初) 397년 ~ 399년
제2대. 강왕(康王) 독발이녹고(禿髪利鹿孤)
    건화(建和) 400년 ~ 402년
제3대. 경왕(景王) 독발욕단(禿髪傉檀)
    홍창(弘昌) 402년 ~ 404년/가평(嘉平) 408년 ~ 414년

4. 남북조 시대

남조는 동진이 멸망하면서 장강 남쪽에 세워졌던 송(宋), 제(齊), 양(梁), 진(陳)의 네 왕조를 말하고, 북조는 오호십육국을 통일한 북위(北魏)와 동위(東魏), 서위(西魏), 북제(北齊), 북주(北周)의 다섯 왕조이다.

이처럼 왕조가 자주 바뀌었지만 불교는 동진 시대를 계승하여 크게 발전했다. 한역 불전에 대한 본격적인 연구가 시작되면서 불교의 여러 학파가 이 시대에 성립되었으며, 불교 교단의 세력이 강대해지자 북위 태무제의 폐불(廢佛)과 북주 무제의 폐불이 행해졌다.

또 도교와의 대립과 항쟁도 남북조 시대의 특징이라고 할 수 있으며, 또 북위의 낙양이나 남조의 건강(建康)에서는 아름다운 불교사원의 건축과 미술이 발전했으며, 운강(雲岡), 용문(龍門) 석굴의 불교문화도 발달했다.

남조[南朝]

송(宋);

원래 동진의 북부군이던 유유는 환현을 토벌해서 동진의 권력을 장악한 뒤에 남연(南燕)을 공격했다. 남연은 이웃 나라 후진(後秦)에 도움을 요청했지만 후진의 임금 요흥(姚興)은 출전을 망설였고, 이 틈을 탄 유유는 남연을 멸하고 7년 후엔 장안까지 입성하여 후진을 멸했다. 서기 410년 동진의 마지막 황제 공제(恭帝)가 협박에 못 이겨 유유에게 선양(禪讓)을 하자, 유유는 나라 이름을 송(宋)이라 하고 건강(建康)에 도읍했다. 유씨의 나라이기 때문에 유송(劉宋)이라 부르기도 한다. 유유를 이은 문제(文帝) 유의륭(劉義隆)은 '원가(元嘉)의 치(治)'로 불리는 훌륭한 정치를 했지만, 전폐제(前廢帝) 유자업(劉子業)부터 후폐제(後廢帝) 유욱(劉昱)에 이르기까지는 포악한 정치를 일삼고 권력 다툼만을 벌이다가 결국 나라를 멸망으로 이끌었다.

오호의 국왕들은 불교의 신이(神異)나 방술(方術)을 환영하고 신앙했으며, 왕이나 고관이 사탑(寺塔)을 건립하고 불상(佛像)을 만들었으며 이런 풍조는 일반 민중에게도 유행하였다. 송(宋)의 무제는 구마라집의 문하인 혜엄(慧嚴), 승도(僧導) 등을 예우하고, 문제(文帝)는 스스로 교리를 연구해서 상서령 하상지(何尙之)에게 인과(因果)의 이치를 하문하였으며 고승을 내전으로 청해 경전을 강설하도록 했다. 그리고 또 혜림(慧琳)이 국정에 참여하면서 건강(建康)의 불교는 더욱 융성했다. 혜림은 또『백흑론(白黑論)』을 저술하여 유교와 불교의 같고 다른 점을 논하였는데, 이를 계기로 하승천(何承天)의『달성론(達性論)』, 종병(宗炳)이 쓴『난백흑론』과『명불론』등이 저술되어 교리를 논했다.

제1대. 무제(武帝) 유유(劉裕) 영초(永初)(420 ~ 422)

제2대. 소제(少帝) 유의부(劉義符) 경평(景平)(422 ~ 424)

제3대. 문제(文帝) 유의륭(劉義隆) 원가(元嘉)(424 ~ 453) 태자(太子) 유소(劉劭)
태초(太初)(453)

제4대. 효무제(孝武帝) 유준(劉駿) 효건(孝建)(454 ~ 456)/ 대명(大明)(457년 ~ 464년)

제5대. 전폐제(前廢帝) 유자업(劉子業) 영광(永光)(465년)/ 경화(景和)(466년)

제6대. 명제(明帝) 유욱(劉彧) 태시(太始)(466년 ~ 471년)/ 태예(泰豫)(472년)

제7대. 후폐제(後廢帝) 유욱(劉昱) 원휘(元徽)(473 ~ 477)

제8대. 순제(順帝) 유준(劉準) 승명(昇明)(477 ~ 479)

제(齊);

소도성(蕭道成)은 송나라 지방군의 일개 참모였다가 점차 실권을 장악했
다. 그는 송나라의 마지막 황제 순제(順帝)로부터 479년 선양을 받아 제(齊)
나라를 세웠는데, 역사에서는 이를 소제(蕭齊) 혹은 남제(南齊)라 부른다.
소도성이 죽은 뒤에 명제(明帝) 역시 유송(劉宋)의 황제처럼 친족들을
마구 죽이면서 멸망의 길을 걸었다.

제(齊)나라 무제(武帝)의 태자인 문혜태자는 늘 고승을 초빙하고 스스로
도 불법을 강의했다. 화엄회, 용화회, 도림회를 설치하여 사신(捨身), 방생
(放生), 시약(施藥)을 행했으며, 일반인들이 불교의 가르침을 실천할 수
있도록 『정주자정행법문(淨住子淨行法門)』 20권을 펴내기도 하였다. 그리
고 번역가로서는 『무량의경』을 번역한 담마가타야사, 『선견률비바사』를
번역한 승가발타라 등이 있다.

제1대. 고제(高帝) 소도성(蕭道成) (479 ~ 482) 건원(建元) 479년 ~ 482년

제2대. 무제(武帝) 소색(蕭賾) 영명(永明) (482 ~ 493)

제3대. 욱림왕(郁林王) 소소업(蕭昭業) 융창(隆昌)(493 ~ 494)

제4대. 해릉왕(海陵王) 소소문(蕭昭文) 연흥(延興)(494)

제5대. 명제(明帝) 소란(蕭鸞) 건무(建武)(494 ~ 498)/ 영태(永泰)(498년)

제6대. 폐제(廢帝) 소보권(蕭寶卷) 영원(永元)(498 ~ 501)

제7대. 화제(和帝) 소보융(蕭寶融) 중흥(中興)(501 ~ 502)

양(梁);

결국 502년 옹주자사(雍州刺史)로 있던 소연(蕭衍)이 명제의 뒤를 이은 황제를 죽인 후에 양(梁)나라를 세우고 황제의 지위에 오르니, 이 사람이 바로 남조의 불교를 찬란하게 발전시킨 양무제(梁武帝)이다. 그는 46년간 재위하면서 남조에서는 유일하게 선정(善政)을 펼친 사람이었다. 그러나 양나라 말엽 후경(侯景)의 난(亂)이 일어나서 양무제는 유폐를 당한 뒤에 죽었다.

양(梁)나라 시대는 남조 불교의 전성시대였다. 특히 양무제(梁武帝)는 역대 제왕 중에서 가장 돈독히 불교를 신봉했다. 그는 서기 504년에 승려와 속인 2만여 명을 이끌고서 도교를 버리고 불교를 받드는 사도봉불(捨道奉佛)식을 거행하였고, 서기 517년에는 제사(祭祀)를 위해 생명을 죽이는 걸 금지하면서 천하의 도관(道觀)을 폐하고 도사(道士)를 환속시켰다.

역경 사업도 진제(眞諦)를 만나 활기를 띠었다. 진제는 시국이 혼란해서 이곳저곳을 전전하는 상황에서도 역경에 전념하여 49부 142권의 경론을 역출하였다. 특히 『섭대승론』, 『섭대승론석』, 『대승기신론』, 『중분별론』, 『전식론』, 『유식론』, 『삼무성론』, 『아비달마구사석론』 등의 번역은 섭론종, 구사종을 낳게 했으며 유식학 연구의 단초를 열었다.

제1대. 무제(武帝) 소연(蕭衍) (502 ~ 549) 천감(天監)(502년 ~ 519년)/ 보통(普通)(520년 ~ 527년)/ 대통(大通)(527년 ~ 529년)/ 중대통(中大通)(529년 ~ 534년)/

대동(大同)(536년 ~ 546년)/ 중대동(中大同)(546년 ~ 547년)/ 태청(太淸)(547
년 ~ 549년)

임하왕(臨賀王) 소정덕(蕭正德) (548 ~ 549)

제2대. 간문제(簡文帝) 소강(蕭綱) 대보(大寶)(549 ~ 551)

제3대. 예장왕(豫章王) 소동(蕭棟) 천정(天正)(551 ~ 552)

제4대. 무릉왕(武陵王) 소기(蕭紀) 천정(天正)(552 ~ 553)

제5대. 원제(元帝) 소역(蕭繹) 승성(承聖)(552 ~ 555)

제6대. 민제(閔帝) 소연명(蕭淵明) 천성(天成)(555년)

제7대. 경제(敬帝) 소방지(蕭方智) 소태(紹泰)(555 ~ 556년)/ 태평(太平)(556년 ~
557년)

진(陳);

양무제가 죽고 황태자 소강(蕭綱)이 뒤를 이으니 바로 간문제(簡文帝)이
다. 그러나 나중에 후경은 간문제를 죽이고서 스스로 잔학한 통치를 일삼다
가 수많은 반란을 불러일으켰는데, 그중에서도 왕승변(王僧騙)의 군사와
진패선(陳覇先)의 군사가 가장 강력했다. 두 군사는 후경의 군사를 대파하
고 그를 죽음으로 몰아넣었다. 그 후 진패선은 왕승변과 북제의 연합군을
격파하고 경제(敬帝)로부터 선양을 받아 황제가 되었다. 그는 나라 이름을
진(陳)이라 하고 무제(武帝)라 칭했다. 진나라의 마지막 황제 후주(後主)
진숙보(陳叔寶)는 술과 향락에 빠져 살다가 수(隋)나라의 양견(楊堅)에게
멸망당했다.

진(陳)나라 문제는 양나라 말엽 전란으로 파괴된 금릉의 사찰을 복원했으
며 무차대회를 열어 사신(捨身)공양을 했다. 그리고 이 무렵의 고승으로는
혜사(慧思)가 있다. 그는 북제의 혜문(慧文)에게서 법화의 미묘한 이치를
체득하였으며, 훗날 남악(南嶽)으로 옮겨 10여 년간을 머물면서 오직 교화

역사적 배경 • 71

를 행했기 때문에 세상에서는 그를 남악대사라고 부른다. 『대승지관법문』,
『무쟁삼매법문』, 『안락행의』 등의 저술이 있다.

  제1대. 무제(武帝) 진패선(陳霸先) 영정(永定)(557 ~ 559)
  제2대. 문제(文帝) 진천(陳蒨) 천가(天嘉)(560 ~ 566)/ 천강(天康)(566년)
  제3대. 폐제(廢帝) 진백종(陳伯宗) 광대(光大)(567 ~ 568)
  제4대. 선제(宣帝) 진욱(陳頊) 태건(太建)(569 ~ 582)
  제5대. 후주(后主) 진숙보(陳叔寶) 지덕(至德)(583 ~ 586)/ 정명(禎明)(587년 ~ 589년)

북조(北朝)

  오호십육국을 통일한 북위는 탁발규가 죽고 6대째인 문제(文帝)가 즉위
해서 낙양으로 천도했다. 그리고 선비족을 한족화 하는 개혁을 추구해
탁발이란 성을 버리고 원(元)씨로 고친 뒤에 한족과의 결혼 정책도 추진했
다. 서기 499년 문제가 죽자 북위는 점점 부패해서 북방 민족들의 반란을
불러일으켰다. 특히 고환(高歡)은 청하왕의 세자 선견(善見)을 황제로
삼고 국호를 똑같이 위(魏)라 칭했는데 역사에서는 이 나라를 동위(東魏)라
칭하고, 관서대도독 우문태(宇文泰)는 무제(武帝)를 독살하고 남양왕 보거
(寶炬)를 황제로 세웠는데 역사에서는 이를 서위(西魏)라 칭했다. 이렇게
북위는 동위와 서위로 분열되었다가 550년 고환의 아들 고양(高洋)이
스스로 황제의 지위에 올라서 국호를 제(齊)라 하니, 역사에서는 이를
북제(北齊)라 했다. 또 우문태의 아들 우문각(宇文覺)도 556년 스스로
황제가 되어서 국호를 주(周)라 하니, 역사에서는 이를 북주(北周)라 했다.
  북제와 북주는 황하를 사이에 두고 대립하다가 577년 주무제(周武帝)가
북제를 멸망시켰다. 그 후 무제는 북으로 돌궐을 정복하고 남쪽으로 남조의

진(陳)나라를 평정해서 천하를 통일하려 했지만 도중에 병사(病死)하는 바람에 뜻을 이루지 못했다. 그가 죽은 후에 양견이 북주를 무너뜨리고 수나라를 세웠다.

남북조의 문화는 무엇보다 남조의 수도인 건강(建康)을 중심으로 꽃피웠는데, 이 건강은 삼국시대의 오나라부터 동진, 송, 제, 양, 진 여섯 나라의 도읍지였기 때문에 육조(六朝)의 고도(古都)라고 불린다. 육조 문화의 대표적인 인물로는 서예에 독보적 경지를 구축한 서성(書聖) 왕희지(王羲之)가 있으며, 시와 회화로 유명한 고개지(顧愷之), 전원(田園) 시인으로 이름 높은 도연명(陶淵明)이 있다.

불교는 북위(北魏)에서도 불교는 성행해서 사원의 수가 3만 개, 승려가 3백만 명이었다고 하며 제왕들도 불교 보호에 적극적이었다. 그러나 세조 태무제는 담시(曇始)를 중시해서 도교로 전향한 후 폐불까지 하게 되었다. 이 당시 도교는 양나라의 도사 도홍경(陶弘景)이 모산에 은거하면서 『진고(眞誥)』 7편을 만든 후에 북위의 구겸지에 이르러서는 도교가 국교로까지 발전하였다. 구겸지는 사도 최호(崔浩)의 추천으로 태무제의 신뢰를 받게 되었다.

태무제는 평성 동남부에 천사(天師) 도량을 세우고 스스로 태평진군(太平眞君)이라 칭하고는 사문을 탄압하고 폐불을 단행하였다. 물론 구겸지와 최호의 진언으로 촉발되었지만 폐불의 배경에는 호족과 한족과의 항쟁, 승려의 타락과 교단의 부패, 사원과 승려의 증가로 인한 국가 경제의 피폐가 있었던 것이다.

폐불 후 6년 만에 태무제가 죽고 문성제(文成帝)가 즉위하자 불교 부흥의 칙서가 내려졌다. 당시 사문통(沙門統)으로 임명된 담요(曇曜)는 운강의 대석굴을 축조하기 시작했으며, 효문제(孝文帝)는 도등(道登), 승연(僧淵)

등과 함께 용문 대석굴을 개척하였다. 또 선무제(宣武帝)는 스스로 보리류지의 역경에 필사를 담당할 정도로 당시 경전 번역 사업은 성행했다. 인도 승려 보리류지는 『금강반야경』, 『입능가경』, 『무량수경론』을, 늑나마제는 『보성론』을, 불타선다는 『섭대승론』을 번역했다. 그들이 번역한 『십지경론』은 지론종(地論宗)을 흥기시켜서 당시 사람들이 『화엄경』을 중시하게 되었다.

북제 문선제는 불교를 신봉해서 서기 555년 폐도(廢道)의 칙령을 내렸다. 이에 반해 북주의 무제는 부국강병책을 추진하는데 절과 승려가 많은 건 무익하다고 여겨서 폐불을 단행하였다. 즉 서기 569년 이후 여러 차례에 걸쳐 유교, 불교, 도교의 우열을 논하게 하였는데, 불교 쪽에서는 견란(甄鸞)이 『소도론(笑道論)』, 북주 도안이 『이교론』을 지어서 도교를 배척했으나, 무제는 서기 574년 도교와 불교를 모두 폐한다는 칙서를 내렸다. 이로 인해 사원의 경전과 불상은 모조리 파괴되고 승려도 모두 환속하게 되었다. 이 폐불로 인해 북주의 불교는 파멸할 지경이었으나 얼마 안 가서 무제가 병사하고 뒤이어 즉위한 선제, 정제 때에는 다시 불교가 부흥하였다.

북위(北魏)

제1대. 도무제(道武帝) 탁발규(拓跋珪) (386 ~ 409)

제2대. 명원제(明元帝) 탁발사(拓跋嗣) (409 ~ 423)

제3대. 태무제(太武帝) 탁발도(拓跋燾) (423 ~ 452)

제4대. 문성제(文成帝) 탁발준(拓跋濬) (452 ~ 465)

제5대. 헌문제(獻文帝) 탁발홍(拓跋弘) (465 ~ 471)

제6대. 효문제(孝文帝) 원굉(元宏) (471 ~ 499)

제7대. 선무제(宣武帝) 원각(元恪) (499 ~ 515)

제8대. 효명제(孝明帝) 원후(元詡) (515 ~ 528)

제9대. 효장제(孝莊帝) 원자유(元子攸) (528 ~ 530)

제10대. 장광왕(長廣王) 원엽(元曄) (530 ~ 531)

제11대. 절민제(節閔帝) 원공(元恭) (531)

제12대. 안정왕(安定王) 원랑(元朗) (531 ~ 532)

제13대. 효무제(孝武帝) 원수(元修) (532 ~ 534)

동위(東魏)

효정제(孝靜帝) 원선견(元善見) (534 ~ 550)

서위(西魏)

제1대. 문제(文帝) 원보거(元寶炬) (535 ~ 551)

제2대. 폐제(廢帝) 원흠(元欽) (551 ~ 554)

제3대. 공제(恭帝) 원곽(元廓) (554 ~ 557)

북제(北齊)

제1대. 문선제(文宣帝) 고양(高洋) (550 ~ 559)

제2대. 폐제(廢帝) 고은(高殷) (559 ~ 560)

제3대. 효소제(孝昭帝) 고연(高演) (560 ~ 561)

제4대. 무성제(武成帝) 고담(高湛) (561 ~ 565)

제5대. 후주(後主) 고위(高緯) (565 ~ 576)

제6대. 유주(幼主) 고항(高恒) (577)

북주(北周)

제1대. 효민제(孝閔帝) 우문각(宇文覺) (556 ~ 557)

제2대. 명제(明帝) 우문육(宇文毓) (557 ~ 560)

제3대. 무제(武帝) 우문옹(宇文邕) (560 ~ 578)

제4대. 선제(宣帝) 우문윤(宇文贇)(578 ~ 579)

제5대. 정제(靜帝) 우문연(宇文衍)(579 ~ 581)

제1

한(漢)나라 시대의
불교

1

불교의 중국 전래에 관한
갖가지 전설

불교가 중국에 전래된 시기는 과연 언제인가? 다양한 설(說)이 전해오고 있지만 실로 확정하기는 어렵다. 대체로 불교는 위진(魏晉) 시대 이후부터 중국의 문화와 사상에 커다란 이채(異彩)를 발하였지만, 전래 초기에 중하 (中夏)의 인사(人士)들은 불교를 단지 수많은 이민족 신앙의 하나로 보았을 뿐이다. 그러나 뜻밖에도 불교의 교화가 훗날 신구(神區)1)까지 그 광휘가 미치자 이를 상세히 기록했다.

한나라 명제(明帝)가 불법을 구한 일은 모자(牟子)의 『이혹론(理惑論)』2)

---

1) 고대에는 중국을 중하(中夏), 중화(中華), 화하(華夏), 신주(神州) 등으로 불렀는
    데, 신구(神區)도 그 중 하나이다.
2) 한나라 말엽 모융(牟融)이 지은 책으로 유교·불교·도교를 비교하면서 특히
    불교의 진리를 밝히고 있다. 일명 《 모자(牟子) 》라고도 한다. 전부 37편이
    《 홍명집(弘明集) 》 1권에 실려 있다. 현존하는 가장 초기의 불교 저술이다.
    모자는 불법을 논증하면서 "96가지 도(道) 중에서 불도야말로 가장 존귀하고
    위대하다"고 하였다. 일문일답의 방식으로 당시 제기되었던 불교에 대한 갖가지
    논란에 대답하고 있어서 위진남북조 시대의 사상사를 연구하는데 매우 귀중한
    자료이다.

에 보이지만, 그러나 이 시기는 과거 명제의 영평(永平)3) 시대로부터
이미 백 년이 지난 뒤였다. 그 후 억측과 견강부회로 더욱더 살이 붙으면서
갖가지 전설이 시류(時流)와 영합해 늘어났는데, 그 원인을 살펴보면 대체
로 세 가지 단서가 있다.

첫째, 후대 불법의 융성은 석가모니불의 신도와 박식하고 호기심 많은
인사들이 서적 속에 있는 기이한 정보를 취해서 이를 다른 뜻으로 위조(僞
造)하고 견강부회하는 걸 면치 못했다.

둘째, 모든 부처의 무한한 위력이 시대 상황에 부응해서 영향을 미쳤는데,
이 영향은 천축에 한정되지 않고 자연스럽게 화하(華夏)에까지 미쳤다.
이 때문에 부처를 믿는 자는 부득이 상고 시대의 일사(逸史)4)나 주(周)나라
와 진(秦)나라의 우언(寓言)을 인용해서 삼황오제(三皇五帝) 시대 이래로
이미 부처의 존재를 알고 있었다는 증거로 삼고 있다1:.

셋째, 화호설(化胡說)5)이 나와서 불도(佛道)와 선두를 다투자 부처를
믿는 자들은 위서(僞書)를 대량으로 만들어서 자신들의 세력을 확장했다.
예컨대『한법본내전(漢法本內傳)』6)에서는 '한나라 명제 때 석가와 노자의

---

3) 한명제의 연호(年號)로서 기원 58년부터 기원 75년까지를 말한다.
4) 정사(正史)에 기록되지 않은 역사
5) 『사기(史記)』에 "노자가 서쪽으로 갔다"는 말이 있는데, 이를 근거로 삼아서 노자가
    오랑캐의 나라 인도인들을 교화하기 위해 인도로 가서 부처가 되었다는 설.
6) 전 5권으로 이루어져 있으며 저자와 저술 시기는 분명치 않다. 후한(後漢)
    명제(明帝) 영평(永平) 연간에 불교의 전파와 도교와의 충돌을 담고 있다. 원본은
    실전되었고 그 일부가『광홍명집』1권,『집고금불도논형(集古今佛道論衡)』
    1권,『법원주림(法苑珠林)』18권 등에 실려 있다.

우열은 이미 판명되었다'고 하였고, 『주서이기(周書異記)』⁷⁾에서는 '서주
(西周) 시대 때 부처가 감응한 사적(事迹)이 이미 중화를 진동했다'고
하였다.

이 세 가지 단서를 통해 불교가 처음에 한나라 땅으로 들어왔다는 갖가지
전설은 별로 믿을 만한 것이 없다. 그러나 역사를 연구하는 나로서는
서책에 누락된 내용에 대해 억지로 해석할 수가 없다. 그리고 불교사
연구는 무엇보다도 그 흥망성쇠의 변천 과정을 밝히는데 중점을 두어야지
중국에 전래된 연대를 확정하는 것은 정말이지 가장 중요한 문제가 아니다.
그래서 이제부터는 중국에 전래된 갖가지 전설을 간략하게나마 서술하면
서 고증을 가하겠다.

1) 백익(伯益)⁸⁾이 부처의 존재를 알고 있었다

유송(劉宋)의 종병이 지은 『명불론』에서는 이렇게 기술하고 있다;

> 백익은 『산해경(山海經)』에서 "천독국(天毒國)은 사람을 친근히 하고[偎]
> 사람을 사랑한다"고 하였고, 곽박(郭璞)이 주석하기를 "옛날에 소위 천독은
> 바로 천축으로서 불교가 일어난 곳이다. '외(偎)'는 사랑한다는 뜻으로서

---

7) 후한 명제(明帝)가 꿈에 금인(金人)과 광명을 보고서 이튿날 문무백관에게
   물으니, 박사(博士) 왕준(王遵)이 주(周) 나라 때 기괴하고 특이한 일을 기록한
   《이기(異記)》를 인용해서 주소왕(周昭王) 26년 갑인년(甲寅年)에 강이 범람하
   고 대지가 진동하는 등의 사건이 부처의 탄생을 알린 것이라고 했다. 즉 왕준이
   인용한 책이 바로 『주서이기』이다.
8) 또한 백예(伯翳), 백예(柏翳), 백익(柏益), 또 대비(大費)라고도 한다. 『사기,
   진본기(秦本紀)』에 기재된 오제(五帝) 중 전유(顓頊)의 후예로 영(嬴)씨 성(姓)의
   시조이다.

여래(如來)의 대자비의 가르침이기도 하다"고 했으니, 진실로 삼황오제
때부터 이미 알려져 있었을 것이다.

『산해경』9)은 우(禹) 임금과 백익의 시대에 쓰여진 책이다. 유흠(劉歆)10),
왕충(王充)11), 안지추(顔之推)12)가 『산해경』의 설을 전하긴 했지만 지금은
잠시 논하지 않겠다. 그러나 '천독이 사람을 친근히 하고 사람을 사랑한다'
는 말은 『산해경, 해내경(海內經)』에 보이는데, 유흠이 완성한 『산해경』은
처음엔 단지 18편(篇) 뿐이라서 『해내경』과 『대황경(大荒經)』은 모두 포함

---

9) 중국 고대의 지리서. 백익(伯益)이 지었다고 하나 확실치 않다. 대체로 전국시대
　에 쓰였다가 서한(西漢) 초기에 다시 내용을 증보했음. 주로 민간전설 속의
　지리, 산천, 길, 부족, 생산품, 초목, 새나 짐승, 제사, 의무(醫巫), 풍속 등을
　싣고 있는데, 다분히 괴이한 내용으로 고대 신화 및 전설과 사지(史地)의 자료가
　많다.
　총18편으로 『장산경(藏山經)』 5편, 『해외경(海外經)』 4편, 『해내경(海內經)』
　5편, 『대황경(大荒經)』 4편이다.
10) 전한(前漢) 말엽 고문(古文) 경학파(經學派)의 창시자, 목록학자, 천문학자.
　유향(劉向)의 아들로 자는 자준(子駿)인데, 나중에 이름을 수(秀), 자를 영숙(潁
　叔)으로 고쳤다. 유향이 조정의 장서(藏書)를 교감(校勘)하라는 명을 받자 그도
　참여하여 유향의 『별록(別錄)』을 계승하고 『칠략(七略)』을 편찬해서 중국 목록
　학을 건립하는데 공헌했다. 저서로는 『삼통역보(三統曆譜)』가 있다.
11) 회계(會稽) 사람으로 자(字)는 중임(仲任)이다. 어려서 고아로 자라났으며 15살
　때 경성(京城)에 가서 대학(太學)에 들어가 유학을 체계적으로 배웠다. 대표작으
　로 『논형(論衡)』이 있으며, 이는 중국 사상사에서 '무신론'을 주장한 역작이다.
12) 남조(南朝) 양(梁)나라 때부터 수(隋) 나라 때까지 살았던 학자. 자는 개(介)이고
　낭야(琅邪) 임기(臨沂) 사람이다. 학식이 풍부하고 온건한 사상을 가진 문학가로
　그의 대표작인 『안씨가훈』은 가정의 교육과 도덕의 확립에 중대한 영향을
　끼쳤다. 그는 사족(士族) 출신이라 유가의 명교(名敎)와 예법의 영향을 깊이
　받았으며 아울러 불교를 신앙하였기 때문에 유교와 불교의 조화를 주장했다.

되지 않았다. 그래서 세상 사람들이 일찍부터 위서라고 의심했는데, 게다가 『해내경』 원문에서는 이렇게 말하고 있다.

동해(東海)의 안쪽과 북해(北海)의 모퉁이에 나라가 있으니, 그 이름을 조선(朝鮮), 천독이라고 한다. 그 나라 사람들은 물에서 사는데 사람을 친근히 하고 사람을 사랑한다.

조선과 천독이 똑같이 동해의 안쪽과 북해의 모퉁이에 있다고 말하고 있으니 그 황당무계함을 알 수 있다.

2) 주(周) 나라 때 불교가 이미 전래되었다

삼국 시대 때 사승(謝承)13)이 지은 『후한서(後漢書)』에는 이런 기록이 있다.

부처가 계축년(癸丑年) 7월 15일에 정주국(淨住國)의 마야(摩耶) 부인 뱃속에 잉태되었다가 주나라 장왕(莊王) 10년 갑인년(甲寅年) 4월 8일에 태어났다.2:

이해14)에 항성(恒星)이 보이지 않았다고 하면서 교화(應化)의 상서로운

---

13) 후한 말엽의 정치가이자 역사가로서 그의 생몰(生沒) 연대는 확실치 않다. 자(字)는 위평(偉平)이고 회계 산음(山陰) 사람이다. 삼국 시대 오나라 황제 손권의 황후 사부인(謝夫人)의 동생이다. 『후한서』 143권이 있으나 지금은 실전되었다.
14) 즉 갑인년이다.

현상과 연계시켰지만, 실제로 장왕 10년은 갑인년이 아니다. 오늘날의 고증에 근거하면 부처의 탄생은 훨씬 훗날이다. 그러나 부처가 탄생한 해에 대해서는 사승의 설이 가장 빠르다고 할 수 있다. 그러다가 후에 불교와 도교가 화호설로 인해 석가와 노자 중에 누가 먼저 태어났는지 서로 다투게 되었는데, 각자 석가와 노자의 출생 연도를 추론하면 할수록 더욱더 옛날로 소급하였고 상서로운 감응도 더욱더 기이해졌다.

『목천자별전(穆天子別傳)』15)3:, 『한법본내전(漢法本內傳)』, 『주서이기(周書異記)』4:에서는 똑같이 부처가 주나라 소왕(昭王) 시대에 태어났다고 추론하고 있다. 당(唐)나라 때 법림(法琳)은 무덕(武德) 5년에『파사론(破邪論)』16)을 지어서 바쳤는데, 그 속에서『주서이기』를 매우 자세히 인용하고 있다. 그 내용을 간략히 소개한다.

---

15) 『역대삼보기(歷代三寶記)』는 597년 중국 수(隋)나라의 비장방(費長房)이 저술한 불교 역사서이다.『후한서(後漢書), 방술전(方術傳)』에 의하면, 비장방은 중국 후한 시대에 여남현(汝南縣)의 시장에서 관리인으로 일했다고 한다.『역대삼보기』의 제1권에『목천자별전』을 인용해 증명했다는 말이 나온다.
16) 법림대사(法琳大師)는 572년 진(陳)나라 선제(宣帝) 때 태어났으며 속성은 진(陳)씨이다. 어려서 출가하여 불교 경전과 속가의 전적을 연구해 크게 진전이 있었다. 정관(貞觀) 14년인 640년 69세의 나이로 세상을 떴으며, 저술로는『파사론』외에도『변정론(辯正論)』,『삼교계보(三敎系譜)』,『석로종원(釋老宗源)』등 30권이 있다.
당나라 무덕(武德) 4년에 태사령(太史令) 부혁(傅奕)이 불법을 폐하기 위한 상주서를 올렸지만 법림이 이치에 근거해 반박하는 바람에 부혁의 의도는 수포로 돌아가고 말았다. 그러나 부혁이 상주한 불교 비방 내용이 공개적으로 선포되자, 법림은『파사론』을 지어서 공자와 노자도 불교를 존경했다는 중국 고대의 전설을 인용해 부혁의 설을 반박했다.

주나라 소왕이 즉위한지 24년째인 갑인년 4월 8일에 강과 하천, 샘과 연못이 갑자기 범람하면서 모든 우물물이 넘쳐흘렀고, 궁전과 민가만이 아니라 산천과 대지가 다 진동하였다. 그날 밤 오색의 빛이 태미성(太微星)을 꿰뚫고 서쪽 전체를 청홍색(靑紅色)으로 물들였다. 주나라 소왕이 태사(太史)17)인 소유(蘇由)에게 물었다.

"이건 무슨 징조인가?"

소유가 답했다.

"위대한 성인이 서쪽에서 태어났기 때문에 이런 상서로움이 나타난 겁니다…… 천년 후에 이 성인의 명성과 교화가 이 땅에도 미칠 겁니다."

소왕은 즉시 이 일을 돌에 새겨 기록한 뒤에 남쪽 교외에 있는 천사(天祠)18) 앞에 묻게 하였다…….

목왕(穆王)이 즉위한지 32년 되는 해에 서쪽에서 자주 빛이 나타나는 게 보였다. 목왕은 예전에 소유가 기록한 일을 듣고서 서쪽에서 성인이 세상에 나왔음을 알았다……. 목왕 53년 임신년(壬申年) 2월 15일 새벽에 갑자기 폭풍이 일어나서 민가를 망가뜨리고 수목(樹木)을 부러뜨리니 산천과 대지가 다 진동하였다. 오후가 되자 하늘이 어두워지면서 먹구름이 끼었지만, 서쪽에는 흰 무지개 열두 줄이 나타나 남북으로 걸쳐있으면서 며칠 밤이나 없어지지 않았다. 목왕이 태사 호다(扈多)에게 물었다.

"이건 무슨 징조인가?"

호다가 대답했다.

"서쪽에 계신 성인이 멸도(滅度)하셨기 때문에 쇠퇴의 모습이 나타난 겁니다……."

---

17) 천문(天文)과 역법(曆法)을 담당한 관리.
18) 하늘에 제사를 지내는 사당

『주서이기』는 물론 위서(僞書)이다. 그리고 당나라 초기에 이른바 도선 율사(道宣律師)[19]의 『감응기(感應記)』에서는 천인(天人)인 육현창(陸玄暢)이 도선 율사를 뵈러 와서 이런 내용을 말하고 있다.

진목공(秦穆公) 때 돌부처 하나를 얻었는데, 목공이 그 상(像)을 더럽히는 바람에 병에 걸렸다. 그래서 신하인 유여(由余)에게 불상에 대해 묻자, 유여가 대답했다.

"주나라 목왕 때 교화를 하는 사람이 와서 '이 상(像)은 부처라는 신(神)'이라고 말했습니다. 그러자 목왕은 높은 대(臺)를 쌓아서 도량을 만들었습니다."

목공은 나중에 향을 사르면서 예배하고는 불상과 대(臺)를 조성했다.(운운)

여기서 이른바 '목왕 때 교화를 하는 사람이 왔다'는 글은 바로 위서인 『열자(列子)』의 내용을 표절한 것이고, 진목공과 유여는 주나라 목왕과 소유를 대비시킨 것이라서 거짓으로 지은 흔적이 너무나 뚜렷하다. 또 당나라의 법림은 글을 올려서 부혁(傅奕)을 반박했는데[20], 그 중에 이런 글이 있다.

---

19) 중국 남산율종(南山律宗)의 시조. 서기 596년에 태어나 16세에 출가했다. 지수율사(智首律師)에게 계를 받고 율전(律典)을 배웠으며, 현장의 역경 사업에도 참여하여 수백 권의 율부와 전기를 썼다. 훗날 종남산에 들어가 계율을 엄격하게 지키며 선(禪)을 닦아서 사람들이 남산대사라고 불렀다. 당고종 건봉(乾封) 2년 667년에 72세를 일기로 입적하였다. 저술로는 『속고승전』, 『감통전』, 『광홍명집』, 『대당내전록(大唐內典錄)』, 『사분률행사초(四分律行事鈔)』 등이 있다.
20) 당나라 때 도교와 불교의 논쟁이 격심해지자 당고조(唐高祖) 때의 도사 부혁(傅奕)은 부국위민(富國爲民)의 책략으로 사찰과 승려를 감축해야 한다는 11개의 조항을 건의했는데, 법림은 이를 반박한 것이다.

주나라 때부터 불법이 오래도록 내려오고 있는데, 태어날 때부터 소경인 사람이 불교가 전래된 역사가 짧다고 하니 정말로 슬프구나![5:]

중국에서 석가의 가르침을 반대하는 사람은 모두 불교의 역사가 짧다고 말한다. 가령 부처가 정말로 주나라 초기에 태어나서 중국에 교화를 폈다면 주나라 역사가 8백년이라야 반대하는 사람의 입을 막을 수 있다. 이는 비록 승려들이 부처가 주나라 초기에 태어났다고 말한 유일한 원인은 아닐지라도 훗날 불교도들이 이 설을 강하게 집착한 이유는 여기에 있다고 생각한다.

3) 공자와 부처

『열자』에 태재(太宰) 비(嚭)가 공자에게 누가 성인인지 질문하는 내용이 실려 있다.

> 공자가 자세를 가다듬으면서 잠시 있다가 말했다.
> "저는 서방에 성자가 있다고 들었습니다. 다스리지 않아도 (백성은) 어지러워지지 않고, 말하지 않아도 (백성은) 저절로 신뢰하게 되며, 교화하지 않아도 (백성은) 저절로 행합니다. 그 덕이 너무나 넓어서 백성들은 뭐라 표현할 말이 없습니다."

후세에 불교도들은 항상 이 내용에 근거해서 공자도 부처를 알고 있었다고 말한다[6:]. 그러나 『열자』라는 책도 위진(魏晉) 시대의 사람이 지은 위서(僞書)이므로 공자가 칭한 서방의 성인은 주나라 목왕 때 서쪽 끝에서 교화를 하러 온 사람이거나 혹은 서쪽으로 관문(關門)을 나선 노자(老子)를 가리킬 수도 있다. 이 때문에 육조(六朝)의 인사들은 대부분 공자가 부처를 존숭했다는 증거로 『열자』를 인용하지 않았다.

예컨대 원위(元魏; 北魏) 시대 때 도사 강빈(姜斌)과 담모최가 논쟁을 벌였는데, 강빈이 "공자가 법을 제정한 성인이라면 당시 부처에 대한 문장의 기록이 전혀 없는 이유는 무엇인가?"라고 물었을 때도 담모최는 답변에서 『열자』를 굳이 인용하지 않았다. 또 유송(劉宋)의 종병은 「하승천에게 답하는 글(答何承天書)」에서 주공(周公)이나 공자가 부처에 대해서는 말한 적이 없다고 했으며, 모자(牟子)의 『이혹론(理惑論)』에서도 요(堯)임금, 순(舜)임금, 주공, 공자가 어찌하여 불도를 닦지 않았느냐는 질문에 대한 모자의 답변에서 『열자』를 굳이 인용하지 않았다.

4) 연(燕)나라 소왕(昭王)

『습유기(拾遺記)』[21])에는 전국시대 때 연나라 소왕의 즉위 7년째의 일이 실려 있다.

> 목서국(沐胥國)의 사신이 왔는데, 이 나라는 신독국(申毒國)의 다른 이름이다. (사신 중에는) 시라(尸羅)라는 도술을 부리는 사람이 있었는데 나이를 물어보니 130살이라고 하였다. 석장(錫杖)을 메고 단지를 들고서 "목서국을 출발한지 5년이 지나서야 연나라 수도에 도착했다"고 했다. 그는 현혹(衒惑)하는 도술에 능해서 자신의 손가락 끝에서 부도(浮屠)를 출현시켰는데

---

21) 지괴소설집(志怪小說集) 전10권. 동진(東晉)의 왕가(王嘉)가 지었다. 원래 삼황오제에서부터 서진(西晉) 말, 석호(石虎)의 이야기까지 쓰였지만 원본은 전해지지 않는다. 현재 『한위총서(漢魏叢書)』에 수록된 내용은 양(梁)나라 소기(蕭綺)가 다시 편찬한 것이다. 내용은 기괴하고 음란한 이야기가 많지만 거의 사실이 아니라고 전해진다.

3척의 높이에 10층이었다…….

왕자년(王子年)22)이 지은 『습유기』는 본문이 원래 많이 없어졌지만, 양(梁) 나라 소기(蕭綺)가 없어진 부분을 찾아내고 검토해서 다시 1부(部)의 책으로 만들었다. 여기 기록된 연나라 소왕의 사적은 순수하게 진(晉) 나라 때 왕자년이 지은 원문이 아니라 양나라 때 개작된 내용이다. 하지만 그 기록에 대해서는 『진서(晉書)』에서 이미 "그 사적 대부분이 괴이하다"고 하였다. 이른바 목서국이라고 하지만 인도에는 이런 명칭이 없으며, 연나라 소왕 때는 부처의 교화가 아직 인도를 벗어나지 못했다. 소위 '시라가 석장을 메고 단지를 든 채 손가락에서 부도를 출현시켰다'고 함은 불교도가 이미 중국에 들어왔다는 것을 은밀히 노리고 있는데 정말로 황당무계할 뿐이다.

『사기(史記), 세가(世家)』를 보면 연나라 소왕이 자신을 낮추고 예물을 후하게 해서 현자(賢者)를 초정했다고 하고, 『사기, 봉선서(封禪書)』23)를 보면 소왕이 방사(方士)24)를 신뢰했다고 하며, 『수경주(水經注)』25)에서도

---

22) 이름은 왕가(王嘉)이고 자년(子年)은 자(字)이다. 『습유기』는 그의 저술로 총 10권 220편으로 되어 있다. 갖가지 전설을 모아서 만든 지괴서(志怪書)인데 원본은 없어졌고, 현재 전해지고 있는 내용은 『한위총서(漢魏叢書)』에 수록된 것으로 양(梁)나라 소기(蕭綺)가 다시 편찬한 것이다. 기괴하고 음란한 이야기가 많은데 사실과는 거리가 멀다.

23) 『사기』의 편제는 본기(本紀), 표(表), 서(書), 세가(世家), 열전(列傳)으로 이루어 졌는데, 그 중 서(書)에는 예서(禮書), 악서(樂書), 병서(兵書), 역서(曆書), 천관서(天官書), 봉선서(封禪書), 하구서(河渠書), 평준서(平准書)가 있다. 『사기 · 봉선서』에는 이른바 72명의 제왕(帝王)이 태산에 봉선한 기록이 있다. 이는 일찍부터 태산의 산천을 숭배한 활동의 기록이라 할 수 있다.

24) 중국 고대에서 〈방술〉이라고 하는 기술, 기예를 구사한 사람들. 술사(術士) · 방

소왕이 빈객(賓客)을 예의로 모시고 방사를 널리 초청했다고 한다. 이는 모두 현자를 초청한 일을 부풀려서 전한 것이니, 이로 인해 갖가지 괴이하고 진실하지 않은 이야기들이 생겨났다.

5) 옛 아육왕사(阿育王寺)

『홍명집』과 종병의 『명불론』에 이런 내용이 나온다.

불도징(佛圖澄)26)이 말했다.
"임치성(臨淄城) 안에 아육왕사의 유적지가 있는데, 아직도 부처의 형상

술사・도사(道士) 등으로도 불렸다. 방사의 기원은 전국시대의 제나라나 연나라 등 동방의 연해지역에서 비롯되며, 오로지 귀신과 통하는 기술을 다루어서 〈무(巫)〉와 유사한데, 그 기술은 제나라 학자인 추연의 사상에 의해서 윤색되었다. 진의 시황제는 방사의 권유에 따라서 동해에 존재한다고 믿어진 삼신산에 〈불사의 기약〉을 구하게 하였다고 하며 한대에도 방사의 활동은 성행하였는데 한무제 시대에는 그 수가 수만 명에 이르렀다고 한다.

25) 6세기에 북위(北魏)의 역도원(酈道元)이 편찬했으며 전 40권이다. 황하에서 시작하여 회하(淮河), 양자강(揚子江), 나아가 남방의 여러 수계까지 중국 각지의 수로를 따라 그 주변 지역의 지리적 상황, 명승고적, 역사적 사건, 민간전설, 풍물 등 다양한 내용을 기록했다. 원래는 한(漢)의 상흠(桑欽) 또는 진(晉)의 곽박(郭璞)이 지었다고 하는 『수경(水經)』에 주석을 단 것이지만, 주석 부분이 본문의 20배가량 된다. 문장에 생동감이 넘치고 풍부한 정취를 담고 있으며, 절묘한 경치묘사로 문학사상 독보적인 위치를 차지하고 있다.

26) 232~348년. 오호십육국(五胡十六國) 시대의 승려로서 쿠차족 출신이다. 9세에 출가하여 서진(西晉)의 영가 4년(310) 낙양에 와서 불교를 포교하였다. 석륵(石勒)과 그의 아들 석호(石虎)를 교화시켜서 그들의 신뢰를 바탕으로 9백여 개의 사원을 건설하고 1만여 명의 제자들을 양성하여 중국 초기불교의 중심이 되었다. 제자 중 가장 유명한 사람은 도안이다. 동진의 영화 4년(348)에 입적했다.

이나 승로반(承露盤)[27]이 깊은 숲속 거대한 나무 아래에 남아 있습니다."

석호(石虎)가 불도징의 말에 근거해 찾아보았는데 모두 그의 말대로 얻을 수 있었다.

또 요략(姚略)의 숙부가 진왕(晉王)[7]이 되었을 때 황하 동쪽 포판(蒲坂)의 늙은 노인이 말한 옛 아육왕사의 터를 파헤쳐서 석함(石函) 속 은갑(銀匣)에 담긴 부처의 유골을 얻었다.

이를 근거로 종병은『명불론』에서 "부처의 사적이 진(秦)과 진(晉)의 땅에 전해진지 오래되었다"고 하였다.

아육왕[28]은 그 위세가 인도 전역에 미칠 정도로 광대했고 불법을 전파하는 일에도 전력을 다했다. 그 후 불교 서적에 실린 아육왕의 기이한 사적은 매우 많아서 불교가 중국에 전래될 때 당연히 아육왕의 명성과 위세도 함께 들어왔다.『개원록(開元錄)』[29]에는 후한(後漢)의 지참(支讖; 지루가참)이 번역한『아육왕태자괴목인연경(阿育王太子壞目因緣經)』[30] 1권이

---

27) 감로를 받는 쟁반이란 뜻. 한무제(漢武帝)는 신선술(神仙術)을 믿고서 건장궁(建章宮)에 신명대(神明臺)를 축조했다. 그곳에 구리로 만든 신선을 세워서 손바닥으로 구리 쟁반을 받들어 감로를 받게 하였다.

28) 인도의 아소카 왕을 말한다. 아소카왕은 인도 마우리아 왕조의 세 번째 임금으로 인도사상 최초의 통일국가를 이루었다. 그러나 전쟁의 비참함을 깊이 느끼면서부터 불교를 진흥시켜 곳곳에 절을 세웠으며 스리랑카, 태국, 미얀마까지 불교를 전파하였다.

29)『개원석교록(開元釋敎錄)』으로 당나라 개원 18년, 경조(京兆)에 있는 서숭복사(西崇福寺)의 사문 지승(智昇)이 편찬한 일체 경전의 목록이다. 모두 20권으로 되어 있으며『개원록』,『개원목록』,『지승록』이라고도 한다. 후한 효명제 영평 10년(67)에서 당나라의 개원 1년에 이르기까지 176명의 삼장들이 한역한 대승과 소승의 경(經), 율(律), 논(論)과 성현의 전기 및 실역(失譯), 궐본(闕本) 등 모두 2천 275부 7천 46권의 목록이 수록되어 있는데 칙명으로 대장경에 들어갔다.

실려 있고, 서진(西晉)의 안법흠(安法欽)이 번역한 『아육왕전』[31] 5권이
있으니, 진(晉)나라와 송(宋) 나라 사이에는 이런 종류의 전설을 기록한
것이 적지 않았다.

동진(東晉)의 석담익(釋曇翼)은 "아육왕이 조성한 불상이 사방에 유포되
었는데, 어찌하여 감응이 없어서 모실 수가 없는 것인가?"라고 하면서
간절한 정성으로 감응이 있기를 청하였다. 또 석혜달(釋慧達)의 본명은
유살아(劉薩阿)인데, 그는 아육왕의 탑과 불상을 찾게 해달라고 발원(發願)
하면서 예배하고 참회했다. 마침내 병주(幷州)에서 남쪽 건업(建業)으로
유행(遊行)하다가 장간사(長干寺)에 있는 아육왕의 옛 사리탑에 예배하였
고 또 무현(鄮縣)에 이르러서도 아육왕탑에 예배하였다. 이렇게 동서로
다니면서 뵙고 예배하다가 몇 차례나 징험(徵驗)을 나타냈으니[8], 너무나
열렬하게 아육왕을 숭배했음을 알 수 있다.

그리고 아육왕이 이 세상에 8만4천 개의 탑을 세웠다는 설도 당시에
아주 크게 유행했기 때문에 임치와 포판의 땅 밑에서 얻은 것도 모두
아육왕의 신기한 사적을 가리키게 되었다. 이밖에 오(吳)나라의 손호(孫晧)

---

30) 담마난제(曇摩難提)가 번역했다. 아육왕의 태자 법익(法益)이 두 눈을 잃게
된 인연 이야기를 통해 선악의 인과응보를 가르치고 있다. 전체 내용이 4자의
게송으로 이루어졌으며 총 2,748구에 이른다.
   이 경에 앞서 첫 번째 번역으로 꼽히는 것은 지루가참(支婁迦讖)이 후한(後漢)
   시대 때(A.D. 147~186) 『아육왕태자괴목인연경』이라는 제목으로 번역한 것이
   다. 그에 대한 기록은 남아 있으나 경의 내용은 현재 전하지 않는다.

31) 서진(西晉) 안식국의 삼장 안법흠(安法欽)이 한역. 『아육왕경(阿育王經)』10권
   과 내용이 같은데, 경전의 내용이나 성격으로 볼 때 『아육왕전』이 타당하다.
   굳이 경이라고 한 것은 한역하는 중국의 역경자가 아육왕의 불교적 치적을
   높이 산 때문이다. 안식국은 현재 아프가니스탄에서 이란에 걸친 지역이다.

는 건업에서 아육왕의 금상(金像)을 얻었고[9:], 진(晉)나라의 건타륵(犍陀勒)은 낙양의 산속에 옛 절터가 있는 걸 알았다(『홍명집후서』).

이렇게 종교적 열정과 호사가들의 부회(附會)를 거치면서 이런 이야기들은 너무나 쉽게 사회에 퍼지면서 만연했다. 생각건대 위진(魏晉) 시대의 불탑(佛塔)은 원래부터 중국식 건축[10:]일 수 있으니, 그 터를 발굴하여 고탑(古塔)으로 인정해도 본래 이상할 것이 없다. 금상(金像)의 경우에도 진시황 때 이미 제작되었고 땅 밑의 해골도 다 그곳에 있었으므로 전해지는 이야기가 완전한 허구라고 할 필요는 없다. 뿐만 아니라 아육왕이 조성한 8만4천 개의 탑이란 것도 역사적 사실을 살펴보면 전혀 그런 일이 없으며, 부처의 상(像)을 조성하는 일도 아육왕 시대의 인도에서는 아직 나타나지 않았다. 그렇다면 고사(古寺)라 가리킨 것도 필경 불교도의 미신에서 비롯된 거짓임은 말할 나위도 없다.

6) 진시황과 불교

당나라의 법림이 『파사론』을 올려서 부혁[11:]을 반박할 때 석도안(釋道安)[32]과 주사행(朱士行)[33] 등의 『경록(經錄)』[34]을 이렇게 인용하고 있다.

---

32) 석도안(釋道安 : 313~385);동진(東晉) 시대의 승려. 상산(常山) 부류(扶柳) 출신으로 속성은 위씨(衛氏)이다. 불도징(佛圖澄)을 스승으로 모시고 경율(經律)을 연구하고 훗날 단계사(檀溪寺)에 주석하면서 15년 동안 『방광반야경(放光般若經)』을 강의(講義)했다. 진(秦)나라 건원(建元) 21년에 72세로 입적(入寂)하였다. 도안의 뛰어난 업적으로는 첫째, 경전을 서분(序分)·정종분(正宗分)·유통분(流通分)의 3과목으로 해석한 것, 둘째, 승려의 성(姓)을 석씨(釋氏)로 통일한 것, 셋째, 승려의 생활 규범을 제정한 것이다. 저서로는 『반야절의략(般若折疑略)』, 『대십이문주(大十二門註)』, 『종리취경록(綜理聚經錄)』, 『음지입주(陰持入註)』, 『서역지(西域志)』20권이 있다.

진시황 때 외국의 사문(沙門) 실리방(室利防) 등 18명의 현자가 불경을 갖고 와서 진시황을 교화하려 했으나, 진시황은 그 가르침을 따르지 않고 실리방 등을 가두었다. 밤에 금강장육인(金剛丈六人)이 감옥을 부수고 그들을 구출하자, 진시황은 깜짝 놀라서 머리를 조아리며 사죄했다.

이 사건은 남북조 시대 이전에는 아무도 언급한 사람이 없다. 수(隋)나라 의 비장방(費長房)이 지은 『역대삼보기(歷代三寶記)』 1권에 처음으로 실려 있는데, 하지만 석도안과 주사행의 『경록』에서 나왔는지는 말하지 않고 있다. 가령 도안의 『경록』에 이 사실이 실려 있다면 승우(僧祐)나 혜교(慧皎) 등도 반드시 언급해야 했으며, 또 주사행의 『경록』도 비장방의 기록에서 처음 보일 뿐 그 이전에는 거의 기록이 없다. 비장방 자신도 그 책을 보지 못했다고 말하고 있다. 『역대삼보기』는 온갖 것이 잡다하게 섞여 있는 탓에 주사행이 『경록』을 지은 적이 있다는 말도 실로 믿을 수 없다. 석도안이나 주사행의 『경록』 운운한 것은 바로 불교도의 위조이다.

그리고 실리방이 중국에 왔다는 것을 량치차오(梁啓超)는 믿을만하다고 여겼다. 말하자면 아육왕과 진시황은 동일한 시대인데다 아육왕이 선교사 256명을 각지로 파견했으므로 그 중 어떤 사람이 중국에 왔다고 생각한

---

33) 주사행(朱士行); 주사행의 생존연대는 알려져 있지 않다. 삼국시대 위(魏)나라 영천(穎川) 사람이다. 기원 260년에 중국 최초로 서역으로 가서 경전을 구한 고승이다. 20년이 지나 경전을 찾았으나, 그의 제자가 낙양으로 가져왔고 그는 80세의 고령이라 서역에서 병사하였다.

34) 『종리중경목록(綜理衆經目錄)』으로 한역(漢譯) 불전의 목록이다. 경명(經名), 경전의 이명(異名)과 약명(略名), 권수(卷數), 역자(譯者), 번역 연대, 단역(單譯) 과 중역(重譯)의 여부, 유본(有本)과 궐본(闕本)의 여부, 진경(眞經)과 위경(僞經) 의 여부, 전역(全譯)과 초역(抄譯)의 여부 등에 대한 내용이 들어 있다.

것이다[12]. 그러나 아육왕의 불교 전파가 멀리 서북쪽까지 미쳤지만 동북쪽
으로는 문서의 기록이 전혀 없다. 또 아육왕이 파견한 사람이 미얀마까지
가서 불교를 전파했다고 생각하지만, 오늘날의 지식에 근거하면 미얀마에
는 이로부터 3백년 후에 비로소 불교가 있었다고 한다[13]. 량치차오의
뜻은 불교가 당시 미얀마를 거쳐 해로(海路)를 통해 중국에 유입되었다고
보는 것 같은데, 이 역시 사실과는 거리가 멀다. 또『사기(史記), 시황본기(始
皇本紀)』 33년에 이런 내용이 있다.

  그리고 몽염(蒙恬)[35]으로 하여금 황하를 건너 고궐(高闕), 도산(陶山),
북가(北假)를 취하게 한 뒤 그곳에다 정장(亭障)[36]을 축성하여 오랑캐[胡人]
를 쫓아내게 하였다. 그다음 유배된 사람들을 이주시켜 처음으로 세운
마을에 채워 넣고 서방에 출현한 명성(明星)에 제사를 지내지 못하도록
금하였다.[14]

  어느 일본 사람은 '부득(不得)'이 '불타(佛陀)'에 대응하는 음(音)이 되므
로 금지한 것은 부처의 사당인 불사(佛祠)라고 생각했다[15]. 그러나 '부득'은
허사(虛詞)에 불과하니 어찌 불타를 가리킬 수 있단 말인가? 첸무[錢穆]
선생은 "진시황은 백성들이 서방에 나타난 명성에 사사로이 제사지내는
것을 금하였다"고 하였고, 서광(徐廣)은 "황보밀(皇甫謐)이 '혜성이 나타났
다'고 하였는데, 지금 생각해보면 황보밀의 설은 잘못이다."고 하였고,
『한서(漢書), 지리지(地理志)』에서는 진창(陳倉)에 상공(上公)[37]과 명성

35) 진시황의 장수로 진(秦)나라의 천하통일에 큰 공적을 세웠다. 그러나 훗날
  조고의 모함으로 진이세(秦二世)에게 죽임을 당했다.
36) 고대 변방의 요지에 설치한 보루

(明星)의 사당이 있다고 했으며, 전점(錢坫)은 이렇게 말했다.

『설문해자』[38])와 『감씨성경(甘氏星經)』[39])에서 '태백은 상공(上公)이라 부르며 그의 아내는 여전(女嬋)이라 하는데, 남두(南斗)[40])와 식려(食厲)에 자리 잡고 있다. 천하 사람들이 명성(明星)이라고 하면서 제사를 지냈다'고 했으며, 『사기』 「시황본기(始皇本紀)」 33년에는 명성에 제사를 지내지 못하도록 금하였다.

또 『시경, 대동(大東)』에 대해 『모전(毛傳)』에서는 이렇게 말하고 있다.

태양이 떠오르는 것을 명성이 계명(啓明)이 된 것이라 말하며, 태양이 진 것을 명성이 장경(長庚)이 된 것이라 말한다.[41])

그렇다면 『사기』에서 말한 서방에 출현한 명성은 바로 태양이 진 장경(長庚)을 가리킨 말이니, 이는 의심할 바 없이 태백성이라 하겠다. 『사기, 천관서(天官書)』에 의거하면 태백은 병사(兵事)를 주재하기 때문에 진(秦)

---

37) 태백성(太白星)을 말한다.
38) 중국 최초의 문자학 서적으로 후한(後漢) 때 허신(許愼)이 편찬했다. 본문은 14권이고 서목(敍目) 1권이 추가되어 있다. 9,353개의 글자가 수록되었고 해설한 글자는 13만 3,441자이다.
39) 고대 주나라 감씨(甘氏) 등의 천문서를 한권으로 묶어놓은 최초의 천문서.
40) 남방의 여섯 별로 구성된 별자리 이름.
41) 해가 떠오르기 직전의 하늘에 밝은 별을 계명성이라고 하고 저녁에 해가 지자 바로 보이는 별(명성)을 장경이라고 한다. 여기서는 원문대로 하면 태양이 떠오르기 전의 명성을 계명성이라고 부르고 태양이 진 다음에 바로 보이는 별을 장경이라고 한다.

나라에서는 민간이 사사로이 제사지내는 것을 금했으며, 단옥재(段玉裁)
가 『설문해자』의 주석에서 "천하 사람들이 제사지낸 것은 대체로 여전(女
媧)에 대한 제사였다"고 말한 것은 잘못이다. 지금까지 말한 것을 종합할
때 '제사를 지내지 못하도록 금지했다'는 구절은 실로 불교와는 상관이
없다.

또 유송(劉宋)의 종병(宗炳)은 '삼황오제 이래로 불법은 일찍부터 유행했
지만, 그러나 역사서에 분산되어 없어지거나 분서갱유(焚書坑儒) 때 완전
히 소멸되었다'고 했는데[16], 훗날 불교도들이 이 설을 많이 이용했다.
즉 『수서(隋書), 경적지(經籍志)』[42]에서도 "불교 서적이 오랜 세월 유포되
었지만 진(秦)나라 세상을 만난 탓에 모두 소멸되었다"고 하였다. 하지만
이런 설은 모두 황당무계해서 믿을 수 없는 것이다.

7) 동방삭(東方朔)

불교도들은 또 항상 동방삭이 겁화(劫火)[43]를 언급했으니 이미 불법을
안 것이라고 말한다. 하지만 『한서, 삭전찬(朔傳贊)』에서는 후세의 호사가
들이 기이하고 괴상한 말을 취해 동방삭에게 덧씌운 탓에 동방삭이 죽은
뒤에는 이미 우활하고 기괴해서 믿을 수 없는 이야기가 많이 있었다고
하였다. 그리고 『고승전(高僧傳)』에는 이런 사적이 실려 있다.

---

42) 『수서(隋書)』는 당 고조 이연 때부터 시작하여, 당 태종, 당 고종에 이르기까지
3대에 걸쳐 완성된 총 85권의 수나라 역사이다. 「제기(帝紀)」5권, 「열전(列傳)」50
권, 「지(志)」30권으로 총 85권으로 구성되어 있다. 「지(志)」는 각 시대의 전장
제도를 기록한 것인데, 그 중 서적을 다룬 것이 「경적지(經籍志)」이다.
43) 불교에서는 세계가 괴멸하는 괴겁(壞劫) 때 큰 화재가 일어난다고 하는데,
이를 겁화라고 한다.

예전에 한무제(漢武帝)는 곤명지(昆明池)⁴⁴⁾를 파다가 그 바닥에서 검은 재를 얻었다. 동방삭에게 그 재가 무엇인지 묻자, 동방삭이 대답했다.

"모르겠습니다. 서역의 호인(胡人)에게 물어보십시오."

훗날 법란(法蘭)⁴⁵⁾이 중국에 들어왔을 때 사람들이 이 문제를 묻자, 법란이 말했다.

"세계에 종말이 닥쳤을 때 겁화(劫火)가 활활 타는데, 이 재는 그 겁화가 태운 재입니다."

이 일로 인해 사람들은 동방삭의 말에 이미 그 징조가 있었다고 하면서 믿는 자가 많았다.

그러나 유송(劉宋) 때 종병은 동방삭이 한무제에게 대답하면서 겁화가 탄다는 설을 말했다고 하니, 이 겁화가 탄다고 말한 사람은 법란이 아니라 동방삭이 된다. 그러나 『고승전』에 언급된 내용에 근거해서 보면, 동방삭은 겁화가 태운 재를 알지 못했다.

---

44) 연못 이름. 한 무제가 신독국(身毒國)과 교류하고자 했으나 곤명국(昆明國)이 방해를 하였다. 이에 원수(元狩) 3년에 곤명의 전지(滇池)를 본떠서 장안(長安) 서남쪽 근교에 땅을 파서 곤명지를 만들고 수전(水戰)을 훈련하였다. 호수의 주위가 40리이고 너비가 332경(頃)이다.

45) 축법란을 말한다. 축법란은 중천축국 사람이다. 섭마등과 함께 후한 영평 10년 (서기 67년) 한나라에 와서 불교를 전파하였다. 그가 번역한 『사십이장경(四十二章經)』은 역경의 시초이다. 60여 세에 낙양에서 임종했다.

8) 장건(張騫)

『위서(魏書)』[46] 「석로지(釋老志)」에서는 한무제 때 불법이 처음으로 중국에 유통되었다고 하면서 이렇게 말하고 있다.

서역으로 통하는 길이 열리자, 장건을 대하(大夏)의 사신으로 보냈다. 장건은 돌아온 후에 대하국 옆에 있는 신독국, 일명 천축이라고 하는 나라에서 처음으로 부도(浮屠)[47]의 가르침을 들었다고 전했다.

『사기』 「대완전(大宛傳)」을 살펴보면, 장건은 신독국에 대해 언급하긴 했지만 부도에 대해서는 『사기』나 『한서』 어디서든 언급한 내용이 없다. 또 『후한서』 「서역전(西域傳)」에서는 이렇게 말하고 있다.

불도(佛道)의 신령한 교화가 신독국으로부터 일어났지만, 『한서』나 『후한서』의 「방지(方志)」[48]에서는 언급한 적이 없다. 장건은 단지 그 지역이 무덥고 습기가 많으며 코끼리를 타고 전쟁을 한다고 기록했을 뿐이다.

그렇다면 '처음으로 부도의 가르침을 들었다(운운)'고 한 것은 위수가 서역의 길이 열린 일을 근거로 해서 억측한 말이지 장건이 말한 것이

---

46) 『북위서(北魏書)』라고도 한다. 후위(後魏) 1대의 역사를 기록한 것이다. 12제기(帝紀)·92열전(列傳)·10지(志)를 합하여 130권으로 되어 있으며, 북제(北齊)의 학자 위수(魏收)가 편찬했다.
47) 부도(浮圖)라고도 한다. 산스크리트 Buddha의 음역으로 부처[佛陀]나 불(佛)을 뜻한다.
48) 「방지(方誌)」라고도 한다. 사방의 풍속, 산물, 지리, 인물, 교육, 명승지, 유적지, 전설 등을 기록한 책.

아니다. 당나라 때의 『광홍명집』에서는 『석로지(釋老志)』를 인용하면서 이 문장을 이렇게 고쳤다.

서역의 길이 열리자 장건을 대하국의 사신으로 보냈는데, 그가 돌아와서 "신독천축국에 부도의 가르침이 있다"고 하였다.

따라서 위수가 억측한 말을 장건이 말한 것으로 고친 것이다. 고친 내용은 미미하지만, 그러나 도선(道宣)은 이 글을 인용하면서 가끔 원문의 자구(字句)를 고쳐서 자신이 믿는 것을 증명하는 증거로 삼았다. 도선처럼 명망 있는 승려도 이럴 정도이다. 그렇다면 할 일 없는 승려가 문장을 거짓으로 고쳤음을 알 수 있을 것이며, 그렇게 해서 퍼져나간 이야기들도 허망하여 진실이 아님을 알 수 있을 것이다.

9) 휴도왕(休屠王)의 금인(金人)

『세설신어(世說新語)』49) 「문학편주(文學篇注)」에 있는 내용이다;

---

49) 후한 시대부터 동진(東晉) 시대에 걸쳐 사대부의 일화를 기록한 책. 총 1,000여 항목 36편(篇)으로 구성되어 있으며, 남조 송나라(420~479) 무제(武帝) 때 유의경(劉義慶)이 편찬했다. 체제는 「덕행」, 「언어」, 「정사(政事)」, 「문학」 등의 36편으로 구성되어 있다. 내용은 사대부의 생활과 언행을 기록한 것이 대부분인데, 강한 개성, 고전적 교양, 해학 등이 들어 있다. 사상적으로는 유가·노장사상·불교가 융합되어 있으며, 예리한 언어와 풍부한 기지를 갖춘 청담(淸談) 형식이 바탕을 이룬다.
양(梁)나라의 유효표(劉孝標 : 462~521)가 현존하지 않는 귀중한 자료를 인용하여 『세설신어』의 주(注)를 달았는데, 「문학편주(文學篇注)」는 「문학편」에 주를 붙인 것이다.

『한무고사(漢武故事)』[50)에서 이렇게 말하고 있다.

"곤야왕(昆邪王)이 휴도왕을 죽인 뒤에 그의 백성을 이끌고 한나라에 투항하였다. 한무제는 금인(金人)의 신상(神像)을 얻어서 감천궁(甘天宮)에 모셨는데, 그 금인은 모두 키가 1장(丈) 남짓이었다. 금인에게 제사를 지낼 때는 소나 양을 쓰지 않고 오직 향을 사르고 예배할 뿐이었다. 상(上; 한무제)은 그 나라의 풍속에 따라 섬기게 했다."

이러한 신은 완전히 부처와 비슷하다. 한무제 때 불경이 중국에 전해지지 않았다면 어찌 그런 신(神明)을 섬겼겠는가?

『한무고사』는 반고(班固)의 편찬이라고 한다. 그러나 『한서』와는 전혀 똑같지가 않은 것은 한 번만 살펴봐도 알 수 있다. 『군재독서지(郡齋讀書志)』[51) 에서는 당나라 때 장간지(張柬之)[52)가 지은 『서동명기후(書洞冥記後)』[53)

---

50) 『한효무고사(漢孝武故事)』, 『한무제고사(漢武帝故事)』라고도 하며 작자에 대해서는 아직까지 정설이 없다. 원서는 이미 망실되었으며 노신(魯迅)의 '고소설 구침(古小說鉤沈)'에 53조가 비교적 완전하게 집록되어 있다. 내용은 한무제(漢武帝)의 출생에서 죽을 때까지의 잡사(雜事)를 기록한 것으로 복식(服食)과 양생(養生)에 관한 이야기가 많이 들어 있다. 그 중 서왕모(西王母)와 한무제가 만나는 이야기는 한나라 시대의 가장 우아하고 아름다운 전설 중 하나로 꼽힌다. 언어가 간결하고 소박한데다 대화와 배경묘사가 뛰어나 후대 전기소설(傳奇小說)에도 영향을 미쳤다.

51) 중국 남송의 조공무(晁公武)가 자신의 임지(任地) 군청(郡聽)의 장서를 해제한 책. 4권.

52) 서기625년에 태어나 706년에 죽었다. 자(字)는 맹장(孟將). 촉주자사(蜀州刺史), 형주장사(荊州長史) 등을 역임하고, 적인걸(狄仁杰)의 추천으로 무측천(武則天)의 재상이 되었다. 무측천 시대를 마감하고 당나라의 황위(皇位)를 잇게 하는데 공을 세웠지만, 오래지 않아 무삼사(武三思)의 배척을 받아 지방을 전전하다 울분 속에 죽었다.

53) 『동명기(洞冥記)』는 지괴소설집(志怪小說集)으로 『한무제별국동명기(漢武帝

를 인용하면서 "『한무고사』는 왕검(王儉)이 지었는데, 실린 내용이『사기』
와『한서』에서 뽑은 것이 많은데다 요망한 말까지 덧붙였다"고 했기 때문에
『한무고사』는 아마도 남북조 시대의 작품으로 생각된다. 그 중 한무제가
금인을 모셨다는 기록은 암암리에 불교를 가리키고 있기 때문에 유효표(劉
孝標)는 "당시 불경이 중국에 전해지지 않았다면 어찌 그런 신[神明]을
섬겼겠는가?'라고 한 것이다.『위서(魏書), 석로지(釋老志)』에서도 이렇게
말하고 있다.

　　한무제 원수(元狩) 연간에 곽거병(霍去病)[54]을 시켜서 흉노를 토벌하게
　　했다. 고란산(皐蘭山)에 이른 곽거병은 거연(居延)을 지나면서 적들의 목을
　　베고 포로를 많이 잡았다. 흉노의 곤야왕은 휴도왕[55]을 죽인 뒤에 자신의
　　백성 5만 명을 이끌고 한나라에 투항했다. 그때 노획한 금인(金人)을 한무제
　　는 대신(大神)이라 생각해서 감천궁에 모셨다. 금인은 키가 1장 남짓인데,
　　제사를 지내지 않고 단지 향을 사르고 예배할 뿐이었다. 이것이 불도(佛道)
　　가 유통하게 된 시초였다.

　　別國洞冥記)』, 또는『한무동명기(漢武洞冥記)』라고도 한다. 총 4권이며 60가지
　　고사(故事)가 있다. 후한의 곽헌(郭憲)이 편찬했다. 이『동명기』에 대해 장간지
　　가『서동명기후』를 저술했다.
54) 기원전 140년에 태어나 기원전 117년에 죽었다. 전한(前漢) 무제(武帝) 시대의
　　무장(武將)으로 무제의 처조카이다.
55) 휴도왕(休屠王)과 곤야왕(昆邪王)은 흉노의 번왕이다. 이들이 한나라 군사에
　　연속 패배하자, 흉노의 선우는 그들을 송환하여 죄를 물으려고 했다. 목숨에
　　위협을 느낀 곤야왕은 휴도왕을 설득해 한나라에 투항하려고 했지만 휴도왕이
　　반대하자 그를 살해한 뒤 한나라에 투항했다. 휴도왕은 금인(金人)을 갖고
　　천주(天主)에 제사를 지냈다고 한다.

이른바 '금인을 대신이라 여기고, 키가 1장 남짓인데 제사를 지내지 않고 단지 향을 사르고 예배할 뿐'이란 말은 모두 금인이 바로 불상이란 걸 은밀히 겨냥하고 있다. 그러나 『사기』와 『한서』에는 전혀 이런 말이 실려 있지 않다. 가령 『사기, 흉노열전』을 보면 겨우 이렇게 말하고 있다.

그 다음 해(원수(元狩) 3년) 봄, 한(漢)나라는 표기장군(驃騎將軍) 곽거병에게 1만 명의 기병을 거느리고 농서(隴西)로 출전하게 했다. 곽거병은 언지산(焉支山)을 지나 천여 리를 간 뒤 흉노를 쳐서 그들의 수급 1만 8천여 개를 노획했고, 휴도왕을 격파하고 하늘에 제사지내는 금인을 얻었다.

또 『위장군표기열전(衛將軍驃騎列傳)』에서도 단지 이렇게 말하고 있다.

(곽거병은) 이곳저곳에서 6일 동안 싸우면서 언지산을 지나 천여 리쯤 진출했다. 그곳에서 짧은 무기를 든 사병들과 교전을 벌여 절란왕(折蘭王)을 죽이고 노호왕(盧胡王)을 참수했으며 전 군사를 주살했다. 그리고 혼야왕(渾邪王)의 아들 및 상국(相國)[56]과 도위(都尉)[57]를 사로잡고 수급 8천여 개를 얻었으며, 휴도왕이 하늘에 제사를 지낼 때 모시던 금인을 노획했다.

『위서』에서는 곤야왕이 휴도왕을 죽이고 투항했을 때 그 금인을 얻었다고 하지만, 『사기』나 『한서』에서는 금인을 얻은 것은 원수(元狩) 3년 봄이고

---

56) 중국 고대의 관직으로 재상 중에서도 최고의 위치를 차지한다. 주로 개국공신이나 황제를 옹립한 신하에게 수여하였다.
57) 관직 이름. 진(秦)나라는 전국을 36개 군(郡)으로 나누고 각 군마다 군위(郡尉)를 두어서 군수(郡守)의 보좌와 군사 업무를 맡아 보게 했는데, 서한(西漢) 경제(景帝) 때 군위를 도위로 개칭하였다.

그 해 가을에 곤야왕이 처음으로 투항을 했다고 한다. 그렇다면 위수가
기록한 내용은 잘못이다. 게다가 감청궁에 모셔놓고 향을 사르며 예배했다
는 내용은 『사기』나 『한서』에 전혀 보이지 않는다. 또 흉노의 풍속에서는
하늘에 제사를 지내는 것이 아주 큰 중대사이니, 『사기, 흉노열전』에서는
이렇게 말한다.

> 매년 정월에는 모든 장(長)들이 선우(單于)58)의 정사(庭祠)59)에서 작은
> 집회를 열어 제사를 지냈고, 5월에는 용성(龍城)에서 큰 집회를 열어서
> 조상과 천지의 귀신들에게 제사를 지냈다. 가을철 말이 살찔 때에는 대림(蹛
> 林)에서 큰 집회를 열어서 백성과 가축의 수효를 조사했다.

『후한서, 남흉노전(南匈奴傳)』에서는 이렇게 말하고 있다.

> 흉노의 풍속에서는 해마다 세 번씩 용성에서 제사를 지냈다. 항상 정월과
> 5월과 9월의 무일(戊日)에 하늘에 제사를 지냈다.(중략) 그리하여 여러
> 부족이 모여서 국사(國事)를 논의하였다.

그렇다면 곽거병이 얻은 금인은 불상이 아니라 하늘에 제사지내는 신주
(神主)라 할 수 있다. 『사기』에서는 흉노의 선우가 스스로를 하늘이 세운

---

58) 선우; 흉노의 군주를 나타내는 표현이다. 『한서 흉노전』에 의하면, 선우라는
　　호칭은 탱리고도선우(撑犁孤塗單于)의 약칭인데, '탱리'는 하늘, '고도'는 아들,
　　'선우'는 광대함을 뜻한다고 한다. 중국인들이 자신들의 군주를 천자(天子),
　　즉 하늘의 아들이라고 부른 것과 비슷하다.
59) 일반적으로 중국의 큰 가문에서는 저택 마당에 따로 조상의 위패를 모시는
　　방이 있는데, 그 방을 가문의 사당이란 의미에서 정사라고 한다.

대선우(大單于), 혹은 천지가 세우고 일월(日月)이 낳은 대선우라고 칭한 적이 있다고 했으니, 그 칭호가 비록 중국의 천자를 모방한 것이긴 하지만 그래도 하늘을 공경하는 풍속이 있음을 엿볼 수 있다.

『전한서(前漢書), 김일제전찬(金日磾傳贊)』에서는 "휴도왕이 금인을 만들어서 하늘에 제사를 지내는 신주(神主)로 삼았다"고 하였으며, 그 후 『사기』나 『한서』에 주석을 단 사람들도 대부분 휴도왕의 금인을 하늘에 제사지내는 신주(主)라고 했다. 이 때문에 배인(裴駰)의 『사기집해(史記集解)』[60]에서는 삼국시대 위(魏)나라 사람 여순(如淳)의 말을 인용하면서 "하늘에 제사지내는 것으로 주(主)를 삼았다"고 하였고, 『사기집해』에서 다시 "배인은 『한서음의(漢書音義)[17]』를 살펴보면서 '흉노가 하늘에 제사지낸 곳은 본래 운양(雲陽)의 감천산(甘泉山) 아래였는데, 진(秦)나라가 그 땅을 빼앗은 뒤에 휴도왕을 우지(右地)[61]로 이주시켰다. 따라서 휴도왕이 소유한 하늘에 제사지내는 금인은 하늘에 제사지내는 신주를 상징한 것이다"라고 말했으며, 『사기색은(史記索隱)』[62]에서 인용한 오(吳)나라 위소(韋昭)[63]의 말도 역시 똑같아서 "금인을 만들어 하늘에 제사지내는 신주로 삼았다"고 했다.

---

60) 『사기』에 대한 최초의 주석서로 전 80권이다. 사마정의 『사기색은』과 장수절의 『사기정의』와 합쳐서 사기삼가주(史記三家注)라고 한다.

61) 중국의 서부지대를 말하는데 특히 서역을 가리킨다.

62) 사기(史記)에 대한 대표적인 주석서인 삼가주(三家註) 중의 하나로 전 30권이다. 저자 사마정(司馬貞)은 당(唐) 현종(玄宗) 시기의 인물로 하내(河內) 출신으로 현종(玄宗) 개원(開元) 초기에 국자박사(國子博士)를 지냈다.

63) 서기 204년에 태어나 273년에 죽었다. 자(字)는 홍사(弘嗣)이고 오군(吳郡)의 운양(雲陽) 사람이다. 삼국시대 오나라의 문학자, 역사학자, 경학자(經學者)로 저서로는 『박혁론(博弈論)』, 『오서(吳書)』가 있다.

이처럼 대체로 모두가 금인을 하늘에 제사지내는 신주로 삼았다. 그러나 삼국 시대 때의 장안(張晏)은 "불교도가 제사지낸 것이 금인이다"라고 했으며, 후위의 최호(崔浩)도 똑같은 말을 했다. 예컨대 『사기색은』에서는 "최호는 '호인(胡人)의 제사는 금인을 신주로 삼고 있으니, 오늘날 부도의 금인이다'라고 말했으며, 맹강의 설¹⁸˸은 그렇지 않으니 부도의 금인을 얻은 후에 감천궁에 안치했다"고 하였다.

한나라 말엽, 위나라 초기에 착융(笮融)⁶⁴⁾이 불상을 만들고 황금으로 칠했던 일은 필경 당시 사람들에게 많이 퍼져 있었을 터인데, 장안의 말은 이를 근거로 한 탓에 판단을 잘못한 것이다. 그리고 최호가 활동한 시기는 한나라 시대로부터 훨씬 후대로서 불법이 흥성한 시기였기 때문에 최호는 더욱 쉽게 연상해서 언급했을 것이므로 그의 말은 더욱 믿을 수 없다.

일본인 하다니 료타이⁶⁵⁾는 대정(大正) 7년 10일 발간된 『사림(史林)』에서 이 문장을 논하여 언급한 적이 있다. 그는 한무제 시대 때 인도에서는 아직 불상을 제작하지 않았으므로 휴도왕의 금인은 결코 불상이 아니라고 했는데, 이것이야말로 가장 유력한 증거라고 하겠다. 또 김일제는 본래 휴도왕의 태자였는데, 한나라에 투항한 후에도 금인에 제사를 지냈기 때문에 김(金)이라는 성을 하사했다¹⁹˸. 가령 금인이 불상이라면 김일제가 불교의 가르침을 받들었을 수도 있지만 역사서에는 이에 관한 어떤 기록도 없다. 또 감천산의 금인은 두 곳에 있는 것으로 보이는데 그 하나는 감천궁에 있다. 양자운(揚子雲)⁶⁶⁾은 『감천궁부(甘泉宮賦)』에서 이렇게 노래하고 있다.

64) 착융에 대해선 제4장 '착융의 불사'를 보라.
65) 하다니 료타이(羽溪了諦); 일본의 승려이면서 불교학자이다.
66) 양웅(楊雄, 기원전 53년~기원후 18년)의 자가 자운(子雲)이다. 전한(前漢) 말기

건장한[仡仡] 금인은 종 거는 틀을 받들고 있는데
용 비늘이 그의 몸을 죽 덮고 있다네.
찬란하게 타오르는 횃불이여
큰 불꽃이 환하게 내리비추니,
천제(天帝)가 사는 신선의 거처와 필적하고
태일신(太一神)의 존엄한 신령을 본떴다네.

대체로 진(秦)나라와 한나라의 궁전은 천제의 거처를 형상화한 것이니, 반맹견(班孟堅; 반초)이 지은 『서도부(西都賦)에서는 이렇게 말하고 있다.

그 궁실(宮室)의 전체 모양은 천지를 형상화했고, 내부 구조는 음양으로 나타냈으니, 대지[坤靈]의 올바른 방위에 의거해서 태자(太紫)[67]의 원방(圓方)[68]을 모방했다.

천상의 자미궁(紫微宮)에 12개의 번(藩)[69]이 있기 때문에 궁중에도 늘 금인 12명을 모심으로써 자미궁을 모방했다[20]. 생각건대 양자운이 『감천 궁부』에서 말한 감천도 태일자궁(太一紫宮)을 본받은 것이며, 또 금인을 세우면서 그 숫자를 열둘로 한 것도 12성수(星宿)를 상징한 것이라 하겠다.

의 사상가이자 문장가. 대표작『태현경(太玄經)』은『주역』을 본뜬 것으로서 6조(六朝) 도가사상의 선구라고 평가되고 있으며, 또 『법언(法言)』에서는 유가 의 도덕적 교화가 필요하다고 말하면서 선악 양성의 인성론을 주장했다.
67) 태일성(太一星)과 자미성(紫微星)으로 모두 제왕을 상징한다.
68) 옛사람들은 하늘은 둥글고[圓] 땅은 네모나다[方]고 생각했다. 그래서 천지라는 말 대신 '원방'이란 칭호를 쓰기도 했다.
69) 자미궁은 하늘의 임금이 사는 곳이며, 번(藩)은 '울타리'라는 뜻으로 이 임금을 수호하는 별이다.

'흘흘(仡仡)'에 대해 공안국(孔安國)의 『상서전(尙書傳)』⁷⁰⁾에서는 "건장
하고 용맹한 모습"이라고 했다. 감천의 금인이 머리 위로 종 받침대를
이고 있다고 생각했기 때문에 '흘흘'이라고 칭한 것이다. 또『태평어람(太平
御覽), 예의부(禮儀部)』⁷¹⁾에서는 『한구의(漢舊儀)』⁷²⁾를 인용하면서 "한나
라 법에서는 3년에 한 번씩 운양궁(雲陽宮) 감천단에서 하늘에 제사를
지낸다"고 하였다. 그렇다면 감천은 더더욱 천제의 거처를 상징하는 것이
니, 이를 근거로 하면 금인도 태일(太一)의 존엄한 신령을 상징한 것일
뿐 서방의 부처가 아님이 명백하다.

또 어쩌면 감천에 따라 흉노가 하늘에 제사지내는 금인과 경로(徑路)⁷³⁾
의 신사(神祠)가 동일한 곳에 있을 수도 있다. 『괄지지(括地志)』⁷⁴⁾**21:**를

---

70) (기원전 156년~기원전 74년) 자(字)는 자국(子國). 공자의 11대 손. 노공왕(魯共
王)의 무너진 공부(孔府) 옛집의 벽에서 『고문상서(古文尙書)』, 『예기(禮記)』,
『논어』, 『효경』을 얻었으나 모두 과두(科斗) 문자로 이루어져서 당시 사람이
알지 못하자 직접 금문(今文)으로 해독했다. 또 조서를 받고 『서전(書傳)』58편을
지었다.

71) 송나라 초기 977년에 태종(太宗)의 칙명을 받아 이방(李昉) 등이 편찬한 유서(類
書)로 모두 1,000권이다. 『역(易), 계사편(繫辭篇)』에 기초해서 전체를 천(天)·
시서(時序)·지(地)·황왕(皇王)·편패(偏覇)·주군(州郡) 등의 55문(門)으로
나누어 모든 사류(事類)를 망라하고 있다. 각 문은 유(類)로 나뉘는데 모두
4,558류가 된다.

72) 동한의 위굉(韋宏)이 편찬했다. 관제(官制)가 많이 실렸으며 일명 『한관구의(漢
官舊儀)』라고도 한다.

73) 흉노가 받드는 신의 이름

74) 『괄지지(括地志)』는 전 550권이며 서략(序略) 5권이 더 있다. 당태종(唐太宗)의
넷째 아들 이태(李泰)가 편집 책임자가 되어서 만든 지리서(地理書)이다. 『한서
(漢書), 지리지(地理志)』와 고야왕(顧野王)의 『여지지(與地志)』를 계승하면서
도 새로운 형태의 지리서 체제를 열었다고 평가된다.

살펴보면, 한나라의 감천궁은 옹주(雍州) 운양현(雲陽縣) 서북쪽 80리[22:]에 있고, 경로의 신사는 옹주 운양현 서북쪽 90리 감천산 아래에 있는데, 본래 흉노가 하늘에 제사지내는 곳이었지만 진나라가 그 땅을 빼앗은 뒤에 휴도왕을 서역으로 이주시켰다. 그리고 『한서, 지리지』에서는 '운양현 아래'를 주석하면서 "휴도왕의 금인과 경로의 신사 세 곳이 있다. 이 휴도왕의 금인은 물론 표기장군 곽거병이 진나라 때 흉노의 옛터로 보이는 곳에서 노획한 것이다. 그러므로 당연히 경로의 신사와 동일한 곳에 있다. 운양현과의 거리가 90리라서 운양현 서북쪽 80리에 있는 감천궁과는 당연히 관련이 없다[23:]"고 하였다.

지금까지 논한 것을 종합해서 말하겠다.
1. 『사기』에서든 『한서』에서든 한무제가 휴도왕의 1장(丈) 남짓한 금인을 감천궁에 모시고 향을 사르며 예배했다는 기록은 없다.
2. 『한서, 김일제전찬』에는 금인을 세워서 하늘에 제사지내는 신주로 삼았다는 말이 있으며, 그 후에 나온 대부분의 주해는 이를 따른 것이다.
3. 한무제 때의 인도에서는 불상을 조성한 일이 없다.
4. 김일제는 바로 휴도왕의 태자로서 부처를 신봉한 전설이 없다.
5. 감천궁은 자미궁의 12성수를 상징한 것이고, 휴도왕의 금인과 경로의 신사는 똑같이 한곳에 있다.

손성연의 『괄지지』 편집본은 최근 중국의 중화서국이 기획한 중국고대지리총지 총간 시리즈 중 하나인 '괄지지집교(括地志輯校)'라는 제목으로 정리되어 나온 것이다.

이상 다섯 가지 증거를 통해서 『석로지』의 내용이 거짓임을 알 수 있다.

10) 유향(劉向)[75]의 『열선전(列仙傳)』[76] 서문

『세설신어, 문학편주(文學篇注)』에서는 이렇게 말하고 있다.

유자정(劉子政; 유향)이 『열선전』에서 말했다.
"백가(百家)의 서적을 열람하면서 조사하고 고증한 결과 신선이 된 사람이 146명인데, 그 중 74명은 이미 불경에 실려 있었다. 그래서 (나머지) 70명을 실어서 견문이 풍부하고 박식한 사람들이 두루 보도록 하였다. 그렇다면 한나라의 성제(成帝)와 애제(哀帝) 사이에 이미 불경은 있었다."

---

75) 유향은 한나라의 종실(宗室)로서 본명은 갱생(更生)이고 자는 자목(子政)이다. 경학, 문학, 천문학 등에 뛰어났다. 아울러 역대 전적을 교감, 정리하는데 힘을 기울여서 중국 최초의 목록서인 『별록(別錄)』을 완성했으며, 그의 아들 유흠(劉歆)이 이것을 이어받아 『칠략(七略)』을 완성했다. 『별록』과 『칠략』은 모두 망실되었지만 『한서, 예문지(藝文志)』의 바탕이 되었다. 저서에는 『열녀전』 외에 『열선전(列仙傳)』, 『신서(新序)』, 『설원(說苑)』, 『홍범오행전론(洪範五行傳論)』 등이 있다.

76) 신선 이야기를 모은 것으로서 인간과 신의 연애나 유선(遊仙) 이야기는 중국 지괴소설(志怪小說)의 전형적인 소재이다. 진(晉) 나라 이후의 신선 이야기는 대부분 이 책에 근거했으며, 역대 문인들이 전고로 인용한 고사도 많아서 문학사적으로도 중요하다.

청나라의 왕조원(王照圓)77)이 교열한『열선전』에서는 72명이라고 했으니, 앞의 문장에서 70명을 편찬했다'고 한 것은 바로 72명을 편찬했다'이다. 또 앞의 문장은 말하자면『열선전서(列仙傳序)』에서 간략히 인용한 것이니, 이 때문에 종병의『명불론』에서는 이렇게 말하고 있다.

유향의『열선전』에서는 74명이 불경에 실려 있다고 서술했다.

이 서문은 또『안씨가훈(顔氏家訓), 서증편(書證篇)』을 찬탄하면서 "『열선전』은 유향의 저서이다. 그러나『찬(贊)』에서 74명이 불경에 나온다'고 한 것은 대체로 후세 사람이 끼워 넣은 것이지『열선전』의 원문이 아니다'라고 하였다. 남송 때 지반(志磐)78)은 '현존하는『열선전』에 아직도 이 말이 있는데, 그러나 이미 불경을 선경(仙經)으로 고쳐놓았다'24:고 하였다. 그리고 현재 유통되고 있는 판본에서도 이미 74명이 불경이나 선경에 나온다는 말이 없는데, 대체로 이런 서적은 도사(道士)들을 거치면서 문장의 자구(字句)가 개조된 것이다.

---

77) 왕조원(王照圓; 1763~1851); 청나라 말엽의 여류 시인이자 훈고학자. 어머니의 유명에 따라『열녀전보주(列女傳補注)』8권을 지었고, 그 후『열선전교정(列仙傳校正)』,『몽서(夢書)』의 작품을 남겼다. 1851년 함풍(咸豊) 원년에 병으로 죽었다.

78) 태어나고 죽은 시기는 명확치 않다. 호(號)는 대석(大石). 남송(南宋) 말엽 선종(禪宗), 천태종(天台宗)의 승려로서 불교 역사가이다. 저서로는 불교통사(佛教通史)라고 할『불조통기(佛祖統紀)』가 있다.

미주

제1장

1) 『홍명집(弘明集)』과 종병(宗炳)의 『명불론(明佛論)』[1]을 참조)

    1) 5세기경에 나온 불교 논문으로 저자는 종병(宗炳)이다. 당시 혜림(慧琳)이 『흑백론(黑白論)』에서 불교의 학설을 비난하자 『명불론』을 지어 『흑백론』을 반박했다. 가령 혜림은 사람이 죽어도 정신(神)은 불멸한다는 설에 회의적이며 따라서 사람이 성불할 수 있다는 것에도 회의를 표하지만, 『명불론』에서는 육신은 죽어도 정신은 결코 소멸하지 않는다는 신불멸론(神不滅論)을 주장했다. 종병(宗炳) (375~443)은 남조(南朝) 송(宋)나라의 화가로 자(字)는 소문(少文)이다. 서예, 회화와 탄금(彈琴)에 능했다. 저술에 『화산수서(畵山水序)』가 있다.

2) 『세화기려(歲華記麗)』[1] 3권에 보인다.

    1) 당나라 한악(韓顎)의 저술로 세시풍속에 관한 내용을 담고 있다.

3) 『역대삼보기』에서는 제법(齊法)에서 인용했다고 함.

4) 『속고승전(續高僧傳)』[1]의 「위담모최전(魏曇謨最傳)」에 인용됨.

    1) 도선(道宣)의 편찬으로 30권으로 구성되어 있다. 양(梁) 혜교(慧皎)의 『고승전』을 계승하여 양나라 때부터 645년까지의 고승 전기를 편집한 열전이다. 혜교의 『고승전』을 계승했기 때문에 『속전(續傳)』이라 불렸고, 당나라 초기에 이루어져서 『당고승전(唐高僧傳)』이라고도 한다. 육조 시대와 당나라 초기의 불교를 이해하는데 필수적인 자료이다.

5) 『광홍명집(廣弘明集)』[1] 11권에 보임.

    1) 당나라 때 도선(道宣) 율사가 편찬했으며 전 30권이다. 승우가 지은 『홍명집』을 계승, 확대해서 지은 책이다. 『홍명집』이 논문을 골라서 편집한 선집(選輯)인데 반해 이 책은 선집은 물론 저자의 변론도 들어 있다.

6) 『홍명집, 후서(後序)』[1]와 『광홍명집』 1권.

    1) 남조(南朝) 때 양(梁)나라의 승우(僧祐) 가 편찬한 불교 문집으로 14권으로

이루어져 있다. 동한 말엽부터 남조의 양나라까지의 불교 논문이 실려 있는데, 모자의 『이혹론』만이 아니라 불교를 배척한 범신(范縝)의 『신멸론(神滅論)』 등도 실려 있다. 앞의 11권까지는 불교, 유교, 도교의 같은 점과 차이점을 밝히고 있으며, 나중의 세 권에서는 불교의 교의를 적극적으로 천명하고 있다. 이 책은 육조 시대의 사상, 특히 당시 불교, 유교, 도교의 교류를 살펴볼 수 있는 중요한 자료이다.

7) 즉 요서(姚緒), 『승전(僧傳), 법화전(法和傳)』에 보인다.

8) 이 내용은 『고승전』[1]에 보인다. 유살아의 사적도 『법원주림(法苑珠林)』[2] 13권과 38권에 보이는데, 대부분 괴이해서 믿을 수가 없다.

   1) 중국 양(梁)나라 때의 혜교(慧皎)가 지은 고승들의 전기. 혜교는 회계 상우(上虞) 출신이다. 승우의 『출삼장기집』이나 보창(寶唱)의 『명승전』에 기초해 후한 명제 영평 10년(67년)부터 양무제 천감(天監) 19년(520년)까지의 고승 257명, 부전(付傳) 243명의 전기를 모은 『고승전』을 편찬했다. 양나라 말엽 후경(候景) 의 난을 피해 분성(湓城)에 왔다가 다음 해 58세로 그곳에서 입적했다.

   2) 668년에 당나라의 승려 도세(道世)가 편찬한 불교 백과사전으로 총 100권이다. 경(經)과 논(論)에 나오는 여러 가지 사항을 분류하여 기록하였으며, 각 편마다 많은 세목으로 나누었다. 책의 이름은 불교의 갖가지 자료를 집대성한 주옥과 같은 사전이라는 뜻이다.

   중국불교사연구에 필요한 자료들을 수록하고 있으며, 서술 체계는 술의부(術意部), 인증부(引證部), 감응연(感應緣)으로 되어 있다. 특히 인증부의 자료를 통해 불교의 발생과 발전을, 감응연의 자료를 통해 불교의 중국 전파와 발전의 자취를 엿볼 수 있다.

9) 『법원주림』 13권에 보인다.

10) 『영조학사휘간(營造學社彙刊)』 제4권 제1기(期) 류돈쩐(劉敦禎), 푸아이 커(覆艾克) 교수의 글을 보라.

11) 『광홍명집』 11권에 보인다.

12) 량치차오의 최근 저서 제1집 중권(中卷) 2페이지를 보라.

13) V.A.Smith Asoka. p.44를 참고하라.

14) 이 문장에 구두점을 찍는데 다양한 설이 있다. 첫 번째 생각은 '제사를

지내지 못하도록 금하였대[禁不得祠]를 하나의 구절로 삼고 '명성이 서쪽
에 출현하였대[明星出西方]를 별개의 사건으로 삼는 것인데, 하지만 말이
잘 통하지 않는다. 두 번째 생각은 현(縣)자와 현(懸)자가 통하므로 구두점
도 마땅히 '처음으로 세운 마을의 금지구역[初縣禁]에…… 서방에 출현한
명성에 제사를 지내지 못했다'가 되어야 한다. 하지만 『한서(漢書), 흉노전
(匈奴傳)』에서는 이 문장을 인용해서 '유배된 사람들을 이주시켜 34개의
마을에 채워 넣었다'고 했으니, 그렇다면 초현(初縣)은 처음으로 세운
마을을 뜻하기 때문에 현(縣)자는 현(懸)자가 아니다.

15) 후지타 토요하치의 설로 보이지만 나는 원서를 아직 보지 못했다.

16) 『홍명집』, 『명불론』을 보라.

17) 삼국의 맹강(孟康)이 편찬함.

18) 『한서음의』에 실린 내용을 말한다.

19) 『한서, 일제전(日磾傳)』을 보라.

20) 『서도부』에서는 또 "금인을 황궁의 정문에 세웠다"고 하였으며, 이선(李
善)의 주석에서는 "『사기』에서 진시황이 12명의 금인을 주조해서 궁중에
두었다"고 했으며, 또 『삼보황도(三輔黃圖)[1]』를 인용하면서 "진(秦)나라
에서는 궁전을 지을 때 단문(端門; 궁전의 정남쪽 문)이 사방으로 통했는데
자미궁을 본받은 것"이라고 하였다.

  1) 원저자와 성립 연대 모두 미상이나 동한(東漢) 말엽의 작품으로 추정한다.
  삼보(三輔)란 한무제 때의 경조윤(京兆尹), 우부풍(右扶風), 좌풍익(左馮翊)을
  지칭하는 것으로 지금의 서안(西安)과 함양(鹹陽) 및 그 부근 지역이다. 즉
  함양과·장안(長安)의 지리와 궁전(宮殿), 능묘(陵墓), 학교(學校) 및 주(周)나
  라 때의 유적 위치와 모습을 수록한 책으로 중국 지리학 역사에서 중요한
  위치를 차지하고 있다.

21) 손성연(孫星衍) 편집본

22) 81리라고 하는 자도 있다.

23) 『미야케 박사 기념논문집』에 실린 시라토리 쿠라키치의 휴도왕의 옛터에
    관한 논문 하나를 참고하라.

24) 상세히는 『불조통기(佛祖統紀)』[1] 34권을 보라.

   1) 1269년에 중국 송나라의 고승 지반(志磐)이 석가모니로부터 남송의 이종(理宗)
     에 이르는 고승의 전기(傳記)를 집대성한 책. 54권.
     사마광(司馬光)의 《자치통감(資治通鑑)》 편찬에 영향을 받아 《종원록(宗
     元錄)》《석문정통(釋門正統)》 등의 불교사 문헌이 편찬되었으나, 지반은
     이 책들이 사료의 채취 및 비판 등에 부족한 점이 많다고 생각해서 새로이
     편찬했다. 본기(本紀) 8권, 열전(列傳) 10권(마지막 2권은 목록만 있고 본문은
     없다), 잡전(雜傳) 2권, 표(表) 2권, 지(志) 30권 등으로 이루어져 있다.

2

영평(永平) 시기의 구법(求法)
전설에 대한 고증

1) 영평 시기의 구법 전설

한나라 명제 영평(永平) 시기에 사신을 서역으로 보내서 불법(佛法)을
구하게 했는데, 이는 중국에서 공인되어 온 최초의 불교 전래이다. 이제
남조(南朝) 이전의 기록에 근거해 먼저 그 사적(事蹟)을 나누어 변별한
후에 다시 이 전설의 진위(眞僞)를 자세히 논하겠다.

오늘날 연구에 의하면, 영평 시기의 구법(求法) 활동은 모자(牟子)의
『이혹론(理惑論)』[1]:, 『사십이장경서(四十二章經序)』[1)2:, 『노자화호경(老
子化胡經)』[2)3:에 가장 일찍 보인다. 이외에도 석조(石趙)[3) 시대에 왕도(王

---

1) 제3장을 보라.
2) 동한 후기에 노자가 오랑캐의 나라에 들어가서 부처가 되었다는 '화호설(化胡
   說)'이 퍼지자 『모자(牟子)』에서는 이 화호설을 반박하면서 도교가 불교보다
   못하다고 하였다. 이렇게 해서 불교와 도교가 격렬한 논쟁을 벌였는데, 진혜제
   (晉惠帝) 때 도교를 높이고 불교를 폄하하면서 동한 이래 다양하게 전해진
   화호설을 근거로 삼아 『노자화호경』을 만들었다. 그 내용은 노자가 천축으로
   들어간 후에 부처가 되어 오랑캐를 교화했고 이로 인해 불교가 생겨났다는
   것이다.

度)의『주소(奏疏)』⁴:, 동진(東晉)의 원굉(袁宏)이 지은『후한기(後漢紀)』
(10권)⁴), 유송(劉宋)의 종병(宗炳)이 지은『명불론(明佛論)』(『홍명집』), 범엽
(范曄)이 지은『후한서(後漢書)』(118권)⁵), 남제(南齊)의 왕염(王琰)이 지은
『명상기(冥祥記)』(『주림(珠林)』13권), 소량(蕭梁) 시대의 승우(僧祐)가 지은
『출삼장기집(出三藏記集)』(2권)⁶), 혜교(慧皎)의『고승전』(1권), 도홍경(陶
弘景)이 지은『진고(眞誥)』(9권)⁷), 북위(北魏)의 역도원(酈道元)이 지은
『수경, 곡수주(水經, 穀水注)』, 양현지(楊衒之)가 지은『낙양가람기(洛陽
伽藍記)』(4권)⁸), 『위서, 석로지(魏書, 釋老志)』, 그리고 원위(元魏)의 승려

---

3) 오호십육국(五胡十六國)의 하나인 후조(後趙)의 별칭. 석륵(石勒)이 전조(前趙)
   를 멸하고 세운 나라라서 '석조'라 부르기도 함.
4) 진(晉)나라 때 원굉(袁宏)이 만든 편년체(編年體)의 역사서로 전 30권이다.
   왕망(王莽) 말엽의 농민 봉기 때부터 조비(曹丕)와 유비(劉備)가 황제를 칭하던
   시대까지 약 200년간의 역사를 서술하고 있다. 남북조 시대 송나라의 범엽(范曄)
   이 정리한 후한서(後漢書)의 기본이 되었다.
5) 기전체(紀傳體) 역사서로 24사(二十四史) 중 하나이다. 유수(劉秀)가 황제로
   즉위한 25년부터 위(魏)나라의 조비(曹丕)가 황제를 칭하면서 후한이 망한
   220년까지의 후한 시대 역사를 기록했다.
6) 한문으로 번역된 경전과 논서의 연기(緣起), 목록(目錄), 서문, 발문, 번역자의
   전기(傳記)를 실었다. 오늘날 경론의 목록으로 가장 권위 있는 서적인 동시에
   한역 경전의 역경사(譯經史)를 연구하는데 중요한 자료이다.
7) 도홍경은 양(梁)나라 때의 시인이자 서예가이자 의사이자 유명한 도교 사상가이
   다. 그는 노장철학에 바탕을 두고 있는 도교의 일상 수행법을 다시 수립해서
   이를『진고(眞誥)』·『등진은결(登眞隱訣)』로 저술했다. 또 중국 의약서 가운데
   하나인『신농본초경집주(神農本草經集注)』를 저술했다.
8) 북위(北魏)의 양현지가 저술했다. 당시 낙양 및 그 인근의 대사찰에 대한 연기,
   규모, 행사 등을 기록한 책이다. 진(晉)나라 때 42개이던 사찰이 북위가 수도를
   옮긴 후로는 1367개의 사찰이 있었다고 한다. 저자는 낙양에 사찰이 성황이던
   북위 시절의 상황을 후세에 전하고자 기록했다.

들이 위조한 『한법본내전(漢法本內傳)』⁵:이 있으며, 그 나머지 육조(六朝)
의 인사(人士) 중에도 이 구법 전설을 언급한 사람이 적지 않다.

동한(東漢) 말엽에 모자(牟子)가 지은 『이혹론』은 37장(章)으로 이루어
졌는데, 제20장에서는 한나라 땅에서 최초로 불도(佛道)를 들은 일을 기술
하고 있다. 이제 그 전문(全文)을 기록하여 다른 서적에 실린 이설(異說)에
덧붙이겠다.

> 예전에 효명(孝明) 황제가……

각 항목의 기록에는 모두 연월(年月)이 실려 있지 않다. 다만 『화호경』에
서는 "영평 7년에 사신을 보내서 18년에 돌아왔다"고 하였고, 『법본내전(法
本內傳; 한법본내전)』에서는 "영평 3년에 꿈에 감응하였다"고 하였고, 『광
홍명집』 제1권에서 인용한 『오서(吳書)』에서는 "영평 10년의 일"이라 하였
고, 수(隋)나라 비장방(費長房)이 지은 『삼보기(三寶記)』에서는 영평 7년에
꿈에 감응하고 10년에 한나라로 돌아왔다고 하였고, 아울러 도홍경의
『제왕연보(帝王年譜)』⁶:를 인용해 '영평 11년, 꿈에서 금인(金人)을 본
후에 사신을 보냈다'고 하였다.

> 꿈에서 신인(神人)이 몸에서 빛을 발하면서 궁전 앞으로 날아오는 것을
> 보았다.

『사십이장경서』를 살펴보면, '몸에 금빛을 띠고 있고 목에서 일광(日光)
을 발했다'고 하며, 『화호경』에서는 '키가 1장 6척이고 목에서 일광을
발했다'고 하며, 원굉은 '꿈에서 금인(金人)을 보는데 키가 크고 목에서

일월의 광명을 발했다'고 하며, 범엽은 '금인이 키가 크고 목에서 광명을
발했다'고 하며, 왕염은 '키가 2장이나 되고 몸은 황금색을 띠고 있고
정수리에는 일광을 두르고 있다'고 하며, 혜교는 '밤에 금인이 허공을
날아오는 꿈을 꾸었다'고 하며, 역도원은 '꿈에 황금색을 띤 대인(大人)이
정수리에 흰 광명을 두르고 있다'고 하며, 양현지는 '황제가 꿈에서 금인을
보았는데 키가 1장 6척이고 목 뒤에 일월의 광명이 있었다고 하며, 『석로지』
에서는 '정수리에 흰 광명을 띤 채 궁전의 뜰을 비행했다'고 하였다.

(효명 황제는) 흔쾌히 기뻐하면서 다음날 뭇 신하들에게 널리 물었다.
"이는 어떤 신(神)인가?"

『진고』를 살펴보면 대체로 동일하고, 『사입이장경서』에서는 '마음이
흔쾌해지면서 크게 기뻐했다'고 했으며, 나머지에는 모두 이런 구절이
없다.

통인(通人)9)인 부의(傅毅)가 말했다.

『사십이장경서』, 『화호경』, 『고승전』, 『석로지』를 살펴보면 모두 동일
하고, 나머지에서는 '혹왈(或曰; 어느 누가 말하길)'로 되어 있다.

신(臣)은 천축에 도를 터득한 자가 있다고 들었습니다. 그의 칭호는
'부처[佛]'로서 허공을 날아다니고 몸에선 일광(日光)을 발한다고 하는데,

---

9) 박학다식한 학자.

(황제께서 꿈에 본 분은) 아마도 그 신(神)인 듯합니다.

『화호경』을 살펴보면, 부의는 "서방 오랑캐 왕의 태자가 도(道)를 이루어 부처라 칭하였다7·"고 했다. 왕부(王浮)는 대체로 허구라고 하면서 '석가는 한나라 시대 때 비로소 도를 이루었다'고 하였다. 그 나머지 각 서적은 모두 모자의 기록과 대체로 동일하다.

그러자 황제는 깨우치는 바가 있어서 사신 장건(張騫)8·, 우림낭중(羽林郎中) 진경(秦景), 박사제자(博士弟子) 왕준(王遵) 등 12명을 대월지국(大月支國)에 보내서 불경 『사십이장(四十二章)』을 필사케 했다.

『사십이장경서』와 『진고』를 살펴보면 대체로 동일하다. 오직 우림낭중만 『경서』에서는 우림중랑장(羽林中郎將)으로 되어 있다. 나머지 대부분은 그저 사신을 말한 것이라서 인명(人名)을 적지 않았다. 남제(南齊)의 왕염은 '사신은 단지 채음 한 사람뿐'이라고 말했으며, 『우록』 7, 왕승유(王僧孺)10)의 『혜인경서(慧印經序)』에서는 "왕준이 얻은 사십이장경"이라고 했다. 『고승전(高僧傳)』에서는 불법을 구하러 간 사람이 낭중 채음과 박사제자 진경이라 했는데, 『석노지』에서는 이를 따르고 있다.
『진고』의 원주(原注)에서는 "시중(侍中) 장감(張堪) 혹은 낭중 장음(張愔)을 사신으로 보냈는데, 이들은 천축으로 가서 불경을 필사하고 불상을 가져왔으며 아울러 사문(沙門)도 왔다……."라고 했으며, 『후한기(後漢記)』

---

10) (465~522) 남조(南朝) 양(梁)나라의 시인이자 변문가(騈文家). 몰락한 사족(士族) 출신이나 학식이 해박하고 문재(文才)가 뛰어났다. 저술로는 『십팔주보(十八州譜)』, 『백가보(百家譜)』 등이 있다.

에 이르면 사신을 보냈다고는 말하지 않고 단지 '명제(明帝)가 그 도술(道術)을 물었다'고만 말하고 있으며[9] ,『후한서』에서는 '사신을 천축으로 보내 부처의 도법(道法)을 묻게 했다'고 했다. 그러나『화호경』에 실린 내용만은 동일하지 않으니,『화호경』에서는 이렇게 말하고 있다.

"명제는 즉시 장건 등을 사신으로 보냈다. 그들은 황하의 발원지까지 가서 36국(國)을 거쳐 사위성(舍衛城)[11)]에 이르렀지만 부처는 이미 열반에 든 후였다. 그래서 불경 60만 5천 자를 필사해서 영평 18년이 되어서야 한나라로 돌아왔다."

대체로 부처가 한나라 시대 때 도를 이루었고 명제 때 열반에 들었다는 말이다. 따라서 부도(浮圖)가 이미 노자보다 후대라면『화호경』의 설이 근거가 있는 것이다.

　(그 불경을) 난대석실(蘭臺石室)의 열 네 번 째 칸에 보관하였다.

모자는 가섭마등(迦葉摩騰)[12)] 등이 채음을 따라 한나라에 온 일을 기록하지 않았다.『사십이장경서』,『화호경』,『후한기』가 모두 동일하고, 남제 왕염의『명상기』에 와서야 비로소 채음이 서역의 사문 가섭마등 등을 거느리고 와서 우전왕(優塡王)에게 그림과 불상을 바쳤다고 하였다.『고승

---

11) 중인도 코살라국의 수도. 부처님 당시 파사익왕, 유리왕이 살았으며, 성 남쪽에는 유명한 기원정사가 있다.
12) 카쉬야파마탕가(kashyapamatanga) 의 음역. 축섭마등(竺葉摩騰), 섭마등(攝摩騰), 마등(摩騰)이라고도 한다. 중인도 출신의 승려. 67년 후한 시대 때 명제(明帝)의 초청을 받고 축법란(竺法蘭)과 함께 낙양으로 갔다. 명제는 그들을 위해 백마사(白馬寺)를 세운 뒤 그 곳에 머물게 하였다. 축법란과 함께 사십이장경(四十二章經)을 번역했다. 낙양(洛陽)에서 입적했다.

2. 영평(永平) 시기의 구법(求法) 전설에 대한 고증 • 121

전』도 이를 따르고 있는데 다만 섭마등(攝摩騰)이라 했을 뿐이고,『석로지』
는 이와 동일하다.

또 주의할 점이 있다. 모자는 대월지국에서 불경을 필사해 돌아와 난대석
실의 열네 번째 칸에 보관했다고 말했으며,『경서』도 대체로 이와 동일하다.
또『우록』2의 첫머리에서는 장건이 멀리 서역의 사신으로 가서 월씨국(月
氏國)에서 불경 사십이장을 필사했다고 말했으며, 또 월지국에서 사문
축마등(竺摩騰)을 만나 이 경전을 번역해 낙양으로 돌아왔다고 했는데,
모두 경전이 월씨국에서 번역되었다고 말하고 있다.『수경주(水經注)』에
서는 이렇게 말하고 있다.

"천축으로 사신을 보내서 불경을 필사하고 불상을 가져오게 했는데,
최초로 느릅나무 상자에 불경을 담아서 백마에 도표(圖表)를 싣고 중하(中
夏)로 갔기 때문에 백마를 절 이름으로 삼았다. 이 느릅나무 상자는 나중에
성 안의 민회(愍懷) 태자의 부도(浮圖) 속으로 옮겨졌다가 근세에 다시
이 절로 옮겨졌다."

『낙양가람기』에서는 이렇게 말하고 있다.

"절 위에 있는 경전을 담은 함(函)은 지금도 존재하고 있어서 사람들이
늘 향을 피워 공양하고 있다. 경전을 담은 함이 때때로 광명을 발해서
법당의 처마를 비추는 일이 있자 출가한 사람이든 재가에 있는 사람이든
부처의 참 모습(眞容)을 우러르듯이 예배하고 공경하였다."

당시 낙양성 서쪽 옹문(雍門) 밖에다 부처님 절을 세웠다.

『사십이장경서』에서는 탑과 절을 세웠다고 했는데 절 이름은 언급하지
않았다. 그러나 왕염은 백마사를 언급했으며,『고승전』에서는 더욱이

'외국의 백마가 탑을 돌면서 슬피 울었기 때문에 많은 절이 백마를 이름으로 삼았다'고 했다. 『수경주』와 『가람기』에서는 모두 '백마사는 서양문(西陽門) 밖에 있다'고 했는데, 서양문은 일명 옹문이라고 하며 낙양의 서문(西門) 중 하나이다.

또 백마사의 명칭을 살펴보면 서진(西晉)의 축법호(竺法護)가 쓴 역경(譯經)의 여러 기(記) 속에 처음으로 보인다. 태강(太康) 10년(서기 289년) 4월에 『문수사리정진경(文殊師利淨津經)』을 번역하고 12월에 『마역경(魔逆經)』을 번역했는데 모두 낙양성 서쪽의 백마사에서 했다[10]. 영희(永熙) 원년(서기 290년)에 『정법화경(正法華經)』을 역시 낙양의 백마사에서 번역했는데(『우록』 8) 한나라 영평 시기로부터 2백 년이 지난 뒤이다. 모자는 비록 절 이름은 싣지 않았지만, 그러나 지망(地望)[13]이 아주 적합하면 응당 백마사를 가리키는 것이다.

또 축법호의 역경은 언제나 장안(長安)의 청문(靑門) 안에 있는 백마사에서 했고(『수진천자경기(須眞天子經記)』, 『우록』 7에 보인다), 동진(東晉) 시대의 지도림(支道林)은 늘 건업(建業)의 백마사에서 있었으니, 그렇다면 한나라와 진(晉) 나라 사이에는 '백마'라는 절 이름이 실로 적지 않을 것이다. 『명승전(名僧傳)』 목록에서는 마등(摩騰) 등이 난대사(蘭臺寺)에 머물렀다고 했는데, 이는 불경을 석실(石室)에 보관했다는 설화로부터 전해진 것임을 보여주고 있다.

---

13) 위(魏), 진(晉) 이래로 구품중정제(九品中正制)를 실시했는데, 사족(士族)의 대성(大姓)이 지방 선거 등 권력을 농단했다. 하나의 성(姓)과 그 성씨가 소재한 군현(郡縣)이 서로 관계가 있으니, 이를 지망(地望)이라 한다.

그 절의 벽에다 천 대의 전차와 만 명의 기마병이 탑을 둘러싸고 세 번 도는 모습을 그렸다.

『사십이장경서』에서는 이 구절이 없고, 『고승전』에서는 백마가 탑을 돌면서 슬피 울었다고 하는데, 아마도 이 전설과 관련이 있는 듯하다.

또 남궁(南宮)의 청량대(淸凉臺)와 개양(開陽; 낙양)의 성문 위에다 불상을 만들었다. 명제가 살아있을 때 미리 수릉(壽陵)을 만들어서 현절릉(顯節陵)이라 불렀는데, 이 현절릉 위에도 부처의 도상(圖像; 그림과 불상)을 만들었다.
당시 나라는 풍요롭고 백성은 편안해서 멀리 오랑캐도 한나라의 도의(道義)를 흠모했으니, 불법을 배우는 사람들이 이로 말미암아 많아졌다.

『사십이장경서』에는 이 단락이 없다. 『후한서』와 『후한기』에는 단지 중국에서 그 형상을 그렸다는 말이 있을 뿐이다. 『명상기』와 『고승전』에도 똑같은 말이 있는데, 모두 '원래 불상은 우전왕이 만든 것'이라 하였다[11].
또 『고승전』 1권과 『축법란전(竺法蘭傳)』에서는 축법란과 마등이 함께 낙양에 도착했다고 하면서 이렇게 말하고 있다.
"『십지단결경(十地斷結經)』, 『불본생경(佛本生經)』, 『법해장경(法海藏經)』, 『승본행경(僧本行經)』, 『사십이장경(四十二章經)』 등 5부(部)를 번역했는데, 도읍을 옮기면서 도적의 난(亂)으로 4부의 책을 잃어버리는 바람에 강좌(江左)[14]에 전해지지 않았다. 오직 『사십이장경』만이 현재 존재하는

───────────

14) 동진(東晉) 및 남조(南朝)의 송(宋), 제(齊), 양(梁), 진(陳) 각 왕조의 기반이 모두 강 왼쪽에 있기 때문에 당시 사람들은 이 다섯 왕조와 그 통치 하의

데 대략 2천여 자(字)이다. 한나라 땅에 존재하는 여러 경전 중에서 오직 이 『사십이장경』이 시초가 된다."

『우록』 2권을 살펴보면, 축법란의 이름이 실려 있지 않을 뿐 아니라 그가 번역한 경전도 기록되어 있지 않다.

이상 서술한 내용을 종합하면, 영평 시기에 불법을 구한 전설은 대체로 세 가지 계통으로 나눌 수 있다.

(1) 모자 계통;

여기서는 모자의 『이혹론』에서 말한 내용을 가장 최초로 삼는다[12]. 『사십이장경서』도 모자의 설과 거의 동일하며, 진(晉)나라의 원굉과 송나라의 범엽도 모자의 설을 채택한 것으로 보이며, 양(梁)나라 도홍경의 『진고』에서는 『사십이장경서』의 문장을 직접 초록(抄錄)했다. 이 계통의 기록은 소위 한나라 명제가 꿈을 꾸고 나서 사신을 월씨국(月氏國)으로 보내어 불경을 필사해 귀국하고 아울러 불상을 그렸다는 내용이다. 『수경주』와 『낙양가람기』를 살펴보면 모두 마등 등이 낙양에서 불경을 번역한 일은 싣고 있지 않다. 두 책 모두 불경을 담아 중국으로 돌아온 느릅나무 상자를 상세히 기술하고 있는데, 마치 불경을 서역에서 번역했다고 말하는 것과 흡사하기 때문에 역시 이 계통에 들어갈 수 있다.

(2) 『화호경』 계통;

여기서는 불법을 구한 설(說)에 근거해서 부처의 성도(成道)와 열반에 든 해를 뒤섞음으로써 멀리 노자 이후에 존재했다고 증거하고 있다.

전지역을 강좌라 했다. 남조 사람은 오로지 동진만을 강좌라 칭하였다.

(3)『명상기』계통;

여기서는 원래의 설(說)에다 다시 마등 등이 중국에 들어와 불경을 번역한 일을 덧붙이고 있는데, 사신은 채음 한 사람뿐이고 장건 등 세 사람이 아니다.『진고』의 주(注)에서도 동일한 종류의 기록을 인용하고 있다.『고승전』에서는 마등의 사적을 자세히 기록할 뿐 아니라 축법란의 전설도 덧붙이고 있으며,『한법본내전』은 분명히 남북조시대 말엽에 위조된 책들과 관련되어 있다. 게다가 불법을 구하고 불경을 번역한 사적 외에도 도교의 도사(道士)와 서로 싸움을 벌인 괴사(怪事)도 덧붙이고 있다. 그러다 승우의『출삼장기집』2권을 보면 월씨국에서 불경을 번역했다고 이미 말했는데도 다시 마등을 언급했으니(축법란은 싣지 않았다), 그렇다면 (1)번과 (3)번의 두 설 사이에서 우물쭈물하는 것이라서 그 태도가 정말이지 모호하다.

2) 구법(求法) 전설의 고증

구법 전설의 진위(眞僞)를 고증하는 것은 응당 일곱 갈래로 나누어 설명해야 한다. 첫째, 불법은 명제에서 비롯되지 않았음. 둘째,『사십이장경』의 조기 출현. 셋째, 명제의 구법은 참인가 거짓인가? 넷째, 채음과 마등의 사적이 늦게 나타남. 다섯째, 축법란의 사적은 징조가 없음. 여섯째, 구법설(求法說)은 왕부(王浮)가 거짓으로 만든 것이 아님. 일곱째, 나머지 논의이다.

(1) 서진(西晉)의 왕도(王度)는 석계룡(石季龍; 石虎)에게 주의(奏議)[15]를 올렸다.

---

15) 천자에게 올리는 의견서.

"한나라 명제가 꿈을 꾸고 나서 처음으로 그 도(道)를 전하였다(『고승전,
불도징전』). 그 후 역대의 인사(人士)들이 대체로 이 설을 따랐으며, 당(唐)나
라의 한문공(韓文公)[16]도 주의를 올려서 '한나라 명제 때 처음으로 불법이
있었다'고 말하기도 했다. 게다가 『간영불골(諫迎佛骨)』[17]이란 글은 이미
후세 사람에게 전승되었기 때문에 이 설은 더욱 정설(定說)로 인식되었다.
그러나 영평 시기 이전에 불법이 전해지지 않았다면, 애제(哀帝) 때 이존(伊
存)이 이미 불경을 전해준 일은 있지 않을 것이다[13].

또 명제 때 초왕 영(楚王英)이 이미 상문(桑門)[18]과 이포색(伊蒲塞)[19]을
위해 성대한 공양을 마련했으니[14], 당시 이미 부처를 신봉하는 자가 있었던
것이다. 그리고 이 전설 자체에 입각해 말한다면, 부의는 이미 천축에
부처의 가르침이 있다는 걸 알았으니, 이것으로 당시의 조정이 이미 불법의
존재를 들었다는 걸 증명할 수 있다. 그래서 송나라 사람 범진(范鎭)의
『동재기사(東齋記事)』[20]에서 이미 이렇게 의심하고 있었으니 육조(六朝)

---

16) 당송팔대가(唐宋八大家)의 하나인 한유(韓愈;768~824)를 말한다. 시호(諡號)가
   문공(文公)이라서 세상에서 한문공이라 불렀다.
17) 당나라 헌종(憲宗)은 원화(元和) 14년(819)에 탑(塔)을 개창하면서 불골(佛骨)을
   궁전 안에 들여와 3일 동안 공양하였다. 이 소식을 들은 한유는 『간영불골(諫迎佛
   骨)』을 써서 헌종에게 상주(上奏)하여 불교를 신앙치 말 것을 논했다. 그는
   불교가 전래되면서 동란이 끊이지 않았고, 부처를 믿고 숭상한 왕조는 거의
   단명했다고 비난했다가 헌종의 노여움을 사 유배를 갔다.
18) 산스크리트 Sramana의 음역(音譯). 현재는 사문(沙門)이란 용어가 더 많이 쓰인다.
19) 산스크리트 Upasaka의 음역. 우바새(優婆塞)라고도 한다. 재가에 있는 부처님의
   제자로서 뜻으로는 청신사(淸信士)라 번역한다.
20) 북송(北宋) 때의 범진이 쓴 견문기(見聞記)라고 할 수 있다. 북송의 전장제도(典
   章制度)와 사인(士人)의 숨겨진 사적, 그리고 촉(蜀) 땅의 인사와 풍속 등을
   기록하고 있다.

의 인사들은 일찍부터 이런 결론을 갖고 있었다.[15]:

(2) 『사십이장경서』를 살펴보면, 대장경에는 본경(本經) 첫머리에 늘 이 경전을 간행하고 있다. 양나라 승우의 『출삼장기집』[21] 6권에 그 전문(全文)이 실려 있는데, 이 『사십이장경서』의 기록과 모자의 『이혹론』에 실린 사실은 사소한 차이점은 있지만 문자가 거의 대동소이하다. 이는 우연히 똑같아진 것이 아니라 어느 하나가 저본(底本)이 되고 다른 하나가 베껴서 답습했기 때문이다.

오늘날의 연구에 의하면, 모자의 기록은 실제로 『사십이장경서』에 뿌리를 두고 있는데, 그 증거로 두 가지를 들 수 있다. 첫째, 모자의 문장은 비교적 깔끔히 정리되어 있고 그 사적도 비교적 많이 늘어났다. 즉 『사십이장경서』에서는 "마음속[意中]이 흔쾌해지면서 기뻐했다"고 하는데, 모자에서는 '마음속[意中]'의 두 글자가 없다. 『사십이장경서』에서는 꿈에 본 신인(神人)을 "몸은 황금색을 띠고 목은 일광(日光)을 발하면서 궁전 앞으로 날아왔다"고 묘사하고, 후에 부의가 "부처는 가볍게 몸을 놀려 날아올 수 있었으니 아마 신(神)인 듯합니다"라고 대답했는데, 모자에서는 신인에 대해서는 단지 "몸에 일광을 발하면서 궁전 앞으로 날아왔다"고 하고

---

21) 양(梁)나라 승우(僧祐)가 편찬했으며 『승우록』, 『우록』, 『삼장기』라고도 한다. 전 15권. 삼장(三藏)의 번역을 근원까지 찾아가 네 부분으로 나누었는데, 첫째, 『찬연기(撰緣記)』, 둘째, 『전명록(詮名錄)』, 셋째, 『총경서(總經序)』, 넷째, 『술열전(述列傳)』이다. 한나라 때부터 양나라까지 사백여 년간 역출되고 편찬된 모든 전적(典籍)을 번역자 이름의 유무에 상관 없이 일일이 망라해서 십사록(十四錄)으로 만들었다. 도안의 구록(舊錄)에 근거해 증보와 수정을 거쳤기 때문에 '신집(新集)'이라 말하기도 한다.

부의의 대답은 "몸에 일광을 발하면서 허공을 비행하니, 아마 신인 듯합니다"라고 했다. 이 두 문장을 서로 비교하면, 모자는 앞과 뒤가 상응하면서 짜임새가 있지만, 이에 비해『사십이장경서』는 문장이 다분히 번거롭다.

또『사십이장경서』말미에서는 단지 절과 탑을 세웠다고 말했지만, 모자에서는 탑은 옹문 밖에 있고 아울러 남궁(南宮)과 개양문(開陽門)과 현절릉(顯節陵) 위에다 불상을 그렸다는 말이 실려 있으므로 흡사 원문을 베껴 답습한데다 내용을 더 덧붙인 듯하다. 둘째, 모자가『이혹론』을 지었을 때 늘『사십이장경』을 인용하고 있는 것이다. 가령『이혹론』제4에서는 이렇게 말하고 있다.

"일을 할 때 도덕을 잃지 않는 것이 마치 현악기의 줄을 조율하면서 음률[宮商]을 잃지 않는 것과 같다."

이는 "사문이 밤에 매우 슬픈 경문을 독송(讀誦)했다"고 한 경전을 인용한 것이다.『이혹론』제11에서 말한다.

"도(道)가 있으면 설사 죽더라도 신(神; 정신)이 복당(福堂)으로 돌아간다."

이는 '혼탁한 물에 비유한 장(章)'의 경문에 있는 말을 취한 듯하다[16]. 『이혹론』제25에서 말한다.

"내가 스스로 도를 들은 이래로 마치 구름을 젖히고 태양이 드러나는 것 같고 횃불이 어두운 방에 들어가는 것 같았다."

경전에도 역시 "무릇 도를 닦는 자는 비유하자면 횃불이 어두운 방에 들어가는 것 같다"는 말이 있다.『이혹론』은 각 편(篇)의 폭이 짧고 그 가운데서 경전을 인용했기 때문에『노자』와『장자』의 서적들에서 나온 것이 비교적 많고 불경에서 원용(援用)한 것은 실제로 적은데, 그 중『사십이장경』에서 세 번 인용했으므로 일찍부터 이 경전을 숙독한 것을 알 수 있다. 생각건대 모자가 『이혹론』을 지었을 때 상자 속에 아마도 이 경전이 있었을 것이고, 그 내용도 한나라 명제에 얽힌 사적을 언급하고 있으므로 『사십이장경서』에 입각해 수정하고 증보한 것이다.

(3) 나는 앞에서 구법의 기록을 세 가지 계통으로 나누었다. 여기서는 먼저 모자 계통의 전설에 입각해서 우선 논하였는데, 한나라 명제의 구법 전설은 실제로 의문점이 있다. 꿈에 감응해서 사신을 보냈다는 사적의 괴이함이 그 첫 번째 의문점이다.

영평 8년 초왕 영이 이미 사문과 우바새를 위해 성대한 공양을 마련했다면 부처를 신봉하는 일은 응당 더 빨랐을 것이다. 아마 광무제(光武帝) 시기 명제가 태자였을 때 초왕 영만은 충심으로 태자를 추종해 서로 매우 친했으니[17], 초왕 영은 광무제 때 이미 석씨(釋氏)와 교유(交遊)한 듯하고 명제도 아마 이를 알고 있었다면, 명제가 꿈을 꾸고서 처음으로 물었다는 사적도 응당 터무니없는 말이라는 것이 두 번째 의문점이다.

사신으로 간 세 사람 중 장건이 가장 이상하다고 할 수 있는데, 『진고』의 원주(原注)에서는 이를 "장건은 전한(前漢)의 장건이 아니니 아마도 이름이 같을 뿐"이라고 해석하였다. 그러나 이름도 이미 같고 서쪽으로 교유한 것도 동일하다면 우연한 결합은 아닌 듯한데, 이것이 세 번째 의문점이다.

구법에 얽힌 사적에 의문점이 있긴 하다. 그러나 역사적 사실(事實)에는 늘 의심스러운 전설이 부가되어 있고 전설은 으레 허망하기 마련이지만, 그렇다고 해서 사실을 반드시 근본적으로 뒤집을 필요는 없다. 석가모니가 남긴 사적에는 신화가 많고, 소왕(素王)[22]이 다스린 세상에는 참위(讖緯)[23]

---

22) 제왕은 아니나 제왕의 덕을 갖춘 사람으로 여기서는 공자를 말한다.

가 거듭해서 나왔다. 그러나 나는 신화나 참위로 인해 고타마가 천축에 가서 교화를 행한 일이나 공자가 중국에서 가르침을 펼친 일을 근본적으로 부인하지는 않는다. 구법에 얽힌 사적에 허망하게 견강부회한 오류도 하나의 사실이지만, 그렇다고 해서 내용 전체를 집안에서 거짓으로 위조했다고 하는 것은 또 다른 문제이다. 나는 의문점만 갖고 구법에 얽힌 이야기 전체를 근본적으로 부인할 수는 없다.

(갑) 모자는 한나라 말엽에 『이혹론』을 지었는데(아래에서 상세히 설명함) 영평 시기와의 거리는 백여 년에 불과하다. 『사십이장경』은 환제(桓帝) 이전에 이미 번역되었고(역시 아래에서 자세히 설명함), 『사십이장경서』도 아마 일찍 부가되어서 영평 시기와의 거리가 더욱 가까워져 백년도 되지 않을 것이다. 이 추론의 증명이 확실하다면, 그 기록은 불교도가 지은 것이고 아마 허무맹랑한 꾸밈은 있겠지만, 그러나 내용 전체가 황당무계한 날조라고 해서는 안 될 것이다.

(을) 또 모자는 성(城)의 서쪽 옹문 밖에다 절을 세웠다고 했는데, 이는 바로 북위(北魏)의 역선장(酈善長)24)이 가리킨 백마사의 터이다. 그리고 서진(西晉)의 축법호가 낙양의 백마사에서 경전을 번역했는데, 그 경전을 출간한 기(記)에서도 역시 낙양성 서쪽에 있다고 말한다[18]. 그렇다면 모자가 비록 절 이름은 기록하지 않았다 해도 한나라 말엽에는 이미 이 절의 명칭이 백마사였을 것이다. 사원은 으레 옛날의 고승을 함부로 취해

---

23) 미래의 일을 예언한 기록. 참기(讖記)라고도 한다.
24) 북위(北魏) 때의 지리학자로 자는 선장(善長)이다. 학문을 좋아하고 견문이 넓어서 각지의 문헌을 모아 『수경주(水經注)』를 지었다. 『수경(水經)』에 나오는 1,000개의 물길의 원류 및 연안의 풍토와 경치에 관해 서술하는 한편 『수경』의 오류를 바로잡았다.

개산조(開山祖)로 삼기 마련이고 후세 사람들은 이를 믿어 의심치 않는데, 그러나 이는 당시의 시기와 멀리 떨어져서 거듭 변천을 거쳤기 때문이다. 한나라 말엽이 되면 중흥(中興)의 시기와 멀지 않고 경사(京師)도 재앙을 만나지 않았으니, 모자가 만약 백마사의 존재를 알았다면 동한(東漢) 때 처음 이 절을 창립하는 것도 불가능하지는 않다.

(병) 세상 사람은 또『후한서, 서역전』에 근거해서 영평 16년 이전에는 한나라와 서역 간의 교통이 중간에서 단절된 지 65년이나 되었기 때문에 영평 16년 전에 사신을 보내 구법을 한 일은 결코 있을 수 없다고 말한다[9]. 그러나 모자의『이혹론』이나『경서』에서는 본래 연대를 쓰지 않았으며, 연대는『화호경』이나『법본내전』등에 나오지만 모두 그 출현의 시기가 늦기 때문에 위서(僞書)가 되는 것이다. 모자의 여러 글에 실린 내용에 근거하면 반드시 16년 전에 존재해야 한다고 말할 수도 없다. 또 서역과의 교통이 중간에서 단절되었다는 한 마디도 한나라가 도호(都護)[25]를 설치하지 않은 걸 가리켜 말한 것이다.

생각건대 왕망(王莽)이 건국한 원년(元年)부터 영평 16년에 이르기까지 65년간 중국의 국제적인 교통은 단절되지 않았다. 가령 왕망의 천봉(天鳳) 3년에 이숭(李崇) 등이 서역으로 나갔는데, 당시 서역의 여러 나라는 오히려 병곡(兵穀군사와 식량)을 맞이하고 전송했으며, 광무제의 건무(建武) 14년에는 사거국(莎車國), 선선국(鄯善國)에서 사신을 보내 공물을 바쳤고, 21년에는 선선국 등 18개의 나라가 아들을 조정으로 보내 알현하게 했다. 대체로 이 사례만으로도 왕망과 광무의 시기에 중국과 서역 사이에는

---

25) 관직 명칭. 한나라 선제(宣帝) 때 서역에 도호(都護)를 설치했는데, 도호는 서역의 여러 나라를 총감독하는 직책이다.

사신의 왕래가 있었다. 즉 영평 3년에 휴막패(休莫霸)[26]와 한나라 사람 한융(韓融) 등이 도말(都末) 형제를 죽이고 스스로 우전왕(于寘王)이 되었으니, 그렇다면 영평 간에도 서역과 한나라 사람은 여전히 교통하고 있었던 것이다[20]: 『후한서, 서역전』의 원문을 살펴보면 대략 이렇다.

"무제(武帝) 때 서역은 속국이 되었다……. 왕망이 황제의 자리를 찬탈하고 후왕(侯王; 제후)으로 깎아내렸다. 이로 말미암아 서역은 원한을 품고 배반해서 중국과 마침내 절교했다가 다시 흉노의 지배를 받았다."

그렇다면 한나라와 절교하는 바람에 흉노의 지배를 받게 된 것이다. 또 『후한서, 서역전』을 보면 교통이 중간에 단절되기도 하고 아울러 서역과 세 번 단절되고 세 번 교통이 이루어졌다는 등으로 말하는데, 그 전체적인 문장을 살펴보면 모두 한나라 사람이 서쪽으로 유행(遊行)하질 못했다는 뜻은 아니다. 그렇다면 명제가 사신을 보내 불법을 구한 것도 절대적으로 불가능한 일은 아니란 걸 알 수 있다.

앞서 말한 내용을 종합하면, 구법에 얽힌 사적에 비록 의문점이 있긴 해도 이 의문점이 모자의 『이혹론』이나 『사십이장경서』에 실린 설을 털끝만 한 근거도 없다고 배척할 수 있는 요인은 되질 못한다. 과연 어떤 근거로 내용이 부회(附會)되고 오류가 뒤섞여 전해졌을까? 허나 내용의 누락과 간극의 발생은 2천 년 후의 사람이 함부로 재단할 수 있는 문제가 아니다. 무릇 역사를 다루는 사람은 사실에 입각해 증명을 추구해도 응당 분수와 한계가 있어야지 일방적인 논단(論斷)으로 자기만족을 꾀하지 말아야

---

26) 우전국의 장군. 사거국의 왕이 포악한 정치를 해서 백성이 고통에 빠지자 명제 영평 3년에 반란을 일으켜 스스로 우전국의 왕이 되었다.

한다. 구법에 얽힌 사적은 비록 의문점이 있더라도 그런 사적이 전혀 없다고 단정하지 말고 더욱 신중해야 한다. 예전에 왕중임(王仲任; 王充)은 『논형(論衡)』의 서허편(書虛篇), 어증편(語增篇)을 저술하면서 두 가지 일을 나누었으니, 한나라 명제의 구법설(求法說)에 대해서는 차라리 부풀리고 꾸민 말이 많다고 할지언정 내용 전체가 허구에 속한다고 단정할 수는 없다.

(4) 모자의 『이혹론』은 한나라 말엽에 저술되었고, 『사십이장경서』가 세상에 나온 시기는 아마 더 이를 것이다. 이 중에서 모자는 사십이장은 단지 월씨국에서 필사되었다고 말하며, 원언백(袁彦伯)의 경우에는 명제가 그 도술(道術)을 물었다고 하며, 범울종(范蔚宗)도 단지 사신을 천축으로 보내서 그 도법(道法)을 물었다고 말했는데, 모두 채음이 불상과 사문을 대동하고 귀국한 사적은 싣지 않았다. 오늘날의 연구에 의하면, 가섭마등이 중국에 온 최초의 기록은 북제(北齊) 때 태원(太原)의 왕염이 지은 『명상기』에 보이는데, 이 책의 기록은 거짓된 점이 많아서 근본적으로 다 믿을 수는 없다. 그러나 구법의 한 조항은 분명히 세 가지 옛 기록을 초록(抄錄)해 이루어졌으니, 그 전문은 다음과 같다.

> 한나라 명제가 꿈에 신인(神人)을 보았는데, 키는 2장(丈), 몸은 황금색을 띠었으며 목에는 일광(日光)을 두르고 있었다. 명제가 이 신인이 누구인지 여러 신하에게 묻자, 한 신하가 대답했다.
> "서방에 신(神)이 있는데 그 명호를 부처라 합니다. 폐하께서 꿈에 본 모습과 같으니 바로 부처가 아니겠습니까?"
> 그래서 사신을 천축으로 보내서 필사한 경전과 불상을 갖고 중국으로 돌아왔다.

이 단락의 문자는 『수경주』와 동일하므로 대체로 『사십이장경서』와 모자 『이혹론』의 최초 전설을 따른 것이다. 『명상기』에서 이어서 말한다.

천자로부터 왕후(王侯)까지 다 경전과 불상을 공경하고 섬겼으며, 사람은 죽어도 정신은 소멸하지 않는다는 말을 듣자 망연자실하지 않는 사람이 없었다.

이 단락은 『후한기』에 보이는데, 그렇다면 진(晉)나라 사람이 전한 것이 된다. 그러나 『명상기』에서는 다시 이렇게 말한다.

처음에 사신 채음이 서역의 가섭마등 등과 함께 우전왕의 경서와 석가모니 불상을 바치자, 명제는 소중히 여기면서 꿈에서 본 것과 같다고 하였다. 그리고 화공(畫工)을 시켜 여러 개를 그려서 남궁의 청량대와 고양문(高陽門)21:의 현절릉 위에 공양하였고, 또 백마사의 벽에다 천 대의 전차와 만 명의 기병이 탑을 둘러싸고 세 번 도는 그림을 그렸으니, 여러 전기에 실린 바와 같다.

불상을 그린 그림과 벽화는 모두 모자 『이혹론』에 보인다. 그러나 채음과 마등을 서술한 한 단락은 과거의 서술에선 보이지 않으니, 장건, 진경, 왕준 세 사람을 빼고 채음으로 대체하는 한편 마등에 얽힌 사적을 하나 더 덧붙임으로써 후세에 공인된 구법의 사실(史實)을 구성하였다. 하지만 왕염이 이미 '여러 전기에 실린 바와 같다'고 말했다면, 이 내용도 여러 전기에서 채집하여 이루어졌다는 걸 증명할 수 있다. 채음과 마등에 얽힌 사적은 분명히 더 후대에 나온 사실(事實)이다. 유송(劉宋) 이전의 정사(正史)에선 보이지 않고 또 불가에서도 서술하지 않은 것이라면 그 설을 믿을 수 없다는 걸 알 수 있으리라.

다음 채음의 사적에 대한 의문은 다른 원천에서 나온 것으로 의심된다. 『사십이장경서』를 살펴보아도 불상을 그린 일에 대해서는 말하지 않았고, 모자가 비록 언급했지만 서역으로부터 왔다는 말은 하지 않았으며, 『고승전, 홍복편(興福篇)』에서는 "채음과 진경이 서역으로부터 돌아와서야 비로소 석가모니를 그린 모직물[氈]이 전해졌고, 그리하여 청량대와 수릉에도 그 불상을 그렸다"고 논했으니, 채음이 원래 우전왕과 더불어 불상을 그린 일에 밀접한 관련이 있음을 알 수 있다.

명제가 사신을 보내 최초로 얻은 것이 경전임을 인정한다면, 이는 전법(傳法)의 시초가 된다. 이후에 착융(笮融)은 불상을 조성하고 공양하는 기풍을 이루어서 탑을 세우면 아육왕의 탑이라 칭하고 불상을 그리면 반드시 우전왕의 사적들에 근거를 두었다. 따라서 아육왕의 탑이 이미 전파되면서 그 유적이 널리 퍼졌고, 우전왕의 불상도 일찍부터 중국에 들어왔다고 말하지 않을 수 없다. 일찍부터 동토(東土; 중국)에 전래되었다고 믿는다면 반드시 원래의 상황을 자세히 기술해 신심(信心)을 일으켜야 했으니, 채음에 관련된 사적과 생각은 이로 말미암아 창시(創始)되었고 그 후에 다시 불법이 한나라 명제 때 시작되었다고 믿는 원인이 되었다. 그래서 경전을 전해준 일 외에 다시 불상을 바친 일이 추가되었고, 또 양진(兩晉) 이후에는 경전과 불상이 늘 외국의 승려를 따라 함께 들어왔다고 했으므로 어쩌면 이로 인해 채음이 불상을 바치고 마등이 함께 왔다는 사적이 더 부회(附會)되었을 것이다.

(5) 마등의 역경(譯經)은 유송(劉宋) 이전에는 알려지지 않았으므로 믿기 어렵다. 그러나 『고승전』에서는 마등 외에도 축법란을 언급하고

있으므로 더욱 이상하다고 하겠다. 『명상기』에는 축법란의 이름이 없고, 『우록』에 기재된 『사십이장경』에는 축마등과는 관련이 있어도 축법란의 역경에 대해서는 싣고 있지 않다. 승우(僧祐)의 『출삼장기집(出三藏記集)』 과 혜교(慧皎)의 『고승전』은 거의 동시(同時)에 나왔는데, 승우만이 축법란이 경전을 번역했다는 사적을 취하지 않았으니 그가 의문을 품었다는 걸 추정할 수 있다.

『고승전』에서는 축법란이 『십지단결경(十地斷結經)』 등 불경 5부(部)를 번역했다고 말하지만, 구마라집 이전에는 십지(十地)를 통상 십주(十住)로 번역했다는 사실을 본다면 『고승전』에서 말하는 십지는 거짓임을 알 수 있다. 또 축법란이 번역한 경서는 양진(兩晉) 남북조(南北朝) 시대의 제가 (諸家)의 경서 목록에는 보이지 않으며, 수(隋)나라의 『장방록(長房錄)』27) 에 와서야 비로소 기재되었고 아울러 주사행(朱士行)의 『한록(漢錄)』28)과 『명승전(名僧傳)』22:에서도 언급이 보인다. 주사행의 『한록』에서는 본족 (本族)의 계보가 황당무계해서 『삼보기』 15권에서는 주사행의 『한록』을 보지 못했다고 스스로 말하고 있다. 비장방(費長房)의 책도 채집한 내용이 난잡하고 무질서한데, 그 말이 『한록』에 보이고 생각도 일종의 위서(僞 書)23:에 멋대로 근거하고 있기 때문에 비장방 이전에 축법란이 번역했다는 것은 계보를 기록하는 사람들이 믿을만하지 않다는 증거라 할 수 있다.

또 『고승전』에는 축법란이 번역한 5부(部) 속에 『사십이장경』이 있지만, 『장방록』에는 마등의 기록 속에 겨우 열거되어 있을 뿐이며 따로 축법란의 번역으론 『이백오십계합이(二百五十戒合異)』 2권이 있다고 말하고 있

---

27) 비장방이 편찬한 『역대삼보기』를 말한다.
28) 동한 시대의 역경 목록으로 주사행이 편찬했다.

다[24]: 그러나 실제로『이백오십계합이』는 동진(東晋)의 축담무란(竺曇無蘭)이 지은 것이며, 지금 이 책은 실전되었지만 그 자서(自序)가 정말 분명하게『우록』11권에 실려 있다.

(6) 세상 사람 중에는 영평 시기의 구법 전설을 고증할 때 갖가지 다른 전설이 있다는 걸 알지 못하는 사람이 많이 있고, 또 그 전후 관계를 연구하지 않는 경우도 많이 있다. 량렌공(梁任公)의 저술[25]에서는 각 설의 전후 관계를 상세히 정하고 있다. 말하자면『사십이장경』은 실제로 오(吳)와 진(晋) 사이의 위작(僞作)이고『사십이장경서』도 그 후에 나왔으며, 모자의『이혹론』은 진송(晉宋) 시기의 작품이며, 이밖에 동진(東晋) 때는 왕도의 주소(奏疏)와 원굉의『후한기』가 있으며,『노자화호경』은 서진(西晉) 시대의 저술로 특별히 이르기 때문에 량렌공은『화호경』에 실린 내용이 각 설의 근거가 되었고 구법에 얽힌 사적도 바로 이『화호경』을 지은 도사(道士) 왕부가 위조한 것이라고 하였다.

그러나『사십이장경』은 한나라 때 나왔고『이혹론』도 한나라 말엽의 저작(아래에서 상세하다)이며,『화호경』은 실제로 불서(佛書)를 채취해 석가모니가 한나라 명제 때 죽었다고 함으로써 노자가 서쪽 오랑캐 땅으로 가서 부처가 되었다는 화호설(化胡說)을 완성했으니, 이 구법의 전설은 왕부가 위조하지 않았다는 것이 첫째이다. 만약에 도사 왕부가 구법의 사적을 위조하고 부처의 제자가 그 설을 답습했다면, 어리석은 오류가 이 지경에 이른 것을 특히 이해할 수 없다는 것이 둘째이다.

왕부와 백원(帛遠)이 똑같이 진혜제(晉惠帝)의 말년에 살았으며[26], 왕도는 석호(石虎)의 저작랑(著作郞)[29]이 되고 원굉(爰玄)은 환온(桓溫)의 기실(記室)[30]이 되어서 그 연대의 차이가 멀지 않으니, 영평 시기의 구법에

얽힌 사적이 왕부의 위조라고 한다면, 어찌 하나는 천자의 서찰에 뽑혀
들어가고 하나는 역사서에 실렸는가? 하물며 원굉이 지은『후한기』에서는
이전 역사서 수백 권을 모아서 그 착오와 같고 다른 점을 바로잡았다고
스스로 말하고 있으니, 그 수집의 허황됨이 어찌 이 정도일 수 있단 말인가?
영평 시기의 구법에 얽힌 사적은 왕부로부터 창시된 것이 아니니, 이를
살펴보면 더욱 믿을 수 있다는 것이 셋째이다.

　(7) 이상 논술한 바에 의하면, 현재의 나로서는 명제의 구법에 대해
사실의 진상을 밝혀낼 수는 없다. 하지만 그 전설은 상당한 근거가 있으며
일방적으로 꾸며낸 거짓은 아니다. 그리고 불교의 전파는 동한의 초엽에
시작된 것이 아니며, 명제가 비록 이 새로 전래된 종교를 장려하긴 했지만
그 중요도는 훗날 심하게 추앙하고 존숭한 것만 못하다. 그리하여 후세에
필연적으로 불교를 처음으로 전파한 시작의 공로를 명제에게 돌린 것에도
역시 설(說)이 있다. 석가모니가 세상에 있을 때는 파사익왕(波斯匿王)이
삼보(三寶)를 신봉하고 불경을 전파한 것이 미담이 되었으며, 그 후 공작
왕조[孔雀朝]의 아소카[阿輸迦]31)와 귀상 왕조[貴霜朝; 쿠샨 왕조]의 카니슈
카[迦膩色迦]32)는 크게 교화를 펼쳤고, 부처님 제자들은 성대한 사업이라고

---

29) 관직 이름. 삼국시대 때 위명제(魏明帝) 때 처음으로 설치되었으며 중서성(中書
　　省)에 속한다. 국사 편찬을 담당했다.
30) 기록을 맡은 관직 이름. 동한 때 설치했다.
31) 기원전 4세기부터 2세기까지 있었던 고대 인도의 최초의 통일 왕조. 아소카
　　왕 시대에는 전 인도를 거의 통일하고 특히 불교를 크게 전파했다.
32) 기원전 2세기에서 기원후 6세기 중기까지 북서 인도에서 중앙아시아 일대를
　　지배한 왕조, 귀상은 '쿠샨'의 음역이다. 카니슈카왕 때 전성기를 이루면서
　　간다라 미술이 발달했으며 대승불교도 이때 성립되어 발전하였다.

추앙했다. 동진(東晉)의 미천(彌天) 석법사(釋法師)[33]도 이런 말을 한 적이
있다.

"국왕에 의거하지 않으면 법사(法事)가 이루어지지 않았으니, 한나라의
명제는 일대의 명군(名君)이다. 당시 먼 외지의 사람이 복종하며 따랐고
나라 안의 분위기도 평온하였으니[27], 이곳에서 불법이 크게 번성해서
승가의 광채를 크게 빛냈다고 하리라."

남북조 시대 때 불교와 도교는 누가 먼저 출현했고 나중에 출현했는지를
갖고 서로 다투었다. 불교도는 석가모니가 주(周)나라 소왕(昭王) 24년에
세상에 나왔고 목왕(穆王) 52년에 열반에 들었다고 말한다. 처음에는 이유
가 없는 것처럼 보였지만, 그러나 어쩌면 영평 시기의 구법과 관련이
있을지도 모르는데, 『주서이기(周書異記)』를 살펴보면 이런 말이 나온다.

주나라 소왕 때 성인이 서방(西方)에 출현했다. 태사(太史)인 소유(蘇由)
가 "1천 년이 지났을 때 성인의 가르침이 이 땅에 영향을 미칠 겁니다"라고
대답했다.

목왕 52년으로부터 한나라 광무제 23년까지가 대략 1천 년이다. 진(晉)나
라의 혜예(慧叡)가 지은 『유의론(喩疑論)』[34](『우록』 5)에서 "효명제 시대는

---

33) 도안(道安)을 말한다. 『진서(晉書)·습착치전(習鑿齒傳)』에 이런 내용이 나온다.
   "『석도안』이 북쪽에서 형주(荊州)에 이르러서 습착치와 만났다. 도안이 '하늘
   가득 석도안이외[彌天釋道安]'하자, 습착치가 '사해(四海)가 습착치요'라고 하니,
   당시 사람들이 훌륭한 대구(對句)로 여겼다."
34) 혜예는 남조(南朝) 유송(劉宋)의 승려이다. 혜원(慧遠) 문하에서 수학하다 도생
   (道生)과 함께 구마라집 문하로 왔는데, 도생이 주장한 '돈오론(頓悟論)'이 반박
   을 받자 『유의론(喩疑論)』을 지어 찬성하여 '돈오'가 주류 사상으로 자리 잡는데

상법(像法) 시대의 초기에 해당한다"고 했다. 불교 경전의 전설에서는 늘 정법(正法)이 오백 년 지속한다고 말하는데[28], 그러나 정법이 1천 년간 지속한다고 말하는 사람도 있으니, 이에 의거하면 명제의 구법은 바로 상법 시대의 초기에 해당한다. 불교도가 사실을 날조해서 부처가 주나라 소왕 때 태어났다고 하는 것은 아마도 이런 종류의 관계 때문이리라.

공헌하였다.

미주

제2장

1) 『홍명집』에 실려 있다.

2) 『우록(祐錄)』제6권의 6록에 실려 있다.

3) 『광홍명집, 소도론(笑道論)』제14

4) 『고승전(高僧傳), 불도징전(佛圖澄傳)』

5) 『법원주림』, 『광홍명집』, 『불도논형(佛道論衡)』[1] 등에 보인다. 『속논형(續論衡)』[2]에서 그 글을 인용하고 있다.

> 1) 당나라의 도선(道宣)이 지은 『집고금불도논형(集古今佛道論衡)』을 말한다. 후한(後漢)에서 당(唐)까지 벌어진 불교와 도교 간의 논쟁을 기록하였고 모두 4권이다.
>
> 2) 변의(邊誼)의 『속논형』을 말한다.

6) 『수지(隋志)』著錄

7) 어느 판본에서는 호(號) 아래에 불(佛) 자가 있다. 여기선 잘못해서 누락한 것이 아닌가 생각한다.

8) 고려본(高麗本)에서는 후대에 출현한 전설에 근거해서 이 네 글자[使者張騫]를 중랑 채옹(中郎 蔡邕)으로 고쳤는데, 이는 송나라, 원나라, 명나라의 궁본(宮本)에 의거한 것이다. 『세설(世說)』에서 『모자』를 주석에 인용했을 때는 장건의 이름이 없다.

9) 『태평어람』은 『원기(袁紀)』를 인용해서 '사신을 천축으로 보내서 그 도술을 묻게 했다'고 하는데, 아마도 후세 사람이 덧붙인 것으로 생각된다.

10) 모두 『우록』 7에 보인다.

11) 『고승전』에서는 의상(倚像; 앉은 모습)이고 『위서』에서는 입상(立像; 서

있는 모습)이다.

12) 『사십이장경서』가 어쩌면 더 이를 수 있는데, 이에 대한 설은 나중에 살펴보겠다.

13) 어환(魚豢)의 『위략(魏略)[1], 서융전(西戎傳)』. 앞으로 상세히 기술
    1) 위(魏)나라의 낭중(郎中) 어환(魚豢)이 편찬했으며 전 50권이다. 삼국 시대
       중 위나라의 역사를 기록한 책이다.

14) 『후한서, 초왕영전』에 보임. 아래에서 상세히 기술

15) 승우(僧祐)의 『홍명집후서(弘明集後序)』에 이런 뜻이 실려 있다.

16) 이는 고려본에 근거한다.

17) 『후한서, 초왕영전』에 보인다.

18) 『우록, 문수정률경기』, 『마역경기』

19) 『량렌공근저(梁任公近著)』[1] 제1집(輯) 중권(中卷)에 상세한 내용이 나온다.
    1) 량렌공은 양계초(梁啓超; 1873年~1929年)를 말한다. 양계초는 중국의 근대
       사상가이자 정치인, 교육자, 역사학자, 문학자이다. 자(字)는 탁여(卓如)이고
       호는 임공(任公) 또는 음빙실주인(飲冰室主人)이다.

20) 이상은 학형(學衡) 제2기(期) 유치징(柳治徵)의 『평량렌공중국불교사(評梁任公中國佛敎史)』에 자세히 나와 있다.

21) 응당 開陽門이라 해야 한다.

22) 어느 판본에서는 명(名) 자가 없다.

23) 『한법본내전』 종류인 듯 의심한다.

24) 주석이 별록(別錄)에 보인다.

25) 『량렌공근저』 제1집(輯) 중권에 보인다.

26) 『고승전』 1권

27) 『사십이장경서』 속에 나오는 말이다.

28) 담마참(曇摩讖)의 설이다. 『문선(文選)[1], 두타사비문(頭陀寺碑文)』 이선(李善)의 주석 속에 보인다. 혜예의 『유의론』은 이를 따랐다.

1) 남조(南朝) 양(梁)나라의 소명태자(昭明太子) 소통(蕭統)이 편찬했으며 현존하는 것 중 가장 오래된 총 30권의 시문총집(詩文總集)이다. 선진(先秦) 시대부터 양(梁)나라 시대에 이르기까지 작가 130인의 작품을 선정해서·수록했고 작품의 수는 700편을 넘는다.

3

『사십이장경』 고증

1) 『사십이장경』 번역에 관한 전설

양나라 때 나온 『고승전』에서는 "등(騰; 섭마등)이 『사십이장경』 1권을 번역했다"고 말했으며, 또 축법란은 불경 5부(部)를 번역했는데 오직 『사십이장경』만이 강좌(江左)[1]에 퍼졌을 뿐이라고 했으니, 그렇다면 『사십이장경』은 혜교의 말에 의거하면 바로 섭마등과 축법란 두 사람의 공역이다. 수나라 때 나온 『개황삼보기(開皇三寶記)』[1:]에서는 양(梁) 나라의 보창(寶唱)[2]을 인용하면서 "이 경전은 축법란이 번역했으나 양나라 승우가 지은 『승우록』(즉, 『출삼장기집』)에는 축법란의 이름이 보이지 않는다"고 했으니, 말하자면 이 『사십이장경』은 바로 축마등이 번역한 것이다.

양나라 때는 『사십이장경』을 번역한 사람에 대해 본래 정해진 설이 없었다. 또 『고승전』에서는 『사십이장경』이 낙양에서 번역되었다고 하고

---

1) 장강(長江)의 동쪽 지방으로 오늘날의 강소성(江蘇省) 일대이다.
2) 『명승전』의 편찬자. 『명승전』은 이미 실전되었고, 현존하는 『명승전초(名僧傳抄)』는 일부 내용만 실려 있다.

승우는 대월씨국에서 번역을 마치고 귀국했다고 하는데, 이 양나라 때는 『사십이장경』을 번역한 지역에 대해서도 정해진 설이 없다. 대체로 한나라 명제의 구법에 얽힌 사적은 『이혹론』 계통의 전설이 비교적 빠를 뿐 아니라 비교적 믿을 만하며, 『명상기』 계통은 세상에 나온 것도 늦었지만 그 사적은 더욱 황당무계하다. 양나라 때의 승려들은 갖가지 설을 함께 취해서 서로 간에 같고 다른 점이 있기 때문에 그들의 말도 또한 서로 차이가 있다.

앞 장(章)에서 논한 바에 의하면, 『이혹론』에 실린 내용에 설사 의문점이 있더라도 결단코 전적으로 거짓은 아니다. 『이혹론』의 내용에 의하면, 이 『사십이장경』은 월씨국에서 번역되어 중하(中夏)로 보내졌다. 또 『경서』와 『이혹론』이 모두 경전 사십이장을 번역했다고 말하지만, 『우록』에서는 "『구록(舊錄)』에서 '효명황제사십이장(孝明皇帝四十二章)』이라고 했다'고 했으니, 그렇다면 이 『사십이장경』의 옛 명칭은 어쩌면 본래부터 경전이라 칭하지 않아서 그 첫머리에 '효명황제' 네 글자를 덧붙였는지도 모른다[2].

이제 『사십이장경』을 고증하려면 응당 네 단락으로 나누어 서술해야 한다. 첫째, 경전의 조기 출현, 둘째, 유송(劉宋) 시기에는 두 가지 판본의 경전이 있는 것, 셋째, 이 책이 역대의 개찬(改竄)을 거듭 거친 것, 넷째, 경전의 성격이다.

2) 『사십이장경』이 세간에 출현한 시기는 아주 이르다

『사십이장경』의 출현은 아주 늦고 세상에는 중국인이 자작(自作)한 것이라 의심하는 사람도 있다. 량렌공[3]은 이렇게 논했다.

"수나라 비장방의 『역대삼보기』의 『사십이장경』 조항에서 말하기를, 『구록(舊錄)』에서는 '본래 외국 경전을 초록(抄錄)한 것이다. 원래 대부(大

部)를 번역하면서 중요한 것만 모아 세간의 대중을 인도했으니, 마치 『효경(孝經)』의 18장(章)과 같다'고 하였다."

이는 경전의 성격을 가장 명확히 한 말이다. 대체로 산스크리트 원문에 근거해서 번역을 대조한 것이 아니라 실제로는 온갖 경전의 정요(精要)를 추려서 모은 것이니, 마치 중국의 『효경』이나 『노자』처럼 개별적인 찬술로 편(篇)을 이룬 것이라서 솔직히 말하면 찬본(撰本; 편찬한 책)이지 역본(譯本; 번역서)이 아니다.

비장방이 인용한 『구록(舊錄)』은 누구의 저서인지 알지 못한다. 다만 그 속에서 언급한 경전을 '외국의 경전을 초록(抄錄)한 것'이라 했으니, 스스로 중국에서 편찬하지 않았다고 한 것이 실로 명백하다고 할 수 있다. 오늘날 존재하는 팔리어 불경을 살펴보아도 이 『효경』과 같은 문체는 적지 않다. 가령 숫타니파타(Suttanipata)는 부처님이 설한 많은 장(章)을 모아서 이룬 것이며, 그 속의 여러 장(章)들은 항상 매우 짧은데다가 왕왕 『아함경』이나 다른 대부(大部)에서도 보인다. 그렇다면 숫타니파타 (Suttanipata)는 실제로 외국의 경초(經抄;경전을 초록한 것)라고 말할 수 있다. 또 위진(魏晉) 시대의 승려들도 외국에서는 늘 대경(大經)을 추려 뽑아서 요략(要略)으로 삼을 뿐 아니라 으레 그렇게 하는 사람이 있다고 하였다. 삼국시대 때 실명(失名)의 『법구경서(法句經序)』(『우록』 7)에서는 부처님의 교설에 원래 12부 경전과 4부의 『아함』이 있다고 하였다.

나중에 5부(部)의 사문은 각자 스스로 경문 속의 4구(句)와 6구(句)의 게송을 초록해서 그 뜻[義]을 견주어 순서를 정하고 조항 별로 품(品)을 만들었으니, 12부 경전을 그 뜻을 헤아려 처리하지 않음이 없지만 적합한 명칭이 없기 때문에 『법구』라고 하였다.

진(晉)나라의 도안(道安)은 『도행경서(道行經序)』(동서(同書) 7권)에서 이렇게 말했다.

> 부처님께서 열반에 든 후에 외국의 고사(高士)[3]가 90장(章)을 초록하여 『도행품』을 만들었다.

또 『도지경서(道地經序)』(동서 9권)에서는 이렇게 말하고 있다.

> 그래서 중호(衆護)라는 이름을 가진 삼장(三藏)[4]의 사문이 위로는 온갖 행(行)을 갖가지 서적으로 펼치는 걸 생각하고 아래로는 교화가 두루 미치질 못하는 걸 불쌍히 여겨서 온갖 경전을 조술(祖述)[5]하여 요점을 편찬하고 행실을 요약해서 그 목차를 두어 1부(部) 27장(章)을 만들었다.

효명 황제 때의 서적도 대부(大部)로부터 요긴한 내용을 초록해서 1부의 『사십이장경』을 만들었지만, 그 종류가 『효경』과 흡사하다고 해서 중국에서 찬술한 것이라고 말할 수는 없다.

한나라 명제 때의 구법 사적은 그 연대가 오래 되어서 서사(書史)가 빠지거나 유실되어 그 참모습을 단정하기 어렵다. 다만 동한 때 『사십이장경』이 이미 세상에 나왔다는 것은 의심할 수 없다. 동진(東晉) 때의 극경흥(郄景興)이 편찬한 『봉법요(奉法要)』[6](『홍명집』)와 삼국 시대 때의 『법구경

---

3) 일반적으로 덕이 높은 선비를 말하나, 불교에서는 보살도를 닦는 보살을 의미한다.
4) 여기서는 경전과 계율과 논서의 삼장을 통달한 사람을 가리킨다.
5) 스승의 도(道)를 본받아서 밝히는 것을 말한다.
6) 경흥은 자(字)이고 이름은 극초(郄超)이다. 동진(東晉) 시대의 대신(大臣)이며 개국공신인 극감(郄鑑)의 손자이다. 도교(道敎)를 신봉하는 집안 출신이었으나

서』(『우록』 7)에서는 이미 『사십이장경』을 인용했으며(아래의 글에서 상세히 밝힘), 한나라 말엽에 모자가 지은 『이혹론』에서도 원용(援用)한 것 같다(앞 장에서 이미 밝혔음). 진실로 한나라와 진나라 사이에 『사십이장경』이 있어서 불학계(佛學界)에서 독송하게 된 것이다. 이 경전을 가장 일찍 인용한 사람은 후한의 양해(襄楷)이며[4], 양해는 연희(延熹) 9년(166년)에 환제(桓帝)에게 글을 올렸다(『후한서』 60 이하).

부도(浮屠)가 같은 뽕나무 아래서 3일 밤을 지내지 않고 오래 지내지 않으려고 했는데도 은애(恩愛)를 낳은 것은 정(精)의 지극함이다. 천신(天神)이 아름다운 여인을 보내자 부도는 '이 여인은 단지 피를 담은 가죽주머니일 뿐이다'라고 하면서 끝내 돌아보지 않았으니, 하나[一]를 지킴이 이와 같았다.

이 중에서 '뽕나무 아래서 3일 밤을 지내지 않고'는 바로 『사십이장경』에서 '나무 아래서 하룻밤을 지냈다'는 말이며, '피를 담은 가죽주머니' 운운은 『사십이장경』의 '온갖 더러움을 담은 가죽주머니[革囊衆穢]' 1장(章)을 인용한 것과 관련되니, 그렇다면 후한 때에 이미 이 『사십이장경』이 있었다는 것은 실로 의심할 수 없다. 환제 연희 9년(166년)에서 명제 시대까지(58년에서 75년까지)는 대략 백여 년이다. 명제 때 대월씨국에서 이 『사십이장경』을 베끼고 번역했다는 것도 어쩌면 가능한 일일 것이다.

현존하는 경전 목록으로는 승우의 『출삼장기집』이 가장 빠른데, 『사십

만년에 불교를 열렬히 숭배했다. 그가 저술한 『봉법요』는 재가 불자를 위해 삼귀의(三歸依), 오계(五戒), 십선(十善) 등 불교의 기초적 가르침과 인과응보나 열반에 대해 설명하고 있다.

이장경』이 그 저술 목록에 보이니 다음과 같다.

> 『사십이장경』 1권, 구록(舊錄)에서는 『효명황제사십이장』이라 하는데,
> 안(安) 법사가 편찬한 목록에는 이 경전이 빠져 있다.

안(安) 법사는 석도안(釋道安)을 말한다. 도안은 동진(東晉) 영강(寧康)
2년(374년)에 『종리중경목록(綜理衆經目錄)』을 편찬하고, 승우는 도안을
일러서 "처음으로 경전 명칭의 목록[名錄]을 기술하고 번역에 재능 있는
이를 평가해 선발해서 경전의 시기와 연대를 일렬로 표시하여 불교 경전임
을 증명할 수 있게 한 것은 정말로 이 사람 덕분이다"[5]라고 했다.

도안은 일대의 명사(名師)로서 각지에 명성을 널리 떨쳤다. 경전 목록을
지을 때는 이미 하북(河北)을 떠나 남쪽 양양(襄陽)에 거처하면서 10년을
지내고 있었다. 그가 하북에 있었을 때 축도호(竺道護)가 보낸 『대십이문경
(大十二門經)』이 있고, 양양에 거처할 때는 혜상(慧常)이 북방 변경 지역인
양주(涼州)로부터 보낸 『광찬경(光讚經)』 등의 경전이 거듭 도달하였고,
축법태(竺法汰)가 양도(陽都)에 있을 때 도안은 그에게 노반(露盤)[7]의
조성을 부탁한 적이 있으며, 또 항상 축법태와 문답을 주고받았다[6]. 강남과
하북에서 이런 경전이 있었다면 도안은 응당 알아서 언급할 수 있었을
것이다.

삼국 시대 때 『법구경서』 및 진나라 극초(郄超)의 『봉법요』는 모두
『사십이장경』을 인용하고 있으며(아래에서 상세히 밝힘), 또 진나라 성제(成
帝) 때에 사문 지민도(支愍度)는 불경의 목록을 지었다. 『우록』에는 『합수

---

7) 탑의 구륜(九輪)의 가장 아랫부분에 있는 방형(方形)의 동반(銅盤).

능엄경기(合首楞嚴經記)가 실려 있고, 그 안에 소위 한나라의 지루가참이 번역한 『소품(小品)』, 『아자세(阿闍貰)』, 『둔진(屯眞)』, 『반주(般舟)』의 네 경전이 있다. 그러나 『우록』에 실린 지참의 목록 아래에는 다음 두 조항만 있다[7].

『돈진다라경(伅眞陀羅經)』 2권[8]:

『아자세왕경(阿闍世王經) 2권[9]:

　여기서 "돈(伅)은 『구록』에서는 둔(屯)이라 했고, 세(世)는 『구록』에서는 세(貰)라고 했다"고 하는데, 모두 지민도의 『합수능엄경기』에 실린 것과 서로 부합하니, 승우가 가리킨 『구록』이 지민도가 지은 것임을 알 수 있다. 『구록』은 『안록(安錄)』 이전에 존재했으며 어쩌면 강남에서 지어졌을 수도 있다. 승우는 『사십이장경』이 『구록』에 보인다고 했으니, 그렇다면 도안의 시기에 이미 이 경전이 있었다는 걸 확실히 알 수 있다.

　극초와 지민도는 둘 다 도안과 동시대에 활약했지만, 도안의 경전 목록에는 끝내 이 『사십이장경』이 빠져있는데 그 까닭을 찾아내기가 지극히 어렵다. 그러나 대체로 번역은 나중에 나온 번역이 뛰어나기 마련이다. 나는 요즘 서양 서적을 읽을 때 더 이상 명나라나 청나라 시대에 번역된 것을 구할 필요가 없으며, 게다가 이전 시대에 번역된 것은 점점 없어지고 있기 때문에 오늘날엔 구하려 해도 찾아내기가 아주 어렵다. 동진(東晉)으로부터 동한(東漢)까지 이미 3백년이 지난 탓에 고인(古人)이 전한 초록(抄錄)은 더 이상 유전(流傳)되기 어렵고, 도안이 처음 경전 목록을 작성할 때 아무리 세심하게 조사를 했더라도 만에 하나 빠트리는 경우가 있었을 것이다. 또 도안은 경전 목록의 자서(自序)에서 이렇게 말하고 있다(『우록』 5).

이 땅의 경전들은 일시에 출현한 것이 아니다. 효령(孝靈) 황제의 광화(光和) 이래로 요즘 진나라의 강녕(康寧)10: 2년에 이르기까지 근 2백년인데, 잔간(殘簡)을 만나면 잔간인 채로 번역하고 전편(全篇)8)을 만나면 전편 그대로 번역해서 한 사람이 어렵사리 종합적으로 정리하여 한 권으로 모아 기록한 것이 아니다.

이제 이 문장을 살펴보건대, 소위 '잔간(殘簡)을 만나면 잔간인 채로 번역하고' 운운은 도안이 직접 본 경전을 잔간이든 전편이든 상관없이 모두 목록에 기재한 것을 말한 것이 아닐까 생각한다. 도안은 학문 연구가 정밀하고 엄격해서 직접 본 것이 아니면 목록에 기재하지 않았기 때문에 유실(遺失)된 것이 적지 않음을 저절로 알았다. 그래서 이미 출간된 일체의 경전을 정리하고자 한다면 한 사람이 할 수 있는 것이 아님을 저절로 알게 된다고 말한 것이다.

도안이 살던 세상에는 『방등경(方等經)』의 기풍이 행해지면서 경전이 더 많이 출간되었는데, 『사십이장경』은 평소에 구비되어 있지 않았다. 그래서 도안은 정말 『사십이장경』을 보지 못했기 때문에 끝내 목록에 기재하지 못한 것이 아닐까 생각한다.11:

3) 『사십이장경』의 번역본에는 두 가지가 있다

량렌공은 『사십이장경』을 위서(僞書)라고 의심했다. 한역(漢譯)의 문체답지 않게 그 문자가 우아하고 아름다웠기 때문에 응당 삼국 시대와 양진(兩

---

8) 내용의 일부만 있을 경우 잔간(殘簡)이라 하고, 내용 전체가 있을 경우 전편(全篇)이라 한다.

晉) 시기에 나와야 한다고 말했는데, 그러나 량렌공 선생의 이런 설(說)도
역시 확정된 이론은 아니다.

첫째, 한나라 시대엔 부처[佛]를 부도(浮屠)라 칭했고(혹은 浮圖), 사문(沙
門)은 상문(桑門)이라 했고, 구역(舊譯)의 수다원, 사다함, 아나함, 아라한을
구항(溝港)[12:], 빈래(頻來)(왕래(往來)라고 하는 곳도 있음), 불환(不還),
무착(無著)[13:]이라 했다. 현존하는 『사십이장경』에는 이미 '부처'라 하고
'사문'이라 하고 '수다원' 등이라 하고 있으니, 그렇다면 『사십이장경』이
과거 한나라 시대의 것이 아님을 알 수 있다.

다만 옛날의 전적(典籍)은 오직 초록(抄錄)으로 전할 뿐이라서 부도
등의 명칭은 진실을 잃는 걸 꺼려하거나 혹은 폄하의 언사를 포함했기에
후세에 계속 기록하면서 점점 예전의 명칭을 새로운 용어로 바꾸었다.
즉 『우록』에서 천축(天竺)이라 칭하는 글자는 호문(胡文)이라서 원(元)나
라와 명(明)나라 때 불경을 각인(刻印)하면서 범(梵)으로 바꾼 것이 그
증거라 할 수 있다[14:].

둘째, 현존하는 『사십이장경』은 문장과 언사(言辭)가 우아하고 아름다
워서 한나라의 번역자가 할 수 있는 것이 아닌 듯하다. 그렇다면 과거에
이 경전은 정말로 두 가지 번역본이 있었을 터이니, 하나는 한나라 때
번역으로 문장이 지극히 소박해서 일찍이 망실(亡失)되었고, 또 하나는
오나라의 지겸이 번역한 것으로 문장이 우아하고 아름다웠기 때문에 유전
(流傳)할 수 있었다. 『대주경록(大周經錄)』[9] 8권에서 말한다.

---

9) 『대주간정중경목록(大周刊定衆輕目錄)』 총15권을 말하며 『대주록(大周錄)』,
『무주록(武周錄)』, 『간정록(刊定錄)』이라 하기도 한다. 측천무후의 명으로 명전
(明佺)을 비롯한 70명의 승려가 편찬한 일체경의 목록이다.

『사십이장경』 1권[15]:

이 경전은 후한 명제 영평 10년에 가섭마등이 축법란과 공동으로 백마사에서 번역했는데『장방록(長房錄)』에 나온다.

『사십이장경』 1권(두 번째 출간)

이 경전은 오나라의 지겸이 번역했는데 마등의 번역본과는 약간 차이가 있다.

『사십이장경』(세 번째 출간)

이 경전은『장방록』에 보인다.

이상 세 가지 경전은 똑같은『사십이장경』이지만 번역자는 다르다.『장방록』을 살펴보면『사십이장경』은 단지 첫 번째와 두 번째 번역만 있을 뿐 세 번째 번역은 없다. 그러나 따로 또『오십이장경(五十二藏經)』 1권을 기재하고 있는데,『대주경록』에서 말하는 세 번째 번역은 어쩌면『오십이장경』의 오기(誤記)일지도 모른다. 지겸의 번역에 대해서『장방록』은 다음과 같이 말한다.

『사십이장경』 1권의 두 번째 번역은 가섭마등의 번역과 약간 차이가 있으니, 문장의 뜻이 올바르고 충실하며 언사(言辭)가 볼만한데『별록(別錄)』에 보인다.

『장방록』 10권에는 직접 찾아낸 이전 시대의 경전 목록 6가(家) 및 한 번도 본 적이 없는 24가(家)를 싣고 있으며,『별록』은 비장방이 눈으로 본 6가(家) 속에 있다. 비장방의 말에 의하면, 이『별록』은 두 권 열편으로 이루어져서 상권에 세 편을 기록하고 하권에 일곱 편을 기록하고 있으며[16], 아울러 그 부권(部卷)의 수목(數目)을 상세히 밝히고 있다. 『역대삼보기』에서 이를 널리 인용하고 있는데, 그러나 유송(劉宋) 왕조에 이르자 중지되었다. 이 때문에 비장방은 "작자가 누구인지 확실치 않으며 송나라 때 서술한 것 같다"고 말했다[17].

이에 근거하면 유송 시대에 『사십이장경』은 여전히 두 가지 번역이 존재하고 있었으니, 하나는 한나라 시대에 번역한 것이고 또 하나는 오나라의 지겸이 번역한 것이다. 『별록』의 작자는 이 두 가지 판본에 약간의 차이가 있다고 하면서 한나라 때 번역한 것의 문구(文句)는 지극히 소박하지만 지겸의 번역은 '문장의 뜻이 올바르고 충실하며 언사(言辭)가 볼만하다'고 하였다. 유송 시대 이후에 한나라 때 번역한 것은 언사의 수준이 낮아서 읽는 사람이 적었기 때문에 이내 망실(亡失)된 듯하며, 지겸이 번역한 것은 문장이 우아하고 아름다워서 길이 보존하게 된 것이다.

그러나 옛사람의 사경(寫經)에는 왕왕 번역자를 밝히지 않는 경우가 있다[18]. 그래서 마등의 경전 번역은 하나의 커다란 사건이었으니, 이로 인해 마침내 지겸의 번역을 한나라 때의 번역으로 오인해서 오늘날까지 전승되면서도 그 인습(因襲)을 아직 고치지 못했다. 그리하여 지금 현존하는 경전을 량렌공이 읽고서 "그 문자가 우아하고 아름다워서 한나라 때의 번역자가 갖출 수 있는 능력이 아닌 듯하다"고 말한 것이다.

지금까지의 추론이 너무 성급한 것처럼 보이지만, 그러나 한나라와 진나라 때 인용한 『사십이장경』을 합해서 고찰할 때 두 가지 고본(古本)이 있다는 건 의심할 수 없는 사실이다. 후한의 양해는 소(疏)에서 이렇게 말하고 있다.

부도(浮屠)는 같은 뽕나무 아래서 3일 밤을 지내지 않는다.

고려대장경에서는 이렇게 말한다.

하루에 한 번 먹고 나무 아래서 한 번 잘 뿐 (스스로를) 삼가면서 두 번 하지 않는다. 사람을 어리석게 만드는 것은 애착과 욕망이기 때문이다.

양해가 소(疏)에서 말한다.

천신이 아름다운 여인을 (부도에게) 보내자, 부도가 "이는 단지 피를 담은 가죽주머니에 불과하다"고 하면서 끝내 돌아보지 않았다.

송나라 때 대장경에서는 이렇게 말한다.

천신이 옥녀(玉女)를 부처님께 바쳐서 부처님 뜻을 시험하여 불도(佛道)를 살피고자 하였다. 부처님께서 말씀하셨다.
"온갖 더러움을 담은 가죽주머니에 불과한 네가 와서 무얼 하겠느냐⋯⋯ 가라! 나는 네가 필요 없다.(이하 생략)"

삼국 시대 때 『법구경서』에서는 이렇게 말한다.

오직 부처님 만나기가 어렵고, 그 가르침[文]을 듣기가 어렵다.

송나라 판본의 대장경에서 말한다.

불경을 보기가 어렵고, 살아서 부처님 세상 만나기가 어렵다.

서진(西晉)의 극초가 지은 『봉법요』에서는 이렇게 경전을 인용하고 있다.

> 부처님께서 제자들에게 물었다. "무엇을 무상(無常)이라 하는가?"
> 한 사람이 대답했다. "하루도 유지할 수 없으니 이것이 무상입니다."
> 부처님께서 말씀하셨다. "그대는 부처의 제자가 아니다."
> 또 한 사람이 대답했다. "한 끼 밥을 먹을 동안도 유지할 수 없으니 이것이 무상입니다."
> 부처님께서 말씀하셨다. "그대도 부처의 제자가 아니다."
> 또 한 사람이 대답했다. "숨을 내뉘고서 들이마시지 못하면 문득 후세(後世)로 나아가니 이것이 무상입니다."
> 부처님께서 말씀하셨다. "진정한 부처의 제자로다.[19:]

고려대장경에서 말한다.

> 부처님께서 사문들에게 물었다. "사람의 목숨은 얼마 동안 존재하는가?"
> 한 사문이 대답했다. "며칠 동안 존재합니다."
> 부처님께서 말씀하셨다. "그대는 아직 도를 닦지 못하고 있다."
> 그리고 다시 한 사문에게 물었다. "사람의 목숨은 얼마 동안 존재하는가?"
> 그 사문이 대답했다. "밥 한 끼 먹는 동안입니다."
> 부처님께서 말씀하셨다. "가라, 그대는 아직 도를 닦지 못하고 있다."
> 그리고 다시 한 사문에게 물었다. "사람의 목숨은 얼마 동안 존재하는가?"
> 그 사문이 대답했다. "숨을 들이마시고 내쉬는 동안입니다."
> 부처님께서 말씀하셨다. "훌륭하도다! 그대는 도를 닦는 사람이라고

할 수 있다."

『사십이장경』은 한나라와 진나라 사이에 똑같지 않은 번역본이 있었으니, 앞서 열거한 내용을 살펴보면 분명히 믿을 수 있을 것이다. 번역이 단지 한 번만 행해지지 않았다면, 그 오리지널도 서쪽 땅에서 나왔지 중국에서 만들어지지 않았다는 것도 더욱 분명하다.

4) 『사십이장경』은 거듭 개찬(改竄)되었다

량렌공은 또 『사십이장경』에는 대승의 교리가 담겨 있다고 하면서 『사십이장경』을 위작(僞作)한 자는 노자와 장자의 학문에 깊이 통달해서 불교와 도가의 사상을 조화시킬 뜻을 품고 있었다고 말했다. 이는 『사십이장경』 판본의 역사를 아직 살펴보지 않아서 경솔하게 말한 것이다. 대체로 『사십이장경』은 세월을 거치면서 거듭 개찬되었으니, 대승의 교리와 량렌공이 가리킨 노자, 장자의 현학(玄學)도 후세에 멋대로 증보한 것이라서 당나라 이전의 구문(舊文)이 아니다.

『사십이장경』의 판본에는 십여 종이 있다. 문자의 출입(出入)이 많기도 하고 적기도 해서 일정치 않지만, 그러나 세 가지 계통으로 나눌 수 있다.

첫째, 고려본(高麗本)인데 송(宋), 원(元) 궁중의 판본들과 거의 동일하다.

둘째, 송나라 진종(眞宗)의 주석본이다. 명(明)나라의 남장(南藏)[10]에서 처음 사용했는데, 단지 경문과 서(序)를 기록했을 뿐 소주(小注)는 간행되지

---

10) 『영락남장(永樂南藏)』, 또는 『재각남장(再刻南藏)』이라고도 한다. 명나라 성조(成祖)의 칙령으로 간행되었는데, 성조 영락 10년(1412)에 시작해서 영락 15년(1417)에 완성되었다.

않았다. 명나라 정통(正統) 5년에 승려 덕경(德經) 등의 각본(刻本)도 역시 남장(南藏)을 따르고 있는데, 다만 스승인 마안산(馬鞍山) 만수선사(萬壽禪寺)의 승려 도부(道孚)의 서문과 승려 도심(道深)의 발문(跋文)을 싣고 있을 뿐 주석본의 서문은 간행되지 않았다. 건륭(乾隆) 46년 신축년(辛丑年)에는 조칙(詔勅)으로 만주 문자로 번역되었고, 나중에 다시 칙명으로 티베트 문자와 몽고 문자로도 번역되었는데[20], 역시 모두 진종의 판본을 사용하였다.

셋째, 송나라 수수(守遂)[11]의 주석본이다. 명나라 승려 지욱(智旭)[12]의 『해(解)』, 요동(了童)의 『보주(補註)』, 도패(道霈)[13]의 『지남(指南)』, 청나라 승려 속법(續法)[14]의 『소초(疏抄)』가 모두 이 주석본을 사용했다. 그리고 도패의 『삼경지남(三經指南)』[15] 범례(凡例)에서는 운서(雲棲) 대사가

---

11) 1072년에 태어나 1147년에 세상을 떠났다. 송나라 승려로 속성(俗姓)은 장씨(章氏)이다. 저술로는 『주풍산경책(注馮山警策)』, 『사십이장경주(四十二章經注)』가 있다.

12) 명나라 때의 승려로 자(字)는 우익(蕅益)이고 속성(俗姓)은 종(鍾)이다. 강소성(江蘇省) 오현(吳縣)의 목독(木瀆) 출신이다. 12살 때 유학의 경전을 읽으면서 불교나 노자를 거부했지만, 17살 때 주굉(袾宏)의 『자지록(自知錄)』과 『죽창수필(竹窓隨筆)』을 본 뒤로는 불교를 비방하지 않았다.

13) 자(字)는 위림(爲霖)으로 복주(福州) 고산(鼓山) 용천사(涌泉寺)의 제65대 주지(住持)이다. 일곱 살 때 『논어』를 배워 대의(大意)를 이해했다. 후에 출가하여 항주(杭州)의 각 사원을 다니면서 설법을 듣고 수행을 했으며, 5년의 노력 끝에 『법화경(法華經)』, 『능엄경(楞嚴經)』의 종지를 통달했다. 이후 복건성으로 돌아와 고산(鼓山)의 영각(永覺) 선사를 섬기면서 수행에 전념하여 불학과 불경을 철저히 이해했고, 영가 선사의 원적(圓寂) 후에 주지가 되어 법을 이었다.

14) 1641년에 태어나 1728년에 세상을 떠났다. 나중에 또 이름을 성법(成法)으로 지었고 자(字)는 백정(柏亭), 별호(別號)는 관정(灌頂)이다. 청(淸)나라 초기에 풍부한 저술을 한 화엄학자.

"장경(藏經)의 본원이 미덥지 않다면 마땅히 수수의 주석본을 사용해야 한다"고 말한 걸 언급하고 있다. 대체로 명나라 이래로 장경에 실린 것은 송나라 진종의 주석본의 정문(正文)이고, 그 나머지[16] 판본은 광서(光緒) 을사년(乙巳年) 관고당(觀古堂)에서 간행한 적이 있다. 그러나 세속에서 오래도록 유행한 것은 수수의 주석본이니, 금릉각경처(金陵刻經處)에서 인행(印行)한 것이 바로 이 수수의 주석본이다. 두 가지는 모두 원래의 참모습을 잃어버리고 후세 사람을 거치면서 개찬되었는데, 수수의 주석본이 더욱 심하다.

수수의 주석본이 본래의 참모습을 크게 잃어버린 걸 어떻게 아는가? 대체로 고려본은 북송 초기의 촉판(蜀版)에서 나왔고, 촉판은 필시 당나라 이래로 공인된 일체의 경전을 채집한 것으로 보인다. 『초학기(初學記)』[17] 23권에서는 『사십이장경』을 인용하면서 "승려가 도를 행하는 것은 마치 소가 짐을 지고 깊은 진흙 속을 가는[21:] 것과 같아서 피로가 극에 달했어도 감히 좌우를 돌아보지 않는대僧行道如牛負行(原文奪行字)深泥中, 疲極

---

15) 명나라 도패 스님이 지은 『불조삼경지남(佛祖三經指南) 총 3권을 말한다. 불도 수행의 자세와 순서를 제시하고 있다. 『사십이장경』과 『불유교경(佛遺敎經)』과 『위산경책(潙山警策)』을 '불조삼경'이라 하는데, 이 중 『사십이장경』과 『불유교경』은 처음 수행하는 승려가 반드시 익혀야 할 경전이고, 『위산경책』은 선 수행자들이 준수해야 할 교훈과 경책(警策)을 담고 있다.

16) 원문의 전(全)은 여(餘)의 오기로 보인다.

17) 당나라의 서견(徐堅)이 현종의 칙명을 받아서 편찬하였으며 총 30권이다. 온갖 경서와 제자(諸子), 그리고 역대의 시(詩)와 부(賦) 및 당나라 초기의 작품을 취해서 편찬했다. 현종의 아들들이 시문을 창작할 때 전고(典故)를 인용하고 관련 항목과 문장을 검색할 수 있도록 편찬했기 때문에 책명을 "초학기(初學記)"라 했다고 전한다.

不敢左右顧"고 하였다. 이 문장과 고려본은 동일하나 수수의 주석본은 "마치 소가 무거운 짐을 지고 깊은 진흙 속을 가는 것과 같아서 피로가 극에 달해도 감히 좌우를 돌아보지 않는다[如牛負重行深泥中, 疲極不敢左右顧視]"고 고쳤다.

또 당나라 초기 현응(玄應)이 지은 『사십이장경』의 『음의(音義)』에는 '수경(輸敬)'과 '칠추(桼篘)' 두 용어를 싣고 있다. '수경'은 고려, 송(宋), 원(元), 궁(宮)의 네 판본에 모두 있지만, 수수의 주석본에는 '유경(愈敬)'으로 고쳐져 있다. '칠추' 두 글자는 응당 네 판본에 있는 '심기거구(深棄去垢; 깊이 버려서 때를 제거함)' 구절의 '심기(深棄)' 두 글자이어야 하며, 이는 (명나라 판본에 있는 深垂)의 원문이다. 그러나 수수의 주석본에서는 필경 그 문장이 통하기 어렵다고 보았기 때문에 '거재성기(去滓成器; 찌꺼기를 제거해서 그릇을 이룸)'로 고쳤다.

『법원주림(法苑珠林)』도 당나라 초기의 작품으로 49권에서 반범인장(飯凡人章)을 인용하고 있는데, 그 문장이 고려본, 송본(宋本), 원본(元本)과 동일하나 진종의 주석본과 수수의 주석본과는 다르다. 그렇다면 수수의 주석본은 당나라 사람이 본 옛 경전이 아니다. 또 양도은거(梁陶隱居)의 『진고(眞誥), 견명수편(甄命授篇)』은 『사십이장경』의 문장을 몰래 취해서 진인(眞人)의 고어(誥語)로 용납했는데, 이 문장을 고려본, 송본과 수수의 주석본과 대조해 보면 그 진위(眞僞)가 명백해질 것이다. 가령 고려본, 송본 및 진종의 주석본에는 모두 인위도역고장(人爲道亦苦章)이 있는데, 『진고』에서는 전문(全文)을 절취했고 수수의 주석본에서는 이 문장을 빼버렸다.

또 고려본, 송본에서는 우행심니장(牛行深泥章) 앞에 적현주장(摘懸珠章)이 있는데, 『진고』에서는 둘을 합쳐 1장(章)으로 초록했고, 수수의 주석본에서는 나중의 1장만 존재한다. 또 수귀해(水歸海), 마경구(磨鏡垢), 애생우(愛生憂)와 같은 장(章)들은 『진고』와 고려본, 송본에서는 동일하지만, 수수의 주석본에서는 다르다. 이에 근거하면 고려본, 송본은 고본(古本)으로 남조(南朝)의 옛글로 이루어져 있고, 수수의 주석본은 거짓으로 견해를 피력한 것이다[22].

그리고 『사십이장경』은 여러 경전을 모아서 만든 것이다. 그 속의 각 장(章)은 팔리어의 각 경전과 중국의 불전(佛典)에 보이는데 다만 비교적 간략할 뿐이다. 이제 그 몇 가지 조항을 간략히 취해서 대조하면, 고려본이 통상 원문과 합치하고 수수의 주석본은 임의로 멋대로 지은 것이다.

(1) 예종인장(禮從人章); 고려본에는 악하게 대해도 선하게 갚는다[惡來以善往]는 말이 있지만 수수의 주석본에서는 전부 삭제했다. 그러나 이 장(章)은 실제로 『잡아함경』 42권과 팔리어 잡부(雜部) 7의1의2에 보이는데 모두 악하게 대해도 선하게 갚는다[惡來善往]는 뜻이 있다.

(2) 목재수유장(木在水喩章); 수수의 주석본은 고려본의 "왼쪽 언덕에도 닿지 않고 오른쪽 언덕에도 닿지 않는다[不左觸岸亦不右觸岸]"를 "양쪽 언덕에 닿지 않는다[不觸兩岸]"로 개작하였다. 그러나 이 장은 『잡아함경』 43권에 보이니 바로 "이 언덕에도 도달하지 못하고 저 언덕에도 도달하지 못한다[不著此岸不著彼岸]"는 구절이 있다.

(3) 신물시녀장(愼勿視女章); 고려본과 수수의 주석본이 동일하지 않다. 이 장은 팔리어 장부(長部)와 『열반경』, 『장아함경』, 『유행경』에 모두 실려 있다. 그러나 그 문장을 살펴보면, 고려본이 실제로 원문에 가깝다.

(4) 고려본의 연화유장(蓮花喩章) 말미에는 "오로지 악로(惡露)[18]를 담

---

18) 불교에서 말하는 육신의 깨끗지 못한 진액(津液).

을 뿐이라서 온갖 청정치 못한 종류의……"라는 한 구절이 있는데, 수수의 주석본에서는 전부 삭제했다. 오직 『잡아함경』 43권에 이와 유사한 경전이 실려 있는데, 실제로 "온갖 청정치 못한……"이 있다.

대체로 이 몇 가지 단서는 모두 『사십이장경』의 원역(原譯)이 실제로 인도의 원문에 근거하고 있음을 확증하고 있다. 그러나 역경 초기에는 늘 번잡한 것을 간략한 것으로 바꾸기 마련이니, 수수의 주석본은 원문을 다 이해하지 못한 탓에 함부로 억측을 가해 개작하느라고 늘 본래의 원문과 일치하지 못했다.

수수의 주석본과 고려본, 『진고』의 차이점 중에서 가장 차이가 나는 것은 문자의 삭제나 개작이 아니라 새로운 뜻을 덧붙인 것이다. 가장 중요한 내용은 다음과 같다:

(갑) 수수의 주석본 첫머리에는 사제(四諦)의 법륜을 굴리는 장(章)이 많다.

(을) "안으로 얻은 바가 없고, 밖으로 구하는 바가 없고, 생각도 없고 작위도 없고, 닦음도 없고 증득도 없다[內無所得 外無所求 無念無作 非修非證]"라는 하나의 온전한 장(章)이 많다.

(병) 반범인장(飯凡人章) 중에서 또 "생각도 없고 머묾도 없으며, 닦음도 없고 증득도 없다"는 말을 덧붙인 것.

(정) 사람에겐 스무 가지 어려움[難]이 있다. 고려본에서는 단지 다섯 가지 어려움만 말했지만, 수수의 주석본에서는 "심행이 평등하고 성품을 보아 도를 배운다[心行平等見性學道]" 등의 열다섯 가지 어려움을 덧붙이고 있다.

(무) 고려본에서는 원래 "내가 무엇을 생각[念]할 것인가? 도를 생각한다. 내가 무엇을 행할 것인가? 도를 행한다. 내가 무엇을 말할 것인가? 도를

말한대吾何念 念道 吾何行 行道 吾何言 言道"는 말을 했는데, 이를 "나의 법은 생각 없는 생각을 생각하고, 행 없는 행을 행하고, 말 없는 말을 말하고, 닦음 없는 닦음을 닦는대吾法 念無念念 行無行行 言無言言 修無修 修"는 등의 말로 개작했다.

(기) 고려본에서 "만물의 형체가 풍요롭고 치성한 걸 바라보면서 무상을 생각한대觀萬物 形體豊熾 念非常]고 한 것을 영각(靈覺)이 곧 보리(菩 提)19)라고 관찰한다고 개작했다.

(경) 뇌옥장(牢獄章) 말미에서는 "범부가 이 문(門)을 통과하면"이란 두 말을 덧붙이고 있다.

(신) 득위인난장(得爲人難章)의 말미에는 증보와 개작을 거친 후에 "보리 심을 발해서 닦음도 없고 증득도 없다"는 말이 있다.

(임) 우행심니장(牛行深泥章) 이전에 마우장(磨牛章)의 "마음의 도를 행한다면 어찌 행의 도가 필요하겠는가?心道若行 何用行道]라는 말을 덧붙이고 있다.

(계) 마지막 장(章)에는 "대천(大千) 세계를 보니 마치 하나의 가자(訶 子)20) 같다"등 열 한 구절이 많다.

이상 열거한 조항들을 살펴보면, 『사십이장경』의 편찬과 증보는 반드시 당나라 이후 종문(宗門) 하에 있는 망녕된 사람이 당시 유행하던 지취(旨趣) 에 의거하여 자기가 신봉하는 종지(宗旨)를 크게 드러낸 것임을 알 수 있고, 아울러 이 경전이 단지 한 번만 증보 개작된 것도 아니고 필경

---

19) 불교 최고의 이상인 정각(正覺)의 지혜로 곧 불과(佛果)이다.
20) 즉 가리륵(訶梨勒)으로 식물의 이름이다. 상록수로 인도에서 나며, 열매는 약용으로도 쓰인다.

어느 한 종파, 한 사람 손에서 나오지 않았다는 것도 알 수 있다. 어째서 그런가? 송나라 진종의 주석본은 중간에 개작되었지만[23:], 수수의 주석본은 마지막에 함부로 개작한 책이다. 나는 이미 고려본이 개찬이 가장 적은 남북조의 구문(舊文)으로 되어 있다고 확증했으며, 또 인도의 원문에 부합한다면 송나라 진종의 주석본에 있는 덧붙이고 삭제한 곳의 잘못도 알 수 있다. 게다가 이 송나라 때의 두 주석본에는 똑같이 스무 가지 어려움(二十難)의 1장(章)이 있지만, 고려본에는 단지 다섯 가지 어려움만 서술하고 있다. 양(涼)이 번역한 『삼혜경(三慧經)』[21)]에서는 다섯 가지 어려움을 세 차례 서술하고 있는데, 고려본에서 말한 다섯 가지 어려움은 두 번째 차례와 대략 동일하다. 인도의 원문은 애초에 다섯 가지 어려움만 있어서 고려본의 문장이 확실히 근거가 있는 걸 알 수 있다. 당나라 초기의 『법원주림』 23에서는 이 단락을 인용하고 있는데 역시 다섯 가지 어려움일 뿐이다. 그렇다면 두 주석본에서 나중에 덧붙인 열다섯 가지 어려움은 단지 거짓일 뿐이다.

또 송나라 진종의 주석본 첫머리의 다섯 가지 어려움에는 "판명불사난(判命不死難)"[24:]이 있는데, 그 문구(文句)가 지극히 이해하기 어려워서 주석한 자가 마침내 '불(不)' 자는 응당 '필(必)' 자의 와전이라고 말했다[25:]. 고려본에서는 이것이 "제명불사난(制命不死難)"으로 되어 있고, 『진고』와 『법원주림』(송본(宋本)과 고려본)에서 인용한 것은 '판(判)'을 모두 '제(制)'로 했으니, 『삼혜경』의 "사람의 목숨을 다스려서 해치질 않는 것이 어렵다(制人命不得傷害者難)"를 증거로 삼으면 문장의 뜻이 분명해져서 고려본이 원래의

---

21) 『삼혜경』은 누가 번역했는지 모른다. 지금은 『한위총서(漢魏叢書)』의 양록(涼錄)에 첨부되어 있다.

참모습을 갖추었음을 더욱 믿을 수 있다.

고본(古本)『사십이장경』은 이치를 설한 것이 평이해서 대승의 원만한 뜻을 표명하지 못하고 있으며 더욱이 노장(老莊)의 현묘한 이치와는 상관이 없다. '성품을 보아서 도를 배운다', '닦음도 없고 증득도 없다'는 대승불교에서 가르치는 내용으로 정말로『사십이장경』에는 없는 것이다. 한나라 시대에는 불법(佛法)의 경전과 서적이 너무 적으니,『사십이장경』은 멀리 환제(桓帝) 이전에 출현해서 최초의 불교를 연구하는데 지극히 중요한 자료가 되었다. 그러나 거듭거듭 망녕된 사람이 개찬하다가 본래의 참모습을 잃었으니, 내가 말 많은 걸 꺼리지 않고 상세히 논한 까닭은 대체로 앞으로 서술하는 2장(章)에서 이 경전을 취급하는 자가 자못 많기 때문이다.

최근에 산서성(山西省) 조성(趙城)에서 황금으로 각인한 장경(藏經)을 발견했는데 그 중에『보림전(寶林傳)』22)이 있다. 그 제1권에『사십이장경』이 실려 있는데(원래의 첫 권에는 여섯 페이지가 빠져 있다), 이 경전에서 가장 주의할 점은 두 가지가 있다.

(1) 그 행문(行文)이 늘 운문을 쓰고 있으니, 여앙천타장(如仰天唾章)에서는 이렇게 말하고 있다.

---

22) 당나라의 지거(智炬)가 801년에 찬술한『대당소주쌍봉산조계보림전(大唐韶州 雙峰山曹溪寶林傳)』을 말한다. 선종 조사들에 관한 전설이나 전법(傳法)의 인연을 수록하고 있다. 특히 부처의 정법이 인도를 거쳐 중국까지 이어졌다는 선종 28조설을 처음으로 주장하고 있는데, 전등의 역사를 전법게(傳法偈)의 전수라는 독특한 형식의 의해 확립하고 있다.

부처님께서 말씀하셨다.

"악인이 현자(賢者)를 해치는 일은 마치 하늘을 우러러 침을 뱉는 것과 같으니, 침은 하늘에 이르지 못하고 도로 자기 몸으로 떨어진다. 바람을 거슬러 나쁜 먼지를 날리면[원본에는 진(塵) 자가 빠져있다] 덕이 높은 사람을 더럽히질 못하니, 현자를 훼손하질 못하고 화가 반드시 흉악한 행동을 하는 사람에게 미친다."

이 단락은 팔리어 경문에 있으며 게송의 언어로 이루어졌지만(잡부(雜部)의 1의3의2와 7의1의4, 경집(經集) 제662와 법구경 125), 그러나 『진고』에서는 이것이 운문이 아니므로 중국에서 원래 번역한 것이 게송의 언어가 아니란 걸 알 수 있다.

(2) 『보림전』의 판본은 문자의 출입이 약간 있는 걸 제외하면 수수의 주석본과 거의 전부가 동일하다. 수수의 주석본에서 덧붙인 새로운 뜻을 들어보면, "생각도 없고 머묾도 없다[無念無住]" "성품을 보아 도를 배운다[見性學道]"와 같은 말들로서 원래는 모두 『보림전』 판본에 보이는 것이다[26].

이 새로운 뜻을 살펴보면 정말로 모두 선종(禪宗)에서 입만 열면 늘 쓰고 있는 용어이니, 그렇다면 요즘 유행하고 있는 『사십이장경』은 원래 선종의 사람이 위조한 것이다. 『보림전』은 만당(晚唐)의 승려 지거(智炬)가 편찬한 것으로서 날조와 거짓의 보고(寶庫)라 하겠다. 그래서 『사십이장경』의 개찬도 소위 보림 계통의 승려가 지거처럼 스스로 멋대로 개작했다고 해도 과언이 아니다. 선종의 전적(典籍)을 살펴보면 게송을 짓는 걸 좋아하는데, 『보림전』의 판본 사이에 운문이 있는 것은 어쩌면 선종의 습관을 따른 것이 아닐까 한다.

항주(杭州)의 육합탑(六合塔)에는 송나라 소흥(紹興) 29년 돌에 새긴

『사십이장경』이 현존하는데, 그 말미에 서촉(西蜀)의 무굉(武翃)이 지은 발문(跋文)에 "가섭마등과 축법호가 앞서 번역을 했고, 지원(智圓)이 중간에 해설을 했고, 낙언(駱偃)이 나중에 서문을 썼다"는 내용이 있다. 돌에 새긴 경문과 수수의 주석본은 대체로 동일하다. 고산(孤山) 지원(智圓)23)의 주석은 이미 산실(散失)되었다. 그러나 『석문정통(釋門正統)』24) 5에는 서문이 실려 있는데, 그 내용 중에 "옛날에 부처님[能仁氏]이 천하의 왕 노릇을 할 때 무상(無象)의 상(象)을 형상화하고 말 없는 말을 말함으로써 중생들의 성품을 회복시켰다"는 말이 있다. 이는 스스로 수수의 주석본에 나오는 "말 없는 말을 말한다"를 인용한 것이니, 그가 확실히 선종에서 전해 내려오는 판본을 인용했다는 걸 증명할 수 있다.

지원은 비록 천태(天台)의 가르침을 따르는 승려였지만, 그러나 정말로 깊이 선문(禪門)의 영향을 받았다. 또 무굉의 발문에서는 이 『사십이장경』을 일러 "『주역』의 태역 사상과 『노자』, 『장자』와 『태역노장(太易老莊)25)』과 서로 표리를 이룬다"고 말했으니, 이 새롭게 개작한 판본이 대승의

---

23) 976년에 태어나 1022년에 세상을 떠났다. 송나라의 승려로 자(字)는 무외(無外)이고 호(號)는 잠부(潛夫) 또는 중용자(中庸子)이다. 속성(俗姓)은 서(徐)씨이고 전당(錢塘; 오늘날의 항주) 사람이다. 천태종 산외파(山外派)의 유명한 학자이다. 서호(西湖)의 고산(孤山)에 오래 은거하다 임종을 맞았기 때문에 후세 사람들은 그를 '고산법사(孤山法師)'라 칭했다.

24) 송나라의 종감(宗鑑)이 저술한 불교 역사서로 총8권이다.

25) 노자는 존재의 근원을 '도'라고 불렀으나 열자는 도를 '태역'으로 바꾸어서 천지만물의 생성 과정을 설명하고 있다. '태역'이란 우주의 본체이고 만물의 구성 요소는 기(氣)·형(形)·질(質)인데, 각각의 처음을 태초(太初)·태시(太始)·태소(太素)라고 하였다. 태역은 시간적으로 '기'가 나타나기 이전의 존재이며 기(氣)·형(形)·질(質)의 혼연일체를 말한다.

교의(敎義)에 가입했을 뿐만 아니라 그 말이 현리(玄理)[26]와도 부합할수 있다는 걸 볼 수 있다. 그렇다면 송나라 사람이 이미 량렌공 선생의 말보다 앞선 것이다. 그러나 이 판본이 이미 진짜가 아니라면, 이에 근거해 『사십이장경』이 위진 시대 사람의 위작(僞作)이라 말하는 것도 필경 옳지 않은 것이다.

5) 『사십이장경』의 성질

『사십이장경』은 비록 대승의 교의와 『노장』의 현리는 포함하지 않았지만, 또 비록 그 진술한 내용이 질박하고 평이해서 원래 소승 경전에서 나왔지만, 그러나 그 말한 내용을 취해 한나라 시대에 유행한 도술(道術)과 비교하면 모두 서로 통할 수 있다. 한 방면에서 살펴보면, 『사십이장경』의 각 장(章)은 팔리어 경문 및 한나라 때 번역된 불교 경전(거의 전부가 소승이 된다)에서 상호간에 보이는 것이 지극히 많기 때문에 그것이 한나라 사람이 위조하지 않았음을 알 수 있다. 또 다른 방면에서 각 장을 세밀히 연구하면, 실제로 한나라 때의 도술과 서로 부합한다. 그리고 그 부합하는 까닭에 두 가지가 있으니, 첫째, 사람의 마음이 서로 같아서 믿는 바(所信)의 이치도 매번 서로 비슷하기 때문이며, 둘째, 한나라 시대의 도술은 필경 불교의 영향을 점차적으로 받아들여 그 교의를 채용하기 때문이니, 예를 들면 『태평경(太平經)』[27]이 그 하나의 사례이다(아래에서 상세히 밝힘).

---

26) '현묘한 이치'란 뜻으로 주로 노자와 장자, 그리고 주역의 사상을 가리킨다.
27) 2세기 초에 쓰였고 『태평청영서(太平淸領西)』라고도 한다. 10부 107권이며 현재는 57권만 남아 있다. 도교 모든 종파의 교의에 커다란 영향을 끼쳤으며, 2세기 전후의 중국 사상, 사회, 종교를 연구하는데 중요한 자료이다.

내가 이 두 방면의 조리(條理)를 좇아 상세히 논할 필요는 없겠지만, 그러나 경전의 뜻과 도술이 서로 융통할 수 있기 때문에 불교는 한나라 때 이미 도술(道術)의 숲에 편입되었고, 그로 인해 이 『사십이장경』도 사회에서 가장 유행하는 경전이 되었다. 그래서 환제 때 양해는 술수(術數)의 학문에 정통하려고 이 경전을 읽게 되었으며, (상부에) 글을 올려 도술을 이야기할 때도 이 경전과 『태평경』을 나란히 인용하고 참위(讖緯)의 설을 뒤섞어 진술하였으니, 그 결과 서쪽에서 온 법과 중하(中夏)의 학문에 대해 구분을 가한 적이 없다.

미주

제3장

1) 『역대삼보기(歷代三寶記)』의 원래 명칭

2) 수나라에 있는 두 종류의 뭇 경전 목록에는 원래 경전[經]이란 글자가 없다.

3) 『근저(根著)』제1집 중권

4) 『관고당각송진종주사십이장경(觀古堂刻宋眞宗注四十二章經)』엽덕휘서(葉德輝序)를 참고하라.

5) 이상 모두 『우록』2에 보인다.

6) 이상 『우록』에 산발적으로 보인다. 『승전(僧傳)』의 도안, 법태 및 축승부전(竺僧敷傳)을 참고하라.

7) 소주(小注)는 모두 원서로부터 나온 것이다.

8) 『구록』에서는 『돈진다라왕경(屯眞陀羅王經)』이라 하는데 별록(別錄)에 실려 있으며, 『안록(安錄; 도안의 경전 목록)』에는 없고 지금은 빠져 있다.

9) 도안은 『장아함』에서 나왔다고 하며, 『구록』에서는 『아자세경阿闍貰經)』이라 했다.

10) 응당 영강(寧康)이라 해야 한다.

11) 한나라 영제(靈帝) 세상에서부터 판석(判釋)했고, 『사십이장경』은 영제 이전에 출현했기 때문에 기재하지 못한 것이다.

12) 도적(道迹)이라 한 곳도 있음.

13) 응진(應眞)이라 하기도 하고 응의(應儀)라 하기도 하는데, 이는『우록』
    1에 보인다.

14) 『개원록(開元錄)』안청(安淸) 조항 이하를 참고하라. 또 후한 말엽의
    경전 번역에는 이미 불(佛)과 사문(沙門)을 모두 번역 용어로 사용하고
    있다. 그러나 승회(僧會)의『법경경서(法鏡經序)』에는 엄불조(嚴佛調)가
    부조(浮調)로 되어 있고, 이에 여전히 한나라 때의 부도(浮圖)인 구역(舊譯)
    을 사용했다. 수다원 등 네 가지 명칭도 안세고(安世高)가 번역한『칠처삼
    관경(七處三觀經)』에 보인다.

15) 초역(初譯) 육지(六紙)

16) 다만, 제5편은 빠져 있다.

17) 량렌공은 지민도가 편찬했다고 말하는데 잘못이다.

18) 『우록, 실역경록(失譯經錄)』서(序)를 참고하라.

19) 이 단락은 아마 한나라 때의 번역에서 나왔을 것이다. 불(佛) 자는 원래
    부도(浮屠)일 텐데 후인(後人)들을 거치면서 개정되었을 것이다.

20) 『사체합벽사십이장경(四體合璧四十二章經)』의 발문과『질군왕부본(質
    郡王府本)』의 발문

21) 원문에서는 이 행(行)자가 빠져 있다.

22) 호적(胡適)의 최근 저서 제1집『진고고(眞誥考)』를 참고하라.

23) 진종의 주석본이 언제 처음으로 세상에 나왔는지는 모른다. 근래 중화서국
    (中華書局)의 영인본은 당나라 대력(大曆) 13년 회소(懷素)[1]의 초서(草書)
    로 쓰인 경문이라서 진종이 사용한 것과 동일하다. 정말로 회소가 쓴
    것이라면 당나라 대종(代宗) 때 이미 이 판본이 있는 것이다.
    1) 회소(懷素. 725~777); 자는 장진(藏眞)이고 속성은 전(錢)이다. 어려서 출가하여
       승려가 되었으며 초서로 명성이 높았다.

24) 송나라와 원나라의 판본에는 이명(利命)으로 되어 있고, 궁본(宮本)에는

판명으로 되어 있다.

25) 수수의 주석본에서는 역시 기명필사(棄命必死)로 개작했다.

26) 앞에서 열거한 열 가지 조항 중에서 갑의 조항에는 보림전이 빠져있고 나머지 아홉 조항은 모두 수수의 주석본과 동일하다.

$$4$$

한나라 때 불법(佛法)의 유포

1) 서역의 개척과 불교

석가모니 세존께서는 천축의 북쪽 지방에서 태어났으며, 그 교화는
처음엔 그저 중인도 갠지스 강 상류 지역에서만 유행하였다. 그러다 중국의
진(秦) 왕조 시기에 해당하는 아육왕 시대에는 그 교세가 점점 서쪽으로
퍼져나가 설산(雪山) 변두리에서는 당시 이미 불법을 듣고 있었으며, 또
중앙아시아의 경우에도 불교의 교화는 있었지만 깊고 넓지는 않은 듯하다.
그 후 그리스 종족인 미란왕(彌蘭王)[1]이 고부국(高附國)과 서인도를 점거
한 뒤에 명승(名僧) 용군(龍軍; 나가세나)에게 불법을 물은 적이 있었다[1].
그리고 그 천폐(泉幣)[2]에 새긴 글에서는 '홍법대왕(弘法大王) 미란(彌蘭)'
이라고 하였다. 그렇다면 서한 문제(文帝)와 경제(景帝)의 시대에는 불법의
교화가 인도 서북 지방에서 일찍부터 번성했음을 알 수 있다.

---

1) 미란타(彌蘭陀; 밀린다)는 기원전 150년경에 서북 인도를 지배한 그리스 왕이다.
   그가 불교 승려 나선(那先; 나가세나) 비구와 생사, 윤회, 열반 등에 관해 문답한
   대론서(對論書)가 『미란타왕문경; 밀린다 팡하』이다.
2) 대체로 고대의 금속 화폐를 가리키는 전폐(錢幣)와 동의어이다. 정현주(鄭玄注)
   에서는 한나라 정사농(鄭司農)을 인용하면서 "고서(故書)에서 천(泉)은 전(錢)으
   로 쓰이기도 했다"고 했다.

『한서』에 서술된 서역의 각국은 언제 처음으로 불법의 교화가 행해졌는 가? 현존하는 사료(史料)는 다분히 신화적이라서 신뢰하기 힘들며, 중국과 서양의 학자가 고증해 얻은 결과도 아직은 설(說)이 분분해서 결정된 이론이 없다. 우전국과 구자국의 건국은 모두 아육왕 시대라 전해지며, 불교의 혜택이 널리 퍼진 것도 역시 이들 나라에서 비롯되었다고 한다. 그러나 이런 종류의 기록은 괴이하고 불합리해서 늘 믿을 수 없다. 또 불교의 전파를 가장 유능한 명군(名君)에게 전부 소급하는 것도 의심스러운 면이 있다.

허나 서한의 시기에 불법은 이미 북천축을 통해 중앙아시아 각국으로 전파되고 있었다. 그때 한무제는 단호한 의지로 서역과의 통로를 열어서 멀리 오손국(烏孫國), 대완국(大宛國), 대하국(大夏國)과의 교류를 도모하 였다. 이 사건은 정치적으로도 아주 중요할 뿐 아니라 인도로부터 전파된 불법도 이 일로 인해 더욱 동쪽으로 침투하기가 편리해졌다. 중국 문화와 인도 문화의 결합은 바로 이 사건과 관련되어 있다. 그래서 원수(元狩; 한무제의 네 번째 연호) 때 금인(金人)을 얻은 것도 비록 불법이 점점 유통된 것은 아니지만, 그러나 한무제의 웅대한 시도는 실제로 불법의 동쪽 전파에 지극히 큰 도움을 주었다.

역사적 사실에 근거해 말한다면, 불교는 중국과 국경을 인접한 흉노로부 터 온 것이 아니라 바로 서역 각국과의 교통이라는 한무제의 시도로부터 전래된 것이 명확하다. 대체로 흉노족은 아직도 부처의 명성을 믿지 않고 있었다. 그래서 불경을 중국에 전파하고 번역한 것도 처음엔 안식국(安息 國), 강거국(康居國), 우전국, 구자국인데, 다만 최초의 불법 전파와 관련된 종족은 대월씨족이다.

서한(西漢) 문제와 경제의 시기에 불법은 일찍부터 인도 서북부에서 성행했고 그 교세가 중앙아시아로 이어져 전파된 것은 자연스러운 일이다. 대체로 문제 시기에 대월씨족은 흉노의 핍박을 받아 중국의 서북 지역으로부터 서쪽으로 이주했고 한무제 때는 이미 대하국에 신하로 칭하면서 항복한 것으로 보인다. 대하국의 군주(君主)도 원래 그리스 유민(遺民)[3]에 속해서 불법을 널리 전파한 미란왕과는 정법(政法)과 민정(民情)이 본래 지극히 밀접했다.

대하국의 토화라(吐火羅)[4] 지역은 미란의 관할 지역과 서로 접해 있어서 불법의 교화가 한나라 초기에 이미 유행하였다. 그리고 대월씨국이 이 땅을 점령한 후에는 고부국의 땅을 취하고 복달국(濮達國)과 계빈국(罽賓國)을 멸한 후에 인도를 침입해서 귀상(貴霜; 쿠샨) 왕조를 건립했다. 그리고 귀상 왕조의 가이색가(迦膩色迦; 카니시카)[5] 왕은 후세의 불자(佛子)들에게 불법을 수호한 명왕(名王)의 한 사람으로 추대되었다. 한나라가 천축과 교통(交通)하면서 이 지역을 관건이 되는 요충지로 삼은2: 탓에

---

3) 망한 나라의 백성.
4) 중앙아시아 옛 나라의 명칭이지만 지명(地名)으로 쓰이기도 한다. 기원 8세기에 아나백(阿拉伯)에게 멸망당했다. 《수서(隋書)·서역전(西域傳)·토화라(吐火羅)》에서는 "토화라국은 총령(蔥嶺) 서쪽 5백 리에 있다"고 했으며,《신당서(新唐書)·서역전하(西域傳下)·토화라(吐火羅)》에서는 "토화라는 토할라(土豁羅), 도화라(覩貨邏)라 하기도 하고 원위(元魏)에서는 토호라(吐呼羅)라 하기도 했다. 총령 서쪽과 오호하(烏滸河)의 남쪽에 위치해 있는데 고대 대하국의 땅이다"라고 하였다.
5) 고대 인도, 쿠샨 왕조 전성기 시절의 왕. 생몰연대 미상. 선왕의 뒤를 이어 영토를 넓히고, 간다라 지방을 본거지로 삼아 중앙아시아에서 중부 인도에 이르는 대제국을 건설했다. 그의 치적은 주로 불교와 관련되는데 수도 프르샤플라(현재의 페샤와르)의 교외에 대탑을 세우고, 또한 카시미르의 불전편집사업(소위 제4결집)을 원조하였다고 한다.

불법도 서역으로 전파된 후에 동쪽으로 지나(支那)까지 미쳤으므로 대월씨
국의 영지(領地)는 실로 지극히 중요하다.

　가이색가 왕의 조부(祖父)는 구취각(丘就卻)⁶⁾인데, 그의 화폐에다 불상
(佛像)을 새긴 적이 있고 또 "정법(正法)의 보호자"라고 글을 새겨 넣기도
했다. 구치각이 불교를 믿은 것은 실로 의심할 수 없다. 구취각 왕이
재위한 시기는 서한의 말엽에서 동한의 초기일 것이다. 인도 불교의 역사와
전기(傳記)는 신뢰성이 부족하다. 그러나 아육왕의 홍법(弘法)은 석각(石
刻)에 보이고 미란이 불교를 믿은 것도 천폐(泉幣)에 새겨졌으니, 이는
모두 근거로 삼을 수 있는 가장 신뢰할만한 자료이다. 대월씨국 왕이
불법을 받든 일도 앞서의 말에 의거하면 아무리 늦어도 구취각 시대에는
존재했으니, 따라서 이 민족이 처음 불법의 교화를 받은 것은 필경 이보다
전인, 아마도 서한 중엽일 것이다. 영평 시기의 구법(求法) 전설에 의하면
대월씨국에서 불경 사십이장(四十二章)을 베꼈다고 하는데, 그렇다면 대
월씨국이 정말로 동한 시기에 인정된 불교의 중심지[重鎭]란 걸 알 수
있다.

2) 이존이 불경을 주다[伊存授經]

　최초로 중국에 전래된 불교의 기록은 의심할 바 없이 대월씨국 왕의
사신 이존이 『부도경(浮屠經)』을 준 일이다. 이 일은 어환(魚豢)의 『위략(魏
略), 서융전(西戎傳)』에 보이며 『삼국지, 배주(裴注)』에도 인용되어 있다³⁾.
이제 먼저 그 문장을 인용해 간략히 교석(校釋)을 가하고, 그 다음에 이존이
불경을 준 일을 상세히 논하겠다.

---

6)　쿠줄라 카드피세스(BC10 ~AD70)로 쿠샨 왕조를 세웠다.

계빈국, 대하국, 고부국, 천축국은 모두 대월씨국에 속한다. 임아국(臨兒
國)⁴⋮에 대해서는『부도경』에서 이렇게 말하고 있다.

"그 나라 왕이 부도(浮屠)를 낳았다. 부도는 태자인데, 아버지는 설두야
(屑頭邪; 숫도다나), 어머니는 막야(莫邪; 마야)라고 한다. 부도는 몸에
황색의 옷을 입고, 머리털은 푸른 실처럼 푸르렀다. 젖의 푸른 털은 배추벌레
같고⁵⋮, 붉기⁶⋮는 구리와 같다⁷⋮. 애초에 막야 부인은 흰 코끼리 꿈을 꾸고
잉태했으며, 태어날 때는 어머니 왼쪽⁸⋮ 옆구리에서 나왔으며, 태어나면서
부터 결(結)⁹⋮이 있으며, 땅에 내려서면서 능히 일곱 걸음을 걸었다. 이
나라는 천축성(天竺城) 안에 있다¹⁰⋮."

천축에는 또 사율(沙律)이라 부르는 신인(神人)이 있었다. 옛날 한나라
애제(哀帝) 원수(元壽) 원년(元年)(즉 기원전 2년)에 박사제자(博士弟子)인
경로(景盧)¹¹⋮가 대월씨국 왕의 사신인 이존으로부터『부도경』을 말로 전수
받았는데¹²⋮, 말하기를[曰]¹³⋮ "부립(復立)¹⁴⋮이 그 사람"이라고 한다.

『부도경』에 실린 임포색(臨蒲塞), 상문(桑門), 백문(伯聞), 소문(疏問),
백소문(白疏聞), 비구(比丘), 신문(晨門)¹⁵⋮은 모두 제자들의 호칭이다.『부
도경』에 실린 내용과 중국의『노자화호경』은 서로 조금씩 차이가 있다.
대체로 노자가 서쪽 관문을 나가서 서역을 지나 천축으로 가서 오랑캐를
교화했는데, 부도(浮屠)에 속하는 제자의 별호(別號)는 29개¹⁶⋮이지만 상세
히 실을 수 없기 때문에 앞에서처럼 간략히 기록한 것이다.

이존이 불경을 전수한 일은 각종 서적에 기록되어 있지만 저마다 미미한
차이가 있다.『삼국지, 배주(裵注)』나『세설신어』의 주석에서는 흡사 경로
가 중국에서 대월씨국 사신인 이존으로부터 말로 전수한『부도경』을 받은
것처럼 말하며,『통전』,『광천화발』,『변정론』¹⁷⋮에서는 마치 진경이 대월
씨국에 사신으로 가서 불경을 받은 것처럼 말하고 있다.『한서, 서역전』에서
는 대월씨국이 한나라 사신을 공품(共稟)했다고 하는데, 안사고(顏師古)는

공품을 '똑같이 절도(節度; 지휘)를 받았다'고 주석했으며, 왕명성(王鳴盛)
은 한나라 사신에게 양식을 공급한 것으로 해석하였다[7].

　그렇다면 진경은 장건 이후 한나라에서 적지 않은 사신을 대월씨국으로
보냈고 진경은 그중 한 사람이다. 그러나 『한서, 서역전』과 『애제본기(哀帝
本紀)』에 근거하면, 원수(元壽) 2년에 흉노의 선우인 오손(烏孫)[8]의 대곤미
(大昆彌)가 한나라 조정에 왔다고 하므로 이존이 이 해에 중국에 왔는지
여부는 함부로 단정할 수 없다. 그러나 장건이 교통로를 연 이래로 총령
서쪽의 여러 나라들은 사신들을 동쪽 중국으로 보냈으니, 그렇다면 대월씨
국도 이때 시종(侍從)을 중국에 보냈다는 것 역시 믿을 수 있다. 『삼국지,
배주(裵注)』나 『세설신어』의 주석에서는 인용한 내용이 서로 똑같고
연대도 모두 비교적 빠르니, 그렇다면 이존이 한나라에 사신으로 가고
박사제자 경로가 불경을 전수받은 것도 어쩌면 비교적 확실하다고 하겠다.

　불경을 전수한 지점과 사람 이름은 각 서적마다 서로 다르긴 하지만,
그러나 불경을 전수받은 자는 중국의 박사제자이고 말로 전수한 자는
대월씨국 사람이란 건 당시 상황을 생각하면 다 합치한다. (1) 대월씨국은
천축의 불법 교화가 동쪽으로 퍼져가는 관문이 되었고, 애제(哀帝) 때
이미 그 종족은 삼보(三寶)에 귀의하였다. (2) 중국에서 초기에 번역한
불경은 말로 전수한 것이 많다. (3) 『위략』의 해당 단락의 원문을 살펴보면
천축에 '사율(沙律)'이란 신인(神人)이 있다고 말한 것으로 보이는데, 이

---

7)　왕명성의 《십칠사상확(十七史商榷)・한서(漢書)21・공품(共稟)》을 참고하라.
8)　오손(烏孫)은 전한(前漢) 때 서역(西域) 지방인 지금의 카자흐스탄에 할거하던
　　터키계(系)의 유목 민족이다. 그 세력권은 천산(天山) 산맥 북쪽으로부터 이리하
　　(伊犁河: 일리 강) 유역의 분지를 포함하여 아랄해로 흘러 들어가는 시르강
　　상류까지 포함한다.

사율이 바로 이존이 전수한 불경 속에서 말한 '부립(復立)' 그 사람이다. 『광천화발』에선 이 경문을 인용하면서 『진중경(晉中經)』에서 나왔다고 말하고, 『광홍명집』에 실린 원효서(阮孝緖)의 『칠록(七錄)』[9] 서문에서는 『진중경부(晉中經簿)』[10]에 불경서부(佛經書簿) 16권이 있다고 하였으니, 그렇다면 진(晉)나라 황실의 비부(秘府)는 원래 불경을 보관하고 있었다.

또 『진중경부』는 원래 『위중경』에서 나왔으니[18], 이는 위나라 조정에서 이미 불경을 수집한 것이라서 그 부록(簿錄)을 만들 때는 이존이 전수한 불경도 어쩌면 존재해서 이미 목록에 실렸을지도 모른다. 그리고 목록을 만든 자도 앞뒤를 비교하면 번역이 똑같지 않기 때문에 다른 곳에서 말한 '사율'이 실제로는 이존의 불경 속에 나오는 '부립'으로 생각된다. 어환의 서술도 아마 『위중경』의 문장을 사용했을 것이며[19], 『광천화발』, 『진중경』의 언어와 더불어 하나의 원천에서 나왔기 때문에 문장이 그토록 서로 동일한 것이다. 그렇다면 어환은 아직 이존의 불경을 목격하지 못했고, 『위중경』의 저자라면 반드시 눈으로 살펴야 했으므로 그가 본 『부도경』도 단지 이 1부(部)만이 아니어야 한다. 이런 점에 따르면, 이존이 전수한 불경은 근거가 있다는 것이 더욱 확실해진다.

이상 언급한 내용에 의하면, 주의를 기울여야 할 점이 대체로 세 가지가 있다. 첫째, 한무제가 서역을 개척하고 대월씨국이 서쪽으로 대하를 침공한 것은 모두 불교가 중국에 전래하게 된 역사상 중요한 사건이다. 둘째, 대월씨국이 불교를 믿은 것은 서한 때이며, 불법이 중국에 들어온 것은

---

9) 양(梁)나라 때의 완효서(阮孝緖)가 편찬한 서적의 분류목록.
10) 위진(魏晉)시대 때 서진(西晉)의 순욱(荀勖)이 지은 도서 목록학이다. 그는 『진중경부』를 지으면서 갑(甲), 을(乙), 병(丙), 정(丁)으로 책들을 분류하였다.

아마 대월씨국을 통해서일 것이다. 셋째, 불경의 번역은 『사십이장경』에서 시작되지 않았으며, 불법 전래의 시초는 더 앞으로 소급해서 응당 서한 말엽이어야 한다.

3) 귀신의 방술(方術)

이존이 불경을 전수한 후 66년이 지나자[20] 동한의 명제는 초왕 영(楚王英)에게 내린 조서에서 불교도를 언급하고 있다. 광무제의 자식들은 귀신의 방술을 아주 좋아했으니, 제남왕(濟南王) 강(康)은 나라를 맡았을 때 법도를 따르지 않고 빈객(賓客)과 교류하다가 주군(州郡)에 간사하고 교활한 어양(漁陽), 안충(顏忠), 유자산(劉子産) 등을 불러들였고, 부릉왕 연(阜陵王延)과 종실(宗室) 여인의 형인 사엄(謝弇) 및 자매인 관주(館主), 사위인 부마도위(駙馬都尉) 한광(韓光)은 간사하고 교활한 자들을 불러들여 도참(圖讖)을 만들고 제사를 지내서 남에게 해를 입히는 일을 귀신에게 빌었다. 광릉왕 형(廣陵王荊)은 점성술을 믿는 자인데, 왕충(王充)은 "광릉왕 형은 총애하는 무당에게 미혹되었다"고 했으며, 갈홍(葛洪)[11]은 "광릉왕은 이반(李頒)을 공경하고 받드느라고 부고(府庫)[12]가 고갈될 정도였고, 그는 또 늘 무당에게 제사를 지내게 해서 남에게 해를 입히는 일을 귀신에게 빌도록 하였다"고 말했다.

---

11) 동진(東晉)의 도교학자이자 연단가(煉丹家)이자 의약학자이다. 대표작은 〈포박자 抱朴子〉, 내편(內篇) 20장에서는 금단(金丹) 제조법, 방중술, 특이한 식사법, 호흡법, 명상법을 소개하고 있으며, 외편(外篇) 50장에서는 올바른 인간관계를 위한 윤리를 강조하고 당시 도교의 쾌락주의를 비판했다.
12) 궁중의 문서나 재물을 넣어두는 곳간.

생각건대 제남왕, 부릉왕, 광릉왕, 그리고 초나라는 영지가 서로 인접해
있고 취향이 서로 통해서 마치 연(燕)나라와 제(齊)나라의 방사(方士)처럼
교분을 맺었다. 어양과 안충은 초왕 영 및 제남왕 강이 앞뒤로 불러들였다.
왕충은『논형(論衡)』에서 "도사(道士) 유춘(劉春)이 초왕 영을 미혹해서
깨끗지 못한 것[不淸]13)을 먹게 했다"고 했으며, 혜련(惠棟)은 제남왕과
교분을 맺은 유자산을 의심하고 있으니, 그렇다면 여러 왕들은 혈연관계인
형제라서 늘 서로 소식과 안부를 주고받았을 뿐 아니라21: 신앙도 대부분
동일하였다. 광무제와 명제는 비록 일대의 명군(明君)이지만 모두 참위(讖
緯)를 신봉했고, 패왕 보(沛王輔) 역시 도참을 좋아했으며, 초왕 영과
제남왕 모두 늘 도서(圖書)를 만들라고 말했다. 당시 황실의 풍속이 이와
같았으니, 초왕 영이 황로(黃老)와 부도에게 제사를 지내고 명제가 조서
속에서 불교를 언급한 것도 모두 여러 나라에 전해진 내용을 제시했을
뿐이라서 정말로 이상한 일이 아니다.

왕충은 광무제 건무 3년(서기 27년)에 태어났다. 그의 저술『논형』에서
비판한 내용에 따르면, 당시 세속의 정서와 유술(儒術)은 모두 음양오행의
설을 중시하였다. 귀신과 방술, 염승(厭勝)14)과 피기(避忌)15)가 세상을
시끄럽게 했으니,『논형, 논사편(論死篇)』에서는 "세간에서는 제사를 신봉
한 탓에 제사를 지내면 반드시 복이 있고 제사를 지내지 않으면 반드시
화가 미친다고 여겼다"고 말했으며,『논형, 제의편(祭意篇)』에서는 "(성인
들의 서적에도 귀신에 관한 기록은 없는데,) 하물며 편적(篇籍; 서적)에도

---

13) 정상적인 음식이 아니라 방술(方術)로 더러운 것을 먹게 한 것으로 보인다.
14) 고대에 행해진 일종의 무술(巫術), 저주(詛呪)로 상대나 사물을 제압하여 굴복시
키는 걸 말한다.
15) 미신(迷信)으로 흉하고 꺼리는 날을 기피하는 걸 말한다.

실리지 않은 세간의 음사(淫祀)16)는 귀신의 제사가 아니니 그 신(神)이
화와 복이 된다는 걸 믿겠는가?"라고 하였다.

그렇다면 한나라 시대에는 천지와 산천에 지내는 갖가지 대사(大祀)17)
외에도 다양한 종류의 제사가 있었고, 선진(先秦) 시대 이래로 귀신을
감응해 초치(招致)하는 일은 일정한 방술을 준수해야 했다. 한나라 무제
때 방사(方士) 이소군(李少君)은 부엌에 제사지내는 방술로 대상(物)을
부를 수 있었고(말하자면 귀신을 부르는 것), 방사 유기(謬忌)는 주청을 드려서
태일(太一)18)의 방위에 제사를 지냈고, 방사 난대(欒大)는 늘 밤에 제사를
지내서 신(神)을 내리고자 하였고, 소옹(少翁)은 무제를 뵙자 밤에 이부인
(李夫人)22:과 부엌 귀신을 초치했으니, 따라서 방사는 신선이 되는 지름길
을 구하려고 처음엔 귀신에게 예를 갖춘 제사로 감응해 부르길[感召] 기다렸
다가 접인(接引)하게 된 것이다23:. 생각건대, 한나라 시대에 불교는 순전히
일종의 제사였으며, 당시 불교의 특수한 학설도 귀신의 보응(報應)이었다.
왕충이 소위 "서적에도 실리지 않은 세간의 음사(淫祀)19)는 귀신에 대한
제사가 아니다"라고 했는데 불교도 그 중의 하나이다. 제사가 이미 방술이었
으니 불교도와 방사는 최초엔 늘 병행하였다.

---

16) 예식과 제도에 합당하지 않는 제사로서 멋대로 방종하게 지내는 제사를 말한다.
17) 제왕이 지내는 가장 융숭한 제사로서 천지나 종묘 등에 지내는 제사이다.
18) 태일성(太一星)으로 북쪽 하늘에 있으면서 병란, 재난, 생사 등을 맡아서 다스린
   다고 한다.
19) 부정(不淨)한 귀신을 제사지내는 것. 나아가 함부로 제사지내는 것을 말한다.

4) 초왕 영은 부도의 재계(齋戒)20)와 제사를 지냈다

초왕 영은 건무(建武) 15년에 왕이 되었고 28년에 나라에 부임하였다. 젊은 시절부터 유협(遊俠)을 좋아해서 빈객(賓客)과 교류하였고, 만년에는 더욱 황로학(黃老學)을 좋아해서 부도의 재계와 제사를 지냈다. 영평 8년에는 천하의 죽을죄를 지은 자들에게 비단을 바치면 죄를 사해준다는 조칙을 내렸다. 초왕 영은 낭중령(郎中令)을 시켜 황색 비단과 흰 명주 30필을 국상(國相)에게 보내면서 "번왕으로 위임받았으면서도 허물과 잘못이 쌓였는데, 이제 천자의 은혜에 기쁜 마음으로 비단을 바쳐 허물을 씻겠습니다"라고 하였다. 국상은 그의 말을 듣고 나서 보답하는 조칙을 내렸다.

"초왕은 황로의 미묘한 말을 숭상하고 부도의 인사(仁祠; 절의 다른 이름)를 숭배해서24: 석 달을 청결히 재계(齋戒)21)하여 신(神)과 서원을 맺으니, 어찌 싫어하고 어찌 의심할 수 있겠는가? 이제 후회하지 않을 수 없어서 속죄의 비단을 돌려보내니 이포색과 상문을 공양하는데 도움이 되도록 하라."

---

20) 넓은 의미에서는 몸과 마음을 깨끗이 하여 몸과 마음의 태만을 방지하는 것이고, 좁은 의미에서는 팔관재계(八關齋戒)를 가리키거나 특히 정오를 지나서는 먹지 않는 계율을 가리킨다. 산스크리트어로는 uposadha, 팔리어로는 uposatha, 음역으로는 오포사타(烏逋沙他)와 포살타바(布薩陀婆), 간략한 번역어로는 포살(布薩)이다. 원래 고대 인도의 제사법, 즉 십오일마다 한 차례의 집회를 거행하여 각자 죄과를 참회하고 몸과 마음을 깨끗이 하며, 이날에 제주(祭主)는 단식을 병행하면서 청정계(淸淨戒)의 법을 지킨다. 이로부터 붓다도 역시 승단에 이 행사의 채용을 허락하였으니 이것이 바로 승단 포살(布薩)의 유래이다.

21) 제사를 올리기 전에 심신을 깨끗이 하고 금기(禁忌)를 범하지 않도록 하는 일. 재(齋)는 청정(淸淨), 계(戒)는 청정하게 하는 규범이란 뜻이다.

그리하여 이 조칙을 여러 나라에 전하도록 반포하였다. 초왕 영은 나중에 방사들과 크게 교류하면서 황금 거북[金龜]과 옥으로 된 학[玉鶴]을 만들고 는 문자를 새겨 부서(符瑞)[22]로 삼았다. 영평 13년(기원 70년)에 남자(男子)[23] 연광(燕廣)이 초왕 영이 어양(漁陽), 왕평(王平), 안충(顔忠) 등과 함께 도서(圖書; 圖讖)를 만들어 역모의 일을 꾸민다고 고발하였다. 이 사건을 내려 보내 조사해보니, 담당 관리는 '초왕 영이 간사한 자들을 불러 모아 도참(圖讖)을 만들고 관직의 질서를 멋대로 하면서 제후, 왕공, 장군과 같은 2천 석을 받는 관리를 두고 있는데, 이는 대역무도한 짓이므로 주살하길 청합니다'라고 하였다. 명제는 초왕 영이 가까운 친척이라 차마 죽이지 못하고 그저 그를 폐해서 단양(丹陽)의 경현(涇縣)으로 좌천시킨 뒤에 더욱 우대하였다. 그러나 다음 해 초왕 영은 단양에서 자살하였다(서기 71년)(『후한서』 본전(本傳))

부도의 가르침은 이미 재계하고 제사 지내는 것이라서 귀신의 방술에 부속된 것이었다. 한무제는 신선과 방사를 좋아했고, 왕망(王莽)은 특히 도참을 존숭했다. 그리고 동한 시기의 참위(讖緯)와 점술을 제왕들은 성스러운 말로 받들었다(광무제의 환담(桓譚)에게 한 말). 기이한 술법과 방술의 기예는 더욱더 당시 사람들이 좋아하고 숭상하는 것이 되었으니[25], 초왕 영이 방술을 신봉한 것도 광무제의 여러 왕들 중에서 유별난 것은 아니다. 그래서 명제의 조서에 나오는 '인사(仁祠)'라는 명칭이나 '신과 서원을 맺는다'는 말은 불교가 당시 단지 제사의 일종이란 걸 증명한다고 할 수 있다. 초왕 영은 방사와 교류하면서 도참을 만들었다면, 불교의 제사도

---

22) 길하고 상서로운 징조. 대부분 제왕의 명을 받는 징조를 가리킨다.
23) 고대에 관직이 없는 사람을 남자라고 불렀다.

단지 방술의 하나였을 뿐이다.

대체로 당시 한나라의 인사(人士)는 불교에 대한 이해가 별로 깊지 않아서 신선술의 말과 뒤섞였으며, 불교의 가르침의 종지도 정령(精靈)의 불멸에 둔지라(앞으로 상세히 밝힘) 재계와 참회를 하고 법술(法術)로 제사를 지냈다.[26] 부도와 방사는 본래 한 통속이었다. 한나라 말엽이 되자 안청(安淸)(자(字)는 세고(世高))의 역경(譯經)이 가장 많아서 일대의 대사(大師)가 되었지만, 그러나『고승전』에서는 그를 가리켜 '칠요(七曜)[24]와 오행(五行), 의료 처방의 기이한 의술에서부터 새나 짐승의 소리까지 몽땅 통달하지 않음이 없기 때문에 재능과 지혜가 특출한 사람'이란 명성을 일찍부터 얻었다'고 하였다. 오나라 시대의 강승회(康僧會)는 바로 안세고의 후예로서『안반수의경서(安般守意經序)』에서 이렇게 말하고 있다.

> 안청(安淸)이란 보살이 있으니 자(字)는 세고이다……. 널리 배우고 학식이 많아서 신의 법식(法式)을 융합해 회통하였으니, 칠정(七正)[25]의 차고 기움을 알며, 자연 기휘(風氣)의 길흉을 알며, 산의 붕괴와 대지의 활동을 알며, 침을 놓고 맥을 짚는 기술을 알며, 안색을 보고 병을 알며, 새나 짐승의 우는 소리를 알지 못함이 없었다.

삼국 시대가 되자, 북쪽의 대가인 담가가라는 늘 점성술을 잘했고, 남쪽의 우두머리인 강승회는 도참을 많이 알았다. 이로 말미암아 말한다면, 최초의 불교 세력이 퍼져나간 것은 일종의 제사와 방술로서 한 시기의 풍습과 영합했기 때문이라고 말하지 않을 수 없다.

---

24) 해[日]와 달[月], 그리고 금(金), 목(木), 수(水), 화(火), 토(土)의 별들을 가리킨다.
25) 일(日), 월(月), 금, 목, 수, 화, 토를 가리킨다. 칠정(七政)이라고도 함.

강승회는 안세고에 대해 '침을 놓고 맥을 짚는 기술을 알며, 안색을
보고 병을 안다'고 했으며, 모자 역시 불가(佛家)에 병자가 있어서 침과
약을 진언하면 서역에서 온 사람이 침과 약을 전해주었다고 했다. 그래서
후한 시기에는 침을 놓고 맥을 짚는 갖가지 기술이 성행하였다. 가령
곽옥(郭玉)은『침경진맥법(鍼經診脈法)』[26]을 저술해 세상에 전했고, 또
화타(華陀)에게 훌륭한 침맥술(鍼脈術)을 전하기도 했고, 또 엄흔(嚴昕)을
보자 급병이 있다고 하였으니[27]:, 그렇다면 안색을 보고 병을 아는 것이다.
『황제소문(黃帝素問)』[27]에서는 음양오행에 근거해 침을 놓고 맥을 짚는
여러 기술을 서술하고 있는데 한나라 때 지어진 위작(僞作)이 아닐까
의심이 든다(『고금위서고(古今僞書考)』[28]). 모자는 "황제(黃帝)가 머리 숙여
기백(岐伯)에게 침을 받았다"고 했으니, 바로『황제소문』에서 나온 것이다.
이 또한 서역의 사문과 중하(中夏)의 도술이 서로 교류한 또 하나의 사례라
고 할 수 있다[28]:.

---

26) 곽옥은 후한(後漢) 태의승(太醫丞)이다. 그의 조상은 숨은 의학자로 사천(四川)
배수(涪水) 근처에서 어업으로 살아가는 노인이었는데 세상 사람들은 그의
이름을 몰라서 '배옹(涪翁)'이라 불렀다. 배옹의『침경진맥법』을 후손인 곽옥이
시술하고 임상에 응용했다.
27)『황제내경(黃帝內經)』은 중국에서 가장 권위 있는 전통의학서이다. 소문(素問)
과 영추(靈樞) 두 부분으로 나뉘며 각각 9권 162편으로 구성되어 있다.『소문』은
음양오행설을 토대로 장부(臟腑)·경락(經絡)·병기(病機)·진법(診法)·치
칙(治則)·침구(針灸)·방약(方藥) 등의 각 분야 및 진단·치료에 대해 계통적
으로 논술하고,『영추』는 경락과 침구 분야에서 쓰이는 물리요법을 상세히
서술하여 침경(針經)이라고도 불린다.
28) 청나라 때 요제항(姚際恒)의 저서로 위서(僞書)를 가려내고 증명하였다. 전
1권, 1933년 재판 때 고힐강(顧頡剛)이 교정을 하고 서문과 발문을 썼다. 경류(經
類) 19종, 사류(史類) 13종, 자류(子類) 30이다.

5) 환제(桓帝)도 황로와 부도를 함께 제사지냈다

『한서예문지』에는 도가(道家)의 유파가 실려 있다. 『노자』4가(家) 51편
(篇), 『황제』4가(家) 68편, 『신선』은 10가(家)를 공유하고, 『황제』에 이름을
의탁한 자가 4가, 그리고 음양, 오행, 천문, 의경(醫經), 방중(房中)은 모두
황제에게 근원을 소급하고 있다. 『수지(隋志)』에서 말한다.

한나라 때 제자(諸子)의 도서(道書)의 유파로 37가(家)가 있으니, 그
가장 큰 종지는 모두 탐욕을 없애고 충허(沖虛)에 처하는 것일 뿐이다.
최고의 천관(天官)29)과 부록(符籙)30)의 일에 대해서는 『황제』의 네 편과
『노자』의 두 편이 가장 깊은 종지를 얻고 있다.

서한(西漢)의 황로학(黃老學)은 청정무위(淸淨無爲)를 주로 하고 있으
니, 『반지(班志)』에서 소위 "오직 청허(淸虛)에 맡기는 것만으로 다스려질
수 있다"고 한 것이 해당된다. 『수지』에서 말한 내용도 대체로 이를 가리킨
것이다. 그러나 사마천의 『사기, 봉선서(封禪書)』에 이미 정호(鼎湖)31)에
서 신선이 떠나갔다는 설(說)이 실려 있으며, 『노장신한열전(老莊申韓列
傳)』에서는 노자가 백여 세에도 도(道)를 닦아 수명을 길렀다고 하였다.
그렇다면 도가의 유파는 일찍부터 '오직 청허에 맡기는' 가르침을 통해서
신선의 방술과 혼연일체였으며, 음양오행과 신선의 방기(方技)도 이미
황제에게 이름을 의탁했으므로 그 후 신선도는 더욱 노자에서 이익을

---

29) 일반적으로 천상의 신선이 거처하는 관(官)을 말한다.
30) 도교에서 전하는 비밀문서인 부(符)와 녹(籙)을 통틀어 칭한 것.
31) 정호는 지명(地名)이다. 고대 전설에 따르면 황제(黃帝)가 정호에서 용을 타고
하늘로 올라갔다고 한다.

취했다. 그래서 황로의 학문은 마침내 황로의 방술(方術)이 되었다. 동한
시대가 되자 도가의 방사들은 더욱더 노자를 숭배해서 장생불사[長生久視]
의 방술과 제사와 벽곡(辟穀)32)의 방법이 모두 노자에게서 나왔다고 하였
다. 주(周)나라의 사관(史官)은 그 지위가 올라가 교주(敎主)까지 되었는데,
그 사적이 기괴하고 거짓되어서 더욱더 탐구할 수가 없다.

한나라 환제는 즉위 18년간 신선의 일을 좋아했다29:. 연희(年熹) 8년(서
기 165년) 봄 정월에 중상시(中常侍) 좌관(左悺)을 고현(苦縣)에 보내서
노자의 제사를 지냈고, 11월에는 중상시 관패(管霸)를 고현에 보내서 노자
의 제사를 지냈다30:. 변소(邊韶)의 『노자명(老子銘)』33)에 의거하면, 이해
8월에 황제는 꿈에서 노자를 보자 그를 존숭하면서 제사를 지냈다. 변소는
당시 진(陳) 땅의 재상이라서 이 사적을 전파하려고 명(銘)34)을 지은 것이
다. 또 『수경(水經), 변수주(汴水注)』에는 몽성(蒙城)에 왕자교(王子喬)의
무덤이 있고 그 옆에 비(碑)35)가 있는데, 연희 8년 8월에 황제가 사신을

---

32) 오곡을 먹지 않는 도교의 수련 방법. 벽곡할 때는약물(藥物)을 먹고 아울러
   도인(導引) 등의 공부를 해야 한다.
33) 후한 말엽(165년) 환제는 노자를 신격화하여 사당에 모셨다. 당시 변소는 『노자
   명』을 지어서 노자가 신선이 되어 복희, 신농 등 역대 성인들의 스승이 되었다고
   주장하였다.
34) 한문문체의 하나. 명은 금석·기물·비석 같은 데에 자신을 경계하기 위한
   글, 남의 공적을 축송(祝頌)하는 글, 또는 사물의 내력을 기록한 글, 고인의
   일생을 적은 글을 새겨넣은 것을 총칭하는 개념이다.
35) 중국의 문체(文體)로 신하가 자기의 생각을 서술하여 황제에게 고하는 상주문
   (上奏文). 한대(漢代)에 와서 장(章)·표(表)·주(奏)·의(議)로 분류하였다.
   표는 전적으로 진정(陳情)에 관한 것만을 가리켰으나 후세에는 용도가 넓어져,
   논간(論諫)·추천(推薦)·경하(慶賀)·위안(慰安)·진사(陳謝)·탄핵(彈劾)
   등에도 사용하게 되었다. 제갈량(諸葛亮)의 《출사표(出師表)》, 진(晉)나라

보내 제사를 지내게 하고 국상(國相)인 왕장(王璋)이 그 업적을 새겨서 기록하였다는 내용이 실려 있다[31]. 그리고 『공씨보(孔氏譜)』에서는 "환제는 노자묘(老子廟)를 고현(苦縣)의 뢰향(賴鄉)에 세우고 벽에다 공자의 상(像)을 그렸으며, 공주(孔疇)가 진(陳) 땅의 재상이 되자 공자의 상 앞에 공자비(孔子碑)를 세웠다"고 하였다. 대체로 이때는 황제가 신선이 되는 수행을 했기 때문에 일시에 경쟁적으로 명(銘)[36]과 표(表)를 지었다[32]. 벽화에는 반드시 공자가 주나라에 가서 노자를 뵙는 고사(故事)를 원용(援用)함으로써 노자의 숭고함을 더욱 드러냈다.

뿐만 아니라 부도의 가르침도 당시에는 이미 방술에 속해 널리 시행되었기 때문에 석가모니도 저절로 노자의 법의 후예가 되었다. 『속한지(續漢志)』에서는 "연희 9년에 직접 탁룡(濯龍)에서 노자의 제사를 지냈는데, 문계(文罽)[37]로 단(壇)을 장식했고 순수한 황금으로 그릇을 도금했다. 그리고 화개(華蓋)[38]의 좌석을 마련하여 제사를 지내는 교외에서 궁정의 음악을 연주했다"고 하였다[33]. 『동관한기(東觀漢記)』[39]에서는 "문계로 단을 장식했고, 순수한 황금 그릇과 은그릇을 사용했으며, 다채로운 색깔이 현란하게 빛을 냈고, 제사에는 세 가지 희생[40]을 사용했으니, 지위가 높은 고관은

이밀(李密)의 《 진정표(陳情表) 》 등이 유명하다.
36) 한문문체의 하나. 명은 금석·기물·비석 같은 데에 자신을 경계하기 위한 글, 남의 공적을 축송(祝頌)하는 글, 또는 사물의 내력을 기록한 글, 고인의 일생을 적은 글을 새겨 넣은 것을 총칭하는 개념이다.
37) 디자인이 화려하고 아름다운 모직물.
38) 제왕이나 고관, 귀족의 수레에 있는 일산 덮개.
39) 후한 광무제(光武帝)부터 영제(靈帝)까지의 역사가 실린 기전체(紀傳體) 역사서로 후한 역사 연구의 기본 사료이다. 관부(官府)에 의해 편찬되었으며, 책 이름은 남궁(南宮)의 동관(東觀)에서 편찬한데서 유래한다.

진수성찬을 차리고 창악(倡樂)[41]을 연주함으로써 복과 상서로움을 구했다"고 하였다.

『후한서, 본기』에 의거해서 논하기를 "울창한 숲을 장식해서 탁룡(濯龍)[34:의 궁을 완성하고, 화개(華蓋)를 마련해서 부도와 노자를 제사지냈다"고 하였고, 『서역전(西域傳)』에서는 불교를 논하면서 역시 "초왕 영이 성대한 재계의 제사를 시작했고, 환제도 화개의 장식을 꾸몄다"고 하였고, 양해(襄楷)는 글을 올려서 역시 "궁중에 황로와 부도의 사당을 세운다고 들었습니다"라고 하였다. 이는 노자의 사당으로서 공자의 상(像)을 노자묘의 벽에 장식했을 뿐 아니라 탁룡의 제사에는 부도 역시 제사를 모시는 것처럼 했다. 신선술을 닦는 방기(方技)의 인사들은 스스로 황로 출신이라고 말하면서 최초로 단약(丹藥)을 복용하는 수련법 외에도 제사지내는 방법을 연구하였다. 그리고 부도는 본래 재계와 제사를 행했기 때문에 일찍부터 방사의 부용(附庸)[42]이 되었다. 역사에서는 초왕 영이 방사와 교류했다고 칭했으며, 왕충은 "도사 유춘(劉春)이 초왕 영을 현혹했다"고 했으니, 그렇다면 방사도 도사라고 칭한 것이다.

서한과 동한의 시대에는 귀신에게 제사지내고 단약을 복용하는 수련을 황제와 노자로부터 비롯되었다고 의탁하면서 음양오행설까지 채용하여 일대 종합을 이루어 점점 후대의 도교가 되었다. 부도는 비록 외래 종교라도 이 거대한 종합의 일부분으로 용납되었다. 초왕 영에서부터 환제에 이르기

---

40) 소, 양, 돼지를 세속에서는 세 가지 큰 희생물(大三牲)이라 한다. 또 돼지, 물고기, 닭을 세속에서는 세 가지 작은 희생물(小三牲)이라 한다.

41) 고대에 예인(藝人)이 노래하고 춤추고 광대놀이를 하는 것을 말한다.

42) 원래의 뜻은 큰 제후국(諸侯國)에 부속된 작은 나라. 여기서는 방사에 속해있다는 말이다.

까지 대략 1백 년간은 시종일관 황로와 부도를 나란히 칭했으므로 그 당시 불교의 성질도 추론할 수 있다. 이존이 불경을 전수하고 명제가 구법을 한 이후를 살펴보면, 불교는 적막하여 보고 들을 것이 없었다. 그러나 실제로는 그 당시 단지 방술의 하나가 되어 민간에 유행했을 뿐이니, 다만 이민족과 접촉이 있었고(예컨대 박사제자 경로) 아울러 호기심 있는 인사(예컨대 초왕 영과 양해)가 부도를 칭하고 서술했을 뿐이라서 불교의 본래 모습은 아직 드러나지 않았다. 당시의 인사들은 불교를 그저 오랑캐의 법으로 간주했고 또 도술(道術)의 지류(支流)라 보아서 전혀 중시하지 않았다.

게다가 후세의 불교도는 불교가 사람을 인해 성립된 걸 부끄럽게 여겨서 비록 불교를 알더라도 상세히 기록하길 원치 않았을 뿐이지 어찌 진짜 불교가 환제와 영제 이전에 중국에 행해지지 않았겠는가? 대체로 도술의 방계로 의존했기 때문에 그 자취가 드러나지 않았을 뿐이다. 진(晉)나라의 석도안은 『주경록서(注經錄序)』(『우록』5)에서 "부처님의 밝은 가르침을 진인(眞人)이 발기(發起)해서 외국에서 크게 행해지다가 전래되었으니, 이 땅(중국)에 왔을 때는 한나라 말엽이자 진(晉)나라의 성덕(盛德)에 해당된다"고 하였다. 도안의 이 말에 따르면 원수(元狩)만이 아니라 영평의 여러 전설도 다 거짓이 되니, 즉 명제와 초왕 영의 조칙과 명령을 도안도 말살을 행한 것이다. 이렇게 된 까닭은 한나라 말엽 이전에 불교와 도교는 분리되지 않았고 부도 또한 스스로 노자에 부속되었기 때문이다. 도안은 박학(博學)하고 정밀히 살펴서 이 모든 걸 다 알았지만 불교를 위해 기휘(忌諱)[43]했을 뿐이다[35].

---

43) 꺼려서 기피함.

6)『태평경(太平經)』과 화호설(化胡說)

불교는 처음에는 도술의 부용(附庸)에 불과했으니, 환제 연희 9년(기원 166년) 양해가 올린 글을 읽어보면 더욱더 분명해진다. 그의 소(疏)에서는 이렇게 말하고 있다.

> 또 궁중에다 황로와 부도의 사당을 세웠다고 들었습니다. 이 도(道)는 청허(淸虛)해서 무위(無爲)[44]를 숭상하고 있으며, 생명을 좋아하고 살생을 싫어하며, 욕망을 줄이고 사치를 없앱니다. 이제 폐하께서 탐닉의 욕망을 없애지 않고 살생과 처벌이 도리를 넘어서서 도(道)에 어긋난다면, 어찌 상서로운 복을 얻겠습니까!

소(疏)에서는 '이 도(道)'를 말하고 '그 도(道)'를 말하며, 또 청허와 무위로써 생명을 좋아하고 욕망을 없애는 걸 나란히 제시하고 있다. 양해의 마음속에서는 황로와 부도가 똑같이 하나의 '도(道)'에 속할 뿐이라는 것도 역시 매우 명백하다. 그의 소(疏)에서는『사십이장경』,『노자』,『태평경』의 뜻을 잡다하게 인용하고 있으며(다음 장(章)에서 상세히 밝힘), 도를 이루었다는 증거로 욕망의 제거는 필수적이었다. 소(疏)의 말미에서 다시 계속하고 있다.

> 지금 폐하께서는 음란하고 요염한 여인들로 천하의 미색을 한껏 누리고 있으며, 달고 맛있는 음식을 먹으면서 천하의 맛을 다 누리고 있으니, 어찌 황로와 같아지길 바랄 수 있겠습니까?

---

44) 산스크리트어 asaṃskṛta. 조작이 없다는 뜻. '유위(有爲)'의 대립어. 즉 인연을 통해 조작된 것이 아니라 생멸변화를 여의고 절대적으로 상주(常住)하는 법(法)이다. 초기에는 열반(涅槃)의 다른 이름이었다.

이처럼 위로는 불서를 인용하고 아래에서는 '어찌 황로와 같아지기 바랄 수 있겠습니까'라고 하니, 그렇다면 부도가 도교의 일부분이란 건 의심할 나위 없이 확실하다.

황로의 도술은 한나라 초기에 성행했다. 그 종지는 청정무위(清淨無爲)로서 백성을 통치하고 백관과 제후에 군림하는 도술에 있다. 『한지(漢志)』에 기재된 『태계육부경(泰階六符經)』[45]에서는 천하의 세 가지 위계[三階]의 평안을 말한다. 즉 음양이 화합하고 풍우(風雨)가 때에 맞고 사직의 신지(神祇)가 다 그 마땅함을 얻으면 천하가 크게 평안해지니, 이를 태평(太平)이라 한다[36:]. 그렇다면 황제의 도에는 이미 태평의 뜻[義]이 있는 것이다. 그리고 황로의 도술은 또한 음양의 역수(曆數)와도 관련이 있다. 성제(成帝)의 시기에 제나라 사람 감충가(甘忠可)[46]는 진(陳)나라의 적정자(赤精子)[47]가 가르쳐준 도(道)로 『포원태평경(包元太平經)』을 가짜로 만들었으며, 순제(順帝) 때에는 낭야궁숭(瑯琊宮崇)이 스승인 우길(于吉)[48]에게

---

45) 『한서(漢書)』 65권 『동방삭전(東方朔傳)』 응소주(應劭注)에서 『황제태계육부경(黃帝泰階六符經)』을 인용해서 말한다 : "태계(泰階)란 하늘의 세 가지 위계[三階]이다. 상계(上階)는 천자이고 중계(中階)는 제후와 공경대부(公卿大夫)이며 하계(下階)는 사(士)와 서인(庶人)이다……

46) 서한(西漢)의 방사(方士)로서 도교의 인물이다. 지금의 산동 지방인 제(齊) 땅 출신으로 성제(成帝) 연간에 활약했다. 성제 때 『天官曆(천관력)』, 『포원태평경(包元太平經)』 12권을 저술했다. 한나라의 기운이 쇠퇴해서 새로운 천명을 받아야한다고 했지만, 대중을 현혹한다고 간주되어서 감옥에 들어가 병사(病死)했다.

47) 태화산(太華山) 운소동(雲霄洞) 원시천존(元始天尊) 문하로서 도교 "십이금선(十二金仙)" 중 한 명. 전설 속에서 말하는 신선이다.

48) 동한(東漢) 말엽의 도사로 낭야(琅琊) 출신이다. 『태평경(太平經)』의 작자로 태평도의 창시자이다. 『태평청령서』를 얻어서 그 도술로 의술을 펼치며 백성들

얻은 신서(神書) 170권을 바치면서 『태평청령서(太平淸領書)』⁴⁹⁾라고 불렀
다. 현재 『정통도장(正統道藏)』에 실린 『태평경』의 잔본(殘本) 57권이
이에 해당한다.

그 종지는 천지만물이 받는 원기(元氣)로서 바로 원기는 바로 허무무위
(虛無無爲)의 자연이다. 음양의 교감과 오행의 배합이 모두 자연을 따르는
데, 사람이 일을 행할 때는 하늘을 거스르지 말아야 하고 하는 일마다
음양오행의 이치에 따라야 한다. 또 태평의 기운이 앞으로 도래해서 큰
덕을 갖춘 군주가 출현할 것이며, 신인(神人)이 그로 인해 하강할 것이라고
자주 말했다. 가르치고 훈계한 언사는 대부분 나라를 다스리는 도(道)이니,
말하자면 백성을 다스리는 군주는 반드시 천도(天道)를 본받고 인도(人道)
를 행해서 무위로 다스려야 한다는 것이다. 언급한 내용은 황로까지 소급되
고 참위(讖緯)를 존중했다. 그리고 이 사상이 유행한 지역은 산동과 동해(東
海)의 각 지역으로 한나라 때 불교가 유행한 지역과 동일하며, 그 도술도
불교로부터 받아들이는 것이 있었다.(다음 장(章)에서 상세히 밝힘). 그래서
불교도 마치 도술과 병행하는 듯 했거나 혹은 도술의 세력을 빌려 자신의
세력을 확장했기 때문에 양자의 관계는 실로 지극히 밀접했다(『국학계간
(國學季刊)』 5권 1호에서 졸저 『독태평경서소견(讀太平經書所見)』을 참고
하라).

한나라 때의 불교는 도술에 의존해 있었고, 이로 인해 양해와 같은
중국의 인사들은 불교를 황로와 일가(一家)로 보았다. 허나 이민족의 신(神)

의 존경을 받았으나 오나라의 손책에 의해 민심을 현혹한다는 죄로 처형되었다.
49) 태평도(太平道)의 경전이다. 하늘의 신(神)은 선악의 행위에 따라 인간의 생명을
   늘리거나 줄이며, 질병은 그가 범한 죄에 대한 신의 벌이라는 내용을 담고
   있다.

이 어떻게 중국에서 신봉을 받을 수 있었을까? 또 어떻게 불교를 도술과 함께 중시하게 되었을까? 나는 그 원인이 화호설(化胡說)에 있지 않을까 생각한다. 화호설의 해석으로는 중국과 외국의 학문이 본래 한 근원에서 나와 길은 달라도 돌아가는 곳은 같기 때문에 실제로 근본적 차이는 없으므로 함께 봉행하고 제사지낼 수 있는 것이다. 『태평경』은 불교를 반대하면서도 불교의 학설을 자기 것인 양 도용했으며, 불교도가 신봉하는 것이 비록 노자는 아니더라도 황로의 도술과 회통하는 것이라고 하는 사람도 있었다. 불교와 황로는 이미 점점 접근하고 있었다. 그래서 어떤 사람이 화호(化胡)의 이야기를 날조한 것이며, 이 이야기가 생겨난 곳도 필연적으로 『태평경』과 불교가 이미 유행한 구역이었다. 양해는 소(疏)에서 이렇게 말한다.

혹은 노자가 오랑캐[夷狄]에 들어가 부도가 되었다고 말한다.

동한에서는 부처의 가르침과 우길(于吉)의 경전이 동해와 제(齊), 초(楚) 지역에서 병행했으니, 그렇다면 양자를 함께 익힌 양공구(襄公矩)가 이 화호설을 처음으로 서술한 것도 지극히 자연스런 일이다. 『삼동주낭(三洞珠囊)』[50] 9권 『노자화서호품(老子化西胡品)』 첫머리에서는 이렇게 말하고 있다.

『태평경』에서 "노자가 서쪽으로 가서 80년 후에 은(殷)나라와 주(周)나라 사이에 태어났다.

---

50) 도교의 수양서. 212가지 삼동도서(三洞道書)의 정요(精要)를 편집해 수록했기 때문에 『삼동주낭』이라고 부른다.

이 글에 따르면 『태평경』은 아직 화호설을 서술하지 않았다. 양해도 겨우 "어떤 사람은 증명할 수 있다고 말하기도 한다"고 할 뿐이다. 그러나 『삼동주낭』에서는 또 이렇게 말하고 있다.

> 『화호경』에서 말한다;
> "노자(중략)는 유왕(幽王) 시절에… 주하사(柱下史)51)가 되어… 다시 윤희(尹喜)와 함께 서쪽 나라로 가서 부처가 되었고『화호경』64만자(字)를 오랑캐 왕에게 준 후에 다시 중국으로 돌아와『태평경』을 지었다.

전하는 바에 의하면, 『화호경』은 서진(西晉)의 도사 왕부(王浮)가 지은 것으로 응당 옛 소문을 수집해 만든 것이다. 앞의 문장에서는 '노자가 오랑캐로 화신(化身)해서 64만자의 불경을 지은 후에 돌아와『태평경』을 지었다'고 하는데, 이 말은 실제로 진(晉)나라 시기의 옛 서적에 나온다. 그렇다면 당시의 인사들은『태평경』과 불교가 특수한 관계란 걸 인식하고 있었던 것이다.

어환의『위략, 서융전』에서 말한다.

> 부도에 실린 내용과 중국의『노자경(老子經)』은 서로 출입(出入)이 있다. 대체로 노자가 서쪽 관문을 나가서 서역을 지나 천축으로 가서 오랑캐를 교화했는데, 부도에 속한 제자는 개별 호칭이 도합 29가지였다.

---

51) 주(周)와 진(秦) 때의 관직 이름, 즉 한나라 이후의 어사(御史). 항상 어전 기둥 아래에 시립했기 때문에 이런 명칭을 얻었다.

4. 한나라 때 불법(佛法)의 유포 • 199

오늘날의 지식에 의거하면, 한나라 시대의 불경과 도가의 5천자(字)는 차이가 너무 크다. 그리고 소위 불교의 내용과 도교의 내용이 서로 출입(出入)이 있는 것은 한편에선 도교가 불교의 말을 늘 자기 것인 양 도용하고, 또 한편에선 부도 역시 위조(僞造)를 많이 했기 때문이다[37]. 또 불교의 『사십이장경』과 도교의 『태평경』 따위는 의리(義理)가 확실히 서로 회통할 수 있으며, 이로 인해 서로 내용이 출입한다고 말할 수 있다.

어환은 또 '노자가 서쪽 관문을 나가서 서역을 지나 천축으로 갔다'고 했는데, 후세의 『화호경』을 살펴보면 노자가 서쪽으로 가서 각국을 거치며 교화를 한 상황을 역력하게 서술하고 있다. 그렇다면 위나라 때 화호(化胡)의 이야기는 아주 성숙했던 것이다. 어환은 "천축으로 가서 오랑캐를 교화하고, 부도에 속한 제자는 개별 호칭이 29명이었다"고 말했는데, 『태평어람』에서는 "오랑캐를 교화했다는 '교호(敎胡)' 밑에'위(爲)'자가 있다고 했으며, 『광천화발』에서는 『진중경』을 인용하면서 "천축으로 가서 오랑캐를 교화해서 부도가 되었고, 소속된 제자는 그 이름이 29명이었다"고 했으며, 양해도 역시 "오랑캐[夷狄]에 들어가 부도가 되었다"고 하였고, 『위략』에서는 '교호(敎胡) 아래엔 원래 '위(爲)'자가 있다고 했다.

변소(邊韶)의 『노자명』에서는 '노자가 복희, 신농 이래로 성자(聖者)의 스승이 되었다'고 했으니, 그렇다면 오랑캐[胡]를 교화해 부도가 되었다는 것은 노자가 바로 부처란 성자의 스승이라 말한 것이 아닐까 생각한다. 그러므로 오랑캐 사람에게 행한 것은 실제로 노자의 교화이다. 한나라 시대는 불교가 처음 전래되었고 도교도 막 싹이 트던 시기라서 서로 분열하면 세력이 약화되고 서로 북돋우면 더욱 번창하였다. 그래서 불교와 도교가 모두 노자화호설을 빌려 서로의 교리(敎理)를 회통하였고, 마침내 제왕(帝王)까지 부처와 노자를 나란히 제사지내고 신하도 황로와 부도를 합하여 하나로 여기게 된 것은 전혀 이상한 일이 아니다.

7) 안세고의 역경

불교가 서한 때 중국에 전래된 이래로 당연히 경전이 있었지만 번역이 매우 적었고, 또 도교의 유파와 견강부회(牽强附會)하느라고 자신의 참모습을 드러내지 못했다. 그래서 양해는 불경을 인용하면서도 황로를 아울러 이야기한 것이다. 나아가 환제와 영제 시대가 되면서 안청(安淸), 지참(支讖; 지루가참을 말함) 등이 속속 중국에 들어와 불경의 출간이 비교적 많아지자 석가의 가르침도 근거가 있게 되었다. 이 중에서 안청은 더욱 탁월해서 한나라 말엽에서 서진까지 그의 경학은 매우 번성했다. 이제 위진(魏晉) 시대의 옛글을 수집해서 그의 사적을 대략 고증해 보면 다음과 같다[38]:

안청은 자(字)가 세고(世高)이고 안식국 왕과 정비(正妃) 사이에 태어난 왕자였다. 그러나 나라를 숙부에게 양보한 후 조국에서 피신하여 말을 달려 경사(京師)로 가서 머물렀다[39]. 한나라 환제 건화(建和) 2년(기원 148년)에서 영제 건녕(建寧; 기원 168~171년)까지 20여 년간 30여 부의 경전을 번역 출간했는데[40] 수백만 언[41] 혹은 백여만 언[42]이라 하였다. 그 중『수행도지경(修行道地經)』은 영강(永康) 원년(기원 167년)에 번역되었고[43], 그 나머지 경전의 부수(部數)와 시기와 지역은 모두 고증할 수 없다.

'안식(安息)'이란 바로 서양 역사에 나오는 파제아국(帕提亞國; Parthia)으로 아니사극사(阿爾沙克斯; Arsakes)가 세운 국가이다. 안식은 왕 이름에 대응한 발음이다. 한무제 때 처음으로 한나라와 사신을 왕래했으며, 동한 장화(章和) 원년(기원 87년), 2년(기원 88년), 영원(永元) 13년(기원 101년)에

연이어 와서 조공을 바쳤다. 그 뒤 47년에 안세고는 중국에 왔는데, 그의 노정은 당연히 서역의 여러 나라를 거친 것이었다. 진(晉)나라의 사부(謝敷)는 『안반수의경서』에서 "안세고는 서로 다른 풍속을 널리 종합했으며 여러 나라의 말을 잘했다(『우록』6)"고 했는데 아마 헛된 말이 아닐 것이며, 또 엄부조는 "대체로 경문을 역출(譯出)하는 것이 말로 강해(講解)하는 경우도 있고 혹은 글로 전하는 경우도 있었다(『우록』10)"고 했다.

안세고가 역출한 경전으로는 『아함구해경(阿含口解經)』, 『사제경(四諦經)』, 『십사의경(十四意經)』, 『구십팔결경(九十八結經)』이 있으며, 『안록(安錄)』에서는 "모두 안세고가 편찬한 것으로 보인다(『우록』2를 보라)"고 하였으니, 그렇다면 경전을 번역하는 일 외에도 늘 말로 강해한 것이다. 안세고는 또 중국어를 잘했다. 『안록』에는 안세고가 번역한 경전이 단지 35부 40권뿐이지만(『우록』2를 참고하라), 그러나 구역본(舊譯本)에는 항상 인명(人名)이 빠져 있기 때문에 도안은 문체에 의거해 번역자를 조사해 정한 적이 있다(『고승전, 도안전』을 참고하라). 가령 『십이문경(十二門經)』을 도안은 단지 안세고의 번역인 것 같다고 말했을 뿐인데(『우록』6), 이로 인해 『장방록』에 176부가 기재되고 『개원록(開元錄)』에 95부가 실려 있는 것은 실로 억지 조작일 뿐 아니라 『고승전』에서 말하는 안세고의 번역 39부도 믿을 수 없는 것이다.

그러나 안세고가 번역한 경전의 숫자를 고증할 수는 없더라도 다행히 그의 경학(經學)은 오히려 알 수 있다. 석도안은 "안세고의 강설(講說)은 오로지 선관(禪觀)52)에만 힘썼다(『음지입경서(陰持入經序)』, 『우록』6)"고 했으며, 또 "옛 학문에 박학하며 특히 아비담(阿毘曇) 교학을 전문으로 하였고, 그가

---

52) 좌선하면서 하는 관법(觀法). 좌선할 때 수행하는 갖가지 관법을 말한다.

역출한 경전에서는 선수(禪數)가 가장 훌륭했다(『안반수의경서』와 『우록』 6)"고
했으며, 또 "안세고는 선수(禪數)를 잘 가르쳤다(『십이문경서』와 『우록』 6)"고
하였다. '수(數)'는 바로 아비달마의 사수(事數)53)이다. 인도의 불교도는
부처의 교법(教法)에 대해 종합적으로 해석하고 여러 법문의 분석을 통합해
법수(法數)54)를 분류하기도 하는데, 가령 『장아함경』 속의 『중집(衆集)』,
『십상(十上)』, 『증일(增一)』과 같은 경전들은 이미 후대에 형성된 대법장
(對法藏)의 형식을 갖추었다. 그 후 불법의 강설(講說)은 듣는 자를 위한
방편으로 문(門)을 나누고 수(數)를 기재함으로써 서로 발명(發明)하였다.

　도안은 안세고가 『사제경(四諦經)』, 『십사의경(十四意經)』, 『구십팔결
경(九十八結經)』을 편찬한 것 같다고 말했는데, 그는 이미 한나라 사람에
대한 불경 해설이 바로 법수(法數)55)에 의거하고 있음을 본 것이다. 엄부조
는 "사물을 법수로 정하지 못함이 없었다"고 했고, 또 "오직 『사미십혜경(沙
彌十慧經)』만은 깊이 설하는 걸 듣지 못했다"고 하였다(『우록』 10). 그렇다면
안세고가 경전을 강설할 때 법수를 강령(綱領)으로 삼았지만 다만 『사미십
혜경』만은 상세히 해석하지 않은 것이다. 그리고 이 형식에 따라 강설하면
그 강설의 내용은 반드시 아비달마(阿毗達磨)가 많았으니44:, 이 때문에
도안은 "안세고는 특히 『아비담』학(學)을 전문으로 했다"고 말한 것이다.
그리고 그 『아비담』 중에서 특히 선정(禪定)56)의 법수를 설했기 때문에

___

53) 일체 사물의 명상(名相)을 가리키는 불교 용어.
54) 불교에서 숫자를 갖고 교의(教義)에 대한 분류를 한 것을 말한다. 예컨대 삼계(三
　界), 사제(四諦), 오온(五蘊), 육도(六度), 팔정도(八正道), 십이인연(十二因緣),
　오위칠십오법(五位七十五法) 등이다. 명수(名數)라 칭하기도 한다.
55) 법문(法門)의 수. 수자를 표시한 법문으로 삼계, 오온, 사제, 육도, 십이인연
　등이다.
56) 선(禪)은 산스크리트어 dhyāna의 음역(音譯)이고, 정(定)은 산스크리트어 samādhi

"선수(禪數)를 잘 가르쳤다"고 말한 것이다.

안세고가 번역, 출간한 경전에는 선수(禪數)에 관한 것이 많아서 중국 불교에 미친 영향도 역시 선법(禪法)에 있으니, 이는 당연히 다음 장(章)에서 서술할 것이다. 그리고 원수(元壽) 시기 이후를 고찰해 보면, 불교학이 중국에 독자적으로 성립해서 도법(道法)의 '일대 종지[一大宗]'가 된 시기는 환제와 영제 시대이다. 연희 8년 환제는 직접 사당에 제사를 지냈으며, 연희 9년에 양해는 소(疏)를 올렸다. 또 지루가참, 삭불(朔佛), 안현(安玄), 지요(支曜), 강거(康巨), 엄부조는 낙양에서 불경을 번역했다[45]. 다만 지루가참이 번역한『반야』는 실제로 위진 시대에 와서야 유행했다. 나머지 사람들이 번역한 경전도 어쩌다 세상에 유행하는 경우가 있긴 했지만, 그러나 당시에는 안세고가 불교 학계의 거목이었다.

안세고는 환제 건화 2년(서기 148년)에 낙양에 도착했는데, 이는 환제가 부처에게 제사를 지내기(서기 165년) 17년 전이었다[46]. 진나라의 사부는 『안반수의경서』(『우록』 6)에서 이렇게 말하고 있다.

당시 출중한 인재들은 (불법의) 종지에 귀의해서 정화(精華)를 해석하고 진실을 숭상했으니, 마치 새나 짐승의 무리가 기린이나 봉황을 따르고 물고기나 새우, 자라 따위가 규룡이나 큰 거북이를 따르는 것과 같았다.

그리고 한나라 말엽 위나라 초기의『음지입경주서(陰持入經注序)』에서는 이렇게 말하고 있다.

의 의역(意譯)이다. 선(禪)과 정(定)은 모두 마음을 어떤 하나의 대상에 집중하여 산란하지 않은 상태에 도달하는 것이다.

안세고는 보견(普見) 보살이다. 왕위(王位)의 영화를 버리고 빈궁에 안주(安住)해 도를 즐기면서 아침 일찍 일어나고 일찍 잠자리에 들었다. 고통을 겪는 사람들을 구제하는 일을 염려해서 삼보(三寶)[57]를 널리 전파하여 경사(京師)에서 빛을 발했다. 그러자 출중한 인재들이 구름처럼 모여서 성황을 이루었고, 명철(明哲)한 인사들이 선망하지 않는 자가 없었다. 밀(密)은 그런 흐름을 목도하고서 보고하고 기뻐하느라고 배고픔을 잊었다.

'밀(密)'은 응당 경전을 주석한 사람의 이름이다. 그가 주석한 글 속에서 '스승이 말하길[師曰]'이라고 칭한 인물은 바로 안세고를 가리킨다. 이어서 주석자는 직접 강연의 순서를 준비하면서 보고하고 기뻐하느라고 배고픔을 잊었으며, 그 후 다시 스승의 설법을 모아 이 주석을 만들었다. 안세고가 불경을 역출(譯出)하자 이를 들으려는 사람들이 구름처럼 모였다는 것은 바로 목도한 사람의 기록이라 믿을 만하다.

당시 낙양에서 불경을 번역한 안식국 사람으로는 또 우바새 안현(安玄)이 있었다. 안식국은 원래 동서 여러 나라들의 무역 중심지였다.『사기, 대완전』에서는 "안식국에는 저재[市]가 있어서 일반 백성과 장사치가 수레와 배를 이용해 이웃나라를 다니는데 수천 리를 가기도 한다"고 하였다.

안현은 영제 말기에 낙양에 와서 장사를 한 사람으로 그의 공적에 따른 명호[功號]를 기도위(騎都尉)[58]라 하였다. 성품이 조용하고 온화하고 공손해서 늘 법사(法事)[59]를 자기 임무로 여겼다. 점점 한나라 말이 익숙해지자

---

57) 불보, 법보, 승보를 삼보라 한다. 부처의 깨달음을 불보라 하고, 부처가 설한 교법을 법보라 하고, 교법대로 수행하는 이를 승보라 한다.
58) 관직 이름. 한나라 무제(武帝) 때 처음으로 설치했으며 황제를 호위하는 관직이다. 광록훈(光祿勳)에 속하며 녹봉 2천 석을 받는다.
59) 여기서는 불교의 예식, 의식, 공양 등의 일을 말한다.

불경을 전파할 뜻을 세우고 늘 사문과 불경의 도의(道義)를 강론하였으니, 세상에서는 그를 도위현(都尉玄)이라 하였다(이상은 모두『우록』13에 보인다). 안현은 엄부조와 함께『법경경(法鏡經)』을 번역한 적이 있는데, 삼국 시대 초기에 강승회는 이 경전을 주석하며 서문에서 이렇게 말하고 있다.

> 기도위 안현과 임회(臨淮) 출신의 엄부조 두 현자(賢者)는 초츤(齠齓)[60] 의 나이 때부터 성스러운 사업에 큰 뜻을 세웠다. 마음가짐과 의지가 깊고 원대해서 신성을 탐구해 그윽이 통달했으며, 세상의 미혹한 이들이 학식이 뛰어난 자를 알아보지 못하자 심혈을 기울여 이 경전의 훌륭한 면모를 번역해 전하였다. 기도위가 말로 진술하면 엄부조가 필사했으니, 말은 이미 옛일을 살폈으며 그 뜻[義] 또한 미묘하였다.

안현은 나이가 매우 젊은데도 그의 강설 내용은 뜻이 미묘해서 당시 사람들은 그의 의론(議論)을 지극히 칭송해서 도위현(都尉玄)이라 하였으니, 안현이 총명하고 지혜로웠음을 알 수 있다. 『우록』역시 "엄부조는 나이가 어렸어도 매우 총명하고 영민해서 배우길 좋아했으며, 신심과 지혜가 절로 드러나자 마침내 출가하여 도를 닦았다"고 칭송하였다. 『우록, 사미십혜장구서』에는 '엄아지리부조(嚴阿祇梨浮調)[61] 지음'이라 적혀있는데, 이는 엄부조가 한나라 사람 중에 가장 빨리 출가한 자라는 말이다. 이 왕도(王度)의 주소(奏疏)에 따를 때 "한나라 왕조는 한나라 사람의 출가를

---

60) 이를 가는 칠, 팔 세의 나이를 가리키지만, 여기서는 젊은 시절로 보아야 한다.
61) '아지리'는 아사리(阿闍梨), 아차리야(阿遮梨耶)라고도 하며 교수(敎授), 궤범 (軌範), 정행(正行)이라 번역한다. 제자의 행위를 교정하고 지도하는 큰스님.

들어주지 않았다"고 하는 말은 실로 정확하지 않은 것이다[47]. 『사미십혜장
구』는 바로 엄부조가 편찬한 것이며, 이 또한 중국에서 찬술한 것으로는
가장 빠르다고 할 수 있다. 그 서문을 보면 '안세고가 전한 가르침 중에
오직 『사미십혜경』만은 깊이 설하는 걸 듣지 못했다'고 하는 구절이 있다.

　　엄부조는 영민하지 못해서 현자 다음가는 위치였다. 불경에 대한 배움도
아직 원만하지 못했고 행(行)도 사제(四諦)에 적합하지 않아서 일찍부터
허물과 장애에 부딪치니 화상(和上; 안세고)은 이를 걱정하였다. 어버이의
훈계처럼 훌륭히 인도하는 가르침이 오랫동안 없자 스스로 끝없는 슬픔에
잠겨 마음 둘 곳이 없었다. 그러다가 크게 분발하여 침식도 잊은 채 두문불출
하고 생각을 집중해서 마침내 『십혜장구』를 지었다.

　　엄부조는 이미 안세고에게 불법을 배우고[48] 선수(禪數)의 강설을 들었
지만 오직 십혜(十慧)만은 상세히 배우지 못했기 때문에 이 서적을 편찬한
것이다(『우록』 저록(著錄) 1권). 그 서문에서 또 "십혜의 경문은 넓게는 삼계를
포괄하고 가까이는 여러 (부처의) 몸을 관(觀)한다"고 말했으니, 이는 바로
선관(禪觀)의 경서이다. 사부(謝敷)의 『안반수의경서』를 살펴보면 '십혜를
건립하여 미묘함에 들어간다'는 구절이 있는데, 『안반수의경』은 안세고의
역출로서 그 가운데 수식(數息), 상수(相隨), 지(止), 관(觀), 환(還), 정(靜),
사제(四諦)의 소위 십힐(十黠)[62]이 있다. 십혜는 바로 십힐과 같은 것으로
서 엄부조의 찬술은 바로 안세고가 남긴 유지를 천명하는데 있다[49].
　　『법경경』은 엄부조가 필사한 것이고, 『십혜장구경』은 엄부조가 스스로
편찬한 것이다. 현존하는 남북조 시대 이전의 기록에는 엄부조 스스로

---

62) 힐(黠)은 본래 교활하다는 뜻이나 여기서는 지혜의 뜻으로 쓰였다.

행한 역경에 대한 언급이 없다. 오(吳)나라 때『법구경서』에서는 "예전에
남조(藍調), 안세고, 도위(都尉), 불조(佛調)가 오랑캐 말을 한나라 말로
번역해서 그 실체를 상세히 얻었다"[50]고 하였으며, 진나라의 도안은 그
역출된 경전에 대해 "간결해서 번잡하지 않았고, 전체 판본[全本]은 교묘했
다"(『우록』 13)고 말했으니, 이는 모두 함께 번역한『법경경』에 근거해
말한 것이지 독자적으로 경전을 번역한 적이 있다고 말한 것은 아니다.

수나라의 비장방은 엄부조가 번역한『고유마경(古維摩經)』등 6부를
처음으로 기재하고 있다(『십혜장구경』을 합하면 7부이다). 그 중에서『내습육
바라밀경(內習六婆羅密經)』,『안록(安錄)』은 실역(失譯)에 들어가는데,
비장방이 어떻게 해서 그것이 엄부조의 번역인 줄 알았는지 모르겠고,
나머지 5부는 대승 경전이 많아서 안세고와 도위(都尉)의 기풍처럼 보이지
않으며 게다가 일찍 실전되어서 비장방의 말은 단지 추측에 불과하지
않을까 생각한다[51].

그러나 옛 시대의 경전 번역은 단지 말을 통해 전수하는 것이다. 번역자가
오랑캐 말을 종류별로 사용하면 필사하는 사람이 한나라 말로 번역하여
종이에 필기하기 때문에 필사하는 사람은 반드시 오랑캐 말을 통달해야
한다. 당시 사람이 엄부조를 번역 잘한다고 평가했다면, 그는 아마도
오랑캐 말에 뛰어나고 전역(傳譯)에 능숙해서 중국 역경의 조수(助手)로는
가장 빠른 사람이었다고 할 수 있다. 엄부조는 번역에 능한데다 불법의
이치로 책을 저술했을 뿐 아니라 발심(發心)하여 출가한 사람으로도 가장
빠르다고 할 수 있으니, 그렇다면 엄부조는 진정한 중국 불교도로는 최초의
사람이라고 하겠다.

8) 지루가참의 역경

안세고와 동시에 낙양에 온 불경 번역자로는 지참(支讖)이 가장 관련이 있다고 할 수 있다. 지참은 지루가참의 간략한 칭호인데 본래 월지국 사람이다. 『우록』에서는 그의 행실이 순박하고 깊으며, 성품이 개방적이고 영민하며, 법과 계율을 철저히 지니며, 부지런한 정진으로 명성을 날리며, 온갖 불경을 잘 외우며, 불법 전파에 뜻을 둔 사람이라고 칭찬했다. 한나라 환제 말엽에 낙양을 유행(遊行)했고, 영제 광화(光和) 중평(中平) 사이에 오랑캐 글(胡文)로 된 『반야도행품(般若道行品)』, 『수능엄경』, 『반주삼매경(般舟三昧經)』 등을 한나라 말로 전역(傳譯)해 출간했다. 또 『아자세왕경(阿闍世王經)』, 『보적경(寶積經)』 등 10부 경전은 세월이 오래 되어 기록이 없지만, 도안은 고금의 경전을 고증하고 문체를 정밀히 추적해서 지루가참의 번역으로 보인다고 말했다(『우록』 13). 진(晉)나라의 지민도가 지은 『합수능엄경기(合首楞嚴經記)』(『우록』 7)에서는 이렇게 말하고 있다.

이 경전에는 본래 기(記)가 있어서 '지루가참이 번역해 간행했다'고 하였다. 지루가참은 월지국 사람으로 한나라 환제와 영제 시기에 중국에 왔다. 그는 박학하고 깊고 묘한 사람으로 재능과 사유가 미세한 데까지 헤아렸다. 대체로 그가 번역한 경전은 다분히 깊고 현묘했지만 실제적인 것을 중시할 뿐 문장을 꾸미는 건 염두에 두지 않았다. 요즘의 『소품(小品)』(『도행경』을 가리킨다), 『아자세(阿闍貰)』(『아자세왕경(阿闍世王經)』), 『둔진(屯眞)』(『돈진다라왕경(㐬眞陀羅王經)』), 『반주(般舟)』(『반주삼매경』)는 다 지루가참이 번역한 것이다.

이 중에서 『소품』이 가장 중요하다. 이 『소품』은 또한 『마하반야바라밀경(摩訶般若婆羅蜜經)』이라고도 하는데 10권(혹은 8권) 30품(品)이다. 그

제1품이 『도행품』이기 때문에 『도행경』 혹은 『도행품경』이라 하며, 진나라 때 『방광경(放光經)』의 출간은 20권 90품인데, 이 둘은 모두 『반야경』이지 만 단지 자세함과 간략함이 같지 않을 뿐이다. 도안의 『도행경서(道行經序)』 (『우록』 7)에서는 이렇게 말한다.

부처님께서 열반에 든 후에 외국의 고사(高士)[63]가 90장(章)(『방광경』을 가리킨다)을 추려서 『도행품』을 만들었다. 환제와 영제의 시기에 삭불이 경사(京師)로 가지고 와서 한나라의 말로 번역하였다.

도안은 『주경록서(注經錄序)』(『우록』 5)에서 이렇게 말하고 있다.

『도행품』은 『반야경』을 초록(抄錄)한 것이다. 부처님께서 세상을 떠난 후에 외국의 고명한 사람이 편찬했는데, 언사(言辭)와 문구(文句)가 중복되 고 어순의 앞뒤가 서로 바뀐 것이 집이주(集異注) 한 권이 되었다.

그렇다면 도안은 『도행품』이 바로 90장의 『방광경』으로부터 추려낸 것이라 들었기 때문에 『반야경』의 초록이라 말한 것이다. 또 이 때문에 『방광경』을 『대품(大品)』이라 칭하고 『도행경』을 『소품』이라 칭한 것이다.

도안이 『도행서(道行序)』에서 말한 삭불(朔佛)은 천축 사람으로 성(姓) 이 축(竺)이다. 『우록』 2에서는 "한나라 환제 때 중하(中夏)에 왔는데 『도행 경』 호본(胡本)을 가져 왔다[52]"고 하였으며, 영제 때에 낙양에서 1권으로 번역해 간행했다. 그러나 『우록』 7권에 실린 『도행경후기』에서는 이렇게

---

63) 뜻과 행실이 고결한 인사를 가리키나 여기서는 승려를 뜻한다.

말하고 있다.

광화(光和) 2년(영제 즉위 12년. 서기 179년) 10월 8일에 하남(河南) 낙양의
맹원사(孟元士)가 천축의 보살 축삭불에게 말로 전수받았다. 당시 말로
전수하는 걸 번역한 이는[53] 월지국의 보살 지루가참이다. 당시 시자(侍者)
는 남양(南陽)의 장소안(張小安)과 남해(南海)의 자벽(子碧)이었고, 권유하
고 도운 자는 손화(孫和)와 주제립(周提立)이었다. 정광(正光) 2년[54] 9월
15일에 낙양성 서쪽 보살사(菩薩寺)의 사문 불대(佛大)가 필사했다.

영제 때 삭불이 낙양에서 『도행경』을 두 차례 번역했다는 건 실로
이해할 수 없다. 지금의 1권본(卷本)은 『안록』에는 실제로 기재되어 있지
않다(이는 승우의 말에 근거한다). 그렇다면 『도행서(道行序)』에서 '낙양에
가져왔다'고 말한 것은 바로 10권본(卷本)을 가리킨다. 『도행경후기』에
의거하면, 10권본의 『도행경』은 축삭불이 말로 전수하고 지루가참이 전역
(傳譯)하고 맹원사가 필사한 것이다. 축삭불이 호본(胡本)을 가져왔기
때문에 그를 통해 말로 전수하고, 지루가참이 전역을 잘했기 때문에 그가
오랑캐 언어를 한나라 말로 번역했고, 한나라 사람인 맹원사는 그 글을
필사해서 쓴 것이다. 『도행경』은 본래 축삭불이 말로 구술하고 지루가참이
번역했기 때문에 도안은 『도행서』에서 축삭불을 언급하면서도 목록에
올릴 때는 지루가참에게 돌렸으니, 두 사람이 공역(共譯)했기 때문에 기록
내용이 동일하지 않은 것이다. 승우는 다만 두 곳의 기록이 동일하지
않은 건 보았지만 다시 도안의 『도행주(道行注)』는 보지 못했으니[55],
단지 기록에 의거해 주(注)가 1권이란 걸 알았기 때문에 지루가참이 광화
2년에 10권본을 번역하고 동시에 축삭불이 다시 1권본을 번역했다고 오인
한 것이다.

『우록』 7권에는 또 『반주삼매경기』를 싣고서 이렇게 말하고 있다.

『반주삼매경』은 광화 2년 10월 8일에 천축의 보살인 축삭불이 낙양에서 간행했는데, 보살 법호(法護)(이 네 글자는 착오로 보인다), 당시 번역자인 월지국의 보살 지루가참이 하남 낙양의 맹복(孟福; 자는 원사(元士))에게 전수했고, 보살을 따르면서 모신 장련(張蓮; 자는 소안(少安))이 필사해서 나중에 널리 퍼지게 했다. 건안(建安) 13년(헌제 즉위 19년. 서기 208년) 불교의 사찰에서 교정(校定)하여 다 구족하였고, 훗날 필사한 자는 모두 남무불(南無佛)을 얻었다. 또 건안 3년 무자년(戊子年)[56]: 8월 8일 허창사(許昌寺)에서 교정하였다고 말한다[57]:.

이상 『도행경기』와 『반주삼매경기』를 종합하면, 『도행경』과 『반주삼매경』은 대체로 동시에 번역 출간된 것이다. 경전을 말로 전수한 자와 이를 번역해 전한 자가 서로 동일한데, 다만 『반주삼매경』을 필사한 자가 맹원사 외에 장소안 한 명이 많을 뿐이다. 생각건대 옛날의 역경은 기억을 통해 외워서 구술하거나 아니면 호본(胡本)이 있어 독송할 수 있었는데, 독송을 잘하는 자는 의리(義理)에 대해서도 능숙했다. 다만 중국말을 반드시 통달 하지는 못했기 때문에 경전을 말로 전수하는 자 외에 번역하여 전하는 자가 있었다. 『도행경』과 『반주삼매경』은 모두 축삭불이 말로 구술하고 지루가참이 번역한 것이다. 그러나 경전을 필사할 때는 경전을 말로 구술하 는 자를 통해 전수받기 때문에 늘 구술자의 번역으로 제(題)한다[58]. 이로 인해 『반주삼매경』의 판본도 아마 축삭불의 이름으로 제(題)했을 것이다. 그래서 나중에 목록에 의거하면 지루가참의 번역이고 경전의 판본에 의거 하면 축삭불의 번역이지만, 실제로는 단지 하나의 판본을 두 사람이 함께 역출한 것이다. 『장방록』에서는 이에 대해 두 사람이 똑같이 광화 시기에

각각 1부(部)를 번역했다고 말했는데, 그 고증을 잘못한 것이 『우록』에서
『도행경』에 대한 고증을 잘못한 것과 동일하다.
　또 한나라 삼공비(三公碑) 측면의 글을 살펴보면 이런 문구가 있다.

　처사(處士) 방자(房子) 맹○경(孟○卿)
　처사(處士) 하○(河○)　○원사(○元士)

　백석신군비(白石神君碑) 뒷면의 제1열(列) 제10행(行)의 글에는 이런
문구가 있다.

　제주(祭酒) 곽치자벽(郭稚子碧)

　삼공비는 광화 4년에 세워졌고 백석신군비는 6년에 세워졌으며 모두
원씨현(元氏縣)에 있다. 삼공과 백석신군은 모두 원씨현의 유명한 산이다.
삼공비 측면에 있는 하(河)자 이하에 아마 남맹(南孟) 두 글자를 새겼을
것이고, 『반주삼매경기』에 나오는 남해의 자벽은 아마 곽치일 것이다.
두 사람은 2년 뒤에 예(豫)의 국경으로부터 똑같이 원씨현에 도착했다.
삼공비를 살펴보면 "어떤 이는 은둔해서 말하는 걸 기피하기도 하고,
어떤 이는 평정심으로 호연지기(浩然之氣)64)를 기르기도 하고, 어떤 이는
호흡 수련으로 장생(長生)을 도모하기도 한다"는 말이 있다. 또 백석신군을

---

64) 천지간에 가득한 거대하고 광활한 정기(精氣)로서 공명정대하여 조금도 부끄러
　울 바 없는 도덕적 용기인 동시에 사물에서 해방된 자유로운 마음이기도 하다.
　출전은 『맹자』.

제사지내는 사당을 세우는 것은 무속인 개고(蓋高)의 청에 의한 것인데,
(『폭서정집발어(曝書亭集跋語)』[65]를 참고하면) 이런 종류의 제사는 모두
신선가(神仙家)의 말과 관련이 있다. 원사(元士)와 자벽(子碧)이 『반주삼매
경』을 번역할 때 조수였다면, 한나라 말엽의 불교 신도는 도술(道術)의
방법과 기예를 아울러 좋아한 것이니, 한나라 때 불교의 특성을 여기서도
엿볼 수 있다.

대승 공종(空宗)의 교리사는 경서가 빠져있어서 말하기 어렵지만, 그러
나 공종은 대중부(大衆部)에서 나와 인도 남부에서 흥기했다. 대중부가
남방에서 유행할 때 안달라(安達羅)의 각 부(部)가 있었고, 서장(西藏)의
전승에 의하면 안달라 파(派)에겐 이미 대승 경전이 있었다. 『반야경』에는
"부처님께서 열반한 후에 이 경전이 남방에 이르렀고, 이로 말미암아
서방까지 전파되었다가 다시 북방까지 전파되었다"[59]고 했으니, 공종은
서쪽에서 북방으로 전파되었고 그 시기도 아마 카니시카 왕 시대일 것이다.
대체로 『대비바사경(大毘婆沙經)』도 그 후에 편찬되어 출간되었고 그
속에서 대승의 가르침을 인용해 언급했는데, 가령 부처님께서 열반에
든 후 거짓 삼장(三藏)이 세상에 나왔다고 설한 것은 응당 대승 불교의
삼장을 가리키는 것이다.

그러나 과거 우리나라에선 마명(馬鳴)을 최초로 대승 불교를 널리 전파한
자로 여기고 있는데, 전하는 바에 의하면 카니시카 왕의 신임을 크게
받았다고 한다. 카니시카 왕은 동한 시기에 또 대월씨 종족을 복속시켰으므

---

65) 청나라 때의 문사(文士) 주이존(朱彝尊)은 경학과 사학에 통달하고 고증에
   뛰어났으며 시(詩)와 사(詞)에도 조예가 깊었다. 저서로는 『경의고(經義考)』,
   『폭서정집(曝書亭集)』 등이 있다. 사(詞)에도 뛰어나서 절서사파(折西詞派)의
   창시자이다.

로 아마 동한 중엽 그의 영토에서는 대승 경전이 점점 유행했을 것이다.
한나라 말엽이 되자『반야경』,『방등경』들이 처음으로 카니시카 왕의
영토를 통해 중국으로 흘러들기 시작했다. 지루가참은 대월씨국 사람으로
축석불과 함께『도행품』을 공역했는데 실로 중국의『반야경』을 첫 번째로
번역한 것이다.『반주삼매경』은 무량수불관(無量壽佛觀)을 중시했는데,
이 삼매 속에서 아미타불이 현전하기 때문에『반주삼매경』의 기(記)에서는
'훗날 필사한 자는 모두 남무불(南無佛)을 얻었다'고 하였다. 이는『수능엄
경』과 더불어 모두 대승의 선관(禪觀)이므로 안세고가 역출한 소승선(小乘
禪)과는 같지 않다.

그리고『수능엄삼매경』도 역시 지루가참의 번역으로 처음 출간되었
다[60]. 동시에 지요(支曜)[61]라는 사람이『성구광명삼매경(成具光明三昧
經)』을 번역했는데 지루가참이 번역한『광명삼매경(光明三昧經)』과는
말하자면 동본이역(同本異譯)이다(『우록』2). 이 또한 대승선(大乘禪)의
경전으로 위진 시대에 상당히 유행하였다. 지민도의『합수능엄경기』에
따르면, 한나라 말엽 지량(支亮; 자는 기명(紀明))은 지루가참에게 경학을
배웠고, 그 후 지월(支越)(즉 지겸(支謙))은 자(字)가 공명(恭明)으로 지량에게
수업했다. 지공명은『수능엄경』을 번역했다고도 하며, 양진(兩晉) 시대에
이르자 지법호(支法護) 역시『수능엄경』을 번역한 적이 있다.『수능엄경』
은 위진 시대에 가장 성행한 경전으로 그 전래의 출처(出處)는 대월씨국으
로 보인다. 승우는 지루가참이 번역한 경전이『안록』에 14부가 실렸다고
하는데[62], 그 중 다수가 대승 경전이다. 그리고『반야경』과『수능엄경』을
특히 중시했으니, 이것만으로도 대월씨국 불교가 중국에 얼마나 영향을
끼쳤는지 알 수 있다.

강거국(康居國) 사람은 상업으로 이름이 났다. 한나라 성제(成帝) 때

도호(都護) 곽순(郭舜)은 강거국 사람은 오만하고 교활해서 자식을 보내 입시(入侍)[66]하고서야 교역을 하려 했다고 말했다. 『우록』 13권에서는 '헌제 때 강맹상(康孟祥)이 낙양에서 『중본기경(中本起經)』을 번역했다'고 했는데, 도안은 강맹상이 번역한 경전에 대해 아름답고 유창했으며 현묘한 지취(旨趣; 뜻, 지향)가 넘쳤다고 했다. 동시에 강거(康巨)[63:]란 사람이 영제(靈帝) 때 『문지옥사경(問地獄事經)』을 번역했는데 언어가 솔직하고 이치가 질박해서 윤색(潤色)을 가하지 않았다(『고승전』 1). 대체로 강맹상이 번역한 경전과 비교하면 문장의 화려함과 질박함의 차이가 있었다. 『우록』에서는 강맹상의 선배는 강거국 사람이거나 혹은 낙양에 교역을 하러 왔다가 그로 인해 유명해진 사람이라고 하였다.

9) 착용(笮融)의 불사(佛事)

『오지(吳志), 유요전(劉繇傳)』에서 말한다.

착용은 단양(丹陽) 사람이다. 처음에는 수백 명을 모아 서주목(徐州牧) 도겸(陶謙)(역시 단양 사람이다)에게 가서 의탁했다. 도겸은 그에게 광릉(廣陵)과 단양의 운조(運漕)[67]를 감독하는 일을 시켰다[64:]. 마침내 방종한 나머지 사람들을 멋대로 죽이고 세 군(郡)의 수송을 즉각 차단해 스스로 차지하였고[65:], 이어서 부도의 사당을 크게 일으켰다[66:].

착용은 구리로 사람을 만들어서 황금으로 몸을 칠하고 채색한 비단옷을 입혔다. 구리 쟁반을 아홉 층으로 늘어뜨리고는[67:] 그 아래다 다층의 누각과 복도를 만들어서 3천여 명을 수용할 수 있었는데[68:] 모두 다 불경을

---

66) 조정에 들어가 임금을 알현하는 일.
67) 수로(水路)로 식량을 운송하는 일.

읽었다. 그리고 영지(領地) 안과 이웃 군(郡)에서 부처를 좋아하는 사람이 있으면 불도를 받아들일 걸 허락하고 기타 부역을 면제함으로써 절로 불러들였다. 이로 말미암아 멀고 가까운 곳에서 찾아온 자가 5천여 호(戶)나 되었다.

매번 욕불(浴佛)[68]을 할 때마다 술과 밥을 많이 마련해서[69]: 길에다 식사자리를 펴니 수십 리에 이르렀다. 사람들이 와서 구경하거나 음식을 먹는 자가 또한 만 명이나 되어서[70]: 거억(巨億)의 비용이 들었다[71]:.

이는 불상을 세우고 절을 세운 기록으로는 최초로 보이는 내용이다. 착융은 헌제 흥평(興平) 2년(서기 195년)에 죽었고, 도겸은 대략 영제 중평 5년(서기 188년)에 서주자사(徐州刺史)가 되고 헌제 초평(初平) 4년(서기 193년)에 서주목이 되었으니, 착융이 부처의 절을 일으킨 때는 응당 이 시기여야 한다. 이 시기에 장강(長江)과 회하(淮河) 사이의 지역에선 자주 변란이 일어나서[72]: 술과 밥을 마련하고 부역을 면제해주면 저절로 많은 사람을 불러들일 수 있었다. 그리고 한나라 말엽의 운명은 외척과 환관의 발호로 당고(黨錮)의 화(禍)[69]가 계속 일어나고 사회의 불평등한 현상도 두드러졌다. 중장통(仲長統)[70]의 『창언(昌言)』에서는 이렇게 말하고 있다.

"윗자리에 있는 사람이 들어와서는 아녀자를 탐내고 나가서는 말을 달려 사냥만 하고 있으니, 정치가 황폐해지고 인물(人物)이 버려지면서

---

68) 향기로운 물로 불상을 목욕시키는 일로 관불(灌佛)이라고도 한다.
69) 후한 말엽 환제 때 이응(李膺) 등 당인(黨人)들이 환관들의 군력 남용을 탄핵하자 환관이 오히려 자신들을 탄핵한 관료들을 처벌했던 사건.
70) 중국 후한 말의 철학자이자 정치가로 180년에 태어나 220년에 죽었다, 자(字)는 공리(公理)이며 연주(兗州) 산양군(山陽郡) 고평현(高平縣) 사람이다. 저서로 『창언(昌言)』이 있다.

배고픈 늑대에게 주방을 지키게 하고 굶주린 호랑이에게 돼지우리를 관리하게 하였다. 마침내… 원한이 사무치고 전화(戰禍)와 변란이 일제히 일어났다…. 요즘에 와선 유명한 도읍도 텅 비어서 사람이 살지 않고 백리를 가도록 백성이 없는 곳이 수를 헤아릴 수 없다."

장각(張角)과 장릉(張陵)의 무리들이 대중을 모아 반란을 꾀하자 10여 년간 추종하는 자가 수십만 명이 되면서 군(郡)과 국(國)과 연결을 하니 팔주(八州; 중국 전체)의 사람이 모두 다 응하였다(『후한서, 황보숭전(皇甫嵩傳)』). 사람이 궁핍해서 하늘에 호소하고 세상의 변란으로 귀신을 공경하는 것도 자연스런 현상이었다. 오나라의 강승회가 지은 『법경경서』(『우록』 6)에서는 "당시(한나라 말엽에서 위나라 초엽) 전쟁이 끝나지 않았고, 지사(志士)는 어찌할 줄을 모르고, 대도(大道)는 땅에 떨어지고, 불교를 배우는 자는 적었는데, 마침 그 공경하고 추앙함을 목도하고서 도탄(塗炭)에 빠진 험난한 상황에서 구제할 수 있었다"고 했다.

불법은 욕망을 줄이고 사치를 없애며(양해의 말), 살생을 싫어하고 투쟁을 배척한다[73]. 당시 민생은 도탄에 빠지고 천하는 혼란스러웠으니, 불법이야말로 진정 병을 치료하는 양약(良藥)이자 마음을 편안케 하는 중요한 도술(道術)이었다. 불교가 한나라 말엽에 처음으로 번성한 것은 바로 이런 이유 때문이리라.

진(晉) 나라 때 혜예(慧叡) 법사는 불교의 첫 흥기를 서술하면서 이렇게 말하고 있다(『우록』 5 『유의론(喩疑論)』).

옛날 한나라 황실의 중흥기인 효명제 때 다함없는 광명의 비춤이 처음으로 이 땅에 빛을 발했으니(휘(輝)라고 한 곳도 있다), 이오(二五)[71]의 비춤은 응당 상법(像法)[72]의 초기였다. 이때부터 서역의 명인(名人) 안세고의 문도

(門徒)들이 잇달아 도착하여 문언(文言)을 크게 감화함으로서 점점 변방의 풍속을 통찰해 그 누추함을 변화시켰다. 한나라 말엽에서 위나라 초기에 광릉과 팽성의 두 재상이 출가하여 나란히 불법의 광명[大照]을 능히 지녀서 체득한 현명함으로 비로소 강설의 법도[講次]가 있었다.

『삼국지주(三國志注)』[73]에서는『강표전(江表傳)』을 인용하면서 팽성의 재상 설례(薛禮)와 하비의 재상 착융이 유요에 의탁해 맹주로 삼았다고 했다. 설례는 이미 착융과 교섭이 있었고 아마 부처를 믿는 사람일 것이다. 광릉의 재상은 하비의 재상을 잘못 표기한 것으로 보인다. 그러나 착융은 난폭하고 사나워서 살생을 좋아했으므로 반드시 불교도가 원하는 바를 도(道)라 칭하지는 않았을 것이니, 이 때문에 이 광릉의 재상은 어쩌면 다른 사람일 수도 있다.

10) 모자(牟子)가 이혹론(理惑論)을 짓다

『홍명집』에 최초로『이혹론』37편이 실려 있으며, 아울러 주(注)에서는 "한편으론『한나라 창오태수(蒼梧太守)모자박전(牟子博傳)』이라 한다"고 하면서 한나라 모융(牟融)의 편찬이라고 했다. 유송(劉宋)의 명제 때 육징

---

71) 이(二)는 음양(陰陽)이고 오(五)는 오행(五行)으로 보인다.
72) 정법 시대, 상법 시대, 말법 시대 중 하나로 정법 시대와 비슷한 시기라는 뜻이다. 부처님이 열반에 든 뒤 5백 년(혹은 1천년)의 정법 시기가 있은 뒤 1천 년 동안을 가리킨다. 정법 시대에는 교법, 수행, 증득이 다 갖추어졌지만, 상법 시대에는 교법과 수행만 있다고 한다.
73) 배송지(裵松之)가 남조(南朝) 송나라 문제의 명을 받아『삼국지』를 보주(補注) 한 저서이다. 위(魏)나라와 진(晉)나라 사람들의 저술 210종을 인용하고 사료의 목록도 150여 종을 보충해서 사료적 가치가 높다.

(陸澄)이 지은 『법륜(法輪)』에 처음으로 『모자』라고 칭하는 기록이 보이며, 주(注)에서는 "한편으론 『한나라 창오태수(蒼梧太守) 모자박전(牟子博傳)』 이라 한다"고 하였다. 양나라의 유효표(劉孝標)가 지은 『세설신어, 문학편 주(文學篇注)』에서는 처음으로 『모자』를 인용하고 있다. 육징의 서문에서 는 이렇게 말하고 있다.

　『모자』는 교문(敎門)에 들어있지 않고 연서(緣序)에 들어있으니, 특별
　히[74:] 한나라 명제 때 상법(像法)이 처음 전래된 일이 실려 있기 때문이다.

『세설신어 주(注)』에서 인용된 『모자』의 내용 역시 영평 시기의 불법을 구한 사적(事跡)이므로 이 문장을 중시한 것이 다분히 불법의 초전(初傳)이 란 역사적 사실을 기록하는데 있음을 엿볼 수 있다.

이 글의 원래 명칭은 『이혹론』이다[75:]. 『모자』라는 글의 명칭은 지은이를 이름으로 삼은 것이다. 『수지(隋志)』와 두 개의 『당지(唐志)』[74)]에서는 모두 『모자』 두 권을 기재하고 있고, 『수지』에서는 한나라 태위(太尉) 모융의 편찬이라고 주석하고 있다. 그러나 장제(章帝) 때 태위인 모융(자 (字)를 자우(子優)라 함)과 『후한서』에 있는 전기와 영제 때 찬술된 『모자』는 동일인이 아니다. 지금 『이혹론』에서는 스스로 '모자'라 칭하고 있고, 『법론』 에서도 단지 『모자』라고만 말하고 있고, 그리고 『출삼장기집』 12권에 실린 『홍명집목록』에서도 그저 『모자이혹(牟子理惑)』이라고만 해서 원래 논(論) 자가 없고 아울러 모융의 이름도 실려 있지 않다.

---

74) 『신당서(新唐書), 예문지(藝文志)』와 『구당서(舊唐書), 경적지(經籍志)』를 말
　　한다.

현재 『대장경』, 『홍명집』의 명나라 판본에는 '한모융(漢牟融)'이란 세 글자가 있지만 송나라, 원나라, 고려본에는 본래 없으니, 이 세 글자는 당연히 나중에 측근이 첨가한 것이다. 『법론목록』에서 "한편으론 『한나라 창오태수(蒼梧太守) 모자박전(牟子博傳)』이라 한다"고 한 것은 아마도 모융의 자(字)가 자박(子博)임을 말한 것일 수도 있다. 논문을 살펴보면 모자는 창오현 사람이지만 태수는 아니었고 또 벼슬할 뜻도 없었다. 『오지 (吳志), 사섭전(士燮傳)』을 보면, 주부(朱符) 때 창오의 태수는 사황(史璜)이고 이를 계승한 자는 오신(吳臣)이며, 그리고 『오지, 손호전(孫皓傳)』에서는 도황(陶璜)을 창오의 태수라 하였다. 가령 도황이 오신의 뒤를 이었다면 모자는 결코 태수가 될 수 없다. 『세설신어, 문학편주』에서 "『모자전』의 기록과는 동일하지 않다"고 하였고, 또 "『모전(牟傳)』에서 말한 것"이라 했다면, 늦어도 유송(劉宋) 첫 해까지 이 글은 이미 이름이 '전해진' 것이다.

명나라의 호응린(胡應麟)[75]은 『모자』를 논하면서 "그 문장을 읽어보면 비록 번쇄하고 천박하지만 언사(言辭)는 동한의 낙양 말투에 가까웠다"(『소실산방필총(少室山房筆叢)』[76] 32권)고 했으며, 주광업(周廣業)[77]이 간행한 『의림(意林)』의 『부편(附編)』에서는 "실로 아름다운 문장이다"라고 칭찬했다.

75) 명나라 때의 문인으로 1551년에 태어나 1602년에 죽었다. 자(字)는 원서(元瑞)이고 호(號)는 소실산인(少室山人)이다.
76) 명나라 때 호응린이 저술한 문학사료(文學史料) 저술. '소설'을 지괴(志怪), 전기(傳奇), 잡록(雜錄), 취담(聚談), 변정(辨訂), 잠규(箴規)의 여섯 가지로 분류했다.
77) 청나라 때 인물로 경전과 역사에 정통했다. 청나라 조정에서 『사고전서(四庫全書)』를 편찬할 때 참여했다. 후에 안휘성 공덕서원(廣德書院)에서 인재를 양성했다 저술로는 『맹자사고(孟子四考)』, 『봉려문초(蓬廬文鈔)』 등이 있다. 『의림』은 『사고전서』 자부(子部)에 있다.

그리고 손중용(孫仲容)과 이양(詒讓)은 『모자』의 문장을 더욱 찬미하면서 "『이혹론』이 비록 경전을 많이 끌어다 썼지만 상법(像法)의 가르침을 천양해서 유교(儒敎)와도 관련이 없지 않다. 요컨대 그 문자는 상고(上古)의 것이고 인용하여 증명하는 것도 깊고 박식해서『변정론(辨正論)』이나 『파사론(破邪論)』따위가 미칠 수 있는 것이 아니다"라고 하였다(『주경술림(籀頃述林)』6권). 여기서는 특별히 그 서문을 기록하고 다음에 고증을 가하겠다. 서문에서 말한다.

모자는 이미 경서와 전기, 제자백가의 서적을 중요한 것이든 사소한 것이든 가리지 않고 수학해서 좋아하지 않음이 없었다. 비록 병법을 좋아하지는 않았지만 그래도 읽기는 했으며, 신선이 되는 불사(不死)의 책을 읽었지만 도리어 신뢰하지 않고 허망하다고 여겼다.

당시 영제가 붕어한 후 천하가 혼란에 빠졌는데, 오직 교주(交州)만이 비교적 안정되어 있어서 북방의 이인(異人)들이 다 찾아왔다. 신선이 되는 벽곡장생술(辟穀長生術)[78]을 하는 사람이 많아서 당시 많은 사람들이 배웠지만 모자가 늘 오경(五經)으로 논란을 벌이자 도가의 술사(術士)는 감히 대적하지 못했으니, 그는 맹자와 견주고 양주와 묵적을 넘어설 정도였다.

원래 이때 모자는 어머니를 모시고 세상을 피해 교지(交趾)로 왔다가 26살 때 창오로 돌아가서 아내를 얻었다. 태수는 그가 학문을 중시한다는 소식을 듣자 그를 만나 서리(署吏)를 청하였다. 당시 모자는 한창 때의 나이라서 학문의 정진에 뜻을 두었고 또 세상이 혼란한 걸 보자 벼슬할 뜻이 없어서 끝내 벼슬길에 나가지 않았다.

---

78) 벽곡으로 오래도록 장수를 누리는 신선이 되는 수련. 벽곡은 곡식을 먹지 않고 솔잎이나 대추 밤 같은 것만을 먹으며 도를 닦는 일. 또는 화식(火食)을 피하고 생식(生食)을 하는 것을 지칭하기도 함.

이때 여러 주(州)와 군(郡)은 서로 의심하느라고 꽉 막혀서 교통(交通)이 되지 않았다. 태수는 모자가 박학다식하기 때문에 형주(荊州)에 공경을 다하도록 사명(使命)을 부여하니, 모자는 영예로운 벼슬은 사양하기 쉽지만 사명(使命)은 물리치기 어려우므로 마침내 행차에 나서기로 했다. 그러나 마침 주(州)의 목(牧)인 우문처사(優文處士)가 그를 기피하자 다시 병을 핑계로 나아가지 않았다. 목(牧)의 동생은 예장(豫章) 태수로 중랑장 착융에게 살해되었는데, 당시 목(牧)은 기도위(騎都尉) 유언(劉彦)에게 병사를 거느리고 가서 착융을 치도록 했지만, 외부 지역에서 병사를 일으켰다고 의심할까봐 진공(進攻)하지 못했다. 그러자 목(牧)은 모자에게 이렇게 말했다.

"동생이 역적에게 살해되었소. 골육(骨肉)을 잃은 아픔으로 간담과 심장이 떨릴 지경이오. 응당 유도위(劉都尉)를 보내서 쳐야하는데 다른 지역에서 의심할까봐 어렵소. (다른 지역과) 교통이 두절되어 사람이 다니지 않기 때문이오. 그대는 문무(文武)를 겸비하고 있어서 전적으로 대응할 능력이 있소. 이제 상대를 굴복시키러 영릉(零陵)과 계양(桂陽)으로 가려고 하는데 임시로 길을 내어 교통로(交通路)로 삼는 게 어떻겠소?"

모자가 대답했다.

"말먹이를 먹이면서 뵈온 날이 오래이니, 열사(烈士)는 몸을 돌보지 않고 기필코 좋은 결과를 이루겠습니다."

드디어 길을 떠나려 하는데 마침 어머니가 돌아가셔서 끝내 행차에 나서지 못했다. 오랫동안 물러날 생각을 한 것은 훌륭한 말솜씨로 사리(事理)에 정통했기 때문이지만, 그러나 문득 사명(使命)을 보아도 바야흐로 세상이 혼란해 스스로를 드러낼 시절이 아니었으니, 이에 탄식하면서 말했다.

"노자는 성인의 지혜를 끊어버리고 자신을 닦아 참[眞]을 보호하니, 만물이 그의 뜻[志]을 간섭하지 못하고, 천하가 그의 즐거움을 바꾸지 못하며, 천자가 그를 신하로 삼지 못하며, 제후가 그를 벗으로 삼지 못하므로 고귀하다고 할만하다."

그래서 불도(佛道)를 오로지 지향하고 아울러 『노자』 5천문(文)을 연구하였다. 그리하여 현묘(玄妙)를 머금어서 술과 음료로 삼고 오경(五經)을 음미해서 비파와 생황으로 삼았으니, 세속의 무리 중에는 오경을 등지고 이단의 도[異道]를 지향한다고 비난하는 사람이 많았다. 그러나 싸우고자 하면 도(道)가 아니고 침묵하고자 하면 무능하게 되니, 마침내 먹을 갈고 붓을 들어서 성현(聖賢)의 말을 간략히 인용해서 증명하고 해석하니, 그 이름을 『모자이혹(牟子理惑)』이라고 하였다……

『모자』의 진위(眞僞)는 동서양 학자들의 논쟁 거리였다[76]. 이들은 상세히 진위 여부를 진술하고 있지만, 위서라고 의심하는 사람들이 제시하는 이유는 대체로 확실하지가 않다[77].

그리고『모자』의 서문에 실린 역사적 사실은 역사서와 부합할 뿐만 아니라 정사(正史)의 빠진 부분을 보충해줄 수도 있다. 『후한서, 주준전(朱雋傳)』을 보면, 주준은 회계(會稽)의 상우(上虞) 사람이고 아들 호(晧)[78]는 관직이 예장 태수에 이르렀다. 또『도겸전』에서는 착용이 예장 태수 주호(朱晧)를 살해했다고 하는데, 이 사람이 모자가 말한 주목(州牧)의 동생인 주호(朱晧)로서 바로 착용에게 살해당한 예장 태수이다. 『오지(吳志), 사섭전(士燮傳)』에서는 교주자사 주부(朱符)가 이적(夷狄)에게 살해되었다고 하며,『설종전(薛綜傳)』에서는 옛 교주자사인 회계의 주부(朱符)를 칭하면서 대부분 고향 사람인 우포(虞褒)와 유언(劉彦)의 무리들을 나누어 장사(長史)가 되었다고 했다.

모자는 교주목(交州牧)이 기도위 유언에게 병사를 이끌고 가서 동생의 난관을 구하라고 했다고 말하며, 주부 역시 회계 사람이다. 그렇다면 모자가 칭한 주목(州牧)은 바로 주부로서 바로 주준의 자식이며 주호의 형이다. 주호가 살해당하자 유언에게 병사를 이끌고 가서 착용을 치라고 했으니, 그 내용이 정사(正史)와 분명히 부합하고 있으므로 위서가 아니라는 것을 여기서 확증할 수 있다[79]. 또 육조 시대 불교의 위서는 한나라 시대의 불교를 언급하면서 그 언사가 자못 허황되지만 모자가 말한 내용은 그와 정반대이다. 모자의 글 하나를 인용한다.

문; 그대는 '부처가 지극히 존귀하고 지극히 쾌활하며, 인위적인 것이 없이 담박하다[無爲澹泊]'고 하지만, 세상 사람과 배운 선비는 대부분 부처를 비난하고 훼손하네.

다시 또 하나를 인용한다.

문; 내가 예전에 경사(京師)에 있으면서 동관(東觀)[79]에 들어가 태학(太學)[80]에 유학(遊學)하면서 빼어난 인사들의 법도를 보았는데, 유림(儒林)을 논하는 것은 들었지만 불도 수행을 고귀하게 여겨서 스스로 기꺼이 자기 모습을 훼손하는[81] 건 듣지 못했다.

이 내용은 미혹한 자가 물은 것이지만 모자는 망언으로 여기지 않았으니, 불법이 막 싹트고 있음을 충분히 증명하는 것이다. 만약 삼보가 융성하게 일어나서 이 문장을 거짓으로 지었다면 필경 이렇게 솔직하게 쓰려고

---

79) 동한 낙양의 남궁(南宮) 안에 있는 관(觀)의 명칭. 명제(明帝)가 반고(班固) 등에게 조칙을 내려 《한기(漢記)》를 여기서 편찬하게 했다.
80) 고대 수도에 설치된 최고의 학부. 서주(西周) 때 이미 태학의 명칭이 있었고, 한무제 원삭(元朔) 5년(기원전 124년)에 오경박사(五經博士)와 제자 50명을 갖춘 것이 태학의 시초였다.
81) 출가를 하면 법복을 입고 삭발을 하기 때문에 전통 사회에서는 이를 자기 모습을 훼손한다고 하였다.

하지는 않았을 것이다[80]:.

불교는 서한 때 중국에 전래된 이후에 경전 번역이 폭넓지 않았고 불법의 법도를 취해 사당에 제사를 지냈다. 그 가르침의 종지도 청정무위(淸淨無爲)이거나 욕심을 줄이고 사치를 없애는 것으로 한나라 때 황로의 학문과 동일한 종류였다. 그래서 부도는 재계(齋戒)하여 제사를 지냈고 방사(方士)에게도 제사를 지내는 방식이 있었다. 불법에서 말하는 정령(精靈)의 불멸과 도교에서 구하는 신선의 불사(不死)는 서로를 더욱 두드러지게 해서 상호 이익이 되게 하였으며, 아울러 환제와 영제 시대에는 안세고, 지루가참이 번역한 경전들이 비교적 많아지면서 교법(敎法)도 능히 근원으로 소급할 수 있었다.

그러나 안청(安淸)은 오로지 오행과 도참만을 알아서 일찍부터 특이한 재능을 가졌다고 평가를 받았고, 환제는 부처와 노자를 나란히 제사지내면서 복과 상서로움을 빌었으며, 양해는 도교의 서적과 불가의 말씀을 겸하여 읽었다. 역사에서는 환제가 부처와 노자를 나란히 제사지내자 '백성 중에도 점점 신봉하는 자가 생겼고 나중에는 마침내 더욱 번성하였다'고 말하고 있다(『후한서, 서역전』). 번성하게 된 이유는 교법이 점점 분명해진 것도 있지만 그보다는 부도와 도술이 서로 결합해 더욱더 백성의 숭배를 받은 것이 주요한 원인이었다.

그러나 한나라 말엽에는 착융이 부도의 사당을 크게 만들어 황로와 함께 제사지냈다는 말은 듣지 못했으니, 예컨대 초왕 영이나 환제의 행위 같은 것이다. 다만 모자가 지은 『이혹론』에서는 공공연히 백가(百家)의 경전을 쫓아버리고 신선의 방술을 배척했다. 불교 또한 자립해서 타인의 비호를 받지 않았는데, 그 정신이 처음으로 『이혹론』에 나타난다. 단지 현존하는 작품 중 중국[支那]에서 찬술한 것으로는 가장 빠르기 때문에 중시할 수 있다는 건 아니다. 또 동한과 서한에서는 황로의 도와 음양의 도술을 존중했고, 위나라 때는 다시 일변하여 노자, 장자의 학문을 좋아하고 숭상했다. 낙양의 불법도 본래는 도술의 일종으로 볼 수 있지만 위진 시대의 불교도는 현학(玄學)과 청담(淸談)[82]을 이어갔다. 모자는 『노자』와 『장자』를 인용해서 불교의 종지를 폈으니, 이것이야말로 시대정신이 바뀌

---

82) 청담은 청언(淸言)·현언(玄言)이라고도 하며, 위(魏)·진(晉) 시대에 크게 성행했고 남조(南朝)의 제(齊)·양(梁) 시대까지도 그 영향이 계속되었다. 청담(淸談)은 세속의 명리(名利)를 떠난, 맑고 깨끗한 담화(談話)라는 의미이다.
후한(後漢) 말기 이후 오랫동안 정치적 혼란이 거듭되면서 국가의 통치이념이었던 유가(儒家) 사상을 대신해 노장사상(老莊思想)의 영향력이 커졌다. 특히 위(魏) 나라 때의 하안(何晏)과 왕필(王弼)은 노장사상을 기초로 〈논어(論語)〉와 〈주역(周易)〉 등 유가의 경서를 새롭게 해석하며 무(無)와 유(有), 명교(名敎)와 자연 등 형이상학적인 주제들에 관한 철학적인 논의를 이끌었다. 이를 계기로 이른바 삼현(三玄)이라고 불리는 『노자』와 『장자』 『주역』의 연구와 해설을 중심으로 하는 현학(玄學)의 학풍이 크게 성행하였으며, 하후현(夏侯玄)·왕연(王衍)·완적(阮籍)·혜강(嵇康)·향수(向秀)·곽상(郭象)·배위(裵頠) 등을 중심으로 형이상학적 주제를 둘러싼 고도의 철학적인 논변이 전개되었다. 그러나 후한 말기에 잦은 왕조 교체를 겪으며 지식인과 귀족 사회에서는 정치에 실망하여 은둔하거나 신변의 위험을 피하기 위해 세속의 일이나 민생에 관한 논의를 피하는 경향이 나타났다. 그래서 노장사상에 기초해 세속적 가치를 초월한 정신적 자유를 강조하고, 명분과 형식에만 집착하는 유학을 비판하며 삼현(三玄)을 기초로 한 철학적이고 예술적인 논의를 중시하는 풍조가 나타났는데, 이를 청담이라고 한다.
산림에 은거하여 청정무위(淸淨無爲)의 담론을 나누었다는 산도(山濤)·왕융(王戎)·유영(劉伶)·완적·완함(阮咸)·혜강·향수 등 이른바 죽림칠현(竹林七賢)은 청담의 풍조를 대표하는 인물이다. 이들은 유가에서 강조하는 명교(名敎)를 초월해 무위자연(無爲自然)에 따라야 한다고 주장했다. 그리고 세속적인 명예나 이익, 예의를 초월하여 활달한 행동을 일삼았다.

었다는 충분한 증거라 할 수 있다. 그렇다면 『이혹론』 37장은 진실로 불교의 중요한 서적이다.

『모자』에서 표현된 불법은 풍속의 전변(轉變)과 바로 어울리는 것으로 당시 교주의 문화로도 증명할 수 있다. 한무제가 여가(呂嘉)[83]를 죽인 이래로 아홉 군(郡)을 개척하면서 교지자사(交趾刺史)를 두었는데, 그 후 백성들이 한나라 말을 조잡하나마 익혔지만 그래도 예(禮)의 교화를 보는 일은 드물었다. 급기야 한나라 말엽 중원에 사건이 많아지면서 남황(南荒)도 피난 지역이 되자 중국의 학술은 점점 흥성했다. 『후한서』를 보면 초평(初平) 기간에 패국(沛國)의 환엽(桓曄)이 교지로 피난을 해서 월(越) 지역 사람에게 예절을 교화했다. 『촉지(蜀志)』를 보면 여남(汝南)의 허정(許靖)이 난(亂)을 피해 교지로 도주했고 진국(陳國)의 원휘(袁徽)도 당시 잠시 거주했으며, 『오지(吳志)』를 보면 여남의 정병(程秉)이 정강성(鄭康成)을 섬기다가 나중에 교주로 피난해서 유희(劉熙)와 대의(大義)를 논하여 마침내 오경을 널리 통달했으며, 패군(沛郡)의 설종(薛綜)은 친족에게 잠시 의탁하다가 교주로 피난해서 유희(劉熙)로부터 학문을 배웠다. 유희는 북해(北海) 사람으로 『맹자』를 주석했고 불가(佛家)의 이름을 지었으며, 어떤 사람은 『효경(孝經)』을 주석했다고 말하기도 한다(『경전석문(經典釋文)』[84]을 보라).

그리고 당시 교지의 태수는 사섭(士燮)이었다. 사섭의 조상은 노(魯)나라 문양(汶陽) 사람으로 왕망(王莽)의 난(亂) 때 교주로 피신했다. 6대 후손인 사섭은 다시 경사(京師)로 유학을 가서 영천(潁川)의 유자기(劉子奇)를

---

83) 남월국(南越國)의 승상(丞相). 월족(越族)의 우두머리이다.

84) 당나라 육덕명(陸德明)이 편찬한 경전의 문자에 대한 음의서(音義書)로 총 30권이다. 1권 「서록(序錄)」에서는 각 경서의 전승과 주석의 역사를 자세히 기술하여 중국 고전학 연구의 귀중한 자료로 활용되고 있다.

섬기면서[81]. 『좌씨춘추(左氏春秋)』[85]를 연구했고 나중에 교지태수가 되었다. 진국(陳國)의 원휘와 상서령 순욱(荀彧)의 글에서는 그가 대란(大亂) 속에서도 1군(郡)과 20여 주(州)를 보전(保全)하여 전쟁터에서도 무사했고, 또 백성은 생업을 잃지 않고 타향에서 기거하는 무리들도 다 그의 은혜를 입었다고 칭찬했다. 사섭은 겸허한 하사(下士; 관직 이름)로 피난을 갔고 그에게 의탁한 중국의 인사(人士)들이 백 명에 이르렀다.

『촉지』에서는 "허정에게 공경을 다해 후하게 대접했다"고 하였고, 『오지』에서는 사섭이 정병을 장사(長史)로, 설종을 오관중랑(五官中郎)으로 명했다고 하였다. 모자는 서문에서 주부의 당시 사건을 서술하면서 "태수는 그가 학문을 중시한다는 말을 듣자 그를 만나 서리(署吏)를 청하였다"고 하였으며, 또 "태수는 그가 박학다식하기 때문에 형주에 공경을 다하도록 사명을 내렸다"고 하였다. 당시 창오 태수는 사황(史璜)이고 교지 태수는 사섭이다. 모자의 원문을 살펴보면 마치 창오 태수를 가리킨 것 같지만, 그러나 사섭이 불러들인 인사를 살펴보아도 역시 모자와 똑같이 창오 사람이다(사섭은 창오 광신(廣信) 사람이다). 그렇다면 모자는 아마 사섭의 격찬을 받았을 것이고(당시 모자의 나이는 한창 때이다) 정병, 설종이 관리로 임용된 것도 똑같은 뜻이었을 것이다. 만약 그렇다면 사섭은 당대의 기재(奇才)와 이인(異人)들을 모두 초청했지 유림만 초청한 것은 아니었다.

모자는 "당시 영제가 붕어한 후 천하가 혼란에 빠졌는데, 오직 교주(交州)만이 비교적 안정되어 있어서 북방의 이인(異人)들이 다 찾아왔다. 신선이

---

85) 공자가 편찬한 것으로 전해지는 『춘추』의 주석서로 춘추좌씨전(春秋左氏傳)이라 하기도 한다. 기원전 700년 경부터 약 250년간의 역사를 다루고 있다. 『춘추곡량전(春秋穀梁傳)』, 『춘추공양전(春秋公羊傳)』과 함께 삼전(三傳)으로 불린다.

되는 벽곡장생술(辟穀長生術)을 하는 사람이 많아서 당시 많은 사람들이 배웠다"고 하였다. 교주는 중국의 교화를 오래 받지 않아서 사상이 비교적 자유로웠고, 교지는 당시 이미 해외의 여러 나라들과 교통하고 있었으며, 환제와 영제 시대에는 일남군(日南郡)을 멀리 벗어난 천축, 대진(大秦)[86] 등에서 경전을 여러 번 번역해 공물로 바쳤고(『후한서, 남만전, 서역전』) 중원과의 교통도 늘 바다를 경유하였다. 『후한서』를 보면 환엽이 회계로부터 바다를 건너 교지에 이르렀다고 했으며, 『촉지』를 보면 허정이 회계에서 많은 사람들과 함께 푸른 바다를 건너 남쪽 교주에 이르렀는데, 동구(東甌)[87], 민월(閩越)[88]의 나라를 거치면서 만 리를 가는데도 한나라 땅은 보지 못했다고 하였다. 그렇다면 이때 교주는 동서를 잇는 바닷길의 중심지라서 능히 다른 종교와 풍속을 흡수할 수 있었고 사상도 비교적 중주(中州)에서는 자유롭게 개발할 수 있었다.

모자는 평생 학문과 신앙을 함께 수용하여 쌓아온 탓에 늘 변화가 있었다. 실제로 각 지방이 사람들이 섞여서 빈번하게 교통하는 지방의 정신을 충분히 표현했다. 모자는 경전과 제자백가를 배웠고, 오경을 외우고 병법 및 신선의 불사(不死)의 서(書)를 읽었다. 『태평도경(太平道經)』도 아마 읽은 적이 있었을 것이다[82]. 모자 자신의 진술에 따르면, 방술을 믿은 적이 있었지만 나중에 대도(大道)를 이해해서 불도를 믿었다고 했다. 그렇다면 역시 벽곡(辟穀)의 방술을 먼저 배운 적이 있었다는 말이다.

---

86) 전한(前漢) 이후에 로마 제국을 대진(大秦)이라 불렀다.

87) 동월(東越) 혹은 구월(甌越)이라 부르기도 한다. 진(秦)과 한(漢) 때 동해왕국(東海王國)의 수도. 오늘날 절강성(浙江省) 영가현(永嘉縣) 구북진(甌北鎭)이다.

88) 월족(越族)의 한 지류이다. 백월(百越) 중의 하나.

내가 대도를 이해하지 못했을 때는 벽곡의 방법과 수천 가지 방술을 배운 적이 있었다. 하지만 그 방법을 행해도 효과가 없고 방술을 하여도 징조가 없기 때문에 폐기한 것이다. 내가 따라다니면서 배운 스승 세 사람을 살펴보면 자칭 7백 살, 5백 살, 3백 살이라고 하는데, 그러나 내가 그들에게 배우고 나서 3년이 되지 않아 저마다 운명하고 말았다.

한나라 때 도술과 부도는 나란히 일컬어졌다. 모자는 도술을 좋아하고 부교를 신앙했다. 비록 선후가 있긴 하지만 양자를 서로 병치시켜 논한 것도 볼 수 있다. 불법은 가령 모자가 말하는 96가지 도(道)에 불과하지만 단지 부처가 가장 존귀할 뿐이며, 또 모자가 부처를 신봉하는 까닭을 추적해보면 현리(玄理)를 좋아하기 때문이다. 모자가 말한다.

나는 이미 불경의 설법을 보고 『노자』의 요체도 열람해서 고요하고 담박한 성품을 지키고 무위(無爲)의 행실을 관찰하니, 오히려 세상일을 마치 천정(天井)[89]에 임해 계곡을 엿보듯 하고 높은 곳에서 낮은 언덕을 보듯이 했다.

모자가 불도를 믿은 것은 대체로 『노자』의 내용으로 회통할 수 있었기 때문이다. 그래서 스스로 불도를 정치(精緻)하게 지향하고 아울러 『노자』 5천문(文)을 연구했다고 말했으니, 이는 이미 도술을 버리고 현리(玄理)를 이야기한 것이다. 한나라 시대의 불교는 방술에 부속되어 있었고 위진 시대의 불교도는 『노자』, 『장자』를 숭상했으므로 모자는 마치 과도기

---

89) 고대의 군사 전략에서 사방이 산으로 둘러싸이고 중간이 움푹 파인 지형을 천정이라 했다.

시대의 인물인 것처럼 보인다. 그렇다면 모자의『이혹론』은 중국 불교 역사에서 중요한 한 페이지라고 할 수 있다.

11) 한나라 때 불법의 지리상 분포

불법은 중국에 전래되면서 먼저 서역을 거쳤다. 한나라 시기 중국 불교의 연원(淵源)을 말할 때는 가장 먼저 대월씨국, 안식국, 강거국 세 나라를 칭한다. 안식국은 해상무역을 잘한다고 하지만, 그러나『후한서, 서역전』을 보면 장제(章帝) 장화(章和) 원년에 사신을 보내 사자(獅子)와 발부(拔符)[83]를 바쳤고, 화제(和帝) 영원(永元) 13년에 다시 사자와 큰 새를 바쳤다고 하니, 그렇다면 중국과의 교통로가 전적으로 바닷길에 의존한 것은 아니다. 그리고 대월씨국이나 강거국의 경우엔 늘 육로를 거쳐 중국에 왔으므로 양주(涼州), 장안(長安)은 옛날 불법이 전래될 때 반드시 거쳐야하는 곳이었다. 허나 역사서에는 그 지역에서 불법이 유행한 상황을 기록하지 않아서 말할 수가 없다.

반면에 동경(東京; 낙양)은 한나라 때 불경을 번역한 유일한 곳으로 지루가참, 안청이 모두 낙양에 머물렀다. 안청이 교화를 펼치자 배우려는 자가 구름처럼 모였으며, 엄부조는 낙양에서 출가하였다. 또 환제는 부처를 신봉해서 북궁(北宮)에 이미 부도의 사당을 세웠다.『도행경후기』를 보면 낙양성 서쪽에 보살사(菩薩寺)가 있었고,『반주삼매경기』를 보면 낙양의 불교 사찰에서 교정했다고 말하고 있으니, 그렇다면 동도(東都; 낙양)에는 확실히 이미 불교 사찰이 있었다. 또『반주삼매경기』에서도 불경을 허창에 있는 절에서 교정했다고 말한다.『수경, 변수주(汳水注)』에서는 양향(襄鄉)의 부도가 한나라 희평(熹平) 기간에 어떤 사람[某君]이 자신이 죽은 뒤에 장례를 지내기 위해 세운 것으로 그의 동생이 돌에 새겨 비(碑)를 세웠다고 하였다. 또『고승전, 안세고전』에서는 안세고가 상원(桑垣)에 이른 적이 있다고 하였고, 그리고 위나라 때『방광경』을 창원(倉垣)에 보냈는데 그 지역에는 변수(汳水)의 남쪽과 변수의 북쪽에 두 개의 절이 있다(『우록』7『방광경기』)고 하였다. 생각건대 창원은 바로 상원이고 그 성(城)도 변수에 임하고 있으니, 이에 의거하면 낙양 동쪽과 회수(淮水) 북쪽에는 불교가 이미 유행하고 있었다.

초왕 영이 할양받은 지역은 대체로 오늘날 소환예제(蘇皖豫齊)[90]의 성(省)들에 걸쳐서[84:] 회하(淮河) 남북에 있다. 그리고 영평 13년 초왕 영이 죄를 지어 단양의 경현(涇縣)[85:]으로 이주하자 탕목읍(湯沐邑) 5백호를 하사하니, 초왕 영을 따라 남쪽으로 이주한 자가 수천 명이나 되었다[86:]. 불교는 아마 이로 인해 더욱 강남 지방에 유포되었을 터이니, 그래서 한나라 말엽에 단양 사람 착융이 서주와 광릉 사이에서 부도의 절을 크게 일으킨 것이다. 착융이 단양 출신이라서 서주(즉 팽성)와 광릉 사이의 불사(佛事)가 그토록 번성했을 것이며, 단양은 초왕 영이 이주한 지역이고 서주는 초나라가 다스린 곳이므로 착융의 불사와 무관하다고 할 수는 없을 것이다.

이는 갖가지 서적에서 믿을만한 기록을 취할 수 있다. 한나라 때 불교가 분포한 지방을 다음과 같이 열거해 소개하겠다.

---

90) 강소성과 안휘성, 하남성, 제(齊)는 하북성과 산서성의 고대 제나라 지역을 말함.

초왕 영	팽성 등 여덟 성(城), 임회(臨淮)의 두 현(縣), 단양의 경현
환제	낙양
양해	평원(平原) 습음(濕陰) 사람[87]
모군(某君)	양향의 부도
(『반주삼매경』 교정)	허창의 절
착융	단양, 하비, 팽성, 광릉
진혜(陳惠)[88]	회계
한림(韓林)[89]	남양(南陽)
피업(皮業)[90]	영천
엄부조	임회 사람, 낙양
맹복[91]	낙양
장련[92]	낙양
모자	창오, 교지

한나라 때의 역경은 대체로 모두 낙양에서 했다. 『고승전』에서는 안세고가 강남, 구강(九江), 회계, 예장(豫章), 광주(廣州) 일대를 다녔다고 했지만 그 기록 내용은 기괴하고 허황한데다 또 서로 모순되기도 하니, 대개 『선험기(宣驗記)』[91]에서 마구잡이로 취한 것이다.[92][93] 담종(曇宗)의 『탑사기(塔寺記)』, 유구(劉璆)의 『사탑기(寺塔記)』, 『형주기(荊州記)』와 같은

---

91) 『선험기』의 저자는 유의경(劉義慶)이다. 그는 남조(南朝) 때 송(宋)나라의 문사(文士)로 많은 문사와 교류하면서 여러 저작을 편찬했다. 대표작으로 『세설신어(世說新語)』가 있으며, 위진 시대의 지괴(志怪) 소설로 불교의 영향을 많이 받은 『선험기』, 『유명록(幽明錄)』을 저술해서 인과응보와 윤회사상을 고취했다.

92) 이는 선험기 중의 정묘신(亭廟神)에 관한 이야기를 말한다.

서적들은 모두 한나라 말엽과는 시기가 멀리 떨어져 있고 또 모두 강남 사람의 손으로 필사한 것이다. 육조(六朝) 시대 때 강남 사람은 신괴(神怪) 소설을 좋아해서 그 말이 대부분 믿을 수 없고 혜교(慧皎)는 이미 여러 서적을 함께 수집했는데, 안세고가 낙양에서 행한 사적을 기록한 것은 지극히 간단했고 또한 이 스승이 남긴 업적은 도리어 남방에서 성행하였다. 혜교는 양나라 회계 사람이다. 『고승전』에 실린 내용이 남쪽은 상세하지만 북쪽은 간략한 것은 이 책이 가진 하나의 결함이니, 진실로 『안청전』만 그런 것은 아니다[94]. 그리고 동한 때 안식국과 중국의 교통은 반드시 바닷길로 교주와 광주를 경유하여 낙양에 들어온 것만은 아니다. 『고승전』 에서는 안세고가 불경을 전파하는 사업을 끝낸 영제 말엽 시기에 관중(關中) 과 낙양이 혼란에 빠지자 바로 석장(錫杖)을 갖고 행차에 나섰다고 하였다. 그렇다면 그 영향도 바로 강회(江淮) 이북에서 성행한 것이다. 『장방록』에 는 안청이 번역한 176부가 실려 있는데 대부분 『우록』에는 실려 있지 않은 것이다. 그래서 "여러 경전을 강남에서 번역했다"는 말은 본래 비장방 이 추측해서 한 말이고 『삼보기』도 예전에 마구잡이로 섞여 있다고 비난을 받았으므로 그 말이 정말로 믿을 수 없다.

앞서 말한 내용에 따르면, 불교의 중국 전래는 주로 육로였다. 한무제가 서역과 교통로를 연 이래로 중국과 외국의 교통은 역사서에 실린 내용에 근거하면 대부분 육로를 경유하고 있다. 서한은 비록 해상의 교통이 있긴 했지만(『한서, 지리지』에 보인다) 성행하지는 않았다. 그리고 동한에 와서는 일남(日南)을 벗어난 해외로부터도 조공을 바쳤다. 회계와 교지는 모두 해상교통이 있다. 안세고의 문도(門徒)인 진혜(陳惠)는 바로 회계 사람이 고, 교지의 모자는 논문을 저술하면서 불도를 변호하였으니, 그렇다면 불법이 해상을 통해 수입된 것도 당연한 일이라 하겠다.

그러나 불교의 동쪽 진출은 가장 먼저 서역의 대월씨국, 강거국, 안식국을 통해 이루어졌고 그 교통로가 대부분 육로였다는 것은 의심할 수 없는 듯하다. 즉 양진(兩晉) 시대 때 천축의 승려들이 중국에 올 때도 대다수는 해상경로를 통하지 않았으니, 이에 근거하면 량렌공이 한나라 때 불법의 전래는 먼저 해상로를 경유했다고 하는 말도 믿기 힘들다. 또 량렌공이 과거에 늘 중국 사상을 남과 북 두 계통으로 나누면서 강회(江淮) 사람은 현학(玄學)에 대해 가장 쉽게 감수(感受)하기 때문에 불교도 먼저 강남에서 번성했다고 말한 것과 프랑스 사람 페리오가 초기 불교는 양자강 하류의 교파와 북방의 교파로 나뉜다고[95: 말한 것도 모두 통용될 수 없는 이론이다.

무릇 초왕 영은 정말로 불교를 가장 일찍 신봉하고 가장 드러낸 사람이다. 그러나 건무(建武) 28년에 처음 나라를 다스리고 그의 형제도 방사(方士)와 교류한 사람이 많은 걸 살펴보면, 그가 불교의 교화에 물든 것에 대해 량렌공이 필경 낙양에서부터 시작되지는 않았다고 말한 것이야말로 첫 번째 통용될 수 없는 설이다. 안세고가 낙양에서 불경을 번역하자 "배우려는 자가 구름처럼 모여들었다"고 한 것은 바로 한나라와 진나라의 기록에 근거한 것이다. 그가 강남의 오(吳), 오(奧)를 다니면서 교화했다는 것이 바로 강남에 만년에 출현했다는 신화인데, 량렌공이 이 신화에 집착해 불교가 남방에서 성행했다고 말한 것이야말로 두 번째 통용될 수 없는 설이다.

양해의 원적(原籍)은 오늘날의 산동성인데, 당시 산동과 강소의 교통은 낙양과 비교해 형편이 더 낫다고 말할 수는 없다. 그런데도 양해가 얻어서 읽은 『사십이장경』은 필경 낙양으로부터 왔고, 페리오가 양해가 말한 불법에 근거해 불교가 강소로부터 산동으로 전해졌다고 말하는 것이야말로 세 번째 통용될 수 없는 설이다. 양해는 화호설(化胡說)을 말했고 어환은 이를 실었는데, 어환은 경조(京兆) 사람이다[96]. 또 상문(桑門)의 여러 번역 명칭은 명제가 내린 조서(詔書)와 장형(張衡)[93]의『서경부(西京賦)』[94]에 보인다[97]. 그런데 페리오가 화호설과 상문의 번역 명칭이 모두 양자강 하류의 교파에 속한다고 말한 것이야말로 네 번째 통용될 수 없는 설이다.

그리고 팽성이란 지역은 남방에도 속할 수 있고 북방에도 속할 수 있는데, 그 대강(大江)과 이락(伊洛)[95]의 노정(路程)에서 거리의 멀고 가까움에 차이가 있더라도 교통은 똑같이 활발히 통하고 있었다. 이존의 불경 전수는 낙양에서 있었던 일로 불교 전래의 최초 사적(事蹟)이고, 환제와 영제 때 삼보 역시 낙양에서 흥성하였다. 그러므로 초왕 영이 남방의 교화를 받아들였으므로 양자강 하류의 교파에 속하고 불교가 남방에서 먼저 성행했다는 것이야말로 다섯 번째 통용될 수 없는 설이다.

낙양은 동한의 수도(首都)로서 서쪽으로 서역까지 통해 마침내 불교의 중심지가 되었다. 이곳 외에 불교는 남양이나 형주, 양주, 혹은 대하(大河) 이북에서는 번성하지 않고 다만 제(齊)와 초(楚), 그리고 강회(江淮) 사이에서 번성했다는 것이 일반적인 설(說)이다.『사기, 악의전(樂毅傳)』에서는 황로의 학문이 제(齊) 땅에서 나왔고, 개공(蓋公)[96]은 제(齊)의 고밀(高密),

---

93) 서기 78년에 태어나 139년에 죽었다. 자(字)는 평자(平子)이고 남양(南陽) 서악(西鄂) 출신이다. 동한(東漢) 시대의 위대한 천문학자이자 수학자, 발명가, 지리학자이다.

94) 장형은 한나라 장제(章帝) 때 태어났으며 천문학, 철학, 문학에 조예가 깊었다. 그가 저술한『서경부(西京賦)』는 낭만적이고 과장된 수법으로 서경(지금의 낙양)의 경치를 섬세하게 묘사하고 그곳의 풍속과 인정을 탁월하게 서술했다.

95) '이락'은 지명으로 낙양의 고대 명칭이다. 원래의 뜻은 이수(伊水)와 낙수(洛水) 두 강이 합류하는 곳을 말하는데 역시 낙양 근처이다.

96) 서한(西漢) 시기의 저명한 학자로 황로술에 밝았다.『한서, 조참전(曹參傳)』에

교서(膠西)에게 가르침을 받아 조상국(曹相國; 조참)의 스승이 되었다고
했으며, 『사기, 봉선서』에서는 연(燕)과 제(齊)의 해상(海上)에 있는 방사
(方士)의 수를 헤아릴 수 없었다고 했다. 또 한무제는 이소군(李少君)을
신뢰하면서 "그리고 해상(海上)의 연(燕)과 제(齊)에 있는 괴이한 방사들이
많이 와서 신선의 일을 말했다"고 말했으며, 당시 회남왕(淮南王)은 방술하
는 인사들 천여 명을 불러들였다.

　그렇다면 북방의 연(燕)과 제(齊)의 학문이 이미 강회 사이에 퍼져있었기
때문에 동한 초기에는 제남(齊南), 부릉(阜陵)(원래는 회남 땅), 광릉과 초(楚)
의 국왕들은 모두 방술을 믿고 있었다. 국왕이 불러들인 자 중에는 어양(漁
陽)의 방사도 있었다. 당시는 바야흐로 선도(仙道)가 회(淮)와 제(齊) 일대에
성행했고, 불교가 처음 전래되었을 때도 일종의 도술로 여겨졌으므로
팽성과 광릉 사이에서 그 가르침이 성행했다. 또 『강표전(江表傳)』에서는
우길을 낭야(瑯邪) 사람이라 칭하고 있으며(『오지』 주석), 양해 역시 궁숭(宮
崇)을 낭야 사람이라 칭하고 있다. 동한 때 낭야국은 오늘날 교동(膠東)
연해 지역이고, 낭야현은 근해(近海) 상의 노산(勞山)이다. 태평도(太平道)
는 이 지역에서 발원했다. 낭야와 초나라는 동한 때 모두 서주에 속했고,
난야와 평원(平原)(양해는 평원 음습 사람이다)은 현재 모두 산동에 속한다.
초왕 영, 착융, 양해가 있던 지역은 도교의 발원지와 멀지 않다.

　무릇 동한에서는 항상 부처와 노자를 나란히 제사지냈다. 황로의 도(道)
및 방사는 황로의 방술에 이름을 의탁했고, 그 방술이 성행한 지역이

서는 "효혜제 때 (기원전 194년) 승상 조참이 정치의 도를 구하자 개공은
'치도(治道)는 청정(淸淨)을 귀중히 여겨서 백성이 저절로 안정되는 것'이라고
말했다"고 하였다.

바로 불교가 전파된 곳이란 건 당연한 이치라 하겠다. 그러나 도술의 연원은 연(燕)과 제(齊)에서 나와 점차로 강회에 미쳤고, 불교의 전래는 서역으로부터 먼저 낙양 일대97)에 이르렀으므로 이미 남북 문화의 계통으로 나눌 수는 없다. 또 이로 인해 불교가 가장 먼저 해상을 통해 들어왔다고 집착할 수도 없다. 량렌공은 "초왕 영의 불교 신앙은 개인의 신앙에 속한 것이다. 그러나 그가 지방 사상의 훈습(薰習)98)을 받아들였다는 것은 대체로 거짓일 수가 없다"고 말했는데, 나는 정말로 그의 말에 찬성한다. 그러나 초왕 영의 불교 신앙은 해상로를 통해 들어왔다고 증명할 수 있는 것이 아니며 지방의 사상 역시 북방의 기풍이 있으니, 그가 추론한 것은 사실에 입각해 보면 크게 오류를 범한 것이다.

---

97) 원문 이락(伊洛)은 이수(伊水)와 낙수(洛水)를 가리키는데 모두 낙양 일대를 흐르는 강이다. 따라서 '이락'은 낙양을 통칭하는 것으로 볼 수 있다.

98) 불교의 유식론에서 나온 말이다. 사람의 자아가 하루 아침에 형성되는 것이 아니라 오랜 시간에 걸쳐 향기가 몸에 배듯이 형성된다는 뜻이다. 여기서는 지속적인 영향력이 미쳤다는 뜻으로 쓰였다.

미주

제4장

1) 팔리어 경문의 미란문경(彌蘭問經; 즉 밀린다 팡하), 중국어의 나선비구경 (那先比丘經)이 바로 그때의 문답을 기록한 것이다.

2) 장건은 대하국에서 처음 신독국에 대해 들었다.

3) 『세설신어, 문학편주』, 『위서(魏書), 석로지(釋老志)』, 『수지(隋志)』, 법림 (法琳)의 『변정론(辯正論) 5』 『태평어람(太平御覽) 사이부(四夷部)』에 모두 실려 있다. 『사기, 대완전정의(大宛傳正義)』, 『통전(通典) 193권』, 『통지(通志) 196권』에서 인용한 진(晉)나라와 송(宋)나라 사이의 『부도경』, 송나라 동유(董逌)의 『광천화발(廣川畵跋)』[1] 2권』에서 인용한 『진중경 (晉中經)』도 참고할 수 있다.

   1) 북송(北宋)의 회화를 평가한 저작. 지은이는 동유.

4) 『사기, 대완전정의』에서는 임비국(臨毘國)이라 했다.

5) 배추벌레[螟蛉]의 색깔은 푸름으로 젖이 배추벌레처럼 푸르다고 말한 것이 아닐까 생각한다. 『세설신어』의 주(注) 등에서는 모두 이 네 글자 유청모령(乳青毛蛉)이 빠져 있다.

6) 赤; 『세설신어』의 주(注)에서는 손톱이란 뜻의 조(爪)로 되어 있다.

7) 『사기, 대완전정의』에서는 '젖은 푸른 색깔이고, 손톱은 구리 색깔처럼 붉다'로 되어 있다. 손톱이 구리와 같다는 건 바로 80종호(種好)의 하나이다.

8) 『세설신어』의 주(注), 『변정론』, 『사기, 대완전정의』, 『태평어람』에서는 오른쪽으로 되어 있고, 나머지에서는 왼쪽으로 되어 있다. 불경에 근거하 면 응당 오른쪽으로 되어야 한다.

9) 『세설신어』의 주(注)에서는 계(髻)로 되어 있다. 불경에서는 보살의 정수
리에 육계(肉髻)가 있다고 칭한다.

10) 『통전』과 『통지』에서는 성(城)이 모두 역(域)으로 되어 있다.

11) 『세설신어』의 주(注)에서는 경려(景慮)로 되어 있고, 『석로지』에서는 진
경헌(秦景憲), 『통전』에서는 진경(秦景), 『통지』에서는 경닉(景匿)으로
되어 있다.

12) 『통전』에서는 대월씨국의 사신 왕(王)(오기(誤記)로 보인다) 이존에게서
『부경(浮經)』을 말로 전수받았다고 되어 있으며, 『통지』에서는 경닉이
대월씨국 왕의 사신 이존에게서 『부도경』을 말로 전수받았다고 되어
있으며, 『광천화발』에서는 진경헌이 대월씨국에 사신으로 갔을 때 왕의
사신 이존으로부터 『부도경』을 말로 전수받았다고 되어 있으며, 『변정론』
에서는 진경이 대월씨국에 이르자 그 나라의 왕이 태자를 시켜 『부도경』을
전수하게 했다고 되어 있으며, 『수지』에서는 문장의 뜻을 분명히 밝히기
어렵다.

13) 『통전』에서는 왈(曰) 앞에 일국(一國)이란 글자가 많은데 잘못된 글자로
보인다.

14) 『세설신어』의 주(注) 등에서는 모두 부두(復豆)로 되어 있다. 『유양잡조
(酉陽雜俎)』[1] 2권에서는 한나라에서 획득한 『대월씨부립경』이라고 한다.
  1) 당(唐) 나라의 단성식(段成式)이 엮은 이야기책으로 30편 20권으로 구성되어
     있다. 이상한 사건, 황당무계한 이야기를 비롯하여 불교, 도교, 요괴, 인사(人事)
     등 온갖 사항에 관한 것을 흥미 있게 기술했다.

15) 『통전』의 '상문(桑門)' 이하에서는 '백개(伯開), 소간(疏間), 백간(白間),
비구(比邱), 상문(桑門)'으로 되어 있고, 『광천화발』에서는 '백개, 소간,
백간, 비구, 상문'으로 되어 있다.

16) 『광천화발』에서는 오랑캐를 교화해 부도가 되었다고 되어 있다. 제자에
속하는 무리는 그 명칭이 29개이다.

17) 법림(法琳)이 인용한 것은 원문이 아니다. 아울러 어서(魚書)의 내용을 증보하고 개작했기 때문에 근거할 수 없다.

18) 가령 『수지서(隋志序)』와 같다.

19) 가령 『위략』의 완성이 『중경부(中經簿)』 이후라면, 『중경(中經)』은 어환의 저서에 나온 문장을 채택한 것이다.

20) 명제 영평 8년으로 서기 65년

21) 가령 영평 시기에 왕들은 사당(廟)에 왔으며, 영평 6년 10월에 왕들은 노(魯) 땅에서 회동하였다.

22) 『사기』에서는 왕부인(王夫人)으로 되어 있다.

23) 『연경학보(燕京學報)』 11기(期)에 실린 전목(錢穆)의 『주관저작연대고(周官著作年代考)』 4장 5절을 참고하라.

24) 『자치통감(資治通鑑)』에서는 사(祠)가 자(慈)로 되어 있고, 『후한서』, 『후한기(後漢紀)』에서는 모두 사(祠)로 되어 있다.

25) 『후한서, 방기전(方技傳)』과 왕충의 『논형』을 참고하라.

26) 이 말이 『고승전』 1 『담가가라전(曇柯迦羅傳)』에 보인다.

27) 『후한서, 방기전』과 『삼국지, 화타전』

28) 강승회의 서문에 소위 '칠정(七正)'과 '풍기(風氣)'의 명칭이 있으며, 『후한서, 방기전』을 참고하라. '산의 붕괴와 대지의 활동은 『속한서(續漢書)[1], 오행지(五行志)』에 근거했는데 당시 사람도 많이 논하면서 열거하였다.

   1) 서진(西晉)의 사마표(司馬彪)가 지었으며 총 83권이다. 일명 『후한서(後漢書)』라고도 하며 『사기』, 『한서』, 『삼국지』와 더불어 '전사사(前四史)'라 한다. 오행지(五行志) 6권은 8지(志) 중의 하나이다. 범엽이 지은 『후한서』의 지(志) 30권은 이 『속한서』 중의 8지(志)를 함께 묶은 것이다.

29) 『속한서(續漢書), 제사지(祭祀志)』

30) 『후한기(後漢紀)』에는 12월로 되어 있다.

31) 비문은 『채중낭집(蔡中郎集)』¹⁾에 실려 있다.

    1) 후한(後漢)의 문인 채옹(蔡邕)의 문집. 채옹은 189년(중평 6년) 동탁(董卓)에
       의해 시어사(侍御史)와 상서(尙書)를 지낸 뒤・좌중랑장(左中郎將)까지 되었
       으나, 동탁이 죽임을 당한 후 그도 옥사했다.

32) 이상『후한서집해』에 근거하고 있다. 앞의 문장에 의거하면, 이해 정월,
    8월, 11월 세 번에 걸쳐 사람을 보내서 노자를 제사지냈으며, 8월에는
    왕자교를 함께 제사지냈다.

33) 『후한서, 본기』에서는 7월 경오(庚午)에 있었다고 하며, 『후한기』에서는
    6월로 되어 있다.

34) 탁룡은 궁(宮)의 명칭, 혹은 전(殿)의 명칭이라고 한다. 또는 탁룡은 사당
    [祠]으로 낙양 서북쪽에 있다고 한다.

35) 도안의 『경록(經錄)』에는『사십이장경』이 실려 있지 않은데, 어쩌면 그
    경전이 도사에게 이용되었기 때문일지도 모른다.

36) 『한서, 동방삭전』주(注)를 보라.

37) 『우록』 5에서는 "『도안록(道安錄)』에 위경(僞經) 26부가 실려 있다"고
    했으며, 또 한나라 말엽에 정씨(丁氏)가 불경을 위조했다고 하였다.

38) 『고승전』에 실린 내용은 다분히 허무맹랑해서 싣지 않는다.

39) 경사는 낙양을 말한다. 이 내용은『우록』6과 강승회의『안반수의경서』에
    보인다.

40) 『승전(僧傳)』에선『안록(安錄)』을 인용

41) 『우록』 10 엄부조(嚴浮調)의『십혜장구서(十慧章句序)』

42) 『우록』 6 사부(謝敷)의『안반서(安般序)』

43) 『방록(房錄)』 3에서는『지민도록(支愍度錄)』의 말을 인용하고 있으며,
    또 같은 서적 4권에서는 지증(支曾)이 이 경전의 서문을 지었다고 말하고
    있다.

44) 『우록』 2에는 안세고가 번역한『아비담오법경(阿毗曇五法經)』,『아비담
구십팔결경』이 있다. 대체로 법수가 모두 '아비담' 세 글자를 첫머리로
했으니, 그렇다면 법수에 계합한 경전을 설한 것이 어쩌면 이와 같은
칭호일 수도 있다.

45) 강맹상(康孟詳), 축대력(竺大力), 담과(曇果)는 헌제(獻帝) 때 번역을 했다.

46) 동시대에 번역자가 이처럼 많았으니, 환제와 양해가 부처에게 제사를
지내고 경전을 읽은 것도 또한 유행하는 풍속의 영향을 받은 것이다.

47) 혹은 환제와 영제의 시기에는 불교의 교세가 성대해서 이 금제(禁制)가
이미 풀린 것일 수도 있다.

48) '불법을 배운다'는 뜻의 학불(學佛) 두 글자는『법경경후서』첫머리에
보인다.

49) 안세고가 번역한『아비담오법행경(阿毗曇五法行經)』에는 따로 십힐이
있는데, 그 내용을 살펴보면 엄부조의 십혜가 아니다.

50) 『우록』 7에 보인다.『승전』에서는 안세고, 도위, 불조 세 사람만 있다.
'남조' 두 글자는 착오로 의심된다.

51) 그 중 1부는 바로 옛 기록과『주사행록(朱士行錄)』에 근거하고 있지만,
그러나 비장방 스스로는 두 기록을 직접 보지는 못했다고 말하고 있다.

52) 연희 2년, 4년에 천축에서는 조공을 바치러 왔다.

53) 어느 판본에서는 작자(作者)의 번역이라고 함.

54) 한나라 말엽에는 정광(正光)이 없고, 위(魏)나라에 정원(正元)이 있다(서
기 255년).

55) 『우록』에서는 도안의『십이문경주(十二門經注)』 등에 대해 모두 '지금
존재한다[今有]'는 주석이 있다. 그러나『도행주』 이하에는 '지금 존재한다
[今有]'고 말하지 않기 때문에 양나라 때는 이 책이 이미 실전되었음을

244 • 제1 한(漢) 나라 시대의 불교

알 수 있다.

56) 응당 무인(戊寅)이 되어야 한다. 기원 198년.

57) 헌제가 허현(許縣)에 천도했을 때가 건안 원년이다. 『속한지(續漢志)』 주석에서는 '도읍을 옮겨 허창으로 호칭을 고쳤다'고 했다. 그러나 『위지 (魏志)』에 의거하면 명칭을 고친 것은 황초(黃初) 2년이다. 『위지』가 오류가 아니라면, 이 『반주삼매경기』는 응당 위나라 때 지어진 것이다.

58) 대체로 말로 구술하는 자는 독송에 능할 뿐만 아니라 경전에 대해서도 깊게 이해하고 있어서 번역할 때는 능히 그 뜻을 해석했다. 그러나 전역(傳 譯)하는 사람은 단지 그 지역의 말을 잘할 뿐이라서 지위가 비교적 중요하 지 않았다.

59) 『소품반야경』, 『방광경』을 보면 서방은 생략되어 있다.

60) 『우록』7 『수능엄주서(首楞嚴注序)』 말미의 소주(小注)에서 『안록(安錄)』 을 인용하면서 "지루가참이 중평(中平) 2년 12월 8일에 역출했으며, 이 경전 첫머리에는 여시아문(如是我聞)이 생략되었다……"라고 하였다.

61) 성은 지(支)이고 아마 월지국 사람일 것이다.

62) 고려본에서는 13부라고 하나 잘못이다.

63) 또한 강신(康臣)이라고도 한다.

64) 『후한서, 도겸전』에는 착융에게 광릉, 하비(下邳), 팽성(彭城)의 식량 운송 을 감독하는 일을 시켰다고 되어 있다.

65) 이미 세 군(郡)을 말했다면, 범엽의 『후한서』에서 "광릉, 하비, 팽성의 식량 운송을 감독하게 했다"는 말이 비교적 확실하다. 또 단양은 그때 유요에게 속한 것으로 보인다.

66) 『홍명집, 정무론(正巫論)』에서는 "착융은 먼저 부처를 섬겼다. 마침내 관청의 식량 운송을 차단해 몰래 훔쳐서 자기 이익으로 삼고는 크게 불사(佛事)를 일으켰다"고 하였다.

67) 범엽의 『후한서』에서는 "위로 황금 쟁반을 쌓았다"고 하였다.

68) 범엽은 "또 당각(堂閣)을 둘러싼 회랑은 3천 명을 수용할 수 있다"고 하였다.

69) 『홍명집, 정무론』에서는 "길을 가는 사람에게 다 술과 밥을 주었다"고 했으며, 또 "착융은 주계(酒戒)를 범했다"고 하였다. 『후한서』에는 '술과 밥[酒飯]'이 '마실 것과 밥[飮飯]'으로 되어 있다.

70) 『후한서』에는 '만여 명'으로 되어 있다. 주석에서는 『헌제춘추(獻帝春秋)』[1]를 인용하면서 "착융이 자리를 펴니 사방 45리에 달했고 거만(巨萬)의 비용이 들었다"고 하였다.

   1) 원본은 10권이나 지금은 1권만 남아 있다. 저자는 미상(未詳)이나 후한 때의 사람이 편찬했다고 하기도 하고 진(晉)나라의 원엽(袁曄)의 찬숭이라고도 한다. 후한 헌제 시기의 사적을 기술하고 있다.

71) 착융은 나중에 유요에게 패배를 당했으니, 산속으로 도망가다 사람들에게 피살당했다.

72) 황건적의 난이 일어나고, 여러 군(郡)이 서로 투쟁했다.

73) 원굉은 『기(紀)』에서 "본래 서역이라 자칭하고 부도를 지어 불도를 근본으로 삼았다면, 열국(列國)들은 서로 겸병(兼倂)하지 않았을 것"이라고 했다.

74) 特; 『우록』에서는 지(持)라고 했다. 이는 『내전록(內典錄)』의 인용에 의거한 것이다.

75) 진원암(陳垣庵) 선생은 『사휘거례(史諱擧例)』에서 『북산록(北山錄)』을 인용하면서 모자의 글의 원래 명칭이 『치혹론(治惑論)』임을 주석하고 있다. 이(理) 자는 당나라 사람이 휘(諱)를 기피하느라고 고친 것이다.

76) 위서라고 의심하는 사람은 『량렌공근저(梁任公近著)』 제1집 중권(中卷), 프랑스 사람 Maspero의 1910년 하내(河內) 『법국원동학교잡지(法國遠東學校雜誌)』, 일본인 토키와 다이죠우[1]의 1920년 4월 『동양학보(東洋學報)』

이다. 진짜라고 생각하는 사람은 손이양(孫詒讓)의『주경술림』, 프랑스 사람 백희화(伯希和; 페리오)²⁾가 번역한『모자』로 1920년『통보(通報)』에 실렸으며 그 본말(本末)을 서술한 것이 자못 상세하다. 주숙가(周叔迦)가 편집한『모자총잔(牟子叢殘)』은『모자 이혹론』이란 서적이 확실히 위서가 아니라고 상세히 고증하고 있다.『연경학보(燕京學報)』20기(期), 여가석(余嘉錫)의『모자 이혹론 검토』

1) 1870년에 태어나 1945년에 세상을 떠났다. 일본 궁성현(宮城縣) 사람으로 평생 중국 불교를 연구한 학자이다. 1920년 이후 다섯 차례에 걸쳐 직접 중국을 오가면서 불교 사적을 연구했다.

2) 폴 페리오(Paul Pelliot), 1878年 5月 28日에 태어나 1945年 10月 26日에 세상을 떠났다. 세계적으로 유명한 프랑스 한학자(漢學者)이자 탐험가. 1908년 중국 돈황의 석굴을 탐험해서 많은 양의 돈황 문물을 구입해서 프랑스로 돌아갔다. 지금 이 문물은 프랑스 국가도서관 박물관에 소장되어 있다.

77) 상세히는 페리오의 글과 주숙가(周叔迦)의 저서를 보라.

78) 혜동(惠棟)은 세속에선 호(皓)로 쓴다고 말한다.

79) 앞서 인용한 손중용을 비롯한 여러 사람들이 모두 이 사실을 언급하고 있다.

80) 손중용은 또『모자』37장과『예문지』,『노자전씨경설(老子傳氏經說)』 37편에 근거해서 한나라 시대 때『노자』는 단지 37장으로 나뉘어졌음을 밝히고 있는데, 그 설이 비록 신기해서 기쁘다고 하겠지만 오류가 있는 듯이 보인다. 각 가(家)의 논증이 매우 많지만 갈등을 일으킬까봐 기록하지 않는다.

81) 이름은 도(陶),『중문상서(中文尙書)』,『춘추훈고조례(春秋訓詁條例)』를 저술했다.

82) 『모자』에서는 "왕교(王喬)¹⁾, 적송(赤松)²⁾의 팔선(八仙)³⁾의 기록, 신서(神書) 170권"을 말했는데, 우길(于吉)의『태평청령서(太平淸領書)』도 170권이다.

1) 촉(蜀) 땅 출신으로 형대(邢台) 위백(爲柏) 사람이다. 몇 년간 현령을 지내다가 관직을 버리고 선무산(宣務山)에 들어가서 도술을 수련했다. 도를 얻은 후엔 백학(白鶴)을 타고 승천(升天)했다고 한다. 그의 사적이 민간 전설로 많이 전해진다.

2) 적송자(赤松子) 또는 적송자(赤誦子)라고도 한다. 진(秦)과 한(漢)의 전설 속에 나오는 고대의 신선.

3) 중국의 민간 전설에 광범위하게 퍼져 있는 도교의 여덟 명의 신선을 말한다. 여덟 명의 이름은 시대에 따라 일치하지 않다가 『동유기(東游記)』에서 처음 확정되었다. 그 이름은 철괴리(鐵拐李), 한종리(漢鍾離), 장과로(張果老), 남채화(藍采和), 하선고(何仙姑), 여동빈(呂洞賓), 한상자(韓湘子), 조국구(曹國舅)이다.

83) 기린처럼 생겼으나 뿔이 없다.

84) 원래 팽성(彭城)(오늘날의 徐州) 등 여덟 성(城)이 있다. 한나라 명제 때 특별히 초왕 영을 위해 취려현(取慮縣)과 창양현(昌陽縣)을 더 주었다. 이 두 현은 임회(臨淮)에 있다.

85) 오늘날 남경 서남쪽 안휘성 관할 지역.

86) 『명제본기(明帝本紀)』와 『금루자(金縷子)』[1] 3권

1) 양(梁)나라 원제(元帝) 소역(蕭繹)이 편찬한 것으로 남북조 시기의 중요한 자서(子書)이다.

87) 오늘날의 임읍현(臨邑縣) 지역

88) 안세고의 선학(禪學)을 계승한 사람

89) 위와 동일.

90) 위와 동일.

91) 지루가참의 역경을 필사한 자. 자는 원사(元士)

92) 위와 동일, 자는 소안(小安)

93) 공정신(邟亭神)의 한 단락은 법림의 『변정론』에 근거하면 『선험기』에서 나왔다.

94) 혜교의 『안세고전』은 원래 『우록』의 전기를 남본(藍本)¹⁾으로 삼은 것이다.

   1) 베끼거나 고친 것에 대하여 근본이 되는 서류나 문건.

95) 1920년 『통보(通報)』의 『모자역문서(牟子譯文序)』.

96) 『사통(史通)』¹⁾, 『정사편(正史編)』을 보라.

   1) 유지기(劉知幾)는 당나라 때의 역사학자로서 사관(史官)을 지냈고 평생을 역사학 연구에 바쳤다. 그가 저술한 『사통(史通)』은 내편 36편, 외편 13편으로 이루어져 있는데, 내편에서는 사서(史書)의 체제 및 편찬방식을 기술하고, 외편에서는 사관과 역대 사서의 잘잘못에 대해 논했다.

97) 평자(平子)는 남양(南陽) 사람으로 젊은 시절 경사에 유학했다.

5

불도(佛道)

『장자, 천하편』에서는 유가, 묵가, 음양가, 명가, 법가 등의 학파를 거론하면서 총체적으로 도술(道術)이라 이름붙이고 있다. 한나라 초기에 사마담(司馬談)의『논육가요지(論六家要指)』[1]에서는 황로의 청정무위(淸淨無爲)를 도가(道家)라 말하고『한서, 예문지』는 이를 따르고 있다. 그러나『사기, 봉선서』에서는 이미 방사를 방선도(方仙道)라 칭하고 있으며, 한나라 말엽에는 태평도가 있었다. 그리고 동한의 왕충이 지은『논형, 도허편(道虛篇)』에서는 벽곡을 하고 기(氣)를 길러서 신선이 되어 죽지 않는 술법을 도가라고 하였다. 이는 모두 후대 천사(天師)[2]의 도교가 비롯된 기초였으며 당시 점점 유포되고 있던 불교 역시 이런 종류의 도술에 부속되었다. 모자는 석가모니의 가르침을 '불도(佛道)'라 칭했고,『사십이장경』에서는 스스로 불교를 석도(釋道)나 도법(道法)이라 칭했다. 그리고 불법을 배우는 것을 '도를 한다[爲道]', '도를 행한다[行道]', '도를 배운다[學道]'고 했다.

---

1) 사마담은『사기』를 저술한 사마천의 아버지이다. 그는『논육가요지』를 저술해서 춘추전국시대의 유가, 묵가, 도가, 명가. 법가, 음양가의 특징과 그에 대한 평가를 하였다.

2) 고대에 도술이 있는 사람에 대한 존칭.

대체로 한나라 때 불교와 도가는 본질적으로 서로 통해 있었고, 당시 사람은 왕왕 한 종류로 이야기했다.

1) 정령(精靈)의 생겨남과 소멸함

한나라 때 불교의 가장 중요한 신조는 신령(神靈)은 불멸(不滅)이며 돌고 돌면서 보응(報應)한다는 설이다. 원언백(袁彦伯)은 『후한기』에서 이렇게 말하고 있다.

> 또 사람은 죽어도 정신은 소멸하지 않고 다시 형체를 받는 것으로 여긴다. 살아있을 때 행한 선행과 악행에 따라 모두 보응이 있기 때문에 귀중한 것은 선행을 하여 도를 닦고 끊임없이 정신을 연마함으로써 무위에 도달해 부처가 되는 것이었다.

또 말한다.

> 그러나 현미(玄微; 현묘하고 미묘함)의 심원(深遠)함에 돌아가기란 체득해 헤아리기 힘들기 때문에 왕공(王公)과 대인(大人)은 삶과 죽음이 보응하는 지점을 관찰하자 망연자실하지 않음이 없었다.

범울종(范蔚宗; 범엽)은 『후한서』에서 이렇게 말한다.

> 또 정령(精靈)의 생겨남과 소멸함, 원인과 과보가 서로 이어짐은 마치 새벽이면서도 어둑어둑한 것과 같기 때문에 박학한 사람도 많이 미혹한다.

『모자』의 글에서는 세속에서 불도를 비난하는 것에 대해 이렇게 말하고 있다.

공자는 "아직 사람을 섬기지도 못하면서 어찌 귀신을 섬길 수 있단 말인가? 아직 생(生)도 알지 못하는데 어찌 죽음을 알겠는가?"라고 말했으니, 이는 성인의 강령(綱領)인 것이다. 이제 불가에서 매번 생사의 일과 귀신의 짓을 설한다면, 이는 자못 성인의 명철한 말은 아닐 것이다.

이미 불가에서 매번 생사와 귀신을 설했다고 한다면, 이는 당시의 불교도들이 늘 말한 것임을 알 수 있다. 『이혹론』에서 또 말한다.

문: 불도에서는 사람이 죽으면 반드시 다시 재생한다고 하는데, 저는 이 말이 진실인지 아닌지 믿지 못하겠습니다.

모자는 답하는 말에서 소멸하는 것은 신체(身體)이고 신(神)은 죽지 않는다고 말했다.

혼신(魂神)은 진실로 불멸이다. 다만 몸은 저절로 썩을 뿐이다. 비유하자면 몸은 오곡의 뿌리나 잎과 같고, 신은 오곡의 종자와 같다. 뿌리나 잎은 생기면 반드시 죽기 마련이지만, 종자가 어찌 끝내 없어지겠는가? 도를 터득하면 몸이 소멸할 뿐이다. 『노자』는 "내게 큰 근심이 있는 까닭은 내게 몸[身]이 있기 때문이니, 만약 내가 몸이 없다면 내게 무슨 근심이 있겠는가?"라고 했으며, 또 "공(功)이 이루어지고 명예가 성취되면 몸은 물러나는 것이 하늘의 도(道)이다"라고 했다.

미혹한 사람이 다시 물었다.

도를 행해도 죽고 도를 행하지 않아도 죽는다면 무슨 차이가 있습니까?¹

모자가 답했다.

도가 있으면 비록 죽더라도 신(神)은 복당(福堂)으로 돌아가고, 악을 행하면 이미 죽은 것이며 신(神)도 응당 재앙을 받는다.

이것이 바로 보응(報應)의 설이다. 『사십이장경』에서는 이렇게 말하고 있다.

악한 마음의 때[垢]가 소진되어야 비로소 혼령이 좇아온 곳과 생사가 취향(趣向)하는 바와 온갖 불국토(佛國土)와 도덕의 소재를 안다.

경전에서 언급하는 윤회의 보응은 그 말이 동일하지 않다. 가령 무아(無我)의 한 가지 뜻이라면 단지 다음에 열거한 1장(章)에서 보일 뿐이다.

부처님께서 말씀하셨다.
"몸 안의 사대(四大)를 스스로 염(念)하는데 익숙하면, 명(名)²은 스스로 명자가 있는 것이라서 도무지 나는 없게 되니[無吾], '나[我]라는 것이 기생(寄生)해도 머지않아 그 일[事]이 환(幻) 같을 뿐이다."

'무아(無我)'를 여기서는 '무오(無吾)'로 번역하고 있다. 한나라와 위나라의 경전에서는 또 '비신(非身)'이라고 말하기도 한다. 대체로 '무아'는 단지 정령이 생겨나고 소멸함을 인식하는 것일 뿐이니, 기생(寄生)한 것은 머지않아 형상이 소진하고 신(神)이 전달되면 그 일이 환(幻)과 같을 뿐이다.

석가모니의 깊은 종지는 처음부터 바로 중국 사람이 완벽히 이해할 수
있는 것이 아니었다. 동한 시대에는 귀신에 관한 설(說)이 지극히 치성했다.
그래서 불교가 삼세(三世)의 인과를 이야기하자 마침내 귀도(鬼道: 귀신의
도)의 하나로 오인하면서 내교(內敎)와 외도(外道)가 나란히 병행하며
서로 어긋나지 않았다.

『사기, 봉선서』를 보면, 한무제는 처음 즉위하면서 더욱 귀신을 공경하는
제사를 지냈다. 그래서 이소군(李少君)은 "사당의 부엌에 제사를 지내며
물(物)을 불렀다……."[3]고 글을 올렸으며, 방사 소옹(少翁)도 능히 귀신을
불렀다. 동한 때 왕충은 『논형』에서 세속의 귀신에 관한 설(說)을 더 많이
설명하고 있다. 『논형, 논사편(論死篇)』에서는 "세상에서는 죽은 사람은
귀신이 되는데 지능이 있어서 능히 사람을 해친다고 말한다"고 했고,
또 "세간에서 죽은 자는 금생의 사람이 운명해서 그 말을 쓰는 것이고,
그리고 무속인은 원현(元絃)을 쳐서 죽은 사람의 혼을 내려오게 하는
것은 무속인이 말로 이야기하기 때문이다"라고 했으니, 그렇다면 당시
사람은 진실로 귀신이 무속인의 몸에 의거할 수 있다고 믿은 것이다.

왕충도 "죽은 사람은 살아있는 사람의 형상으로는 볼 수 없다"고 말했고,
또 "죽은 몸이 변화하여 산 코끼리로 되는 일은 없다"고 하였으니, 이는
모두 귀혼(鬼魂)이 사람의 형상을 갖추는 걸 가리켜 말했을 뿐이지 윤회의
설을 언급한 것은 아니다. 『논형, 복허편(福虛篇)』에서는 "세상에서는
선행을 하면 복이 오고 악행을 하면 화가 닥친다고 논의한다"고 했으니,
이 또한 단지 화와 복이 본인 자신이나 자손에게 미치는 걸 말했을 뿐이지
자신이 선행을 하면 내생에 과보를 받는다고 언급한 것은 아니다. 『논형,
논사편』에서는 또 이렇게 말하고 있다.

혹은 "귀신은 음양의 이름이다. 음기(陰氣)는 사물을 거역해서 돌아가기 때문에 귀(鬼)라 말하고, 양기(陽氣)는 사물을 인도해서 생성하기 때문에 신(神)이라 한다. 신(神)이란 신(伸, 확장)이다. 확장과 복귀가 마침이 없어서 끝나도 다시 시작하니, 사람은 신기(神氣)로써 생겨나고 죽음은 신기로 복귀하는 것이다.

귀신은 대체로 음과 양 두 기운의 별명(別名)이다. 왕충은 이에 근거해 세속에서 말하는 소위 귀신을 배척했다. 그러나 환제 때 변소(邊韶)가 지은 『노자명(老子銘)』에서는 이렇게 말하고 있다.

애초에 인류는 유체(遺體)[3]로 상속했으므로 그 생사의 이치[義]를 알 수 있다. 가령 욕신(浴神=谷神)[4]은 죽지 않는다고 함은 현빈(玄牝)[5]을 일컬어 말한 것이니, 이를 말미암아 세상에 도를 좋아하는 자는 품류(品類)에 접촉해서 생장하는[觸類而長] 것이다. 노자는 혼돈(混沌)의 기운을 분리하거나 결합시켜서 삼광(三光)[6]과 더불어 처음과 끝이 되고, 하늘을 관찰해서 참(讖)[7]을 지어(빠져 있음) 십성(什;(두(斗)자임)星)에 강림하고, 날[日]을 따라 아홉 번 변하고 때[時]와 더불어 흥성하고 쇠퇴하며, 삼광을 법도로 삼고 사령(四靈)[8]이 곁에 있으며, 단전(丹田)에 상념을 두고[存想][9] 태일(太

3) 옛날에 자녀의 몸은 부모가 낳은 것이라고 말했으니, 그래서 자녀의 몸을 부모의 '유체(遺體)'라고 칭했다.
4) 골짜기의 빈 곳. 헤아릴 수 없이 깊고 미묘한 도(道)를 비유하는 말임. '곡신은 죽지 않으니, 이를 현빈(玄牝)이라 한다'는 구절이 『노자(老子)』에 나온다.
5) 도가에서 말하는 만물의 근원. 『노자』에서는 "현빈의 문(門)을 천지의 근원이라 한다"고 했다.
6) 해, 달, 별을 말한다.
7) 미래의 길흉과 화복의 전조(前兆).

一)의 자방(紫房)이 된다10). 도(道)기 이루어지면 몸이 변화해서 매미가
허물을 벗듯 세상을 건너니, 복희와 신농 이래로(빠져 있음) 성자(聖者)를
위해 스승이 되었다.

왕충은 사람은 신기(神氣)를 품부 받아 생겨나고 죽음은 신기에 복귀하는
것이라 했다. 비록 윤회설을 주장하지는 않았지만 원기(元氣)는 영원히
존재하고 이를 확장하면 정신은 불멸이라고 했다. 변소는 '노자는 혼돈(混
沌)의 기운을 분리하거나 결합시켜서 삼광(三光)과 더불어 처음과 끝이
되었다'고 했으니, 정말로 도를 좋아하는 자는 '곡신은 죽지 않는다(谷神不
死)'는 구절에 근거할 뿐 아니라 또한 음과 양 두 기운의 이치로써 품류에
접촉해 생장하는 것이다.

그래서 노자는 곧 선천(先天)의 도로서 유체(遺體)가 상속하여 매미가
허물을 벗어나듯 세상을 건너며4:, 형체는 비록 모였다 흩어졌다 교대로
흥기해도 정신은 현빈에 들어가 죽지 않는다. 불가에서는 석가모니의
과거 본생(本生)이 무량겁(無量劫)을 거쳤다고 말하며, 도가에서도 노자가
복희와 신농 이래로 자주 성자를 위해 스승이 되었다고 했다.5:

도가에서는 원기(元氣)가 영원히 존재하는 걸 주축으로 삼고, 불가에서
는 생사가 윤회한다고 이야기하고 있어서 정령의 불멸과 인과의 보응이
서로 따르면서 마침내 유행하는 신앙이 되었다. 윤회의 보응은 원래 내전(內

---

8) 고대에 동서남북을 관장하는 신(神)을 가리킨다.
9) 도가에서 도를 닦아 나가는 과정으로 첫째, 재계(齋戒), 둘째, 안처(安處), 셋째(存
    想), 넷째, 좌망(坐忘), 다섯째, 신해(神解)가 있는데, 마음을 집중해 돌이켜
    살피는 것을 '존상(存想)'이라 한다.
10) 도가에서 말하는 궁극의 도를 '태일(太一)'이라 하며, 도가에서 연단(鍊丹)을
    하는 방을 '자방(紫房)'이라 한다.

典; 불경)에서 나온 것이고, 곡신이 죽지 않는다는 것은 도경(道經)에서 취한 것이다. 이처럼 양자가 서로를 빛내주고 서로 밑천이 되는 작용을 하고 있으니, 석가와 노자가 한나라 시대 때는 관계가 밀접하다는 걸 여기서 이미 알 수 있다.

2) 욕망을 줄이고 사치를 없앤다[省慾去奢]

『사십이장경』 전체의 종지는 범행(梵行)[11]을 장려하는데 있다. 종지를 펼친 분명한 뜻은 소위 "사문은 늘 250계(戒)를 행하고, 네 가지 참된 도행(道行)을 하고, 지향(志向)의 청정함에 나아가는 것"이며, 그 나머지 각 장(章)은 사람들에게 애착과 욕망, 특히 상견(常見)을 극복하도록 가르치고 있다.

> 사람을 어리석음으로 가리게 하는 것은 애착과 욕망이다.
> 사람은 애착과 욕망을 품으면 도(道)를 보지 못한다.
> 마음속에 본래 삼독(三毒)[12]이 있어서 내면에서 들끓고, 오개(五蓋)[13]가 외부를 덮어서 끝내 도를 보지 못한다.
> 사람이 애착과 욕망을 갖는 것은 마치 횃불을 들고 바람을 맞으며 다니는 것과 같다.

---

11) 범(梵)은 청정이나 적정의 뜻. 맑고 깨끗한 행실.
12) 탐냄, 성냄, 어리석음을 말한다.
13) 마음을 가리는 다섯 가지 법. 개(蓋)는 덮어서 가린다는 뜻이다. 탐욕개는 탐욕, 진에개(瞋恚蓋)는 성냄, 수면개(睡眠蓋)는 마음이 흐려지고 몸이 무거워지는 것. 도회개(掉悔蓋)는 마음이 들뜨고 근심하는 것, 의법개(疑法蓋)는 불법에 대한 의심으로 결단하지 못하는 것이다.

사람이 도를 닦을 때 정욕(情欲)을 없애기를 응당 가죽에 불이 붙듯이
해야 한다.
　사람은 애착과 욕망으로부터 근심을 낳고, 근심으로부터 두려움을 낳는다.

애착과 욕망 중에 큰 것은 재물과 색(色)이다.

　사람이 재물과 색을 갖는 것은 비유하자면 어린아이가 칼날에 묻은
꿀을 탐내는 것과 같다.[6:]
　사람이 아내와 저택에 묶여 있는 우환은 감옥이나 질곡보다 심하다.
　애착과 욕망 중에 색(色)보다 심한 것은 없으며, 색이 욕망이 되면 더할
나위 없이 크다.

　재물과 색을 애착과 욕망의 근원으로 보기 때문에 사문은 세상의 재물을
버리고 출가하여 도를 배운다. 『모자』에서는 "사문은 아내와 재물을 버리고
종신토록 아내를 취하지 않는다"고 했으며, 또 "불도는 무위를 숭상하고,
보시를 즐기고, 온갖 계율을 지니며, 조심하기를 마치 깊은 심연에 임한
듯 한다"고 했다. 원굉의 『후한기』에서도 "사문이란 한역하면 식(息; 쉬다)
이다. 뜻[意]을 쉬고 욕망을 버려서 무위에 돌아간다"고 하였다.
　'무위에 돌아감'은 『모자』에 보이고[7:] 또한 양해의 소(疏)에도 보인다[8:].
무위는 바로 열반의 고역(古譯)이니 그 뜻은 실제로 『노자』에서 나온
것이다. 소위 자연에 순응하는 것이니, 자연에 순응하면 그 정(情)이 넘치지
않고 그 성품이 방탕해지지 않으므로(모자) 참에 귀의해 소박함에 돌아가며
[歸眞返樸] 욕망을 줄이고 사치를 없앤다[省慾去奢]. 황로의 학문은 본래
청정무위를 숭상하니, 사마담(司馬談)은 이렇게 말한다.[9:]

무릇 사람이 생겨난 바는 신(神)이고 의탁한 바는 형상이다. 신은 지나치게 작용하면 고갈하고 형상은 지나치게 피로하면 피폐해지니, 형상과 신이 떨어져 나가면 죽는다. 죽은 자는 다시 살 수 없고 떨어져 나간 자는 다시 돌이킬 수 없기 때문에 성인은 이를 중시한다.

『한서, 예문지』에서 말한다.

신선이란 성명(性命)의 참됨을 보전해서 밖으로 그걸 다니며 구하는 자이니, 뜻과 마음을 평탄하게 하여 생사의 영역을 함께하면서도 가슴속에 두려움이 없다.

성명(性命)의 참됨을 보전하고자 하면 모름지기 정신을 안으로 지키면서 외부 사물에 유혹되지 않아야 한다. 『회남(淮南), 정신훈(精神訓)』에서 말한다.

다섯 가지 빛깔이 눈을 어지럽히면 눈을 밝게 보지 못하게 하고, 다섯 가지 소리가 귀를 시끄럽게 하면 귀를 똑똑히 듣지 못하게 하고, 다섯 가지 맛이 입을 어지럽히면 입을 망가트려 상하게 하고, 취하고 버리는 짓을 하면 마음을 교활하게 하고 행실을 방종하게 하니, 이 네 가지가 천하에서 성품을 기르는 것이긴 하지만 모두 사람에게 해를 끼치기도 한다. 그래서 "욕망을 추구하는 자는 사람의 기운을 과도하게 쓰고, 미워하길 좋아하는 자는 사람의 마음을 피로하게 하니, 조속히 없애지 않으면 의지와 기개가 날로 소모될 것이다.

사람이 지나치게 욕망을 추구하면 우매해져서 명철하지 못하고[10]; 지혜가 밝은 사람은 티끌이 더럽히지 못하고, 정신이 맑은 사람은 기호나 욕망이 어지럽힐 수 없으니[11]:, 이 때문에 『정신훈(精神訓)』에서는 또 이렇게 말했다.

하지만 눈과 귀의 정명(精明)함으로 현묘함을 통달해서 유혹에 휘둘리지 않게 하면, 기지(氣志)는 텅 비고 고요해지고 담박해지고 편안해지면서 욕망이 줄어든다. 그리하여 오장(五臟)이 안정되어 기운이 충만해지면서 밖으로 새어나가지 않으면, 정신은 안으로 육신[形骸]를 지키며 바깥으로 넘치지 않아서 지난 세상에 있었던 일을 보고 다가올 일의 전말까지도 볼 수 있을 터이니, 하물며 화복이 오는 것을 보지 못하겠는가.

또 "정신이 왕성해서 기운이 흩어지지 않으면 이(理)[14]이고, 이(理)이면 균등[均]하고, 균등하면 통(通)하고, 통하면 신(神)이고, 신이면 보아도 보지 못함이 없고 들어도 듣지 못함이 없다"고 했으니, 삼명(三明)이 있으면 육통(六通)[15]을 얻는다. 육통의 하나는 숙명통(宿命通)인데, 『사십이장경』에서는 이렇게 말하고 있다.

---

14) 사물의 보편적 원리를 말함. 불교에서는 경험적 인식을 초월한 영원불변하고 보편평등한 진여(眞如)를 말한다. '이(理)'는 수연(隨緣)과 불변(不變)의 두 가지 덕을 갖추는데, 즉 연(緣)에 따라 삼라만상으로 차별되는 온갖 존재들로 변화하지만 그 성(性)은 항상 존재하면서 변하지 않는다. 그것은 범부의 상대적 지식을 초월하기 때문에 언어나 문자로 표현할 방법이 없다.

15) 숙명명(宿命明), 천안명(天眼明), 누진명(漏盡明)을 삼명이라 하고, 숙명통, 천안통, 누진통, 신족통(神足通), 천이통(天耳通), 타심통(他心通)을 육통이라 한다. 전생을 아는 것을 숙명통, 막힌 곳까지 훤히 꿰뚫어 보는 것을 천안통, 번뇌가 다한 것을 누진통, 자기 생각대로 날아다니는 것을 신족통, 아주 먼 곳의 소리도 듣는 것을 천이통, 상대의 마음을 꿰뚫어 보는 것을 타심통이라 한다.

어떤 사문이 부처님께 여쭈었다.

"부처님께선 어떤 인연으로 도를 얻고, 어떻게 숙명을 알았습니까?"

부처님께서 대답했다.

"도는 형상(形相)이 없어서 아는 건 무익하다. 중요한 것은 반드시 지향과 행실[志行]을 지키는 것이다. 비유하자면 거울을 닦는 것과 같아서 때가 제거되면 밝음이 존재해서 즉각 저절로 형상이 보인다. 욕망을 끊고 공(空)을 지키는 것이 바로 도의 참됨을 보고 숙명을 아는 것이다.

『회남자, 원도훈(原道訓)』에서는 또 "온 몸으로 성품을 길러서 도와 하나가 되면 천하를 차지했다고 할 수 있다"고 말했다.

천하를 차지했다는 것이 어찌 필경 권세를 잡아 다스리면서 살리고 죽이는 지렛대를 조종해 호령하는 것이겠는가? 내가 소위 천하를 차지했다고 하는 것은 그런 뜻이 아니니 스스로 터득할[自得] 뿐이다.

'스스로 터득한다'는 것은 완전한 상태[渾然]로 갔다가 뜻대로 오는 것이니, 형체는 고목과 같고 마음은 불 꺼진 재와 같다.

그러므로 진귀한 보배와 주옥(珠玉)을 마치 돌이나 자갈처럼 보고, 지극한 존귀함과 궁총(窮寵)16)을 마치 길가는 나그네처럼 보며, 모장(毛嬙)17)과 서시(西施)를 마치 못난이처럼 본다(『정신훈(精神訓)』).

---

16) 지극한 존귀함과 뜻이 같다. 또한 제왕이나 제왕의 지위를 가리킨다.
17) 고대 미녀의 이름으로 월 나라 왕의 첩이라고 한다.

『사십이장경』 말미에서는 이렇게 말하기도 한다.

　부처님께서 말씀하셨다.
　"나는 제후의 지위를 지나가는 나그네처럼 보고, 금과 옥 같은 보배를
자갈이나 돌처럼 보고, 아름다운 모직물과 흰 비단을 마치 폐백(幣帛)처럼
보았다."

　도를 행하는 자가 욕망을 없애면, 그 결과로 부귀가 아침이슬이나 다름없
고 아름다운 여인이 해골로 보이는 것은 진실로 중국이나 외국의 학설(學說)
속에 항상 있는 것이다.

　장형(張衡)의『서경부(西京賦)』에서는 장안의 수많은 아름다운 광경을
서술하면서 "전계(展季)이든 상문(桑門)이든18) 어찌 유혹되지 않을 수
있겠는가"라고 말했고, 양해 역시 부처님께서 옥녀(玉女)를 온갖 더러움으
로 보았다는 말을 인용하였다. 대체로 사문이 여색(여色)을 가까이하지
않는 것은 중국의 도술에는 없는 것이다[12]. 따라서 당시 사람들이 이를
기이하고 놀랍게 생각한 것은 아주 당연한 일이다. 그러나 양해가 환제에게
간언을 하면서 이미 "폐하께서 천하에 아름다운 음란한 여인이나 요염한
아녀자와 음행을 하는데, 어찌 황로와 같아지고자 할 수 있겠습니까?"라고

18) 전계(展季)는 춘추시대 노나라의 대부 유하혜(柳下惠)를 가리킨다. 식읍(食邑)
　이 유하(柳下)이고 시호(諡號)가 혜(惠)이다. 기원전 634년 제나라가 노나라를
　공격하자 그는 사람을 제나라 진영으로 보내서 그들의 군사를 물러나게 했다.
　변설에 능하고 예절에 밝아서 공자로부터 칭송을 받았다.
　'상문'은 사문, 즉 승려를 말한다.

했으니, 그렇다면 당시 황로의 신도들 역시 음욕(淫慾)을 절제함으로써
칭송을 받은 것으로 보인다. 한나라 때 학자로는 단지 장형, 양해만이
불교를 서술하고 언급했을 뿐이다. 『후한서, 방기전』에서 장형은 음양
사상을 따르는 종파였고 양해는 술수(術數)의 학문을 전공했다고 했으니,
두 사람이 불교를 아는 것만으로도 부도와 방기의 밀접한 관계를 또한
증명할 수 있는 것이다.

　욕망을 극복하는 방법은 크게 두 가지로 구별된다. 첫째는 선정(禪定)이
고 둘째는 계율이다. 『사십이장경』에서는 우바새에겐 오사(五事)19)의
계율이 있고 사문에겐 250계가 있다고 했으며, 모자 역시 "사문은 250계로
매일매일 재계하는데, 그 계는 우바새가 배우는 것은 아니다"라고 했다.
한나라 이래로 불가는 늘 큰 계(大戒)로 250계가 있다고 배웠는데, 동진(東
晋) 때 도안에 와서야 처음으로 계(戒)가 실제로는 250계만이 아니라는
걸 알았다. 한나라 때 사문이 계율을 받들어 행하는 상세한 상황에 대해서는
다음에 논하고 언급할 것이다.

3) 선법(禪法)의 유행

　선정이란 낱말은 『사십이장경』에는 보이지 않지만, 그러나 '천지를 관찰
해서 항상하지 않음(非常)을 염(念)한다'는 구절은 있는데, 이는 무상관(無
常觀)을 말한 것이다. 또 경전을 외우는 것을 거문고를 조율하는 일과

---

19) 불교 수행자가 지켜야 할 다섯 가지 계율. 구걸하여 먹는 걸식(乞食)·낡고
　　헤진 옷을 입는 분소의(糞掃衣)·일정하게 머물 거처를 만들지 않는 노좌(露座)
　　·향이나 맛이 강한 음식과 산 짐승에게서 난 생음료를 먹지 말라는 불음수염·
　　생선이나 고기를 먹지 않는 불식어육(不食魚肉)의 다섯 가지이다.

견주면서 완급을 조절해 중도를 얻어야 한다고 했는데, 이는 『잡아함경』
9권의 '이십억이(二十億耳)'의 한 단락에서 보인다. 소위 경전을 외우는[誦
經] 것은 실제로 행선(行禪)의 착오이다. 또 "사람의 어리석음은 나를
착하지 않다고 여기는데, 나는 사등(四等)으로 그를 사랑으로 보호하고
구제한다. 자(慈; 사랑), 비(悲; 연민), 희(喜; 기쁨), 호(護; 보호)[13]를 '사등'이
라 칭한다. 원문에선 비(悲)와 희(喜) 두 글자가 빠져 있지만, 바로 선법에서
말하는 사무량심(四無量心)[20]이다. 그리고 이밖에 각 장(章)에서 말하는
행도(行道)[14]는 선정(禪定)의 고역(古譯)으로 보인다.

　그러나 동한 시대 때 환제 이전에는 역사서에 실려 있지 않아서 불교의
선법은 아직 유행하지 않았다. 지루가참이 『반주삼매경』, 『수능엄경』을
번역하고 지요(支曜)가 『성구광명정의경(成具光明定意經)』을 역출하고
서야 한나라와 진나라 사이에는 『반주삼매경』에 두 가지 번역이 있고
『수능엄경』에 일곱 가지 번역이 있고 『성구광명정의경』에 두 가지 번역이
있어서[15] 대승의 선법이 점점 번성하는 걸 알 수 있다. 그리고 한나라와
위나라 두 시대에 걸쳐서 안세고의 선법은 특히 불법을 배우는 사람에게
유행된 기풍으로 보인다. 안세고는 특별히 선수(禪數)를 잘했는데, 『십이문
경(十二門經)』, 『수행도지경(修行道地經)』, 『명도오십계교경(明度五十
計校經)』은 모두 선(禪)의 경전이고 다 안세고의 번역이다. 그리고 그가
번역한 『안반수의경』 등[16]은 특히 중국 최초로 성행한 교법이다. 한나라
말엽과 위나라 초기에 강승회는 『안반수의경서』(『우록』 6)에서 이렇게
말하고 있다.

---

20) 사무량심이란 중생을 향한 보살의 네 가지 거룩한 마음가짐인 자(慈 : 사랑함)·
　비(悲 : 더불어 아파함)·희(喜 : 더불어 기뻐함)·사(捨 : 버림)를 말한다.

나는 말법 시대에 태어나서 땔나무를 짊어질 수 있는 어린 시절에 부모님
이 돌아가시고 세 분의 스승을 여의었다. 구름과 태양을 우러러보면서 질문
을 받아줄 수 있는 분이 없음을 슬퍼했으니, 그때를 돌이켜 보면 비감에
젖어 눈물이 난다.

그러나 숙세(宿世)의 복이 없어지지 않았는지 나 강승회는 남양의 한림
(韓林), 영천의 피업(皮業)(皮는 文으로 되어 있는 곳도 있고 大로 되어
있는 곳도 있다), 회계의 진혜(陳慧)를 뵈었다. 이 세 현자(賢者)는 돈독하고
엄밀하게 도를 믿고 있으며 크고 올바르게 덕을 지니고 있어서 순수하고
성대하게 분투하고 노력해서 게으름 없이 도를 지향하였다. 나는 이들을
찾아가 물었는데 규구(規矩; 법도)가 똑같이 합치했고 뜻(義)에 어긋남이나
차이가 없었다. 진혜가 경전의 뜻에 주석을 하면 나는 재삼 확인하는 것을
도왔으며, 스승이 전하지 않은 것은 배척함으로서 감히 멋대로 하지 않았다.

한림과 피업과 진혜는 모두 안세고에게 동문수학해서 선법을 배운 것으
로 보인다. 진혜는 또『안반수의경』을 주석했다. 엄부조가 찬술한『십혜장
구』와 더불어 똑같이『안반수의경』을 부연한 사람이며, 강승회는 진혜
등에게 배워서 안세고의 또 다른 전승자로 보인다[17]. 그리고 서문 속에서
소위 "순수하고 성대하게 분투하고 노력해서 규구(規矩)가 똑같이 합치했
고"는 부지런한 정진이 다 선법(禪法)에 의지하고 있음을 가리킨 것으로
보인다. 이는 안세고가 일찍부터 사람들에게 습선(習禪; 선 수행)을 가리킨
것이니, 한나라 말엽에 한림, 피업, 진혜는 바로 행선(行禪)으로 이름이
난 사람들이다.

대체로 불법을 배워 들어가는 것에 두 가지 감로문(甘露門)이 있다.
첫째는 부정관(不淨觀)이고, 둘째는 식념(息念)을 지니는 것이다. 부정(不
淨)을 관하는 것은 좌선할 때 백골이나 죽은 시체를 대상으로 삼는 것으로

그 법이 비교적 어려우며, 식념을 지니는 것은 안반(安般)을 염(念)하는 것으로서 바로 십념(十念)21)의 하나이다. '안반'은 들숨과 날숨인데, 선심(禪心)을 호흡에 기탁하는 것이 중국의 방사들이 토납(吐納)22)을 익히는 것과 비슷하다. 토납술이 언제부터 시작되었는지는 모르겠지만18:, 환담(桓譚)의『선부(仙賦)』23)에는 "왕교(王喬), 적송(赤松)은 숨을 내쉬면 묵은 것을 내뱉고 들이마시면 새로운 것을 받아들였다"는 말이 있다. 왕충의『논형, 도허편』에서는 "도가에서는 서로 자랑하기를 '진인(眞人)은 기(氣)를 먹고 기를 음식으로 삼기 때문에 기를 먹는 자는 장수하면서 죽지 않는다는 말이 전한다."고 하였고, 또 "도가는 아마도 기(氣)를 인도해 성품을 기르기 때문에 세상을 초탈하여 죽지 않는다"고 하였다.『모자』에서는 "성인은 곡식을 먹는 자는 지혜롭고, 풀을 먹는 자는 어리석고, 고기를 먹는 자는 사납고, 기(氣)를 먹는 자는 장수한다고 했다"고 하였다.

토납술은『참동계(參同契)』24)에 보인다. 그러나19: 그 상세한 내용은 후대 사람의 주소(注疏)나 해석에 의지한 것이 많다.『포박자, 석체편(釋滯

---

21) 염불(念佛), 염법(念法), 염중(念衆), 염계(念戒), 염시(念施), 염천(念天), 염휴식(念休息), 염안반(念安般), 염신(念身), 염사(念死).
22) 토납법(吐納法)은 심신의 탁기와 병독은 내보내고 천지의 맑고 밝은 기운은 들이마시는 숨쉬기이다. 토납(吐納)은 '낡은 것은 내보내고 새 것은 들인다'는 토고납신(吐故納新)의 준말이다.
23) 환담은 동한 시대의 철학자이자 경학가(經學家)이다. 음률에 뛰어나서 북과 금(琴)을 잘 연주했고 박학다식해서 오경(五經)을 두루 익혔다.『선부』는 그가 쓴 선협(仙俠) 소설이다.
24)『주역참동계』이다. 도교의 연단법(煉丹法)을 설한 경전으로 총 3권이다. 동한 때 위백양(魏伯陽)이 지었고 연단, 도교의 신선사상,『주역』세 가지가 맞물려 있기 때문에 '참동계'라고 불렀다. 내적 수련 외에도 광물을 이용해 만든 금단(金丹)을 복용하면 인체를 보양할 수 있다고 주장한다.

篇)』에서는 태식법(胎息法)을 상세히 서술하고 있지만, 그러나 한나라 때 도가가 행한 것인지 옳고 그름을 확정할 수 없다. 다만 한나라 말엽에 순열(荀悅)25)의 『신감(申鑑)』 3권에서는 기(氣)를 다스리는 술법을 서술하고 있다. 간략히 말하면 다음과 같다.

> 무릇 성품을 잘 기르는 사람은 일정한 술법이 없고 그 화(和)를 얻을 뿐이다. 배꼽 아래 2촌(寸)을 관(關)이라 한다. 관(關)이란 호흡의 기운을 관문에 갈무리함으로써 네 가지 기운26)을 이어받는 것이다. 그러므로 기(氣)가 장구(長久)한 자는 역시 숨을 관문에 갈무리하지만, 기가 짧은 자는 그 숨이 점점 올라오고 그 맥이 점점 빨라진다. 정신(神)이 점점 한도를 넘어서면 어깨로 숨을 쉬게 되어서 기가 풀리고, 그 정신이 점점 집중되면 숨을 관문에 갈무리하게 되어서 기가 충만해진다. 따라서 도(道)란 항상 기(氣)를 관(關)에 모으는 것이니, 이를 술(術)이라 한다.

긴 숨과 짧은 숨은 역시 『안반수의경』에 보인다. 도가의 토납은 겨우 이것만을 근거로 반드시 불가의 선법(禪法)을 이어받았다고는 말할 수 없다.20: 다만 당시에는 『안반수의경』의 선법이 유행해서 반드시 도술과 계합했기 때문이란 점은 의심할 수 없는 것으로 보인다.

한나라 말엽 향허(向栩)는 젊은 시절 서생(書生)이었다. 성품이 고답적이고 기이해서 평범하지 않았는데 항상 『노자』, 『장자』를 읽고21: 온갖 서적을 널리 열람하는 한편 황로의 고허(古虛)22:를 좋아했다23:. 그의 모습은

---

25) 동한(東漢) 말엽의 정치가, 역사학자로서 148년에 태어나 209년에 죽었다. 『신감 申鑒』은 그가 저술한 정론서(政論書)이자 찰학서이다.

26) 네 가지 기운[四氣]은 봄, 여름, 가을, 겨울의 따뜻함[溫], 뜨거움[熱], 서늘함[冷], 차가움[寒]과 같은 기운을 말한다.

도(道)를 배우는 것 같고 또 미친 서생 같았으며, 머리를 늘어뜨리길 좋아하고 빨간 머리띠를 둘렀다[24]. 그리고 늘 부엌 북쪽에서 널빤지로 만든 평상 위에 앉았는데, 이처럼 오래 앉아있자 널빤지에 무릎, 발꿈치, 발가락을 댄 자리에 흔적이 남았다. 늘 저자에 들어가 걸식을 했으며, 나중에 장각(張角)의 난(亂)이 일어나자 환관 장양(張讓)이 향허를 '장각과 은밀히 내통하는 것 같다'고 참소(讒訴)함으로서 사형에 처해졌다[25].

향허 역시 도술을 좋아하는 인사(人士)였으며, 그가 오래 앉아있는 것은 도가의 선법처럼 보인다. 향허는 하북의 조가(朝歌) 사람이고, 안세고의 제자로는 남양의 한림과 영천의 피업이 있으며, 진혜는 남방의 회계 사람이다. 강승회는 오나라에 있었는데, 도안의 『대십이문경서(大十二門經序)』에 의거하면 가화(嘉禾) 7년 건업(建業) 주사예(周司隸)의 객사(客舍)에 있었다[26]. 그렇다면 한나라 말엽에서 위나라 초기에 하북, 강남, 그리고 중주(中州) 일대에는 모두 선학(禪學)이 있었다. 그리고 『태평경』에서 말하는 '수일(守一)'[27]의 법(法)도 진실로 불가의 선법에서 얻은 것이라면 산동에서 선법이 유행한 것을 역시 알 수 있다[27].

4) 인자(仁慈)하고 보시하길 좋아함

한나라 때 불교는 특히 사사로운 욕망을 없애는 걸 중시했다.[28] 신명(神明)[28]을 거련(祛練)하는[29] 방법이기 때문에 한나라 말엽에 자못 유행하였

---

27) 하나를 지킨다는 뜻. 도교의 수련법으로 정(精), 기(氣), 신(神)을 서로 끌어안고 의존하게 하여 하나로 합일시키는 것이다.
28) 여기서는 중생의 신식(神識)을 가리킨다.
29) '신명을 거련한다'는 번뇌를 끊고 지혜를 닦는다는 불교 용어이다.

다. 사사로운 욕망의 근원은 탐냄, 성냄, 어리석음의 삼독(三毒)이다. 불가
에서 사람들에게 재물을 줄이고 보시를 즐기라고 권하는 것은 탐욕을
다스리기 위해서이고, 살생을 하지 않고 인자(仁慈)를 행하라고 권하는
것은 성냄을 다스리기 위해서이다. 살생을 경계하고 보시를 즐기는 일은
인도에서는 늘 행하는 것이지만 중국에서는 보기 드물기 때문에 한나라
때는 항상 이를 언급하였다. 명제는 조서(詔書)에서 "초왕 영은 부도의
인사(仁祠)를 숭상했다"고 하였으며, 반용(班勇)[30]은 천축의 일을 기록하
면서 "부도를 받들고 살생하지 않는다"고 열거했고(『후한서, 서역전』), 양해는
"이 도는 살리는 걸 좋아하고 죽이는 걸 싫어한다"고 하였고, 원언백의
『후한기』에서도 "그 가르침은 선(善)을 닦는 사랑의 마음을 주축으로 삼기
에 살생을 하지 않는다"고 하였다. 그렇다면 소위 '인자'(仁慈)란 살생하지
않는 걸 세간에서 칭하는 도(道)로 여기는 것이다. 또 『사십이장경』에서
"불도는 크나큰 인자(仁慈)를 지키므로 악(惡)이 와도 선(善)으로 대한다"고
한 말은 침범을 해도 따지지 않고 성내는 마음이 없는 걸 크나큰 인자라
한 것이다.

　『사십이장경』에서는 사문이 '세상의 재물을 버리고 걸식으로 자족(自足)
을 구한다', "도를 행하고 박애(博愛)에 힘쓴다", "넓은 연민으로 베푼다",
"덕은 보시보다 큰 것이 없다"고 하였다. 『모자』에서 "불가에서는 재물을
다해 보시하는 걸 명예로 삼았다"고 하였으니, 당시 보시는 특히 사람들에게
음식을 공급하는 걸 중시했다고 한다. 『사십이장경』에는 반선인(飯善人)
1장(章)이 있다. 초왕 영이 우바새[伊蒲塞]와 사문[桑門]의 공양을 마련하고,

---

30) 동한(東漢)의 장수로 자(字)는 의료(宜僚)이다. 부풍(扶風) 안릉(安陵)(오늘날
　섬서성 함양 동북쪽) 출신이며 서역에서 생장했다. 반초(班超)의 아들이다.

명제는 초왕 영이 공물로 바친 재물과 비단을 공양을 마련하는 일에 도우라
고 돌려주었다. 그렇다면 승려를 공양하는 제도는 처음부터 바로 유행하였
다. 한나라 말엽에 착융은 매번 부처를 씻기면서 술과 밥을 많이 마련해
길에다 깔아놓았는데, 그 거리가 수십 리에 걸쳐 있어서 사람들이 뜻대로
먹을 수 있었으니 보시한 공양의 규모가 엄청나게 컸다. 여기서 한나라
때엔 보시의 공덕을 으뜸으로 쳤다는 걸 알 수 있다.

한나라 시대의 방사는 살생의 계율을 배우지 않았다. 유기(謬忌)[31]는
한무제에게 태일(泰一)의 방위를 상주(上奏)하면서 그곳에 지내는 제사를
태뢰제(太牢祭)[32]라고 했으며(『사기, 봉선서』), 환제는 노자를 삼생(三牲)[33]
으로 제사지냈다(『동관한기(東觀漢記)』). 게다가 보시의 경우라면 황금과
백금을 제련하는 술사(術士)는 말하지 못하는 것이다. 한무제 때 이소군은
방술로 제후를 찾아다니며 유세했는데, 사람들은 그가 대상(物)을 죽지
않게 할 수 있다는 말을 듣자 더욱 그에게 예물을 바쳤다. 그래서 늘
돈과 의복과 음식이 넉넉하게 되자 사람들은 생산적인 직업을 갖지 않고도
풍요롭게 지낸다고 여겼다(『사기, 봉선서』).

양왕손(楊王孫)은 황로의 술법을 배운 사람이다. 집안에 천금(千金)의
재산이 있어서 온갖 수단을 동원해 자신의 양생(養生)[34]을 풍족히 하였다
(『한서, 본전(漢書, 本傳)』). 그가 행한 일은 보시를 중시하는 사문과는 그

---

31) 서한(西漢) 한무제 때의 사람으로 방사(方士)이다. 한무제에게 태일신(太一神)
    에게 제사지내길 건의하고 그 제사 방법을 알려주었고, 한무제는 허락했다.
32) 나라의 제사에 소를 바치는 일을 태뢰라 한다. 원래 소, 양, 돼지를 아울러
    바치던 것이 나중에는 소만 바치게 되었다.
33) 소, 양, 돼지를 세상에서는 대삼생(大三牲)이라 하고, 돼지, 물고기, 닭을 소삼생
    이라 한다.
34) 자기 자신의 생명을 잘 기르고 관리하는 것.

취향이 달랐다. 그러나 후한 때 촉(蜀) 땅의 고사(高士)인 절상(折像)이란 사람은 어려서부터 인자한 마음이 있어서 벌레를 죽이지 못하고 싹도 꺾지 못했다. 경씨(京氏)의 『역(易)』[35]에 능통했고 황로의 말씀을 좋아했는데, 2억(億)의 자산과 재물이 있었고 노비 8백 명이 있었다. 절상은 많이 쌓아두면 크게 망한다는 이치, 즉 도가에서 꺼리는 '가득 참[盈滿]의 허물'을 깨닫자 이내 황금과 비단 등의 자산을 멀든 가깝든 주변 사람들에게 베풀었다. 그리고 스스로 죽을 날을 알아서 빈객과 구족(九族)을 초대해 음식을 대접하면서 이별을 나누다가 홀연히 죽었다. 죽은 뒤에는 집안에 남은 재물이 없었다(『후한서, 방술전』). 그렇다면 동한 때 황로를 신봉한 자는 실로 살생을 경계하고 보시를 즐기는 사람이기도 했다. 그러다 『태평경』에 와서는 늘 보시를 즐기고 생명을 애호(愛好)하라고 말하니, 그렇다면 더욱더 불가와 계합한 것이다. 이에 대해서는 응당 다음에 언급할 것이다.

5) 붓다의 제사

한나라 때 불교는 형체와 신명(神明)을 구별해서 형체는 모이고 흩어짐이 있지만 신명은 영원히 불멸(不滅)이라고 믿었다. 그러나 과거에 지은 업 때문에 내생에 과보를 받아서 신명은 마침내 생사가 무상(無常)한 고통의 바다에 윤회한다. 천지와 산천은 항상 머무는 것이 아니고, 사람의 생명은 특히 호흡 사이에 있다. 태어남으로부터 늙음에 이르고, 늙음으로부터 질병에 이르고, 질병으로부터 죽음에 이르니 그 고통이 한량이 없다. 마음의 번뇌는 죄를 쌓아서 나고 죽음이 쉬지 않으므로 그 고통은 말로

---

35) 서한(西漢) 경방(京房)이 편찬했다. 전 3권. 삼국 시대 오나라의 육적(陸績)이 이 저서에 회주(會注)를 달았다.

설하기 어렵다[29].

석가모니 세존께서는 이를 지극히 깊이 느끼고서 크게 원(願)을 세우기를 "만물은 무상해서 존재하는 것은 반드시 없어지기 마련이니, 이제 도를 배워서 시방 세계를 초월해 벗어나고자 한다"고 하셨다(『모자』). 소위 도를 배우는 것은 먼저 애착과 욕망을 없애고 인자함을 마음에 간직하는데 있으니, 이 때문에 계율을 정해서 지니고, 선법을 행하고, 살생을 금지하고, 보시를 소중히 여겨 오래오래 수행하면 도를 얻어 아라한을 이룰 수 있고 (『사십이장경』) 혹은 '성불한다'고 말한다(『모자』). 아라한은 능히 날아다니고 변화하면서 영원한 생명에 머물고 천지를 움직일 수 있다. 다음은 아나함인데, 아나함은 수명을 혼령(魂靈) 위 19천(天)에서 마치고 그곳에서 아라한을 얻는다. 다음은 사다함으로 한 번 천상계로 올라갔다가 한 번 돌아오면 곧 아라한을 얻는다. 다음은 수다원인데, 수다원은 일곱 번 죽고 일곱 번 태어나면 문득 아라한을 얻는다(『사십이장경』).

'아라한'은 사람의 신혼(神魂)이 수행으로 도를 얻어 이미 생사의 고해(苦海)를 벗어났기 때문에 능히 날아다니고 변화하면서 영원한 생명에 머물고 천지를 움직인다. 한나라와 위나라에서 말하는 소위 부처 역시 능히 허공을 날아다니고 몸에서는 흰 광명이 있다.[30] 사람이 해탈하지 못했을 때는 귀물(鬼物)이 되고, 이미 해탈한 후라면 신인(神人)이 된다. 귀물은 생사의 고해에 빠지고 신인은 능히 변화하면서 영원한 생명에 머물 수 있다. '영원한 생명에 머문다'는 중국인의 시각으로 보면 역시 불로장생하는 것이다.[31]

한나라 때는 이미 부처를 변화하면서 죽지 않는 신인(神人)으로 보았기 때문에 재계(齋戒)하고 제사를 지내는 것이 마침내 불교의 주체(主體)가 되었다. 범울종(범엽)은 "한나라는 초왕 영에서부터 처음으로 재계의 제사가 성행했으며, 환제도 화개(華蓋)의 장식을 꾸몄지만 불법의 미묘한 뜻은 번역하지 못하고 신명(神明)의 삿됨만 따랐다.[32:] 앞서 말한 바에 따르면, 신령(神靈)이 죽지 않는다는 것은 당시 사람들의 공통된 신앙이라서 부처를 신봉하는 것이 신명(神明)이 되고 재계의 제사를 하는 것도 실로 이 근본 신앙으로부터 오는 것이다.

『후한기』에서는 "부처의 키는 1장(丈) 6척(尺)으로 황금색을 띠고 있으며, 목에는 일월(日月)의 광명을 두르고 있으며, 변화가 자유자재해서 들어가지 못하는 곳이 없으니, 이 때문에 능히 변화해서 만물을 통달하여 온갖 중생을 크게 구제한다"고 하였다. 원굉의 기록이 본래 『동관한기』에서 나왔다면, 한나라 사람은 반드시 불교가 중생을 널리 구제할 수 있기 때문에 제사를 지내며 복을 구한 것이다. 『동관한기』에서는 "환제는 제기(祭器)를 마련해 세 가지 희생물로 노자에게 제사지냄으로써 복과 상서로움을 구했다"고 했다. 환제가 이미 부처와 노자를 나란히 제사지냈다면, 부도에 제사를 지낸 것도 어쩌면 중국의 제기(祭器)를 늘어놓고 아울러 세 가지 희생물을 썼을 것이니, 그 뜻인즉 '복과 상서로움을 구하는데' 있다.

『고승전, 담가가라전(曇柯迦羅傳)』에서는 위나라 때 "재계와 참회 의식을 다시 마련해서 법도에 맞게 사당에서 제사를 지냈다"고 했는데, 내가 그 상세한 내용은 알지 못하지만 한나라 때 유행한 교리(敎理)는 이미 중국의 도술과 서로 통하고 있었다. 그렇다면 재계와 참회 의식을 마련해서 법도에 맞게 사당에 제사를 지내는 것도 필연적인 이치이니, 당시 계율이 아직 갖추어지지 않았기 때문만은 아니라서 마침내 중국 사람의 법도를 채택한 것이다. 이를 말미암아 말한다면, 한나라 때의 불교는 도술과 사당에 제사지내는 것의 하나라고 해도 실로 이상할 것이 없다.

6) 한나라 때의 승가(僧伽)

진(晉)나라 때 왕도(王度)는 석륵(石勒)에게 올린 상소에서 "과거 한나라 명제가 꿈을 꾸면서부터 처음으로 불도가 전래되었습니다. 오직 서역 사람만이 도읍(都邑)에 절을 세워서 그 신(神)을 신봉했다고 들었지, 한나라 사람은 모두 출가하지 않았고 위나라는 한나라 제도를 이어받아 역시 예전의 법도를 따랐습니다"라고 하였다(『승전』). 그러나 한나라 명제가 초왕 영에게 준 조서에 근거하면, 당시 이미 사문과 우바새를 위해 공양을 마련했을 뿐 아니라 초왕 영의 문하에서 초대를 받은 사람이 전적으로 서역 사람만은 아니었다.

『홍명집』에는 송나라의 하승천(何承天)[36]과 종소문(宗少文; 종병)의 "착융의 구휼(救恤)은 굶주림을 구하는 것이었다"는 글이 실려 있으며, 고역(古譯)에서 비구(比丘)를 제근(除饉)이라 한 것은 착융이 밥을 공양한 것을 가리키는데 그렇다면 이미 출가한 불교도가 있는 것이다. 숫자는 비록 『후한서』나 진수의 『삼국지』에서 말한 것처럼 많지는 않지만, 그러나 한나라 말엽에는 사문이 적지 않았던 듯하다. 또 환제 때 엄부조는 확실히 출가했다[33]: 『이혹론』 말미에서 "오계(五戒)를 받아 우바새가 되길 원했다"고 한 것은 억측으로 보이는데, 한나라 사람 중에 사문이 있긴 하지만 오계를 받고 출가하지 않은 거사(居士)가 아마도 더 많았을 것이다.

---

36) 남조(南朝) 시대 송나라 대신으로 동해담(東海郯)(지금의 산동성 담성) 출신이다. 천문학자이자 역사학자, 문학가이다. 국사 편찬의 일을 맡았다가 뒤에 어사대부가 되었고, 특히 산학(算學)과 역학(曆學)에 뛰어났다. 저서 『달성론(達性論)』에서 사람은 한 번 죽으면 몸과 영혼이 다 소멸해서 내세의 응보는 없다는 무신론(無神論)을 주장함으로써 종병과 논쟁하였다. 그의 사상은 남조 사상계에 큰 영향을 미쳤다.

환제 때 안현(安玄)은 『법경경』을 번역하면서 부처님께서 거사 욱가장자(郁伽長者)에게 재가(在家)와 출가(出家)의 수행법을 고하는 걸 서술했으며, 위나라 초기의 강승회는 이에 대해 주석을 했다. 그 후 다시 어떤 사람이 빠진 부분을 정리했고,[34:] 『음지입경주(陰持入經注)』에서도 이를 인용하고 있으니, 이 경전이 세상에 유행한 것이 이와 같았다. 아마 그 중에 부처님이 거사에게 재가의 법을 설하신 것은 바로 당시 세상의 요구에 부응했기 때문으로 보인다.

한나라 때 서역에서 경전을 번역해 교리를 전파한 사람은 항상 보살로 존중받았다. 『우록』 7권의 『도행경후기』, 『반주삼매경후기』에서는 축삭불을 천축 보살, 지루가참을 월지 보살이라 칭했고, 『우록』 10권 엄부조의 『사미십혜장구서』에서 "어떤 보살이 안식국으로부터 왔는데 자(字)는 세고(世高)이다"라고 한 것은 안청을 보살이라 칭한 것이다. 『고승전』에서는 서진(西晉)의 축법호가 살아서는 돈황에 거처하고 죽어서도 교화의 도(道)가 두루해서 당시 사람들이 다 돈황 보살로 불렀다고 하였다. 다만 축법호 당시에 편찬된 역경의 기(記)에 의거하면, 혹은 천축 보살이라 칭하거나[35:], 월지 보살이라 칭하거나[36:], 보살 사문이라 칭하는데[37:], 『지심경기(持心經記)』에서는 돈황 개사(開士)라 칭하기도 한다. '개사'는 곧 보살의 의역(意譯)이니, 그렇다면 축법호는 사후에 이런 칭호가 있는 것이 아니다. 그리고 보살 역시 당시에는 역경사(譯經師)의 존칭으로 통용되었다.

한나라 때는 계율이 아직 갖추어지지 않아서 사문의 위의(威儀)를 자세히 알 수는 없지만, 그나마 알 수 있는 것이 몇 가지 있다.

(1) 사문은 250계(戒)가 있다고 말한다. 다만 『우록』 3권에서는 중하(中夏)에서 법을 배움은 경전을 앞세우고 법을 뒤로 했다고 하며, 『고승전』에는 위나라 때 담가가라가 처음으로 계를 받고 『승지(僧祗)』의 계본(戒本)을

번역했다고 하니, 그렇다면 한나라 때의 계율은 어쩌면 서역 사람이 말로 전한 것을 응용한 조항에 불과할 뿐 완전히 번역해서 나오지는 않았을 것이다. 『모자』에서도 "사문의 250계는 우바새가 배우는 것이 아니다"라고 했으니, 한나라 사람으로 출가한 자가 드물어서 자세히 번역한 계율이 필요치 않기도 했을 것이다.

(2) 우바새에겐 5계(戒)가 있는데 이미 『사십이장경』에 보인다. 『이혹론』에 '5계를 받기를 원한다'는 말이 있으니 당시 5계를 받은 자가 많았을 것이며, 모자도 그 중 한 사람이었을 것이다. 모자는 또 "불가에서는 술과 고기를 최상의 계율로 여긴다"고 했는데, 고기를 먹고 술을 마시는 것은 모두 5계에 속하는 것으로서 당시 우바새가 받드는 계율로 유행했음을 증명할 수 있다.

(3) "사문이 삭발을 하고 붉은 도포를 걸치고 있으며, 사람을 뵐 때 무릎을 꿇고 일어나는 예(禮)가 없으며, 위의(威儀)에도 이리저리 왔다 갔다 하는 행동이 없자, 당시 사람들은 용모와 복식이 너무 다르고 진신(搢紳37)의 장식도 어기고 있다고 비난했다"(『모자』)고 말했다. 게다가 아내와 자식을 두지 않아서 당시 사람들은 더욱 놀라고 괴이하게 여겼다.

(4) 초왕 영은 부도를 위해 재계하며 제사를 지냈고, 명제는 부도의 인사(仁祠)를 숭상해서 3개월간 청결히 재계하고 신과 맹세를 하였다고 말한다. 소위 '재(齋)'가 무엇인지 알 수는 없지만, 그러나 제사를 지낼 때 행하는 재계인 것은 분명하다. 한나라 제도에서 천지에 재계하는 것은 7일이고, 종묘(宗廟)와 산천에 재계하는 것은 5일이고, 작은 사당에 재계하

---

37) 원래는 홀(笏)을 조복(朝服)의 큰 띠에 꽂는 것이다. 높은 벼슬아치나 귀족을 일컫는 의미로 전이했다.

는 것은 3일이다38: . 초왕 영이 3개월 재계한 것도 제도를 어긴 것이라
배척할 수 없으니, 응당 불교의 세삼재(歲三齋)38)를 행해야 했기 때문이
다39: . 이는 거사가 행하는 것이고, 사문의 경우에는 "매일매일 재계한다"고
모자는 말하고 있다.

(5) 『사십이장경』에서는 "사문은 머리털과 수염을 깎고, 세간의 자산과
재물을 버리고, 걸식으로 자족(自足)을 구하고, 하루의 정오(日中)에 한
번 먹고, 나무 아래서 일박(一泊)을 한다"고 하였다. 삭발과 보시는 응당
한나라 땅의 사문도 행한 것이다. 걸식에 대해서는 아직 분명한 증거가
없지만, 다만 한나라 때 황로술을 좋아한 향허가 항상 저자에 들어가
걸식했다고 하고 『태평경』에서도 걸식하는 자가 있다고 했으니, 바로
한나라 때 사문이 걸식한 것으로 추측한다. 일중(日中)에 한 번 먹는다고
한 '일중'은 하루의 정오이니, 후세에 정오를 지나면(過中) 먹지 않는다고
말한 그 중(中)이다. 육조 시대 때 성행한 팔관재(八關齋)39)는 이를 주축으
로 삼았다. 불교의 계율에는 12두타행(頭陀行)이 있어서(혹은 13으로 되어
있다) 때를 넘기면 먹지 않고 나무 밑에서 머물고 숙박하는 것이 모두
두타행에 속한다. 그러나 한나라 때 사문이 모두 이를 준수하고 실천했는지
여부는 이미 고증할 수 없다.

---

38) 한 해에 세 번 재계를 하는 것.
39) 팔관재(八關齋)의 '팔관'은 여덟 가지를 금지한다는 뜻이다. (1)생명 있는 자는
죽이지 말 것 (2)도둑질 하지 말 것 (3)음란한 일을 하지 말 것 (4)망언을 하지
말 것 (5)술을 마시지 말 것 (6)높고 넓은 상에 앉지 말 것 (7)창기의 음악을
만들지도 말고 보고 듣지도 말며, 향기로운 옷을 입지 말 것 (8)정오 이후에는
식사를 하지 말 것이다.

그 뜻에 의거해 헤아려보면, 한나라 때 서역에서 불교를 전파한 사람은
비록 열렬한 신앙 때문이긴 하지만 원(願)을 일으켜 동쪽으로 온 자이다[40].
그러나 그 중에는 필경 외국의 사신이나 볼모나 상인(商人)도 있었으니,
이들은 원래 정치나 무역 관계 때문에 멀리서 중국에 온 것이다. 다만
이 사람들이 불교를 신봉해서 짬을 내어 전수한 것이니, 예컨대 말로
불경을 전수한 이존은 대월씨 국왕의 사신이고 안현의 역경은 낙양에
장사를 하며 돌아다녔기 때문이다. 『이혹론』에서는 "요즘 사문은 술과
음료를 탐내어 좋아하거나, 아내와 자식을 두거나, 싸게 사고 비싸게 팔거
나, 오로지 사기(詐欺)를 행한다"고 했는데, 이는 대체로 교주(交州)의
사문을 가리킨다. 교주는 해상무역으로 외국과 교통하는 곳인데, 그 교주의
외지 상인 중에 아마 불교를 신봉하는 자가 있었을 것이다[41]. 아내와
자식을 두고 10분의 1의 이익을 추구하는 것은 정말로 초기 불교도의
부패를 증명할 수 있는 것은 아니다. 술을 마시는 경우를 보면 착융이
술과 밥을 널리 보시한 적이 있으니, 이것이 우바새의 계율을 깨고 공공연히
대규모로 행한 것이라면 당시 계율의 법도가 흐트러진 걸 알 수 있다.

7) 태평경과 불교

『태평경』은 위로는 황로의 도참(圖讖)의 도술에 접해 있고 아래로는
장각(張角)[40], 장릉(張陵)[41]의 귀교(鬼敎)를 시작했고 불교와는 극히 밀접

---

40) 후한 말엽 황건적(黃巾賊)의 난을 이끈 우두머리로 기주(冀州) 거록(巨鹿) 사람
   이다. 태평도(太平道)를 창시해서 병 치료와 포교를 빌미로 교단을 조직해
   10여 년간 신도가 수십만 명에 이르렀다. 머리에 황건을 두르는 것을 신도의
   표시로 삼았다.
41) 도교 교단을 창시한 장도릉(張道陵)을 말한다.

한 관계가 있다. 이를 세 가지로 나누어 설명하겠다. (갑)『태평경』은 불교에 반대한다. (을) 그러면서도 불교의 학설을 절취(竊取)하고 있다. (병) 양해와 노자의 화호설(化胡說).

(갑) 동한의 불교는 동해(東海)에서 유행했고『태평경』은 낭아(瑯琊)에서 출현해 지역적으로 서로 접해있기 때문에 평원(平原)과 습음(濕陰)의 양해는 부도의 전적(典籍)과 아울러 우길(于吉)의 신서(神書)를 읽었다. 그렇다면 이『태평경』을 지은 사람이 가령 사문과 우바새의 도술을 알고 있다고 해도 전혀 이상한 일은 아닐 것이다.

『태평경』117권에는 "네 가지 망가진 행실은 모두 황천(皇天)의 신도(神道)를 더럽히므로 교화의 수장(首長)이 될 수도 없고 법사(法師)가 될 수도 없다"는 말이 있는데, 이 네 종류의 사람은 바로 "도의 커다란 병통(瑕病)이 일어난 것이라서 크게 미워할 만하기에" 천구(天咎; 하늘이 내리는 재앙)라 칭하는데, 첫째, 효도하지 않고 어버이를 버리는 것이고, 둘째, 아내와 자식을 버리고 생(生)을 좋아하지 않아 후세가 없는 것이고, 셋째, 똥을 먹고 소변을 마시는 것이고, 넷째, 구걸을 하는 것이다.『태평경』에서는 이 네 가지 행실을 지극히 상세하게 배척하고 논박한다. 부모를 버린 채 장가도 가지 않고 출가하여 후사(後嗣)가 없는 것은 바로 부도의 가르침을 가리키는 것이고,『논형』에서 초왕 영이 깨끗하지 못한 것을 먹은 적이 있다고 말했으므로 불법을 믿는 자도 똥과 소변을 복용한 적이 있기도 한 것이다. 구걸로 자족(自足)하는 것은 중국의 도술에서는 듣지 못한 것이기 때문에『태평경』을 지은 사람은 이것을 전혀 긍정적으로 보지 않았다. 112권에서 이렇게 말하고 있다.

곤륜(崑崙)의 터에 있는 진인(眞人)은 상하에 규율이 있다. 진인은 주로 녹적(錄籍)[42]이 있는 사람이라서 성명(姓名)도 서로 순서가 있으니, 고명(高明)하면 고명함을 얻고 중간이면 중간을 얻고 하위면 하위를 얻는다[42]. 특히 뺨을 때리고 구걸하는 자는 없다.

뺨을 때리고[搏頰][43] 구걸하는 따위의 도(道)는 녹적(錄籍)에 있는 서열에 참여할 수 없다.

아마 한나라 때 사문이 걸식을 하는 걸 숭상했다 해도 나중에 환경이 달라졌기 때문에 점점 봉행하는 일이 드물어졌을 것이다. 오늘날 알고 있는 것에 따르면, 한나라 이후의 전기(傳記)에 실린 내용에서는 사문과 불교도가 이 일을 보편적으로 행하지 않았다[44]. 그리고 『홍명집』에 실린 불교 옹호의 글을 살펴보아도 사문의 출가에 대해 후사(後嗣)를 끊는 불효라고 늘 비난했지만 구걸에 대해서는 끝내 한 마디도 없는 것을 알 수 있다.

(을) 『태평경』 91권에 이런 글이 있다.

천사(天師)의 서적에서 천지개벽 이래로 전대(前代)와 후대(後代)에 있는 성현의 글과 하도(河圖)와 낙서(洛書)[43]와 같은 신령한 글의 종류를 취해

---

42) 관봉(官俸)의 등급을 기록한 책. 녹(錄)은 녹(祿)과 통한다.
43) 고대 중국에서 예언(豫言)이나 수리(數理)의 기본이 된 책. 『하도(河圖)』는 복희(伏羲)가 황하에서 얻은 그림으로, 이것에 의해 복희는 『역(易)』의 팔괘(八卦)를 만들었다고 하며, 『낙서(洛書)』는 하우(夏禹)가 낙수(洛水)에서 얻은 글로, 이것에 의해 우(禹)는 천하를 다스리는 대법(大法)으로서의 『홍범구주(洪範九疇)』를 만들었다고 한다.

헤아려보면, 아래로 평범한 백성의 언사나 언어에 미치고 그 아래로 노비(奴婢)와 나아가 멀리 이적(夷狄)까지 미치는데, 모두 기이한 언사와 수책(殊策)[44]을 받아 그걸 하나의 언어로 합침으로써 천도(天道)를 밝힌다.

또 88권에도 이런 말이 나온다.

지금 온 나라의 안팎에서 제왕과의 거리가 지극히 멀고멀거나 혹은 훌륭한 서적이 있어도 그 내용이 부족하다면, 바로 경사(京師)까지 멀리 지니고 간다. 혹은 기이한 글과 특별한 방법과 묘한 술법이 있으면, 산속 동굴에 거처하던 대유(大儒)[45]도 만 리를 멀다 않고 제왕을 알현해서 도덕을 판매한다(중략). 혹은 온 나라에 은둔한 이족(夷族)의 사람이나 호족(胡族), 맥족(貊族)의 사람들로서 비밀의 도(道)를 깊이 아는 훌륭한 사람이라면, 비록 중국에 크게 명철한 도덕을 갖춘 군주가 있다는 걸 알아도 도를 멀리할 수 없기 때문에(탈자(脫字)가 있는 것으로 의심된다) 그 기이한 글과 훌륭한 수책과 특별한 방술을 가지고 갔다.

이 글에 따르면, 『태평경』을 지을 때는 여기저기서 모은 것이 지극히 복잡해 멀리 이적(夷狄)의 글까지 언급했기 때문에 『태평경』의 내용은 후세의 도가 서적처럼 불교 문구(文句)가 문장 속에 많이 섞여 있지는 않더라도[45] 역시 틈틈이 부도가(浮屠家)의 말을 채택하고 있다. 가령 본기(本起)[46], 삼계(三界)[47]는 어쩌면 불경의 명사(名辭)로부터 채택했을 지도 모른다. 또 『태평경초, 갑부(甲部)』에서는 노자 탄생의 이적(異蹟)을 서술하고 있는데 자못 석가모니의 전기를 절취한 것처럼 보인다[48].

---

44) 제왕이 신하들에게 특별히 반포한 책서(策書).
45) 여기서는 학문이 깊고 넓은 사람을 가리킨다.

  가령 노자가 태어났을 때 아홉 마리 용이 물을 토했다고 하는데, 이는
본래 부처가 탄생했을 때 나타난 상서로운 감응의 하나이다[49]. 보시를
장려하는 일에 대해서도 경전 속에서 누차 언급하고 있다. 또 비록 살생하지
말라는 계율은 없어도 천도의 인자함을 말하고 생명을 해치지 않는 걸
좋아하는[50] 것은 모두 불교의 영향을 받은 듯하다[51].

  『태평경』과 불교의 차이점으로 가장 주의를 기울일 만한 것은 귀신에
대한 설(說)이다. 『태평경』에서는 사람이 죽으면 귀신이 되고 또 동물의
정(精)이 있다고 믿는다(117권 9쪽). 또 어떤 사괴(邪怪; 요괴)는 사람 속에
들어갈 수 있는데(71권 6쪽), 그 설과 『논형, 논사(論死)』, 『기요(紀妖)』,
『가귀(訶鬼)』의 여러 편(篇)에 기재된 한나라 때의 미신과는 서로 동일하다.
가령 사람이 기(氣)를 기르고 하늘에 순종한다면, 하늘은 그의 녹적(錄籍)을
정해서 불사(不死) 속에 있게 하거나 혹은 천상의 신리(神吏; 관리)가
되어 보좌할 수 있게 한다(111권과 114권들을 보라). 그렇지 않으면 아래에
있는 황천(黃泉)으로 들어간다. 가령 제사를 지낼 자손이 없으면 기아(饑餓)
로 피곤하고 괴로운데(114권 16쪽), 이는 인도의 윤회설에는 결코 없는
것이다[52].

  윤회설이 없다면 불가에서 말하는 인과도 저절로 없는 것이다. 그러나
『태평경』에서 가장 주창하는 '승부(承負)'의 설(說)은 근본 의리(義理)의
하나이다. 말하자면 조상이 지은 선업과 악업은 모두 자손에게 영향을
미친다는 것이니, 선조가 방탕해서 지은 악으로 인해 자손은 승부(承負;
이어받아 짊어지는)의 재앙을 받는다. 제왕이 3만 년을 방탕하면 신하의
승부는 3천 년이고 백성은 3백 년으로 모두 이어받아서 서로 미치고 있으니,
한 번 잠복하고 한 번 일어나는 것이 인정(人政)을 따라 흥망성쇠가 끊이지
않는다(을부(乙部)의 11쪽). 승부 중에 가장 큰 것은 후사(後嗣)가 끊어지는

것이다.『태평경』에서는 이 뜻을 원용(援用)하면서 안연(顏淵)의 요절과 도척(盜跖)의 장수 등 아주 불평등한 일을 해석하며 이렇게 말하고 있다.

> 비유하자면 부모가 도덕을 잃으면 고향 마을에 잘못한 것이라서 자손이 도리어[反] 고향 마을의 피해를 받는 것이 바로 승부의 증험을 밝히는 것이다.[53:]

또 이렇게 말하기도 한다.

> 애써서 선(善)을 행했는데도 오히려 악한 결과를 얻은 사람은 선조의 잘못을 승부(承負)한 것이니, 유전된 재앙이 전후로 쌓여 이 사람을 해치는 것이다. 악한 행동을 했는데도 도리어 선한 결과를 얻은 사람은 선조가 크나큰 공로를 깊이 축적해서 그것이 이 사람에게 유전되어 미친 것이다(『태평경초』을부(乙部)의 11쪽).

『역(易)』에서 "선행을 쌓은 집안에는 반드시 여분의 경사(慶事)가 넘치고, 선하지 못한 행실을 쌓은 집안에는 반드시 여분의 재앙이 넘친다"고 했는데, 승부의 설(說)은 이 말에 근거를 두고 있다. 다만 불가의 인과는 후대의 몸[後身]에 유전되어 미치지만,『태평경』의 보응은 후대의 세상[後世]에 유전되어 미친다. 그 설이 비록 똑같지는 않지만 이치[義]는 하나이다. 『태평경』에서 단지 한 곳이 아니라고 말한 것은 중국의 전적(典籍)에는 있은 적이 없기 때문인데, 나는 이 역시 불가의 인과응보가 서로 따르는 이치와 상관있다는 의심이 들기 때문에 매우 중시하면서 말도 상세하고 꼼꼼하게 하는 것이다.

（병） 한나라 때 불교는 역사의 자료가 너무 적어서 언급하기가 극히

어렵다. 다만 내가 지극히 믿는 불교는 한나라 때는 도술의 하나에 불과했
다. 중국인의 관점에선 불교의 위의(威儀)와 의리(義理)가 아마 색달랐겠지
만, 그러나 그 성격을 논한다면 황로와 으레 한 종류에 속한다. 초왕
영이 황로의 미묘한 말[微言]과 부도의 인사(仁祠)를 숭상한 때부터 환제가
부처와 노자를 나란히 제사지낸 때에 이르기까지 당시 사람들의 신앙은
도교와 불교를 분별하지 않았다. 양해는 궁숭(宮崇)46)의 신서(神書; 태평청
령서)를 올리면서도 다시 불경을 독송한 적이 있으며, 그가 환제에게
올린 소(疏)에서는 노자와 불교 경서를 섞어서 인용하고 있다. 그는 환제에
게도 군주가 응당 신봉해야 할 정도(正道)를 가려면 그 마음의 눈에 두
도(道)가 실제로 큰 차이가 없어야 한다고 아뢰고 있다. 그 말은 다음과
같다.

> 또 궁중에 황로와 부도의 사당을 세웠다고 들었습니다. 이 도는 청허(淸
> 虛)해서 무위(無爲)를 귀하게 숭상하고, 살리는 걸 좋아하고 죽이는 걸
> 싫어하며, 욕망을 줄이고 사치를 없앱니다.

여기서는 황로와 부도를 합쳐서 '이 도[此道]'라고 말하고 있으며 청허와
무위 역시 『태평경』에서도 말한 것이다. 살리는 걸 좋아하고 욕심을 줄이는
일이라면 우길의 신서(神書)에서는 더욱 주의를 기울이고 있으므로 갖가지
뜻이 불교와 서로 통한다고 할 수 있다. 그렇다면 환제가 신봉한 황로가
비록 우길의 가르침은 아닐지라도, 그러나 양해의 신념으로부터 말한다면

---

46) 도사(道士). 스승 우길에게 『태평청령서』를 받아서 후한의 순제(順帝)에게 바쳤
   으며, 그의 제자 양해는 『태평청령서』를 환제에게 바쳤다.

부도와 태평도(太平道)는 합쳐서 하나가 될 수 있다.

　양해는 또 이렇게 말하고 있다.

　　부도(浮屠)가 뽕나무 아래서 3일 밤을 지내지 않고 욕망을 오래 지니지 않고, 은애(恩愛)를 낳는 것은 정(精)의 지극함이다.

　'부도(浮屠)가 뽕나무 아래서 3일 밤을 지내지 않고'는 원래 『사십이장경』에 나온다. '정(精)의 지극함'이란 한 마디는 『노자』 5천어의 글에 보인다. 그러나 『태평경』에서도 이런 종류의 언어는 적지 않다. 가령 '정사(精思)'(을부 16쪽), '정명(精明)'(을부 5쪽), '정(精)하지 못한 사람'(71권 2쪽)과 같은 말이 있으며, 또 '정진(精進)'(갑부 3쪽)이란 말도 있다. 그렇다면 '정(精)의 지극함'이란 것도 우길의 가르침에서 인정하는 것이다[54].

　양해는 소(疏)에서 또 이렇게 말하고 있다.

　　천신(天神)이 아름다운 여인을 보내자, 부도는 '이 여인은 단지 피를 담은 가죽주머니일 뿐이다'라고 하면서 끝내 돌아보지 않았으니, 하나를 지킴[守一]이 이와 같아서 도를 이룰 수 있었다.

　천신이 옥녀(玉女)를 보내 도를 시험하는 것은 『태평경』에서 두 번 보인다. 예컨대 하늘은 늘 사신(邪神)을 시켜 사람을 시험하는데, 옥녀를 보내 그 마음가짐이 능히 견고하고 긴밀할 수 있는지 살피기 위해 자주 시험한다(71권 6쪽 이하). 또 아름다운 여인인 옥녀의 상(象)을 하사했을 때 견고한 의지가 흔들림이 없으면 능히 도를 이룰 수 있지만, 반면에 미혹이 생기면 '도를 이루지 못한다'고 말한다[55].

우길과 양해는 모두 『사십이장경』의 이야기를 이용했다. '하나를 지킨다'
는 뜻의 '수일(守一)'이란 말은 노자의 포일(抱一)47)과 흡사하다. 그러나
『태평경』에 있는 '수일'의 법은 장생불사의 징표라 할 수 있다56:. '수일'한
자는 충신이나 효자가 될 수 있으니, 온갖 병이 저절로 없어져 세상을
초탈할 수 있다(96권). 3백수(百首)가 있다고 말하는데(102) 이것은 이미
상세하지가 않다. 그러나 그 법은 불가의 선법(禪法)을 절취했다는 의심이
드는데, 예컨대 『태평경초』 을부의 5쪽에서는 이렇게 말하고 있다.

> 하나의 광명[一明]을 지키는 법은 장수의 근원이다. 만신(萬神)을 통제할
> 수 있는 것은 광명의 문(門)에서 나온다. 하나의 정명(精明)을 지킬 때
> 마치 불을 처음으로 피울 때처럼 바로 지켜야 잃지 않는다. 처음은 순수한
> 적색이고 마지막은 순수한 백색이며 오래오래 되면 순수한 청색이니, 확연
> 한 광명이 지극히 현격해서 '이(理)의 하나[一]로 환원하여 안이 밝지 않음이
> 없다57:.

지금 살펴보면 '수일'이란 말은 한나라와 위나라 때 번역된 불경에 자주
보인다. 가령 오나라의 유지난(維祇難) 등이 번역한 『법구경』에서는 이렇
게 말한다.

---

47) 『노자』에 나오는 구절이다; 이지러지면 온전히 하고, 굽으면 곧게 하고, 빈
웅덩이면 채우고, 낡으면 새롭게 하고, 적으면 얻어 보태게 하고, 많으면 잃게
한다. 그러므로 성인은 하나를 품고서 천하의 본보기가 된다[曲則全 枉則直
窪則盈 弊則新 少則得 多則惑 是以聖人抱一爲天下式]. 성인은 '하나를
품기[抱一]' 때문에 세상과 다투지 않고 온전하게 자연으로 돌아간다.

밤낮으로 하나를 지켜서[守一]
마음은 선정의 뜻을 즐기고
하나를 지켜[守一] 몸을 바로잡으니
마음은 나무 사이에서 즐거이 지낸다.

『분별선악소기경(分別善惡所起經)』[58]의 게송에 이런 구절이 있다.

'하나를 지킴'을 독실히 믿어서
막히고 가려지는 걸 경계한다.

『보살내습육바라밀경(菩薩內習六波羅密經)』[59]에서는 선(禪) 바라
밀[48]을 '하나를 지켜 해탈을 얻는다[守一得度]'고 해석하였다. 그리고 『아나
율팔념경(阿那律八念經)』[60]에서는 이렇게 말한다.

무엇을 네 가지 선(禪)이라 하는가? 오직 욕망의 악하고 좋지 않은 법을
버려서 마음[意]이 환희하는 것을 첫 번째 선행(禪行)이라 하며, 악한 생각[惡
念]을 버리고 마음을 오로지하여 하나를 지킬[專心守一] 뿐 환희를 쓰지
않는 것을 두 번째 선행이라 한다(이하 생략).

---

48) 육바라밀은 생사의 고해를 건너 열반의 피안에 이르기 위해 닦아야 할 여섯
가지 실천덕목이다. 바라밀은 바라밀다(波羅蜜多)의 준말로, 저 언덕 [彼岸]
에 이른다는 뜻이다. 대승불교의 보살은 이 육바라밀의 실천을 통해 자신의
완성을 이룩해 가는 동시에 타인의 성불도 완성시켜 정토(淨土)를 구현한다.
선바라밀은 선정 수행을 하는 것이며, 나머지 다섯 바라밀은 보시(布施) · 지계
(持戒) · 인욕(忍辱) · 정진(精進) · 지혜(智慧)이다.

이에 의거하면 '수일'은 대체로 선(禪)의 '일심(一心)'에서 나온 것이다[61]. 그리고 『태평경』의 '수일'은 또 인도의 선관(禪觀)에서 뿌리를 두고 있다.

일심(一心)은 '수일'이라 하며, '일심이면 흔들림이 없다'[62]. 흔들림이 없기 때문에 여색의 시험이나 유혹을 두려워하지 않고 호랑이나 늑대 같은 사나운 동물을 무서워하지 않는다[63]. 이로 인해 양해는 부도가 여색을 가까이하지 않는 것을 '수일'이라고 하였다. 또 『진고(眞誥)』13권에서는 현백(玄白)을 지키는 도를 논하면서 이렇게 말하고 있다.

> 이 도는 '수일'과 흡사하다……. 성생활을 기피하는 것은 '수일'보다 더 심하다.

『포박자, 지진편(地眞篇)』에서는 이렇게 말한다.

> '수일'로 참[眞]을 간직해야 비로소 신(神)에 능히 통할 수 있고, 욕망을 줄이고 음식을 절제해야 한결같이 숨을 오래 유지할 수 있다.

양해가 욕망의 절제와 '수일'을 함께 말했으니, 그 까닭이 진실로 여기에 있다.

그리고 한나라 때 불교는 이미 도술 중의 하나가 되었고, 이로 인해 저절로 유행하는 학설에 늘 의존하게 되었다. 영평 시대로부터 환제에 이르기까지 대략 100년간은 서역과의 교통로가 열렸기 때문에 불교의 가르침을 전하는 사람이 계속 동쪽으로 왔다. 그러나 역경 사업은 아직 일어나지 않았고 대부분 말로 전한 것이었다. 중국의 인사(人士)는 단지 계율이나 선법의 주요한 단서와 석가모니가 행한 사적과 사람을 가르친 개략(槪略)을 얻었을 뿐이고 그것은 한나라의 도술과 비슷했다. 그리고 새롭게 전래된 가르침을 믿는 자는 다시 스스로 일으킨 믿음을 빙자해 그 가르침을 추구하고 행하였다. 나는 오늘날에 남겨진 한나라 시대의 사적(史蹟)을 점검해서 얻게 된 몇 가지 사실로 이 설(說)을 실증할 수 있다.

첫째, 양해가 환제에게 아뢴 내용이다.

> 또 궁중에 황로와 부도의 사당을 세웠다고 들었습니다……. 이제 폐하께서는 욕망을 없애지 못하고 살생과 처벌은 이치를 넘어 있어서 이미 그 도에 어긋나는데, 어찌 그 복을 얻겠습니까?

한나라 초기에 황로의 도(道)는 원래 나라를 다스리는데 있었고, 『태평경』도 나라를 일으키고 후손을 번성케 하는 술법이 있다. 그러나 부도의 경우는 평화롭게 다스리는 술법과 무슨 상관이 있는가? 게다가 '어찌 그 복을 얻겠습니까?'라고 어떻게 말할 수 있겠는가? 하지만 모자는 『사십이장경』의 번역을 서술하면서 이렇게 말하고 있다.

> 당시 나라가 풍요롭고 백성이 편안하자 멀리 있는 오랑캐도 그 정의(義)를 흠모했고 배우는 자도 이로 말미암아 늘어났다.

이 말은 본래 『사십이장경서』에 있는 것으로 보이며, 『우록』에도 이 서문이 실려 있는데, 그 마지막 단락에서 이렇게 말하고 있다.

그래서 도법(道法)이 유포하자 곳곳마다 불사(佛寺)를 설립하고 멀리 있는 사람도 교화에 복종해서 신첩(臣妾)이 되길 원하는 자가 헤아릴 수 없었다. 나라 안이 깨끗하고 편안해지면서 생명 있는 부류가 은혜와 이익을 받는 일이 지금까지도 끊어지지 않고 있다.

이 항목의 말은 억측으로 논한 것이다. 혹은 당시 사람이 황로와 부도를 나란히 이야기하면서 황로는 백성의 군주가 되는 술법으로 보고 부도는 복을 이어가는 방법으로 여겼을 것이다.

둘째, 『태평경』에서는 인도(仁道)를 중시하니, 예컨대 도(道)는 하늘[天]에 속하고, 덕(德)은 땅[地]에 속하고, 인(仁)은 사람[人]에 속해서 중화(中和)의 통일[統]에 응하였다[64:]고 말한 것이다. 또 천도는 생(生)을 좋아하고 땅은 양육을 좋아하기 때문에 인애(仁愛)는 천지를 닮은 것이다(35권의 3). 그리고 불법은 커다란 인자(仁慈)를 지키고[65:] 살생을 하지 않으니[66:], '석가모니'를 '능인(能仁)'이라 번역한 것도 한나라 때부터 시작되었다[67:]. 한나라 명제는 이미 부도를 인사(仁祠)라 호칭했으며, 한나라와 위나라의 불경에서 인술(仁術)을 발휘한 것은 지극히 많다. 가령 『육도집경』 5권에서는 "도사(道士)의 인(仁)은 천지와 같다"는 말이 있고, 7권에서는 "대인(大仁)은 하늘이 되고, 소인(小仁)은 사람이 된다"는 말이 있다. 이 여러 가지 뜻은 모두 『태평경』의 뜻과 부합한다.

셋째, "대인(大仁)은 하늘이 되고, 소인(小仁)은 사람이 된다"는 문장은 『육도집경』 속 『찰미왕경(察微王經)』에서 나왔다. 이 경전은 오음(五陰)을 원기(元氣)로 삼는다. 원기에 대한 설명은 『태평경』에서 지극히 중요하며, 이는 당시 불가에서도 절취하여 자신의 근본 뜻으로 삼았다[68:]. 『찰미왕경』에는 이런 말이 있다.

원기가 강한 자는 땅이 되고, 부드러운 자는 물이 되고, 따뜻한 자는 불이 되고, 움직이는 자는 바람이 된다. 이 네 가지가 화합하면 식신(識神)이 생긴다.

이는 분명히 사람이 중화의 기운으로 생겨났기 때문에 "이 네 가지가 화합하면 식신이 생겨난다"고 말한 것이다. 또 인(仁)은 사람에 속해서 응당 중화(中和)의 통일이니, 이 때문에 '인(仁)'은 바로 원기의 조화라는 표현이라서 사람의 높고 낮음은 다 조화의 정도를 기준으로 삼는다. 그래서 이 경전에서는 다시 "신(神)은 네 가지에 의거해 성립하니, 대인(大仁)은 하늘이 되고 소인(小仁)은 사람이 된다"고 말한 것이다. 이에 근거해 추론하면, 인(仁)의 최대는 신성(神聖)이 되고 신성은 중화의 지극함이며, 그래서 『태평경』에서는 '도를 얻은 사람은 곤륜에 거처하니, 곤륜이란 중극(中極)이다69:'라고 말한 것이다. 그리고 『후한서, 서역전론』에서는 부도의 교화를 이렇게 서술하고 있다.

나는 나중의 이야기를 들었는데, 중토(中土)에 처한 그 나라는 옥촉(玉燭)49)이 온화해서 성령(聖靈)이 강림해 모이는 곳이자 현명하고 훌륭한 인재가 태어나는 곳이다.

범엽이 서술한 내용은 한나라 때의 전기(傳記)로부터 채집한 것일지도 모른다. 또 모자의 『이혹론』에서는 부처의 탄생일을 이렇게 서술하고 있다.

---

49) 네 계절의 기운이 화창한 걸 말한다. 태평성대를 뜻하기도 한다.

그러므로 맹하(孟夏)[50]의 달에 탄생한 것은 차갑지도 않고 뜨겁지도 않다. 초목은 화창해서 여우 털옷을 벗고 베옷을 입는 중려(中呂=仲呂)[51]의 시기이다. 그래서 천축에서 태어난 자는 천지의 중(中)으로서 그 중화(中和)에 처한다.

불경에서는 으레 부처가 '중의 나라(中國)'에 태어났다고 말한다. 그러나 이는 천축의 중(中)이지 천지의 중(中)이 아니다. 천지의 중(中)이라고 말하는 것은 바로 신령(神靈)이 반드시 강림해서 '옥촉(玉燭)이 온화한' 경계에 태어나는 걸 말하기 때문이다. 이는 실제로 지나(支那)에서 유행한 학설을 이어받아 취한 것이다.

8) 한나라와 진나라의 불경 강의와 불경 주석

한나라 때 착융은 사찰을 건립하고 불경을 독송해서 그 지역과 이웃 군민(郡民) 중 불법을 좋아하는 사람들이 듣고 받아들이게 했다. 이것이 경전 독송이나 경전 강의인지는 문장이 간략해서 단정할 수 없다. 경전 강의는 환제 때 안청, 안현으로부터 시작된 걸 알 수 있는데, 대체로 외국의 불자(佛子)는 항상 하나의 불경이나 몇 가지 불경에 정통했다. 『아함경』에 정통한 사람은 아함사(阿含師)라 불렸고, 계율에 능통한 사람은 비나야사(鼻奈耶師)라 불렸고[70], 대법(對法)에 능통한 사람은 비담사(毘曇師)라 불렸으니, 이런 사람은 독송이 막힘없어서 빠트리는 것이 없을 뿐 아니라 의리(義理)를 완전히 이해하는 한편 능히 강설(講說)도 할 수 있었다.

---

50) 여름의 첫째 달. 음력 4월.
51) 음력 4월의 별칭.

그래서 중국에 온 여러 스승들이 입으로 경문을 외울 때는 대체로 늘 그 뜻과 종지를 강의했으며, 이 때문에 당시 세상에서는 안현의 강의를 도위현(都尉玄)이라 칭송했는데, 이는 그가 경문의 현묘한 이치를 능히 천명할 수 있다고 여긴 것이다.

안세고는 아비담사(阿毘曇師)이다. 『비담』은 항상 법수(法數)에 의거해 분별해서 강목(綱目; 강령과 조목)이 조리가 있다. 안세고는 번역을 할 때 강의도 했으니, 반드시 조항에 따라 논하고 설명해서 경문 속의 사수(事數)52)를 취하였다. 예컨대 7법(法), 5법(法), 10보법(報法), 12인연(因緣), 4제(諦), 14의(意), 98결(結) 등 하나하나 분류하여 주석하였다. 그리고 4제, 14의, 98결에 대해서는 안세고 자신의 찬술이 있었고, 엄부조는 다시 안세고의 찬술에서 『십혜』가 상세하지 못했기 때문에 『사미십혜장구』를 지었다71). 『사미십혜장구』는 어쩌면 『십혜경』의 문장을 취하여 장구(章句)를 나눈 뒤 문장을 갖추고 설명을 가한 것일지도 모른다72). 그 경서가 처음 배우는 자를 가르치는데 쓰였기73) 때문에 『사미십혜장구』라 말한 것이다.

안세고는 비담학(毘曇學)에 능통했으며 경전을 번역할 때는 문장을 따라 강의도 함께 하였다. 후에 엄부조는 그 규모에 의거해 장구(章句)를 나누어 소(注)를 붙이고 해석했는데, 이런 종류의 체제는 후대의 주소(注疏)에 지극한 영향을 미쳤다. 『우록』9에 실린 진(晉)나라 도안의 『사아함모초서(四阿含暮抄序)』에서는 이렇게 말한다.

---

52) 불교 용어로 일체 사물의 명상(名相)을 가리킨다.

또 불분명한 법수(法數)와 모호한 명상(名相)에 대해 모두 그 번역자를 찾아 그 아래에 주(注)를 달았다.

『우록』 7에 실린 도안의 『도행경서』에서는 이렇게 말하고 있다.

나는 소견(所見)을 모아서 구절[句] 아래에 주해하였다.

이는 모두 사수(事數)의 문구를 따라 소해(疏解)를 지은 것이다. 도안이 사용한 체제는 실제로 엄부조에게서 나온 것이다. 『우록』 10에 실린 그의 『십법구의서(十法句義序)』에서는 이렇게 말한다.

옛날 엄부조는 『십혜(十慧)의 장구(章句)』를 편찬했고 강승회는 『육도 (六度)의 요목(要目)』을 모았다. 나는 (모르는 것이 있으면) 매양 이 책들 속에서 자취를 찾다가 깨우치게 되면 기뻐하였다. 하지만 여전히 빠진 문구가 있고 기록하지 못한 것이 있으므로 지금 초록(鈔)하고 순서를 정해서 이름하여 『십법구의』라 했다. 만약 평소 행하는 주해(注解)가 옛날에 수집하지 못한 것 이후라면 나와 똑같은 무리란 걸 아마 살필 수 있을 것이다.

석도안은 엄부조가 남긴 법을 본받아서 이전 사람이 주해(注解)했거나 수집하지 못한 사수(事數)를 이어 받아[74] 그 뜻의 지취(旨趣)를 해석했다. '초록(鈔)해서 순서를 정했다'는 것은 조항을 따라 주해하는 걸 말한다. 똑같은 시기에[75] 축담무란(竺曇無蘭)은 37품을 차례로 열거해서 각 경전마다 똑같지 않은 문자를 채집해 편집하고 지관(止觀)[53], 삼삼매(三三

---

53) 산스크리트 사마타(Śamatha; 奢摩他), 비빠사나(VipaŚyana). 번역어로는 지관

昧)54), 사선(四禪)55), 사제(四諦)를 뒤에 귀속했다. 『우록』 10권에 실린
그 서문에서는 이렇게 말한다.

서문 265자(字), 본(本)은 2685자, 자(子)는 2970자로 총 5920인데, 나중
6행의 80자는 빼고서 계산하지 않는다.

이 글은 경문을 합쳐 나열했는데 흡사 회역(會譯)처럼 보인다. 그리고
사수(事數)를 나누어서 하나의 경문을 취해 모체[母]로 삼고 그 밖의 다른
경전의 사수(事數)를 열거하여 자식[子]으로 삼는다. 비록 주소(注疏)는
아니지만 역시 엄부조의 뜻을 본받고 있다. 후세의 회역(會譯)과 자주(子注)
는 원래 모두 여기서 나왔으니, 그 최초는 한나라 때 불경을 강의하는
법에서 유래한 것으로 보인다.

(止觀), 정혜(定慧), 적조(寂照), 명정(明靜)이 있다. 지(止)는 진리에 멈추어
움직이지 않는다는 뜻과 망념을 그친다는 뜻이 있다. 관(觀)은 보아서 통달한다
는 의미인데, 지(智)를 보아서 통달하여 진여(眞如)와 부합하는 것이다. 또
꿰뚫는다는 뜻도 있는데, 지혜를 이용하여 번뇌를 꿰뚫어 그것을 남김없이
滅하는 것이다.

54) 산스크리트어 trayaḥ samādhayaḥ 팔리어 tayo samādhī 세 가지 삼매를 뜻한다.
이 삼매를 유루(有漏)와 무루(無漏)로 나누는데, 유루의 선정은 삼삼매가 되고
무루의 선정은 삼해탈문(三解脫門)이 된다. 삼삼매란 공(空) 삼매, 무상(無相)
삼매, 무원(無願) 삼매이다.

55) 사정려(四靜慮)라고도 하고 색계정(色界定)이라고도 한다, 이 선정에는 고요함
과 더불어 지혜도 있다. 초선(禪), 이선, 삼선, 사선의 구별이 있는데, 초선은
유심유사정(有尋有伺定), 이선은 무심유사정, 삼선은 무심무사정, 사선은 사념
법사정(捨念法事定)이다.

생각건대 안세고는 한나라 글로는 찬술할 수 없었을 것이다. 그래서 도안은 안세고가 찬술한『사제구해(四諦口解)』의 글들은 반드시 청취하는 자가 붓으로 기록한 것으로 여겼다. 안세고의 역경은 사수(事數)를 아울러 의거해 그 뜻[義]을 조항에 따라 서술했다. 제자가 먼저 사수의 번역문을 기록했기 때문에 그 아래에 말로 전수하는 뜻을 열거했으니, 이 때문에 이미 본말(本末)과 모자(母子)의 구분이 있는 것이다. 엄부조의『십혜장구』, 강승회의『육도요목』, 도안의『십법구의』등이 모두 이를 따르고 있다. 그리고 그 후에 경전의 이역(異譯)이 아주 많으므로 여러 판본을 모아서 비교할 필요가 있다. 또한 그 법을 모방하기 때문에 이를 회역(會譯)이라 하는데, 그러나 회역의 원류에 대해서는 앞으로 따로 논하겠다.

또 서진(西晉)의 축법아(竺法雅)는 격의(格義)56)를 창안하여 경전 속의 사수(事數)를 외서(外書)57)에 비교해 배치함으로써 문도(門徒)들을 훈육하였으니(『고승전』본전(本傳)), 서진 시대에도 불경의 강의는 여전히 한나라 때 안세고의 방법을 써서 먼저 사수(事數)를 내고 다시 조항을 나누어 그 뜻을 해석했음을 알 수 있다. 그리고 축법아는 다시 외서와 비교하고 견줌으로써 배우는 자가 쉽게 깨우칠 수 있도록 하였다. 이를 통해 알 수 있는 것은 엄부조 등의 찬술만이 아니라 후대의 자주(子注)와 회역(會譯)도 똑같이 최초에 채택된 불경 강의 방식을 통해 전개되었고 격의(格義)도

---

56) 다른 가르침의 의미를 따다가 해석하는 것. 즉, 중국 위진(魏晉) 시대에 노장(老莊)사상이 성행했는데, 불교 반야(般若)의 공리(空理)를 설명하기 위해 양자를 비교·유추(類推)하여 설명했던 편의적(便宜的)인 해석법을 말한다. 과도적(過渡的)인 학풍(學風)이었으므로 불학(佛學)을 전공할 것을 역설한 부진(符秦)의 도안(道安) 때부터 차차 배척되기에 이르렀다.
57) 불교도가 불경 이외의 서적을 칭할 때 외서라고 한다.

이와 관련이 있다는 점이다. 격의의 의의와 중요성도 앞으로 따로 상세히 밝히겠다.

또 한나라 때 유학자의 경전 강의에는 도강(都講)58)을 세우는데76:, 진나라 때 불가의 불경 강의에도 도강이 있다고 들었다77:. 이는 한나라 사람인 경사(經師)가 불경을 강의하면서 법도를 이룬 걸 채택한 것으로 보인다. 그러나 이 제도는 그 자체 불전(佛典)의 근거가 있어서 반드시 유가의 법도를 이어받은 것은 아니다. 강승회는 『안반수의경서』에서 이렇게 말했다.

세존께서 처음에 이 경전을 설하고자 하실 때 대천(大千) 세계가 진동하자 인간과 천인이 안색을 바꾸었으며, 3일간 안반(安般)59)을 하매 능히 질문하는 자가 없었다. 그래서 세존께서는 두 몸으로 변화하니, 하나는 '하등(何等)'이라 하고78: 다른 하나는 존귀한 주연[尊主]의 연설로서 여기서 뜻[義]이 나왔다. 대사(大士)와 상인(上人), 육쌍십이배(六雙十二輩)가 집행하지 않음이 없었다.

세존께서 변화한 하나의 몸이 안반의 사수(事數)와 분류한 조항에 입각해 '하등(何等; 무엇인가?)'라고 물으면, 다른 하나의 존귀한 몸이 답을

---

58) 원래는 고대에 박사(博士)의 경전 강의를 도와주는 유생(儒生)이었다. 그러나 위진(魏晉) 시대 이후 불가에서는 불경을 강의할 때 한 사람이 경문을 제창하면 다른 사람이 해석 했는데, 경문을 제창한 자를 '도강'이라 했고 해석한 자를 법사(法師)라 칭했다.

59) 안나반나(安那般那)의 준말로 수식관(數息觀)을 뜻한다. 안나는 내쉬는 숨이고 반나는 들이쉬는 숨이다. 즉 내쉬는 숨과 들이쉬는 숨을 헤아리면서 마음을 가라앉히는 것이다.

하면서 그 뜻[義]을 부연한다. 전자는 중국 불가에서 불경을 강의할 때의 도강에 해당하며, 후자는 소위 법사(法師)이다. 불교의 전설에 의하면, 삼장(三藏)을 결집할 때 본래 한 사람이 질문을 하고 한 사람이 부처님 말씀을 제창해 나갔다. 이렇게 서로 왕복하면서 마지막까지 마치면 하나의 불경이 수집되었기 때문에 불경의 문체도 대부분 이런 방식을 취하고 있다. 가령 안세고가 번역한『음지입경(陰持入經)』[79]이 그에 해당하는데, 이 절(節)은 그 시작하는 숫자의 언구가 다음과 같다.

> 불경에서 행하는 교계(教誡)의 제시는 모두 3부(部)에 있으면서 행(行)에 합치한다. 3부는 무엇인가? 첫째, 5음(陰), 둘째, 6본(本), 셋째, 따라 들어가는 것[從所入]이다. 5음이란 무엇인가? 첫째는 색(色)이고, 둘째는 통(痛)이고, 셋째는 상(想)이고, 넷째는 행(行)이고, 다섯째는 식(識)이니, 이것이 5음이다.

또 사문이 계(戒)를 받을 때 계에 대한 설명도 한 스승이 질문을 발하면 다른 사람이 대답을 하는데, 이는 모두 도강 제도가 근원이다. 생각건대 이 제도는 아비담 강의에서 가장 잘 적용되었다. 가령 당일『음지입경』을 강의할 때 법사가 먼저 부처님의 교계(教誡)가 다 3부(部)에 있다고 제시하면, 다음에 한 사람이 '무엇이 3부인가?'라고 질문을 제창한다. 그래서 법사가 바로 음(陰), 지(持), 입(入)[60] 세 가지를 내놓으면, 그 사람이 다시 '5음은 무엇인가?'라고 질문하고, 법사가 바로 음(陰)의 다섯 가지를 내놓으니, 이처럼 질문과 대답을 왕복하면서 마지막 권(卷)까지 이른다. 이와

---

60) 음(陰)은 색(色)・수(受)・상(想)・행(行)・식(識)의 오음을 말하고, 지(持)는 육근(六根)・육경(六境)・육식(六識)의 십팔계를 말하며, 입(入)은 육근과 육경의 12처를 말한다.

같은 조목(條目)과 분석의 문체는 확실히 도강에 쓸 수 있다. 만약 문장이
편(篇)과 독(牘; 판본)이 이어지기만 해서 조목과 항목을 나누지 못한다면
도강을 쓰는 데는 비교적 불편할 것이다. 안세고는 『비담』에 능통한데다
또한 강의까지 했으니, 그의 제자 엄부조와 그 후 도안이 저술한 경서에
의거해 살핀다면 그가 불경을 강의할 때는 반드시 사수(事數)에 의거해
조항을 따르면서 뜻[義]을 전개해나갔다. 그리고 불가에서 도강을 했다는
설(說)이 중국에서 가장 일찍 발견되는 곳은 『안반수의경서』이다. 이 경전
은 안세고가 번역한 것인데, 그 서문을 강승회가 지었다면 그는 재전(再傳)
제자이다. 그렇다면 서문 중에 부처님이 두 몸으로 변화해 경전을 설명했다
는 내용은 아마도 안세고에게서 나왔을 것이며, 안세고의 불경 강의에도
어쩌면 이미 도강이 있었을지도 모른다.

또 오나라의 지겸이 번역한 『대명도무극경(大明度無極經), 제1품』에서
는 "선업(善業)이 법의 도강이 되었다"는 말이 있고, 또 "모든 부처님 제자가
질문하고 응답했다"는 말이 있는데, 그 문장 아래에 원래 다음과 같은
주석이 있다.

> 선업(善業)[80]:이 이 청정한 법에서 도강이 되었고, 추로자(秋露子)[81]:가
> 비할 바 없는 법에서 도강이 되었다.

이에 의거하면, 도강의 제도가 불경의 문답에서 나왔다는 것은 너무나
명백하다. 생각건대 지겸이 번역한 불경의 원주(原注)는 어쩌면 그가 스스
로 주석했을지도 모른다[82]. 만약 그렇다면 불교는 삼국시대 초기에 이미
도강의 제도가 있는 것 같으며, 아울러 한나라 말엽에 도강이 있다는
것도 짐작할 수 있는 일이다. 또 『후한서, 양진전』에는 "황새가 잉어 세

마리를 물고 강당 앞에 날아들었는데, 도강이 물고기를 가지고 들어왔다"는
말이 나오는데, 이를 보면 도강은 경사(經師)가 맡는 역할이었다. 유가에서
도 도강이 경문을 독송했다는 것은 『위서(魏書), 조형전(祖瑩傳)』에 보인
다. 한나라 때의 도강은 경문을 독송했는지 여부에 대해서는 실제로는
명백한 문장이 없다. 그러나 앞서 서술한 『안반수의경서』와 『대명도무극
경』에 의거할 때 불가가 한나라와 위나라 사이에 이미 도강이 있었다면,
도강이 경문을 독송하고 질문을 발하는 제도는 어쩌면 불교도로부터 시작
되었을지도 모른다.

또 『광홍명집』에 실린 양무제(梁武帝)의 『반야경』 강의에서는 지원사
(枳園寺)의 법표(法彪)가 도강이었다. 또 동진(東晉)의 지도림이 법사가
되고 허순(許詢)이 도강이 되었으니, "지도림이 한 가지 뜻[義]을 통하면
사방의 자리에서 마음으로 감복하지 않는 이가 없었으며, 허순이 한 가지
어려움을 해결하면 손뼉을 치며 기뻐하지 않는 이가 없었다"고 하였다(『세설
신어, 문학편』). 여기서 알 수 있는 한 가지는 비담을 강의한 것이 아니라
경문을 강의한 것이고, 또 한 가지는 도강이 자기 뜻에 의지해 어려운
점을 내놓을 수 있었으니, 이는 모두 이 제도를 넓혀 나간 것이다. 그러나
그 최초는 아마 안세고가 『비담』의 법수(法數)를 강의한 데서 나왔을
것이다.

또 사영운(謝靈運)의 『산거부(山居賦)』에는 이런 말이 있다.

겨울과 여름 두 시기에 3개월씩 안거(安居)하는데, 멀리서 승려가 오고
가까운 곳의 대중들도 빠지지 않는다. 법고(法鼓)가 즉시 울리고 게송의
읊조림이 맑게 퍼졌으며, 뿌려진 꽃이 나풀나풀 내려오고 흐르는 향(香)은
하늘로 퍼져나갔다. 광겁(曠劫)[61]의 미묘한 말을 분석하고 상법(像法)의

남겨진 종지를 설하여 이 마음의 한 터럭을 타서 만리(萬里)에 이른 저 중생을 제도한다. 남창(南倡)에서 훌륭한 취향을 열고 북기(北機)에 맑고 유창함에 돌아가니, 나의 정(情)에 흡족할 뿐만 아니라 진실로 군자에게 다 감응한다.

강락(康樂)은 자신의 주석에서 이렇게 말하고 있다.

묫 승려들이 겨울과 여름 두 시기에 좌선하는 것을 '안거'라고 하며 90일을 지낸다. 대중이 멀고 가까운 곳에서 모이고, 법고와 게송과 꽃과 향(香)의 네 종류가 모이니, 이를 재강(齋講)[62]의 일이라고 한다. 분석하고 설하는 것은 제강의 논의이고, 이 마음을 타면 저 중생을 제도할 수 있다. '남창'은 도강이고, '북거(北居)'는 법사이다.

이것은 진나라와 송나라에서 행해진 불경 강의의 정황으로 서술이 자못 상세하기 때문에 자세히 인용하였다.

9) 총체적인 결론

불교는 한나라 때는 본래 도술의 일종으로 여겼다. 그때 유행한 교리와 행위는 당시 중국 황로술의 방기(方技)와 서로 통하였다. 불교의 가르침은 서역의 사신이 무역 거래를 하러 온데서 비롯되었는데, 급기야 열성적으로 교리를 전파하는 사람이 점점 중하(中夏)에 퍼지면서 민간에 유행하였다. 상류사회는 황로술을 좋아해서 부도까지 아울러 좋아했는데, 예컨대 초왕

---

61) 많은 겁을 쌓고 쌓은 오랜 시간.
62) 불법(佛法)의 집회를 선포하고 강의하는 것.

영, 명제 및 환제가 모두 그런 사람들이다. 문인과 학사(學士)의 경우에는 단지 양해, 장형이 간략한 서술로 언급했지만 두 사람 역시 음양 술수의 말에 능통했다. 이 외에는 불교를 중시하는 자가 없었다.

이 때문에 모자는 『이혹론』에서 "세상 사람과 학사가 대부분 불교를 비난하고 헐뜯었다"고 하였고, 또 "훌륭한 인사의 간쟁(諫諍)과 유림(儒林)의 논의에서 불도(佛道)의 수행을 귀하게 여기거나 스스로 용모의 파손63)을 훌륭하다고 여기는 건 듣지 못했다"고 하였다. 급기야 위진 시대에 와서는 현학(玄學)의 청담(淸談)이 점점 번성하면서 중국 학술의 면모가 일변하였고, 불교는 더욱 현리(玄理)에 의존하면서 크게 사대부의 격찬을 받았다. 그리하여 이 학술의 커다란 손잡이는 외국에서 온 종교에게 찬탈되었으며, 불학(佛學)의 전개는 이미 또 다른 한 시기에 들어갔다. 내가 한나라 때의 불교가 스스로 한 시기를 이루었다고 보는 이유도 바로 여기에 있다.

---

63) 출가 수행자가 세속의 모습을 벗어던지고 법복을 입고 삭발하는 걸 말한다.

미주

1) 『사십이장경』에서는 "사람은 도를 행해도 고통이고 도를 행하지 않아도 고통이다"라고 했다.

2) 각자(各字)로 의심된다.

3) 『한서』여순주(如淳注)에서는 물(物)을 귀물(鬼物)이라 하였다.

4) 『논사편』에서도 매미가 허물 벗는 것으로 생사를 비유하고 있다.

5) 『위서, 석로지』에서는 "노자는 아미(蛾眉)에서 헌원(軒轅)[1]에게 전수했고, 목덕(牧德)에서 제곡(帝嚳)[2]을 가르쳤고, 대우(大禹)[3]는 장생(長生)의 비결을 들었고, 윤희(尹喜)[4]는 도덕의 종지를 받았다……."고 했다. 대체로 노자가 황제(黃帝) 이래로 누차 하생(下生)하여 성자를 교화했다고 서술하며, 또 현존하는 갈홍(葛洪)의 『신선전』1권에서는 노자가 위아래의 삼황(三皇)[5] 및 복희, 신농 이래로 12대에 걸쳐 자주 하생해서 신선의 스승이 되었다고 내리 서술하고 있는데, 문장이 번거로워서 싣지 않는다.

   1) 헌원은 황제(黃帝)의 이름이다. 중화민족의 시조(始祖)로 치우(蚩尤) 등 제후를 정벌하고 신농씨(神農氏)를 이어 제위에 올랐다고 전한다. 그가 온갖 곡식과 초목의 종자를 뿌렸다고 한다.

   2) 중국 고대의 신화에 나오는 제왕. 이름이 고신(高辛)이라 고신씨(高辛氏)라고도 부른다. 오제(五帝)의 하나로 전욱(顓頊)의 뒤를 이어 제위에 올랐다.

   3) 하(夏)나라 왕조의 시조. 황하 유역에 홍수가 발생했을 때 치수(治水)에 혁혁한 공을 세워 백성들의 신망이 아주 높았다.

   4) 주나라와 전국시대 진나라의 도인(道人). 그가 맡은 관직 이름을 따서 관윤(關尹)이라 부르기도 한다. 『사기(史記)』에 의하면, 노자가 함곡관에 이르렀을 때 관령(關令)인 윤희(尹喜)에게 부탁을 받아 『도덕경(道德經)』을 지었다고 하는데, 이 관령 윤희가 바로 관윤(關尹)으로 노자의 제자이다.

5) 상고 시대의 전설적인 임금이다. 『사기』에 실린 이사(李斯)의 설을 따르면 천황(天皇), 지황(地皇), 태황(泰皇)이고, 『고미서(古微書)』에 따르면 복희(伏羲), 신농(神農), 황제(黃帝)를 가리킨다.

6) 이 장(章)은 지겸의 『발경초(孛經抄)』에도 보인다. 다만 어린아이가 개로 되어 있다.

7) 도(道)란 사람을 인도하여 무위에 도달하는 것이다.

8) 이 도는 무위를 귀하게 숭상한다.

9) 『사기, 태사공자전(太史公自傳)』

10) 『사십이장경』에서는 사람을 우매함으로 가리는 것은 애착과 욕망이라고 하였다.

11) 『숙진훈(俶眞訓)』을 보라. 『사십이장경』에서도 "마치 거울을 닦는 것과 같아서 때가 제거되면 밝음이 존재한다"고 하였다.

12) 게다가 한나라 때 방사에겐 이미 방중술(房中術)이 있었다.

13) 또한 사(捨)라고도 한다.

14) 가령 '도를 행함[爲道]은 무쇠를 단련하는 것과 같다'고 하고, 또 '도를 행하면[行道] 귀신이 엄호하는 것을 하지 않는다'고 하는데, 흡사 마(魔)의 교란을 가리키는 것으로 보인다.

15) 모두 『우록』 2 말미에 보인다.

16) 이상의 경전들은 모두 『우록』에 실려 있다.

17) 『고승전』에서는 "안세고가 하나의 상자를 봉한 적이 있는데, 그 안에 '나의 도를 존중한 사람은 거사 진혜이고, 선경(禪經)을 전한 사람은 비구 강승회이다'라는 말이 있다"고 하였다.

18) 『장자』 외편 『각의(刻意)』에는 '묵은 것을 내뱉고 새로운 것을 받아들인다 [吐故納新]' 등의 말이 나온다.

19) 내용이 매우 생략됨.

20) 『포박자』에서는 토납할 때 숨을 세고(數息) 아울러 코 끝에 주의를 집중한
다고 하는데, 이는 『안반수의경』에서 말하는 내용과 서로 부합하므로
어쩌면 실제로 터득한 불법일 수도 있다. 또 『장자, 각의편』과 『논형,
도허편』에는 '호흡을 내쉬면서 묵은 것을 내뱉고 새로운 것을 받아들인
다……'는 말이 있고, 『안반수의경』에서는 숨에는 풍(風), 기(氣), 식(息),
천(喘)의 네 가지 일이 있다고 하니, 양자는 서로 유사하다. 그러나 그
해석은 각기 다르니, 그렇다면 실제로 우연한 일치일 것이다.

21) 『어람(御覽)』에서 인용한 『범사(范史)』를 보라.

22) 古는 玄자로 의심된다.

23) 『군보록(群輔錄)』을 보라.

24) 『오지(吳志), 손책전주(孫策傳注)』에서는 『강표전(江表傳)』을 인용하면
서 "장진(張津)은 교주자사가 되자 예전 성전(聖典)의 교훈을 버리고 한나
라 가문의 법률을 폐기한 후 항상 빨간색 머리띠를 두른 채 거문고를
타며 향(香)을 피우고 삿되고 속된 도서(道書)를 읽으면서 교화를 돕는다고
말했다……"고 했다. 빨간 머리띠는 한나라 사람의 평상복이 아니다.

25) 이상은 『후한서』 본전(本傳)에 보인다.

26) 『우록』 6을 보라.

27) 다음에서 상세히 밝힘.

28) 『사십이장경』에서 특히 이 뜻을 표명하고 있다.

29) 이상 잡록(雜錄) 『사십이장경』

30) 『모자』와 여러 서적에서 영평 시기의 구법 전설이 기재된 것을 보라.

31) 팔리어 경전의 '아라한' 해석에선 '날아다니며 영원한 생명에 머문다……'
가 없다. 『사십이장경』에서 말한 내용은 중국인의 개작(改作)을 거친
것이 아닌가 하는 의심이 든다.

32) 『서역전』에서 논함.

33) 앞의 내용을 보라.

34) 실명(失名)의『법경경후서』에서는 스스로 빠진 부분을 정리했다고 말해
서 이 경전에 대해 공(功)을 들인 것이 매우 성실한데 바로 위나라와
진나라 사이의 사람이다.

35) 가령 『수진천자경기(須眞天子經記)』,『우록』7

36) 가령 똑같은 『우록』7권의 『현겁경기(賢劫經記)』

37) 가령 똑같은 『우록』7권의 『아유월치경기(阿維越致經記)』

38) 『속한서(續漢書), 예의지(禮儀志)』

39) 『홍명집, 봉법요(奉法要)』에서는 "세삼재는 정월, 5월, 9월을 말한다"고
하였다.

40) 예컨대 안청, 지루가참

41) 다만 반드시 출가한 사문은 아니다.

42) 『상서제험기(尙書帝驗期)』에서는 "왕모(王母)의 나라가 서황(西荒)에 있
는데, 무릇 도를 얻어 경서를 수여한 자는 다 곤륜의 궁궐에서 왕모를
조회(朝會)한다"고 하였다.

43) 박협은『태평경』에서 말한 머리를 찧고 스스로를 때리는 것이 아닌지
모르겠다.『홍명집』7권에 나오는 송나라의 석승민(釋僧愍)은『화융론(華
戎論)』[1]에서 도교를 배척하면서 "뺨을 쳐서 치아가 마주치는 것은 지극히
뒤바뀐 미혹이다"라고 했으며, 당나라의 법림은『변정론』2에서 도교의
서적『자연참사의(自然懺謝儀)』[2]에 아홉 번 머리를 찧고 아홉 번 뺨을
때린다는 말이 있다고 인용하였다. 이 뺨을 때리는 일은 남북조 시대와
수나라, 당나라의 도사들도 행한 것이다. 또 지겸이 번역한『범지아발경
(梵志阿颰經)』에는 외도의 방편 네 가지가 있는데, 그 네 번째에 뺨을

때리고 복을 구하는 구절이 있다. 이 경전은『장아함아마주경(長阿含阿摩晝經)』의 이역(異譯)이며, 팔리어 경전 암바타 수타(Ambattha Sutta)가 그 원본이 되는데, 두 곳에 기록한 네 가지 방편 중에는 모두 이 구절이 없다. 다만 강승회의『구잡비유경(舊雜譬喩經)』8권에도 역시 뺨을 때리는 사람이 있다고 말하며, 또『육도집경(六度集經)』5에는 "혹은 뺨을 때리고 독송하면서 '부처님께 귀명(歸命)합니다, 법(法)에 귀명합니다, 거룩한 대중에 귀명합니다'라고 하였다"는 말이 있으니, 이에 근거하면 어찌 중국 불교가 이 법을 옛날에 썼겠는가? 아니면 단지 역경한 사람이 중국의 낱말[名詞]을 빌려서 불교의 모배(膜拜)³⁾를 가리킨 것인가? [송나라『고승전, 역경편(譯經篇)』에서 중국의 말과 우아한 풍속을 논한 단락을 참고하라] 만약 한나라 때 승려들이 이를 행했다면, 경전에서 말하는 뺨을 때리는 것과 구걸하는 일은 모두 불교도를 가리킨다.

1) 남조(南朝) 송(宋)나라 때 승민(僧愍)이 지은『융화론석고도사이하론(戎華論折顧道士夷夏論)』을 말한다.
2) 경전 이름『태상통연삼매신주재참사의(太上洞淵三昧神咒齋謝儀)』를 말한다. 당나라 두광정(杜光庭) 편저. 1권.
3) 이마에 합장하고서 무릎을 꿇고 절을 하는 것 존경과 복종을 표시하는 예식(禮式).

44) 『고승전』에 실린 가장 유명한 기록은 진나라의 강승연(康僧淵)이 걸식으로 자급자족했는데 사람들이 고승인 걸 알아채지 못한 것과 각현(覺賢)이 혜관(慧觀) 등과 함께 걸식하는 일이다. 또『광홍명집』에 있는 심약(沈約)의『술승설회론(述僧設會論)』에서는 "오늘날엔 이미 절 안에서 충분히 취하므로 걸식하는 일이 끊어졌거나 혹은 발우를 들고 문에 이르러도 문득 승려를 부르면서 비천하고 열등하다고 한다. 이미 사람들이 비루하고 수치스럽게 여기므로 다시 걸식하는 자가 없으며, 수많은 후진(後進) 중에 도리[理]를 구하는 자가 적어서 문득 구걸하는 업(業)을 다시 행할 수 없었다고 한다……"고 하였다. 이에 근거하면 제나라와 양나라 시대에는 구걸이 지극히 적어서 보편적으로 행해지지 않았다.

45) 당나라 현억(玄嶷)의 『견정론(甄正論)』[1]에서는 "『태평경』은 불경을 별로 고통스럽게 기록하지 않고 제왕의 나라 다스리는 법과 음양이 조화를 낳는 일 등을 많이 설하고 있다"고 하였다.

    1) 당나라 승려 현억이 지었으며 총 3권이다. 도교의 주장을 거짓이라 배격하면서 불교의 우월함을 적극적으로 내세우고 있다.

46) 본기는 한나라와 위나라의 번역본에서 통용되던 명사(名辭)이다.

47) 삼계의 뜻은 분명하지 않다. 그러나 아마도 불교의 용어일 것이다. 상무인 서관 판본의 『태평경』 93권 15쪽을 참고하라. 또 『태평경초』 을부(乙部)의 3쪽에서는 구도(求道)는 늘 고통스럽다고 말하는데, 이 뜻도 『사십이장경』 에 보인다.

48) 『춘추원명포(春秋元命苞)』[1]에서는 "신농은 태어난 날에 능히 말할 수 있었고, 5일이 되자 능히 걸을 수 있었고, 7일 아침에는 치아를 갖추었고, 세 살이 되자 농사일과 오락을 알았다……"고 했는데, 그 내용이 『태평경』 에서 서술한 노군(老君; 노자)의 사적과 서로 비슷하다.

    1) 서한(西漢) 말엽 참위(讖緯)의 인사가 저술했다. 경전의 뜻에 가탁(假托)해서 부록(符籙)의 상서로운 감응을 선양한 책이다.

49) 『보요경(普耀經)』 2권에 보인다. 이 경전은 서진(西晉) 때 축법호의 번역이다. 그러나 한나라 때 어쩌면 석가모니의 전기가 있었을지 모르지만 지금은 이미 상실되었다. 1920년 『통보(通報)』 페리오의 『모자논서(牟子論序)』를 참고하라.

50) 『태평경』 40권 6쪽, 50권 8쪽, 53권 2쪽, 『경초(經鈔)』 정부(丁部) 12쪽.

51) 초왕 영은 이미 사문을 위해 공양을 마련했다. 그리고 양해는 황로와 부도의 도(道)는 생명을 살리는 걸 좋아하고 죽이는 걸 싫어한다고 하였다.

52) 가령 72권에서는 "무릇 천하 사람의 죽음은 작은 일이 아니니, 한 번 죽으면 영원히 다시 천지와 일월을 보지 못한다. 혈맥과 뼈는 진흙이 되고 죽음의 운명은 중대한 일이다. 사람이 천지 사이에 거처하면서

사람마다 한 번의 생(生)을 얻지 거듭된 생[重生]을 얻지 않는다. 거듭된
생이란 오직 도인(道人)이 죽었다가 다시 살아나는 시해자(尸解者)[1]일
뿐이다. 하지만 이런 도인은 천지에 있는 만만(萬萬) 명 중에서 한 사람도
없다. 그러므로 평범한 사람은 한 번 죽으면 다시 살아나지 못한다. 또
114권에는 간략한 문장으로 "천신(天神)이 재촉해서 아래로 흙에 들어가게
하고, 흙에 들어간 뒤에는 어느 때 다시 출생할 수 있겠는가?"라고 했다.

1) 시해(尸解)는 도교의 도인이 도를 터득해서 몸은 남겨두고 혼백만 빠져나가
   신선이 되는 것이다.

53) 『태평경초』 병부(丙部)의 1쪽을 보라. 반(反) 자는 원래 필(必) 자이니,
    이제 『태평경』 37권 1쪽에 의거하여 고친다.

54) 강승회는 『육도집경(六度集經)』 6권에서 정진을 해석하길 "도의 오묘함을
    정밀히 간직하고, 게으름 없이 진보해 나가는[精存道奧 進之無怠]" 것이라
    고 했으니, 이 역시 도교 서적의 종지를 절취한 것이다.

55) 이는 114권 6쪽에 보인다. 이 단락과 윗 단락에서 인용된 글은 모두
    해독하기 어려워 여기서는 중요한 것만 추려서 인용했다.

56) 임부(壬部)의 19쪽.

57) 원문에는 오자(誤字)가 있다. 이를 『태평경성군비지(太平經聖君秘旨)』[1]
    에 근거해서 교감하여 고쳤다.

1) 원래의 제목은 『전상상청동군(傳上相青童君)』이다. 왕명(王明)의 『태평경합
   교전관(太平經合校前官)』의 고증에 의하면 당나라 말엽의 도사인 여구방원(閭
   丘方遠)이 『태평경』을 간추려서 만든 것이라 한다.

58) 이 경전은 『장방록』 4권에서 안세고의 번역이라고 말한다. 『우록』 4에서는
    실역(失譯) 속에 부가되어 있다.

59) 이 경전을 『장방록』 4권에서는 한나라 사람 엄부조의 번역이라고 하며
    『우록』에는 실려 있지 않다. 그러나 그 문자가 가리키는 것에 의거하면
    위진 시대 이전에 번역된 것이다.

60) 이 경전을 『장방록』 4권에서는 한나라의 지겸이 번역했다고 하며, 『우록』 3에서는 도안이 실역(失譯)의 목록 속에 기재했으니, 역시 진나라 이전에 번역된 것이어야 한다.

61) 『태평경』 96권에서는 "'수일'이란 충신이나 효자가 될 수 있다……."고 하였고, 후한의 지요(支曜)가 번역한 『성구광명정의경(成具光明定意經)』에서는 "효도로 부모를 섬기면 그 마음을 하나로 하고, 스승과 벗을 존경하면 그 마음을 하나로 한다……."고 했으니, 『태평경』에서 말한 내용과 비교해 참조할 수 있다.

62) 『성구경(成具經)』 속의 말을 쓴다.

63) 114권에 상세하다.

64) 35권의 2쪽과 119권의 7쪽.

65) 『사십이장경』의 말

66) 『후한서』에서 반용(班勇)의 말을 인용한 것

67) 강맹상(康孟祥)의 『수행본기경(修行本起經)』에 나오는 '석가'라는 문장 아래의 주석에서는 "한나라 말로 능인(能仁)이라 한다"고 했다. '모니'는 인도의 원문에서 함께 인(仁)이라 훈(訓)을 달 수 없었다. 지겸의 『서응본기경(瑞應本起經)』의 주석에서는 응당 '능유(能儒)'로 번역해야 한다고 말했다.

68) 다음 장(章)을 참고하라.

69) 112권 21쪽과 경부(庚部)의 14

70) 도안은 『비나야서』에 계빈비나(罽賓鼻奈)가 있다.

71) 상세한 내용은 앞 장(章)을 보라.

72) 언어에서 『한서, 하후승전(夏候勝傳)』을 쓰고 있다.

73) 원문의 서문 말미에서는 "승당(升堂)¹⁾하지 못한 자를 계몽할 수 있다"고 하였다.

1) 승당입실(升堂入室)은 마루에 올라 방에 들어간다는 말인데, 기초부터 순서를 밟아서 차근차근 더 깊은 경지로 들어간다는 뜻이다. 따라서 '승당하지 못했다'는 아직 마루에도 오르지 못한 초보자란 뜻이다.

74) 원문의 서문에는 "명백히 변수(辯數)를 넘어서지 않는다"는 말이 있다.

75) 진나라 태원(泰元) 21년

76) 『후한서, 후패전(候覇傳)』과 『양진전(楊震傳)』

77) 『세설신어, 문학편』에서는 허순(許詢)이 지도림의 도강이 되었다.

78) 백(白)은 역시 왈(曰)이다.

79) 이 경전은 실제로 아비담에 속한다.

80) 수보리(須菩提)를 말함.

81) 사리불(舍利弗)을 말함.

82) 나중에 나오는 설명을 보라.

제2

위진 남북조 시대의 불교

6

불교 현학의 남상(濫觴)*(삼국시대)

1) 모자의 『이혹론』

모자는 대략 영제 말년(서기 188년)에 교지(交趾)로 피신했다. 그 후 5년 헌제의 초평 4년(서기 193년)이 되자, 도겸은 서주목(徐州牧)이 되고 착용은 운송 사업을 감독하면서 부도의 사당을 크게 세웠다. 모자는 대략 이해 이후에 『이혹론』을 지어서 불법을 추앙하고 존중하였다. 그 뒤 초평 7년에는 완적(阮籍)1)이 태어나고 약 20년에는 혜강(嵇康)2)이 태어났다. 하안(何晏)과 왕필(王弼)은 모두 위나라 정시(正始) 10년에 죽었으며(서기 249년), 이 해는 완적이 태어난 후 39년으로 위로 모자가 『이혹론』을 지었을

---

* 거대한 양자강의 강물도 근원을 거슬러 올라가면 '술잔에 넘칠' 정도의 작은 물에 불과하다는 뜻으로 만물의 시초나 근원을 가리킬 때 쓰인다. 출전은 『순자, 자도(子道)』.
1) 삼국 시대 위(魏)나라의 문인(文人). 자는 사종(嗣宗)이고 죽림칠현(竹林七賢)의 한 사람이다. 쾌락적인 삶의 태도를 보였지만, 실제로 그의 작품은 음울하고 비관적인 색채가 짙다. 『영회시(詠懷詩)』 82수와 『완보병집(阮步兵集)』이 있다.
2) 삼국 시대 위나라의 문인이자 사상가. 자는 숙야(叔夜)로 죽림칠현의 한 사람이다. 집 근처 대나무 숲에서 죽림칠현의 여섯 친구와 어울려 술을 마시고 춤을 즐겼다. 그의 시와 산문은 도덕과 인습을 벗어나 무위자연을 노래하고 있다. 후에 반란죄의 누명을 쓰고 사형에 처해졌다.

때와의 거리는 많아야 56년을 넘지 않는다. 이 50여 년 동안 중국의 학술에는
일대 변화가 생겨났다. 이후에는 『노자』, 『장자』의 현학과 불교의 현학이
서로 보완하면서 유행하였다. 하안과 왕필이 살았던 정시(正始)의 시기에는
『노자』, 『장자』의 현담(玄談)이 융성했고, 그리고 모자가 『이혹론』을 지으면
서 불교와 노자를 아울러 취하고 있고 불가의 현풍(玄風)도 이미 그 실마리
를 보이고 있다. 『이혹론』 37장을 중시할만한 이유가 대체로 여기에 있다.
　『노자』, 『장자』의 현학은 또한 온몸의 양생(養生)을 숭상하고 있다. 동한
과 서한의 방사(方士)와 도가의 장생불사술(長生不死術)은 사사(祠祀)3)를
말하고 단약(丹藥)4)을 말하고 벽곡(辟穀)을 말하고 토납(吐納)을 말한다.
그러나 삼국시대가 되자 식견이 있는 인사는 방기(方技; 방술의 기법)에
대해서는 역시 신뢰를 주지 않았다. 위나라 문제(文帝)의 『전론(典論)』1:에
서는 극검(郤儉)5)의 벽곡, 감릉(甘陵)과 감시(甘始)의 행기(行氣)6), 좌자(左
慈)7)의 보도(補道)를 기록했고, 이를 다음과 같이 논하고 있다.

　태어난 것은 반드시 죽고 이루어진 것은 반드시 무너지니, 이는 천지도
능히 바꿀 수 없고 성현(聖賢)도 면할 수 없다. 그러나 미혹한 자는 풍운(風雲)
을 이룡(螭龍)8)과 함께 올라타서 불사(不死)의 나라를 찾아가고 싶어 한다.

---

3) 사당에서 제사를 지내는 것.
4) 도교의 방사들은 단사(丹沙)로 약을 제련하여 복용함으로서 장생불사를 실현하
　고 했는데, 이 약을 단약이라고 했다.
5) 동한 말엽의 익주자사(益州刺史)로 하남(河南) 언사(偃師) 사람이다.
6) 도교(道敎)의 용어. 호흡과 토납(吐納) 등의 양생법으로 내적 수련을 하는 공부.
7) 동한 말엽의 방사(方士)로 자(字)는 원방(元放)이고 여강(廬江) 사람이다. 도교
　역사에서 동한 시기의 단정파(丹鼎派) 도술은 그로부터 전해졌다.
8) 용의 일종으로 뿔 없는 용이라 하기도 하고 혹은 용의 암컷이라 하기도 한다.

나라는 바로 단계(丹谿)[9]이며, 그 사람은 열결(列缺)[10]에 떠서 노닐고, 거꾸로 된 경치를 보며 빙빙 날아다니고, 배고프면 아름다운 꽃을 먹고, 목마르면 비천(飛泉)[11]에서 마신다. 그러나 죽은 자가 줄을 잇고 무덤이 서로 바라보면, 가버린 자는 돌아오지 못하고 잠겨버린 것은 형체를 이루지 못함을 충분히 깨달을 수 있다.

진사왕(陳思王)[12]이 지은 『변정론(辯正論)』2:에서도 신선의 도술을 이렇게 배척하고 있다.

또 세상에는 허망하게도 선인(仙人)에 대한 이야기가 있다. '선인'은 아마도 원숭이의 무리일진저! 세상 사람이 도를 얻으면 선인으로 변화하는가? 꿩이 바다에 들어가면 작은 조개가 되고 제비가 바다에 들어가면 대합조개가 되는 것이니, 날개를 치며 배회할 때는 날갯짓이 들쑥날쑥 어긋나도 알아챌 수 있지만, 홀연히 스스로 정신과 몸의 변화[神化體變]에 투신해서 다시 거북이나 자라와 한 무리가 된다면, 어찌 다시 숲을 날아다니는 맛과 둥지에 깃드는 즐거움을 스스로 알겠는가? 소가 질병을 슬퍼하다가 호랑이가 되면 자신의 형을 만나도 잡아먹는다. 이렇게 된다면 어느 누가 변화를 귀하게 여기겠는가?

모자는 하늘과 땅조차 장구(長久)하지 않다는 『노자』의 말을 인용해서

---

9) 신선들이 거주하는 곳.
10) 높은 하늘에서 번갯불이 나타나는 공간의 틈.
11) 골짜기의 이름.
12) 삼국시대 때 위(魏)나라 문제(文帝) 조비(曹丕)의 아우 조식(曹植)을 말한다. 진왕(陳王)에 봉해지고 시호(諡號)를 '사(思)'라고 해서 '진사왕'이라 불렀다. 문학적 재능이 탁월했으며 '칠보시(七步詩)'로 유명하다.

도가의 '죽지 않고 신선이 된다'는 요망함을 비난하고 있다. 또 벽곡의 방법에 대해서도 '실제로 해보아도 효과도 없고 징험(徵驗)도 없다'고 하였다. 그리고 당시의 신선술이 가을과 겨울에는 먹지 않고 혹은 방에 들어가 몇 십일씩 나오지 않는 것에 대해서도 모자는 "매미가 먹지 않는 걸 군자는 귀하게 여기지 않으며, 개구리와 능구렁이가 구멍 속에 숨는 것을 성인은 중시하지 않는다"고 비웃었다. 모자가 말한 내용은 조비와 조식 형제의 말한 내용과 실제로는 그 지취(旨趣)가 똑같다.

　방기(方技)가 늘 세상 사람의 비난을 받아도 온몸을 양생(養生)하는 방사의 도(道)는 역시 자연에 순응하는데 그 취지가 있다. 그리고 자연에 순응하는 것은 또한 『노자』, 『장자』 현학의 근본 이치이다. 『포박자, 창현(暢玄)』의 첫 번째 말은 '소리[聲音]는 분명히 듣는 것을 훼손할 수 있고, 화려한 색깔은 밝게 보는 것을 해칠 수 있고, 술과 감주는 성품을 교란할 수 있고, 여인의 요염한 용모는 성명(性命)을 해칠 수 있으니, 이는 모두 자연에 반(反)하는 것이다'는 내용이다. '현(玄)'이란 자연의 시조(始祖)이고, '현도(玄道)'를 얻으면 영원히 존재하고 잃으면 요절한다. 이는 대체로 기(氣)와 하(霞; 노을)를 먹는 술법과 신단(神丹)13), 금액(金液)14)의 일을 드는 것이니 모두 자연과 계합해야 한다. 『노자』, 『장자』의 청담(淸談)은 주로 정(情)의 성품을 방임해서 홀연히 육체[形骸]를 잊어버리고 티끌세상 밖으로 벗어나 예법의 구속을 받지 않는데, 그 지취는 역시 도의 근본인 무위에 있다.

---

13) 우리 몸의 에너지 중심처로 배꼽 아래의 하단전(下丹田), 가슴에 중단전(中丹田), 머리 쪽에 상단전(上丹田)이 있는데, 이 상단전을 신단이라 한다.
14) 고대 방사[方士]가 정련하여 만든 단액[丹液]의 일종. 이것을 먹으면 신선[神仙]이 될 수 있다고 함.

그래서 하후현(夏侯玄)은 "천지는 자연으로 운행되고, 성인은 자연으로
작용한다"3 고 했으며, 하안과 왕필은 "천지만물은 모두 무위를 근본으로
삼는다"4 고 했으며, 완적은 대인선생전(大人先生傳)에서 "무릇 대인이란
조물(造物)과 동체(同體)이고, 천지와 나란히 생겨나고, 덧없는 세상을
소요(逍遙)하고, 도와 더불어 이루어진다"(『전삼국문』 46)고 하였다. 청담가
(淸談家)가 숭상하는 청정무위는 진실로 생명을 온전히 하고 성품을 기르는
도이다. 무릇 자연과 더불어 덕(德)을 같이한다는 것은 또한 천지와 더불어
수명을 가지런히 하는 것이다. 그러므로 혜강도 늘 성품을 기르고 단약(丹
藥)을 복용하는 일을 신선이 품수(稟受)하는 자연으로 여겨서 학문을 쌓아
터득하는 것을 부정했다. 양생의 도인(導引)15)으로 도리를 터득해서 소리
나 빛깔에 훼손되거나 다치지 않으면 안기(安期)나 팽조(彭祖)16)의 부류에
미칠 수 있다. 그리하여 『양생론』을 저술했는데5:, 그 논(論)에서는 이렇게
말하고 있다.

　　양생을 잘하는 사람이라면 그렇지 않다. 맑고 비어있고 깨끗하고 편안해
　서 사사로운 욕심이 적다.(중략) 외부 사물은 마음에 누(累)가 되므로 간직하
　지 않고, 신령한 기운은 순결하므로 홀로 두드러진다. 활짝 트여서 걱정
　근심이 없고, 고요해서 사려(思慮)가 없다. 또 '하나'로써 지키고 조화(和)로
　길러서 조화와 이치가 나날이 가지런해지면 대순(大順)17)에 합치한다.

---

15) 의학의 원리에 기초를 두고 구성된 의료적 체조로서 2,000여 년 전부터 중국
　　사회에서 행하여졌다. 호흡법, 안마, 기공, 침을 삼키는 것, 이를 두드리는
　　것 등을 내용으로 한다.
16) 팽갱(彭鏗)이라고도 한다. 선진(先秦) 시대의 전설에 나오는 신선인데 800세까
　　지 장수한 것으로 유명하다.
17) 위대한 자연에 크게 순응하는 것.

자연의 대순(大順)에 합치한 후에는 토납(吐納)을 하고 단약을 복용해야 비로소 완성된다. 온전한 정신[全神]은 텅 비고 고요하다는 걸 알지 못한 채 쓸데없이 단약을 복용하는 것은 반드시 패망하게 된다. 모자는 고요하고 담박한 성품을 지키고 무위의 행(行)을 관찰할 것을 사람들에게 가르쳤다. 『노자』의 요지로 불경에서 설한 내용을 비유하면서 불도는 자연을 법으로 삼고 무위를 중시한다고 말했다. 그는 담박함과 무위를 중시했기 때문에 도가의 양생술을 거짓으로 보았다. 그래서 "대도(大道)에서는 도가의 방술을 취하지 않으며, 무위는 도가의 방술을 귀하게 여기지 않는다"고 했다. 모자와 혜강은 말의 내용은 서로 다를지라도, 그러나 그들이 근거한 현묘한 지취[玄旨]는 동일하다.

중국의 방술과 현학은 이미 둘 다 도가의 자연에 근본을 두고 있다. 한나라와 위나라 때는 청담의 기풍이 크게 번성하고 불경의 번역이 비교적 많았다. 그래서 불교는 이내 방사(方士)를 벗어나 독립해서 청정무위의 현묘한 이치에 나아가 고담준론(高談峻論)을 하였다. 그 중 변화의 전개에서 두 가지 중요한 뜻이 관건이 되고 있으니, 하나는 부처이고 또 하나는 도(道)이다. 이 두 가지 뜻을 말미암아 더욱 더 많이 변천해서 신선의 방기(方技)가 방계(傍系)로 귀속된 한나라 때의 불교가 되었고, 위진 시대에 와서는 마침내 현리(玄理)의 대종(大宗)으로 진전되었다. 이 두 가지 뜻이 변화의 시초로서 역시 모자의 글에 갖춰져 있으니, 앞으로 당연히 서술할 것이다.

2) 삼국시대 불교의 역사적 사실과 전설

삼국시대 때 불교의 중심지는 북쪽으로는 낙양이고 남쪽으로는 건업(建業)이다. 위나라는 육로를 통해 서역과 교통을 하였다. 한나라 헌제 말년[6:

에 언기국(焉耆國), 우전국(于闐國)과 같은 나라들은 저마다 사신을 보내 조공을 바쳤고, 위나라 문제(文帝) 황초(黃初) 3년(서기 222년)에는 선선국, 구자국, 우전국의 왕이 각기 사신을 보내 조공을 바쳤다. 이후에는 서역에다 마침내 무기교위(戊己校尉)[18]를 두었다. 명제 태화(太和) 3년(서기 229년)에는 대월씨국 왕 파조(波調)가 사신을 보내 조공을 바쳤다.

제왕(齊王) 방(芳)이 즉위한 해(서기 239년)에 서역은 경전을 다시 번역하고 화완포(火浣布)[19]를 바쳤다. 벽옹비(辟雍碑)[20]에 의거하면, 진나라 때 서역인으로 태학(太學)에 들어간 사람이 있었으니, 그렇다면 위나라 때 낙양에는 서역인이 아마 적지 않았을 것이다. 『개원록(開元錄)』에는 위나라 때 경전을 번역한 사문 네 사람이 실려 있다. (1) 담가가라(曇柯迦羅). 중인도 사람으로 제왕 방 가평(嘉平) 2년(서기 250년)에 낙양 백마사에서 『승지계심(僧祇戒心)』을 번역하고, 인도 승려를 모아 갈마수계(羯磨受戒)를 수립했다. 동하(東夏)[21]의 계율이 이로부터 시작되었다. (2) 강승개(康僧鎧). 인도인. 그러나 성(姓)이 강(康)이라면 어쩌면 강거(康居) 사람일지도 모른다. 가평 4년(서기 252년)에 백마사에서 경전을 번역했다. (3) 담무제(曇無諦). 안식국 사람. 고귀향공(高貴鄕公)[22] 정원(正元) 원년(서기 254년)

---

18) 한나라 때의 관직 이름. 서역의 둔전(屯田)에 관한 일을 관장했다.
19) 석면으로 만든, 불에 타지 않는 직물(織物).
20) 전체 명칭은 '대진용흥황제삼림벽옹황태자의재리지덕륭희지송비(大晉龍興皇帝三臨辟雍皇太子義再莅之德隆熙之頌碑)'이다. 하남성 언사시(偃師市) 동대교촌(東大郊村)에 있다. 진(晉)나라 무제(武帝) 사마염과 황태자 사마애가 직접 태학(太學)의 벽옹(辟雍)을 시찰한 사적을 기술하고 있다.
21) 고대에 중국 동부를 일반적으로 호칭할 때 '동하'라고 했다.
22) 조모(曹髦)의 자(字)는 언사(彦士)로 삼국시대 위(魏)나라의 네 번째 황제이다. 기원254년부터 260년까지 재위하면서 즉위 전에는 고귀향공(高貴鄕公)이었다.

에 백마사에서 『담무덕갈마(曇無德羯磨)』를 번역했다. (4) 안법현(安法賢). 안식국 사람으로 추정된다. 역시 위나라 때 경전을 번역한 적이 있다고 말한다[7].

남방은 천축과의 교통을 역시 바닷길로 통하였다. 『양서(梁書), 제이열전(諸夷列傳)』에서는 "후한 환제 때 대진(大秦)과 천축은 모두 이 길을 통해서 사신을 보내 조공을 바쳤다'고 하였고, 오나라 손권 때에는 선화종사(宣化從事) 주응(朱應)과 중랑(中郎) 강태(康泰)를 보내 교통하였다. 그들이 경과한 곳은 전해들은 것만으로도 백 수십 국(國)이기 때문에 기록으로 전하게 된 것이다. 그러나 『오지(吳志)』에는 서역과 교통한 일이 모두 실려 있지 않다. 이 해상을 통한 국제 관계는 빈번하지 않았고, 건업의 불교가 대부분 해상으로부터 전래되었는지 여부는 단언할 수 없다. 현재 알 수 있는 것은 『개원록』에 실린 경전을 번역한 다섯 사람인데, 강승회는 교지로부터 왔고 지강양접(支彊梁接)[8]은 교지에서 불경을 번역했으니, 이는 불교가 바닷길을 통해 남조(南朝)에 이르렀다는 증거이다. 그러나 가장 중요한 인물인 지겸은 북방으로부터 왔으며, 강승회의 학문도 북방과 관련이 있다. 유지난(維祇難), 축률염(竺律炎)은 어느 길로 경전을 전했는지는 분명치 않다. 한나라 말엽 대란(大亂)이 일어나자 북쪽 사람들이 남쪽으로 많이 이주했으니, 남방의 불법이 전적으로 해상교통과 관련 있다는 설은 정말로 단정 지을 수 없다.

유송(劉宋)의 육징(陸澄)이 지은 『법륜목록(法輪目錄)』에는 위나라의 무제(武帝; 조조)가 공문거(孔文擧)에게 보낸 편지가 실려 있는데, 육징의 서문에는 "위조(魏祖)는 공문거에게 '영명한 사람이 존귀한 도의 정(情)을

_____

동해정왕(東海定王) 조림(曹霖)의 아들.

열었음을 알겠소"(『우록』 12)라고 했으며, 『홍명집후서』에서도 "위나라의 무제는 영명해서 글의 서술이 묘하고 조화(造化)로왔다"고 했다. 조조의 원서는 이미 잃어버려서 상세한 사정과 진위(眞僞)는 고증할 수 없다. 위문제의 『전론(典論)』23)과 진사왕의 『변도론』에서는 위무제가 방사들을 불러들여 극맹절(郤孟節)(즉 방사 극험)에게 사람들을 통솔하게 했지만, 그러나 조조 부자는 방사를 완전히 믿지는 않았다고 한다9:. 또 도선(道宣)의 『속승전(續僧傳)』 30에는 북주(北周)의 승면(僧勔)이 지은 『십팔조난도장(十八條難道章)』이 실려 있는데, 그 속에서 이렇게 말한다.

그래서 위문제는 널리 깨닫고서 황초 3년에 다음과 같이 칙령을 내렸다. "예주자사(豫州刺史)에게 고한다;

노담(老聃; 노자)은 현인(賢人)이지만 공자보다 앞세우는 것은 온당치 못하다. 노군(魯郡)에 공자를 위해 세운 사당(廟)이 이루어진 걸 알지 못하는가? 한나라 환제는 성스러운 정치를 본받지 못하고 바로 총애하는 신하 때문에 노자를 섬기면서 복을 구하고자 하였으니 진실로 웃음거리가 아닌가! 이 사당이 세워진 것은 환제로 인하였다. 무황제(武皇帝)24)는 노자를 현인으로 여겨서 그 집을 허물지 않았다. 짐도 이 정자가 노상(路上)에 있어서 오고 가는 사람들이 가서 쳐다보는데다 누각과 집이 기울고 쇠락해서 혹시 사람을 깔아버릴 수 있기 때문에 수리해 정비하도록 시켰다. 어제 지나가다가 바라보니 정말로 잘 정비되었다. 하지만 소인(小人)이 이를 신령스럽게 여긴 나머지 멋대로 가서 복을 구하는 기도를 하다가 평상시의

23) 삼국시대 때 위나라 문제(文帝) 조비(曹丕)가 지은 학술서. 원래 22편이나 대부분 잃어버리고 『자서(自敍)』, 『논문(論文)』, 『논방술(論方術)』 세 편만 남아 있다. 고금의 인물과 정치에 대해 논했다.
24) 위무제로 조조를 가리킨다.

금기를 범할까봐 마땅히 아전과 백성에게 선포해서 다 알아 듣게 하겠노라."

위문제와 진사왕은 모두 방사를 통렬히 배척한지라 자신들의 아버지가 방술을 돈독히 좋아한 걸 스스로 분명히 말하질 못했다. 진사왕은 아버지가 전적으로 믿지는 않았다고 하며, 위명제는 칙서에서 아버지는 노자를 현인으로 여겨서 그 집을 훼손하지 않고 모두 존중하며 직접 휘(諱)를 했다고 말했다. 실제로 칙서에서는 한나라 황제가 보낸 환관이 노자를 제사지냈다고 언급하고 그 다음에 무제를 언급했다. 그렇다면 조조는 아마도 환제의 고사(故事)를 봉행했을 것이다. 한나라 때의 방술과 부도의 관계로 말한다면, 위무제의 글에서 불교를 칭하여 서술한 일도 아마 있었을 것이다.

『위서, 석로지』에서는 위명제가 크게 부도를 일으켰다고 했는데 이는 『삼보감통록(三寶感通錄)』25) 상권에 보이기도 한다10:. 이 일은 『위서』 이전에는 결코 기록이 없어서 확실하지는 않다11:. 또 불가에서 전승되는 범패(梵唄)는 조식의 『어산칠성(魚山七聲)』에서 비롯되었다. 어산은 동아(東阿)26)에 있다. 『위지(魏志)』에서는 "처음에 조식이 어산에 올라 동아에 임했을 때 탄식을 하면서 편안한 몸으로 임종을 맞이하려는 마음이 있었다" 고 했다. 그러나 그가 지었다는 범계(梵契)는 정사(正史)에는 실려 있지 않고, 그가 지은 『변도론』은 불교도가 항상 인용하고 있다12:. 하지만

25) 당나라 때 도선(道宣) 율사가 편찬했다. 불상, 불탑 등의 영험과 같은 삼보가 감응한 사례를 수록하고 있으며 또한 대승경전에서 삼보의 공덕을 찬탄한 내용이 설해져 있다.
26) 동아현(東阿縣)은 노(魯) 땅의 서쪽 평원으로 동쪽으로는 태산(泰山), 남쪽으로는 황하(黃河)에 임해 있다.

그 요지는 방사를 배척할 뿐이라서 불교를 반드시 믿는 것은 아니다.

『고승전』에서는 오나라 군주 손권이 지겸을 보고 박사로 임명해서 위소(韋昭) 등과 함께 동궁(東宮)을 보좌하게 했다고 하였다[13]. 또 강승회는 건업에 왔는데[14] 손권은 처음에는 불교를 믿지 않았다. 그러다 사리(舍利)를 시험해서 신령스런 이적(異蹟)이 완연히 나타나자 마침내 크게 탄복하면서 탑을 건립하고 건초사(建初寺)라고 불렀으니, 강남의 불교 사찰은 이로부터 시작되었다. 손호(孫皓)의 시대에 다시 불법을 훼손하고자 했으나 역시 기이한 징조에 감응하자 그만두었다. 이에 대한 서술은 매우 궤이(詭異)하고 혼란스럽다. (1) 오나라 땅에는 외국의 사문이 적오 이전에 있었으며[15], 『고승전』에서는 "적오 10년에 강승회가 건업에 왔고, 오나라도 처음으로 사문을 보았다. 담당 관리가 아뢰기를 '어떤 오랑캐[胡人]가 국경으로 들어왔는데 자칭 사문이라고 합니다. 용모와 복식이 범상치 않았다……'라고 했다. (2) 『승전』에서는 스스로 "어떤 기(記)에서는 손호가 사리를 시험했지 손권의 시대가 아니라고 했다"고 했으니, 그렇다면 혜교가 본 기록은 서로 똑같지가 않아서 필경 오나라의 대제(大帝)가 사리에 감응했다고 말한 것도 근거는 별로 없다[16]. (3) 『오지(吳志), 손침전(孫綝傳)』에서 이렇게 말하고 있다.

손침의 마음[意]은 민간의 신을 업신여기는 것으로 가득 차서 마침내 대교두(大橋頭)의 오자서묘(伍子胥廟)를 불태우고, 또 부도의 사당을 훼손하고 도인(道人)을 참수했다[17].

이 사건은 손침이 즉위했을 때의 일인데, 이미 '민간의 신'이라 말했다면 불교의 절은 아마 오나라 군주가 건립하지 않았을 것이다[18]. 가령 손침이 훼손한 사당이 건초사라면 강승회는 이미 살해되었을 것이므로 그가 손호를 만났다는 일도 있을 수 없다. 『오지』에는 다만 손권이 신선을 좋아했고 손호는 부적의 상서로움을 믿었다고 했지, 그들과 불교의 관계는 정사(正史)에서는 언급되지 않았다. 양나라 때 『고승전』, 『우록』에 실린 내용도 이것저것 뒤섞여서 혼란스럽다. 이제 지겸과 강승회의 사적에 대해서는 오직 위진 시대 사람이 말한 내용에만 의거하고 양나라 때의 전기를 잠시 참고로 인용할 뿐이다.

3) 지겸(支謙)

한나라 말엽 천하가 크게 혼란해지자 중원의 인사들은 남쪽으로 피신해 이주했는데 우바새 지월(支越)도 그 중 한 사람이었다[19]. 지월의 이름은 겸(謙)이고 자(字)는 공명(恭明)이다. 지민도의 『합수능엄기(合首楞嚴記)』(『우록』 7)에 의거하면, 그는 월지인(月支人)이다. 그의 아버지는 한나라 영제 때 중국에 와서 조공을 했으며, 지월은 한나라에서 태어났다. 도안의 『요본생사경서(了本生死經序)』(『우록』 7)에서 '하남(河南)의 지공명(支恭明; 지겸)'이라 칭한 것에 의거하면, 지(支)씨 일가는 원래 낙양에 거주했다. 『우록』 13권 『지겸전』에는 '지겸은 대월지인(大月支人)으로 할아버지인 법도(法度)가 영제 때 나라의 백성들 수백 명을 이끌고 귀화해서 솔선중랑장(率善中郞將)의 직위를 받았다'고 기록되어 있는데, 이는 지민도가 말한 내용과는 약간 차이가 있다.

『지겸전』에서는 또 "지월은 열 살 때 글을 배웠는데, 당시의 학자가 모두 그의 총명함과 영민함에 감복했다. 열세 살 때 호인(胡人)의 글을 배워 여섯 나라의 언어에 능통했다"고 하였다. 그렇다면 지겸은 먼저 한나라 글을 배우고 나중에 호인의 글을 배운 것 같다. 지겸 일족은 대체로 이미 중화에 깊이 동화된 것이다. 지민도는 다시 "지겸은 한나라 땅에서 태어났지만 지루가참을 보지는 못했다. 다만 지량(支亮)이란 사람(자는 기명(紀明))이 지루가참에게 배웠고, 지겸은 지량에게 수업했다"고 하였으니, 그렇다면 지루가참의 재전(再傳) 제자라고 할 수 있다. 지루가참은 대승의 교학을 전했고 그가 역출한 『도행반야경』 『수능엄삼매경』 등의 경전들은 한나라와 진나라 사이에 성행하였다. 지겸도 『대명도무극경』을 번역한 적이 있는데, 이는 『도행반야경』의 이역(異譯)이다. 다시 지민도의 『합수능엄경기』에서는 이렇게 말한다.

> (지월)도 이 경전을 역출했다고 하는데 현재는 보이지 않고 다시 이본(異本)이 있을 뿐이다. 이 『수능엄경』과는 다소 차이가 있는데, 언사(言辭)에 풍요로움과 검약(儉約)함의 차이가 있고, 문장에는 진(晉)나라 말과 호인의 말의 차이가 있다. 둘을 비교해 찾아보니, 다른 사람이 따로 역출한 것으로 보기엔 불충분하다. 아마 지월이 언사가 투박하고 호인의 발음이 많은 지루가참의 번역을 싫어해서 차이가 있는 내용은 삭제해 교정하고 동일한 내용은 고치지 않고 서술한 것으로 보인다. 두 사람에게 각각 기록이 있는데, 이 하나의 판본을 여러 판본과 비교하면 언사가 가장 간략하고 또 호인의 발음이 적어서 세상에 두루 행해졌으니, 이는 바로 지월이 교정한 것이다.

지겸은 지루가참의 번역이 너무 투박해서 다시 수정하고 교열했으니, 그의 학문이 스승의 전승(傳承)을 등지지 않았다는 걸 엿볼 수 있다. 지루가참이 번역한 『도행반야경』을 지겸은 다시 번역하면서 『대명도무극경』이라 칭했고 『유마힐경』도 그가 최초로 번역했다[20]. 『방등경』처럼 심오한 경전이 중국에서 행해진 것은 지루가참으로부터 비롯되고 지겸이 실제로 그를 이었다.

지겸은 하남에서 태어나서 지량에게 수학(受學)했다(당연히 낙양에서
이다), 지민도의 『합수능엄경기』에서 말한다.

한나라 말엽 혼란이 커지자 남쪽 오나라로 도주했다. 황무(黃武)에서부
터 건흥(建興)까지 번역한 경전이 수십 권에 달하고 스스로 별전(別傳)의
기록이 있다.

『우록, 지겸전』의 기록은 자못 상세하지만 역시 약간의 차이가 있다.

지겸…… 경전과 전적(典籍)들을 널리 열람해 궁구하지 않음이 없고,
세간의 예술을 종합적으로 익힌 것이 많았다. 그의 사람됨은 키가 크고
검고 말랐으며, 눈은 흰자가 많지만 눈동자는 황색이었다. 당시 사람들은
그에 대해 "지랑(支郎)의 눈동자는 황색으로 형체는 비록 가늘지만 지혜
주머니이다"라고 하였다. 그는 본래 대법(大法)을 받들어 경전의 종지를
정밀히 연마했다.
헌제 말엽 한나라 황실이 크게 혼란해지자 고향 사람 수십 명과 함께
오나라로 도주했다. 처음 출발하는 날, 지월에게 이불이 오직 하나뿐인데
어느 나그네가 그를 따라왔다. 날씨가 너무 추운데도 이불이 없자 지월은
그를 불러 함께 잠을 갔다. 그러나 야밤에 나그네는 지월의 이불을 빼앗아
달아났다. 다음날 동료들이 이불이 어디 있느냐고 물었다. 지월은 '어젯밤에
나그네가 빼앗아갔다'고 말했다. 동료들이 다 '어째서 소리쳐 고하지 않았느
냐?'고 묻자, 그는 '내가 소리쳐 고발하면 그대들이[21] 반드시 죄를 물어
벌할 것이오, 어찌 이불 하나 훔쳤다고 해서 한 사람을 죽일 수 있겠소!'라고
답했다. 그의 말을 전해들은 부근에 있던 사람들은 모두 다 탄복하였다.

　지민도의 『합수능엄경기』에서는 지겸이 황무 때부터 남방에서 불경을 번역했고[22] 건흥의 시기에는 번역한 경전이 수십 부(部)가 되었다. 『안록 (安錄)』에는 30부가 실렸고, 『우록』에는 『별록』에 실린 6부를 아울러 채택 하여 도합 36부 48권을 실었다[23].

　『오지』에는 위나라 황초 2년(기원 221년) 손권이 공안(公安)에서 악(鄂) 으로 도읍을 이전하면서 무창(武昌)으로 개명했으며, 그다음 해에 손권은 황무(黃武)로 연호를 고쳤다(서기 221년). 그리고 황무 2년(기원 224년)에 유지난(維祇難) 등이 무창에서 『법구경』을 번역했다. 『우록』7에는 작자 미상인 『법구경서』가 실려 있는데, 다음과 같은 내용이 있다.

　　처음에 유지난은 천축을 나와서 황무 3년 무창에 도착했다. 나는 그로부터 이 5백게본(五百偈本)을 받아서 그의 도반인 축장염(竺將炎)에게 번역을 청했다. 축장염은 천축의 말은 잘했지만 한나라 말에는 밝지 않았다. 전하는 말에 따르면, 호인의 말을 하거나 뜻으로 음(音)을 써서 거의 거칠고 투박한 수준이었다. 나는 처음에 그의 언사가 우아하지 못한 걸 싫어했다……. 그래서 스스로 역출하는 사람의 말을 받아들일 때 최선을 다해 근본 종지를 따를 뿐 문장을 꾸며대지 않았다. 번역의 내용을 이해하지 못하면 빼고서 전하지 않았기 때문에 빠트린 것이 있고 번역하지 않은 내용이 많은 것이다.

　이 서문에 의거하면, 『법구경』은 황무 3년(서기 224년)에 유지난이 역출 하고 축장염이 한나라 말로 번역하였다. 서문을 지은 자도 그 일에 참여했 다. 그러나 축장염은 호인의 말은 잘했지만 한나라 말은 능통하지 못해서 번역이 투박해 빠트리는 것이 많았다. 이로 인해 그 후 서문을 지은 자가 다시 수정을 가했기 때문에 서문의 말미에서 이렇게 말하고 있다.

예전에 이 경전이 전해졌을 때 번역되지 못한 내용이 있었다. 마침 축장염이 와서 다시 그에게 자문을 받아서 이 게송 등을 받고 거듭 13품(品)을 얻었다. 아울러 예전의 것을 교정(校定)하자 늘어난 내용이 있으므로 그 품목을 순서로 하여 1부(部) 39편(篇)으로 합쳤다. 대체로 그 게송이 752장(章)이 되었다.

대장경 속에 현존하는 『법구경』은 제목은 유지난 등이 번역했지만 편(篇), 장(章), 수(數), 목(目)을 계산하면 실제로 개정본이 된다. 『우록』 2권 있는 유지난과 지겸의 기록 속에는 각각 『법구경』 2권이 실려 있다. 어쩌면 지겸이 따로 번역한 것이 아니라 단지 축장염과 함께 초역(初譯)의 경문을 다시 교정해서 그 빠진 부분을 보충한 것일지도 모른다. 두 사람이 저마다 기록이 있긴 하지만, 이것이 두 번째 역출이 이전 사람을 온전히 전승하지 못했다고 말하는 것은 아니다. 이는 지겸이 지루가참이 번역한 『수능엄경』을 개정한 상황과 똑같으므로 『법구경서』를 지은 사람은 지겸일 것이다[24].

지겸의 『법구경』 개정은 아마도 건업에서 이루어졌을 것이다. 손권은 황룡(黃龍) 원년(서기 229년)에 황제라 칭하고 건업으로 천도했다. 『법구경』의 첫 번역 시기와 5년의 간격이 있는데, 이때는 축장염이 한나라 글에 어느 정도 익숙해져서 오나라의 수도에 왔기 때문에 지겸이 그에게 다시 번역을 청한 것이다. 『우록』 13권에서는 또 "손권이 지겸의 재능과 학문에 대한 소식을 듣고는 박사로 임명해서 동궁(東宮)을 보좌하게 했다"고 하였다. 손권이 즉위했을 때는 손등(孫登)이 황태자였지만 적오 4년 5월에 황태자 손등은 죽었다. 다음 해 손화(孫和)를 태자로 세웠다가 다시 8년 있다가 폐위시키고 손량(孫亮)을 태자로 세웠다. 그리고 다시 2년 후에 손권이 죽고 손량이 즉위해서 연호를 건흥(建興; 기원 252년)으로 고쳤다. 다음은 『우록』 13에 나오는 내용이다.

나중에 태자 등이 죽자(位卒)[25], 마침내 궁애산(穹隘山)에 은거해서 세상일에 상관하지 않았다. 축법란 도인(道人)으로부터 다시 5계(戒)를 닦았고, 무릇 교류하는 무리들이 다 사문이었다. 나중에 산에서 임종을 맞았는데 춘추 60세였다. 오나라 군주 손량이 승려들에게 글을 주면서 "지공명은 병을 치료하려 하지 않고 담박한 행실 속에서 시종일관 고아(高雅) 할 수 있었으니, 그에 대한 애도를 금할 수가 없도다"라고 했으니, 당시 애석하게 여긴 것이 이와 같았다.

지겸이 동궁(東宮)을 보좌했는지 그 확실성 여부는 알 수 없고 또 어느 때인지도 알 수 없다. 그러나 확실한 일이라면 소위 동궁은 아마 태자 손등일 것이다. 『우록』에서는 나중에 태자 손등이 위졸(位卒)했다고 했는 데, '위(位)'자는 연문(衍文)[27]이다. 후세에 간추려서 전하는 자가 등(登)이 사람 이름이란 걸 알지 못했기 때문에 '등이 죽었다[登卒]'를 '지위에 올랐다 [登位]'로 고친 것이다. 그래서 '손등이 위졸(位卒)했다'는 나중에 다시 경문 을 간추린 사람이 두 판본에 근거해 합쳐서 필사했다. 지겸은 손등이 죽은 후에 마침내 산속에 은거했으며, 그가 죽은 시기는 손량의 건흥 원년(서기 252년) 이후에 해당한다.

회역(會譯)은 실제로 지겸으로부터 시작된다. 『출삼장기집』 7권에는 지공명의 『합미밀지경기(合微密持經記)』가 실려 있는데, 그 문장에 착오

27) 선사(繕寫; 엮어서 베낌), 각판(刻版; 판각하는데 쓰는 글씨), 배판(排版; 원고를 보면서 활자를 꺼내는 것) 등에서 착오로 많이 나오는 글자나 구절.

와 누락이 있어서 해독하기 힘들다. 이제 상세한 교정을 거쳐 그 전문(全文)과 원주(原注)를 다음과 같이 소개한다.

> 『합미밀지(合微密持)』, 『다린니(陀隣尼)』, 『총지(總持)』의 세 가지 본(本)(상본(上本)은 『다린니』이고 하본(下本)은 『총지』와 『미밀지』이다);
>   * 『불설무량문미밀지경(佛說無量門微密持經)』
>   * 『불설아난타목거니가리타인니경(佛說阿難陀目佉尼呵離陀隣尼經)』
>   * 『불설총지경(佛說總持經)』, 일명 『성도항마득일체지(成道降魔得一切智)』.[26:]

소위 세 가지 본(本) 중 첫 번째는 『미밀지경』으로 바로 지겸이 직접 번역한 것이다(『우록』 2). 두 번째는 간략히 『다린니경』으로 칭하는데 『우록』 4권에는 실역(失譯)으로 실려 있다. 세 번째는 『총지경』으로 바로 『무단저총지경(無端底總持經)』인데 역시 『우록』의 실역 중에 있다. 『장방록』과 『개원록』에 『무단저총지경』이 위나라와 오나라의 실역에 들어가 있는 것이 이에 해당한다. 지겸이 번역한 『미밀지경』은 현존하는데, 그 말미에 이런 말이 있다.

> 부처님께서 이 법의 요체를 말씀하셨으니, 이름하여 『무량문미밀지지(無量門微密之持)』라 하고 일명 『성도항마득일체지(成道降魔得一切智)』라 하는데 응당 받들어 지녀야 한다.

『다린니경』의 마지막 권에 역시 서로 동일한 문자가 있다고 생각하며, 오직 『총지경』 첫 권에서만은 두 가지 명칭을 나란히 제(題)했기 때문에 지겸의 기주(記注)에서는 "두 가지 판본에는 나중에 모두 이 이름이 있었지만 나란히 열거해서 내놓지 않았을 뿐이다"라고 했다. 지겸이 이 세 본(本)을 합해서 두 번째 『다린니경』의 열(列)을 대자(大字)의 정문(正文)으로 삼은 것이 소위 '상본(上本)'이며, 나머지 두 열(列)을 주(注)로 삼은 것이 소위 '하자(下子)'이다[27].

생각건대 지겸은 『반야소품(般若小品)』을 거듭 번역한 적이 있고[28] 지루가참의 『수능엄경』과 유지난의 『법구경』을 개정했다. 그는 경전의 문자에 출입(出入)이 있는 것을 매우 중시했기 때문에 회역(會譯)의 저작이 있는 것이다. '회역'이란 처음부터 여러 경전을 모아 그 문장을 비교해 교정함으로써 그 뜻[義]을 밝히는 것이다.

『미밀지』란 총지(總持)이고 진언(眞言)이다. 경전 속에 여덟 글자의 주문이 있는데, 지겸도 거사로서 주문을 지닌 사람이다. 『우록』 13권에서 말한다.

지월은 불교의 가르침을 행했지만 경전이 대부분 호문(胡文)으로 이루어져서 이해하는 자가 없자 중화의 말과 오랑캐 말을 다 잘하는 그가 여러 판본을 수집해서 한나라 말로 번역했다…… 또 『무량수경』, 『중본기경(中本起經)』에 근거해 『찬보살(讚菩薩)』, 『연구범패(連句梵唄)』 3계(契)를 지었고 『요본생사경(了本生死經)』을 주석했는데 모두 세상에 유행했다.

범패와 전독(轉讀)은 삼국시대에 이미 유행한 듯하다. 『고승전』 13권에서는 이렇게 말한다.

"천축은 지방의 풍속이 있는 곳이라서 법언(法言)을 노래하고 읊는데, 이것을 패(唄)라고 칭한다. 중국에 와서는 경전을 읊는 것을 전독(轉讀)이라 하며, 노래하고 찬탄하는 것은 범음(梵音)이라 부른다. 옛날에 여러 하늘이 찬탄하고 패(唄)를 했는데 모두 관악기와 현악기로 운율을 맞췄다."

『법원주림, 패찬편(唄讚篇)』에서는 또 이렇게 말한다.

"서방에 있는 패(唄)를 고찰해 보면 동국(東國; 중국을 가리킴)에 있는 찬(讚)과 같다. '찬(讚)'은 글을 따르면서 장(章)을 맺는 것이고 '패(唄)'란 짧은 게(偈)를 물 흐르듯 읊는 것이다. 양자의 의의를 비교해보면 명칭은 다르지만 실제(實際)는 같으니, 경전에서 말한 미묘한 음성으로 부처의 공덕에 대해 노래하고 찬탄[讚]하는 것이 이를 말하는 것이다."

이에 근거하면, 전독은 경문에 의지해 노래와 읊조림[歌詠]을 가하는 것이고, 범패는 짧은 게(偈)를 만들어 유송(流誦)하는 것인데 둘 다 관악기와 현악기로 보좌한다. 전자는 높고 낮은 억양이 있지만, 후자는 묘한 음성으로 새롭게 만든 가찬(歌讚)을 독송하니, 음률에 통달하고 문학(文學)에 능통한 자가 아니면 할 수 없는 것이다.

지겸은 『무량수경』, 『중본기경』에 의거해 『찬보살』, 『연구범패』 3계(契)를 만들었으므로 그가 한나라 글에 깊이 통달한 걸 알 수 있다. 지겸이 의거한 『무량수경』은 누가 번역했는지 알지 못하고, 지겸이 어떤 게(偈)를 찬(讚)으로 취했는지도 알 수 없다. 『중본기경』의 경우 실제로는 지겸이 직접 번역한 『서응본기경』을 가리킨다. 그 중에 제석천(帝釋天)의 음악의 신(神) 반차(般遮)가 석실(石室)로 내려와 거문고를 타며 노래를 한 내용이 있는데, 지겸은 이를 취해 범패로 만들었다[29].

지공명은 범패의 새로운 소리를 만들고 『요본생사경』을 주석했으며[30], 또 예전 사람이 번역한 경전이 투박한 걸 싫어해서 수정하고 개정하였다. 이는 모두 지겸이 문장과 언사에 능통했다는 증거이다. 도안의 『반야초서(般若抄序)』(『우록』 8)에서 말한다.

차라(叉羅)[31]:, 지월은 분석하고 다듬는데 능숙한 사람이다. 허나 능숙하면 능숙할수록 구멍이 나는 걸 두려워해서 혼돈(混沌)으로 마친다[28].

지민도는 지겸이 지루가참이 번역한『수능엄경』에 호음(胡音)이 많은 걸 싫어했고『법구경서』에서는 말을 전하는 자가 호어(胡語)를 하는 걸 한탄했다고 하였다[32]:. 지겸은 일체의 명사(名辭)를 번역할 때 호음(胡音)을 쓰지 않을 걸 주장했는데, 그의 종지는 현장(玄奘)의 소위 5불번설(不翻說)과는 크게 다르다. 그가 번역한『미밀지경』의 8자(字) 진언(眞言)은 대음(對音)[29]을 쓰지 않았으며, 특히 그가 호인의 말을 한나라 말로 번역한 걸 보면 신실(信實)함이 희생되는 걸 애석히 여기지 않고 아름다운 기교를 힘써 구하고 있다[30]. 이 역시 그의 학문의 길이 이미 매우 중국화되었음을 보여준다. 가령 근대 사람인 엄우릉(嚴又陵)이 번역한 철학이나 임금남(林琴南)이 번역한 소설은 그 기풍이 중국 문화에 치우쳐 있어서 말은 비록 우아해도 늘 믿을 수가 없다. 지민도의『합수능엄경기』에서는 이렇게 말한다.

---

28)『장자』응제왕(應帝王)편에 나오는 혼돈칠규(混沌七竅)의 우화에서 비롯되었다. 즉 남쪽 바다의 임금 숙(儵)과 북쪽 바다의 임금 홀(忽)이 중앙의 임금 혼돈(混沌)의 은혜를 갚기 위해 사람처럼 보고, 듣고, 먹고 숨 쉬는데 필요한 구멍 일곱 개를 뚫어주었는데 혼돈은 그만 죽고 말았다. 말하자면 혼돈은 자연 그대로 완벽하지만 인위적인 칠규(七竅; 일곱 구멍)를 뚫는 바람에 망가졌다는 뜻이다. 지겸은 경전의 내용을 능숙하게 분석하고 천착했지만 명확하지 않은 곳은 자의적으로 하지 않고 그대로 놓아두었다는 뜻으로 보인다.
29) 발음 그대로 적는 것을 '대음'이라 한다.
30) 실제의 원뜻이 훼손되는 걸 감수하면서도 아름다운 한역(漢譯)을 추구했다는 뜻으로 보인다.

지월은 재능과 학식이 깊고 투철해서 내전(內典)과 외서(外書)를 통달하였다. 만년에 경문을 숭상했는데, 당시는 간략(簡略)함을 좋아했기 때문에 그의 경전 번역도 자못 문장의 미려함을 추종했다. 그러나 그는 언사를 주석하고 이치를 분석할 때 문식(文飾)이 있으면서도 도를 넘지 않고 검약(儉約)하면서도 뜻이 드러났으니 정말로 깊이 들어간 사람이라 할 수 있다.

사문이 내전과 외서를 통달한 것은 동진 시대에는 늘 보는 것이다. 당시 내전은 외서인『노자』,『장자』와 빈틈없이 계합해서 불법의 이치가 성행하였다. 삼국시대 때 지겸은 내전과 외서를 통달했으며, 그가 경전 번역에서 문장의 미려함을 숭상한 것은 이미 불교가 현학화(玄學化)하는 단초를 열었다고 할 수 있다. 지민도의『합유마경서』(『우록』 8)에서는 지겸과 축법호와 축숙란이 나란히 "널리 상고(上古)의 것을 종합해서 미묘한 이치의 현묘함[玄]을 궁극까지 연구했다"고 하였다. 나는 지겸에 대해서는 상세히 알지 못하지만, 축법호와 축숙란은 진실로 현학 속의 사람이라고 말할 수 있다[33].

또 지겸이 번역한『서응본기경』에서는 석가모니불의 본생담(本生譚)을 서술하고 있는데, 이런 경문이 있다.

이처럼 위로는 천제(天帝)가 되고 아래로는 성주(聖主)가 되는데, 각기 36번 반복하면서 끝나고 난 후에 시작한다. 아울러 그 변화는 시기를 따라 나타나면서 혹은 성스러운 제왕이 되기도 하고 혹은 유림(儒林)의 종주(宗主)나 국사(國師), 도사(道士)가 되기도 하는데, 그 나타낸 교화는 이루 다 기술할 수 없다.

한나라 때 불교가 처음 중국에 들어왔을 때를 되돌아보면 불교는 본래 도술에 종속되어 있었다. 불교와 도술이 서로 자신에게 유리하게 견강부회한 이론이 바로 노자화호설이다. 지겸의『서응본기경』속 경문은 실제로이 설에 근본을 두고 있을 뿐 아니라 더 내용을 늘리고 있다. 변소(邊韶)의『노자명(老子銘)』에서는 "노자는 대대로 성자가 되고 스승이 되었다"고하고, 지겸은 부처님은 전생에 늘 국사나 도사가 되었다고 하였다. 두사람이 말은 상반되지만, 그러나 한나라의 도술과 불교, 위진 시대의 현학과불학(佛學)은 그 속의 기풍이 서로 통하고 있다. 무엇보다 먼저 노자의인격과 불신관(佛身觀)을 서로 비교하고 견주는 걸 통해서 신(神)과 도(道)를 결합한 설이 있다[34]:

4) 강승회(康僧會)

『고승전』에서는 강승회가 적오 10년[35]에 처음으로 건업에 도착했고,사리(舍利)의 감응을 본 손권이 그를 위해 건초사를 세워서 강남의 대법(大法; 불법을 말함)이 마침내 흥기했고, 나중에 손호 역시 5계를 받았다고말한다. 하지만 이 사적은 거짓으로 보인다고 앞에서 이미 서술했다.지금 다시 앞 단락에서 고증한 바에 근거하면, 지겸은 황무 초년(初年)에는무창에 있었고 황룡 후에는 건업에 이르렀다가 태자 손등이 죽은 후에는즉시 은둔했으니, 그렇다면 적오 4년에 강남은 이미 불법이 있는 것이라서강승회가 도착한 적오 10년에 시작된 것은 아니다. 지겸 등이 황무 시기부터이미 불경을 번역한 걸 살펴보면, 강남 불법의 흥기는 전적으로 강승회가세운 건초사에만 공로를 돌릴 수는 없다. 위진 시대 사이의 기록을 채집하고『승전』과『우록』을 간략히 참고해서 다음과 같이 서술한다.

강승회는 그 선조가 강거(康居) 사람이다. 천축에서 살다가 부모가장사 때문에 교지로 이주했다. 강승회의 나이 10여 살에 부모가 모두

죽자 지극한 성품으로 효도를 봉행했다. 상복을 벗고 나서는 출가하여
매우 치열하게 수행에 힘썼다(『고승전』). 그가 지은 『안반수의경서』에서
는 이렇게 말하고 있다.

> 나는 말세에 태어나서 처음 땔감을 질 수 있는 나이에 부모가 돌아가시고
> 세 분의 스승을 잃었다. 구름과 태양을 우러러보면서 질문을 받아줄 사람이
> 없음을 슬퍼했으니, 당시를 돌이켜 회고해 보면 숙연해지면서 눈물이 흐른
> 다. 그러나 숙세(宿世; 전생)의 복이 다하지 않아서 마침 남양의 한림,
> 영천의 피업, 회계의 진혜 세 현자(賢者)를 만났다. 그들은 도를 믿음이
> 독실하고 엄밀했으며, 덕을 넓고 올바르게 지녔으며, 순수하고 돈독하게
> 게으름 없이 도를 지향했다.
> 나는 그들을 따르면서 스승으로 모시고 질문을 했는데[36], 법도(法度)가
> 똑같이 합치하면서 뜻[義]에 어긋남이 없었다. 진혜는 뜻을 주석했고 나는
> 사량(思量)[31]을 도왔으니, 스승의 것이 아니면 전하지 않아서 감히 멋대로
> 하지 않았다[37].

지겸은 지루가참의 경학을 전했지만 지루가참을 직접 보지는 못했고,
강승회는 안세고가 번역한 경전에 주석을 붙였지만 역시 한림, 피업, 진혜만
을 만났을 뿐이다. 지겸과 강승회 두 사람은 모두 위나라 초기에 존재했고[38]
나란히 한나라 땅에서 태어났다. 강승회의 스승이 누구인지는 모르겠지만,
그러나 마침 『안반수의경서』에서는 세 스승의 상실을 애도하고 있고,
『법경경』에서는 "스승을 잃은 이래로 거듭 질문할 사람이 없었다"고 했다
(『우록』 6). 그렇다면 스승은 정말로 매우 존경과 신뢰를 받은 사람일 것이다.

---

31) 일반적으로 고려하고 생각하는 것을 말하는데, 불교에서는 특히 사리(事理)를
   사려하고 헤아리는 것을 말한다.

강승회가 한림 등을 만났을 때는 당연히 이미 중년의 나이였으며, 그가
주석한『안반수의경서』의 존재는 응당 오나라가 황제를 칭하기 이전이어
야 한다(서기 229년). 서문에서 안세고가 경사(京師)에 이르렀다는 말은
낙양을 가리킨 것으로 증거가 있다.『고승전』에서는 강승회가 적오 10년에
건업에 도착해서 건초사를 세웠다고 한다. 강승회는 진나라 태강(太康)
원년(서기 280년)에 죽었고, 건초사는 진나라 함화(咸和) 시대에 소준(蘇峻)
의 난(亂)이 일어났을 때 불탔다고 한다. 그러나『오지』에서 말하듯이
손침이 부처의 사당을 훼손하고 도인을 참수했다면,『승전』에서 말한
건초사가 불탄 해 역시 의심이 들 수밖에 없다. 동진 초기에 건초사에서
거주한 사람은 백시밀려(帛尸密黎)가 있는데 영가(永嘉)의 난(亂) 때 양자
강을 건넜다. 건초사는 금릉(金陵)의 대시(大市) 뒤에 있기 때문에 또한
대시사(大市寺)라고도 한다39:.『고승전』에 의하면, 진나라 때 강승회의
초상을 그린 적이 있는데 양나라 때에도 존재했다. 진나라의 손작(孫綽)32)
은 그의 초상에 다음과 같은 찬(贊)을 붙였다.

회공(會公; 강승회)은 고독했지만 실제로는 훌륭한 자질을 갖췄다. 마음
에는 비루한 것이 없었고 정(情)은 여유가 있었다. 이 그윽하고 쓸쓸한
밤에 힘써서 저 우출(尤黜)을 진동했고, 초연히 멀리 나아갔고 탁월하게
높이 솟았다.

---

32) 생몰연대는 314년~317년으로 추정한다. 자(字)는 흥공(興公). 10여 년 동안
회계에 머물면서 산수를 유람했다. 벼슬은 태학박사(太學博士), 양주자사(揚州
刺史), 회계내사(會稽內史) 등을 거쳐 정위경(廷尉卿)이 되었다. 불교 승려
지둔과 교류를 했으며, 저술로는『유도론(喩道論)』,『도현론(道賢論)』 등이
있다.

강승회의 역경은 『우록』 2권에 2부(部)만 실려 있는데 대체로 『안록(安錄)』에 근거해 말한 것이고, 13권에서는 6부를 열거하고 있는데 대체로 후세로 이어진 전설에 근거한 것이며, 『장방록』에는 14부가 실려 있고 『개원록』에는 7부로 정리되어 있다. 그러나 강승회가 번역한 『오품(吳品)』[40]은 후세의 도안, 지둔(支遁), 승예(僧叡), 양무제(梁武帝)의 서문에는 언급 되지 않았기 때문에 그의 번역이 별로 큰 영향을 미치지 않았음을 알 수 있다. 아니면 『오품』은 실제로 지겸이 번역한 『대명도무극경』으로 장경(藏經) 속에 현존하는 것이다.

그러나 강승회는 중국에서 태어나 중국의 문장을 깊이 이해하고 있지만, 그 지위의 중요성은 찬술에 있지 번역에 있지 않다. 강승회는 『육도요목』을 수집했고[41], 『니원범패(泥洹梵唄)』를 만들었고(『승전』), 『안반수의경』, 『법경경』, 『도수경(道樹經)』의 세 경전을 주석하고 아울러 경서(經序)를 만들었다(『승전』). 주석은 지금 실전되었고 오직 앞서 말한 두 개의 서(序)만 아직도 존재하며, 『도수경』은 지겸이 번역하고 강승회가 주석을 했으므로 지겸의 후배란 걸 알 수 있다. 『안반수의경』과 『법경경』은 모두 한나라 말엽 안식국 사람이 와서 번역하고 강승회는 더욱 안세고의 학문을 신뢰하 고 받들었으니, 강승회가 비록 남방에서 태어났어도 북방 낙양 불교와의 관계가 극히 밀접하다는 걸 알 수 있다.

강승회가 번역한 경전 중에 현존하는 것으로 『육도집경』이 있다. 문장과 언사(言辭)가 전아(典雅)해서 중국의 이론(理論)을 많이 원용하고 있으며, 그 바라밀들 앞에는 모두 짧은 인용이 있다[42]. 그 내용을 살펴보면 결정코 강승회가 직접 만들었지 호본(胡本)으로부터 번역한 것이 아니니, 이것이 바로 한나라와 위나라의 불교학을 연구하는 사람에게 가장 중요한 자료이 다. 또 대장경 속의 『안반수의경』은 번역문과 주소(注疏)가 혼합해서 이루어진 것이며, 그 주소의 부분은 진혜와 강승회가 함께 지은 것이 아닌가 하는 의심이 드니, 한나라와 위나라의 불교학을 연구하는 사람이라면 반드시 주의해야 할 점이다.

한나라 말엽 낙양의 불교에는 두 가지 큰 계통이 있으며 삼국시대 때는 남방으로 전파되었다.

첫째는 안세고의 선학(禪學)이다. 소승을 위주로 하고 있으며, 중요 경전으로는 『안반수의경』, 『음지입경』, 안현의 『법경경』 및 강승회의 『육도집경』 등이 있다. 안세고의 제자인 엄부조는 임회(臨淮) 사람이며, 이 밖에 남양의 한림, 영천의 피업, 회계의 진혜가 있는데, 교지에서 태어난 강승회는 세 사람에게 경학을 질문한 적이 있다. 현존하는 대장경 속에 있는 『음지입경주』는 작자가 누구인지 분명치 않다[43]. 그러나 안세고의 계통에서 나왔으므로 서진 이전의 작품이다[44].

둘째는 지루가참의 『반야경』으로 대승의 교학이다. 그 중요한 경전은 『도행경』, 『수능엄경』 및 지겸이 번역한 『유마경』과 『대명도무극경』 등이다. 지루가참의 제자는 지량이고, 지량의 제자는 지겸이다. 안세고와 지루가참은 똑같이 낙양에 있었으며, 강승회와 지겸은 똑같이 건업에 거주했다. 양자가 서로 간섭하기도 하지만, 그러나 그 계통이 학설과 전수(傳授)에 있다는 건 너무나 분명하다. 모자는 남방에 처해서 『노자』의 현묘한 이치를 좋아했기 때문에 지겸 계통의 학설과 기풍이 매우 똑같다는 걸 볼 수 있다.

지겸과 강승회는 서역 출신으로 중국에서 태어나서 중국 문화의 영향을 깊게 받았다. 경전을 번역할 때는 문장의 우아함을 숭상해서 늘 중국의 명사(名辭)와 이론을 채집해 번역본에 약간씩 편입시켰기 때문에 그들의 학문은 모두 순수한 서역의 불교는 아니다. 또 모자는 『노자』, 『장자』의 말을 채용해서 불법의 이치를 밝혔다. 강승회의『안반수의경서』와『법경경서』도『노자』『장자』의 명사(名詞)와 전고(典故)33)를 많이 이어받고 있으며45:, 동시에『음지입경서』를 읽으면 더욱 서방과 중하(中夏)의 사상이 점점 결합되는 걸 알 수 있다. 혜강과 완적이 사용한 이론도 이 글 속에 많이 보인다. 안세고와 강승회의 학설은 주로 양생(養生)하여 신(神)을 이루는 것이고, 지루가참과 지겸의 학설은 주로 신(神)과 도(道)의 합일이다. 전자는 도교에 접근하면서 위로 한나라 때의 불교를 계승하고, 후자는 현학과 동일한 흐름으로 양진(兩晉) 이후에 유행된 불교학으로서 위로 지루가참과 지겸에 접하고 있다. 이 점이 명확하다면 불교가 중국에서 현학화한 시초는 의심할 바 없이 바로 이때부터이다.

5) 양생(養生)하여 신(神)을 이룬다

안세고의 학문은 선수(禪數)가 가장 상세한데, 선(禪)의 용도는 사람의 본원(本原)을 확실히 이해하는데 있다. 수(數)에서 중요한 것 중 하나는 오온(五蘊)이다. 온(蘊)의 뜻은 본래 쌓여서 뭉친[積聚] 것이니, 말하자면 사람의 근본은 오온취(五蘊聚)라는 것이다. 이 때문에 당나라 현장(玄奘)은 온(蘊)이라 번역했고, 동진의 구마라집은 중(衆)으로 번역한 적이 있지만46:, 그러나 한나라 이후로 소급하면 음(陰)으로 번역했다47:. 음(陰)은 원래 음(蔭)과 통한다.『옥편(玉篇)』에서는 "그윽하여 형체가 없고 깊어서 헤아리기 어려운 걸 음(陰)이라 한다"고 했다. 한나라 시대 이래로 중국 음양오행가(陰陽五行家)의 말로 원기(元氣)의 설이 성행했는데, 말하자면 원기는 사람의 본원(本原)인데다가 "그윽하여 형체가 없고 깊어서 헤아리

---

33) 시나 문장 작성시 인용되는 고대 고사와 유래 등을 설명하는 말.

기 어렵기" 때문에 한나라와 위나라의 불교도는 이 원기와 오음을 아전인수 식으로 결합시켰다. 지겸이 번역한 『불개해범지아발경(佛開解梵志阿颰 經)』에서는 이렇게 말하고 있다.

하늘과 땅과 사람과 사물은 하나같이 네 가지 기(氣)를 우러른다. 첫째는 땅이고, 둘째는 물이고, 셋째는 불이고, 넷째는 바람이다. 사람의 몸에서 강한 것은 땅이 되고, 부드럽고 온화한 것은 물이 되고, 따뜻하고 뜨거운 것은 불이 되고, 기식(氣息)은 바람이 된다. 태어나서는 이 네 가지 기운을 빌려 쓰지만, 죽으면 근본으로 돌아간다.

강승회의 『육도집경』 8권 『찰미왕경(察微王經)』에서는 이렇게 말한다.

사람의 시원(始原)을 깊이 살펴보면 그 자체는 본래 생겨남이 없다. 원기(元氣)가 강한 것은 땅이 되고, 부드러운 것은 물이 되고, 따뜻한 것은 불이 되고, 움직이는 것은 바람이 된다. 이 네 가지가 화합해서 식신(識神)이 생겨난다. 밝음이 상승하여 능각(能覺)이 되고, 욕망을 그쳐서 빈 마음[空心] 이 되고, 신(神)을 환원하여 본무(本無)가 된다. 그로 인해 "깨어나지 못한 영역을 자각[覺]하리라"고 맹서하니, 신(神)이 네 가지에 의거해 성립해서 대인(大仁)은 하늘이 되고 소인(小仁)은 사람이 되며, 온갖 더러움이 섞인 행(行)은 벌레가 날거나 기거나 꿈틀거리는 유충 등의 종류가 된다. 행(行)을 말미암아 몸을 받는데 그 형태가 수없이 많다. 하지만 식(識)[34]은 원기와

---

34) 산스크리뜨어 vijñāna 빨리어 viññāna. 대상을 분석·분류한 후 인지하는 작용을 의미. 후세에 이르러 심(心)·의(意)·식(識)의 세 어휘가 구분되어 사용되지만, 초기에는 모두 뒤섞어 사용했다. 유식종(唯識宗)의 해석에 의하면, 인간이 대상을 식별하고 분별할 수 있는 것은 바로 대상에 대한 식(識)의 작용이 현현하

더불어 미묘해서 보기가 어렵다. 형태에 터럭 하나 없는데, 누가 획득해 파지(把持)할 수 있겠는가? 그러나 묵은 것을 벗어버리고 새로운 것을 받아들이면서 마침(終)과 비롯함(始)이 무궁하며, 영원(靈元)으로 왕을 삼고 무상(無常)의 체(體)35)로 화해서 면면히 끊임없이 다섯 길[五塗]을 윤회한다.

또 『음지입경주』에서는 오음의 종자를 이렇게 해석한다.

스승은 "오음의 종자는 몸이다"라고 말했다48). 여기서 소멸하고 저기서 태어나는 것이 마치 곡식의 종자가 아래에서 썩고 재배되어 위에서 몸이 생겨나는 것과 같다49). 또 원기도 봄에 생겨나고 여름에 장성하고 가을에 시들고 겨울에 말라붙는 것과 같으니, 온갖 곡식과 초목이 땅 위에서 상실되면 원기가 잠복하여 땅 밑에서 몸을 받는다. 그러다 봄 기운의 계절이

기 때문이다. 대승·소승 모두 육식이 있다는 이론을 세웠다. 육식(六識)은 눈, 귀, 코, 혀, 몸, 뜻의 육근(六根)을 근거로 해서 빛깔, 소리, 냄새, 맛, 감촉, 법의 육경(六境)에 대해 봄·들음·냄새·맛·느낌·앎의 분별 작용을 낳는데, 이것이 바로 안식·이식·비식·설식·신식·의식 등 여섯 종류의 심식(心識)이다. 유식종은 육식 외에 말나식(末那識)과 아뢰야식(阿賴耶識)을 제기하여 팔식설을 성립시켰다.
35) 산스크리트어로는 svabhāva 또는 bhāva이며 팔리어로는 sabhāva 또는 bhāva이다. 실체(實體) 또는 체성(體性)의 의미로서 법의 본질이자 법이 존립하는 근본 조건.
또 산스크리트어 Dhātu는 체(體), 계(界), 성(性) 등으로 번역한다. 사물의 일정 불변하여 온갖 차별현상이 의존하는 근본이 되는 것을 체(體)라고 하고, 이에 대립하여 의존하는 것의 차별들을 상(相)이라고 명명한다. 유식종(唯識宗)에서는 일체의 법에는 변계소집(遍計所執)·의타기(依他起)·원성실(圓成實)의 세 가지 성(性)의 차별이 있다고 주장하고 원성실성을 일체 법들의 진실한 체성(體性)으로 삼았다.

와서 온화해지면, 원기가 땅 아래서 자신을 분발하여 땅 위에서 몸을 받는다. 식(識)을 소유한 영(靈)에서 초목의 재배까지 원기와 서로 포함하여 올라갔다 내려갔다 폐(廢)했다 흥(興)했다 하면서 마치면 다시 시작하여 삼계를 윤회하는데 궁극이 없기 때문에 종자(種)라고 한다.

몸은 행(行) 없는 원기에 근본을 두고 있고 신식(神識)36) 또한 미묘해서 보기 어렵다. 강승회는 『안반수의경서』에서 이렇게 말한다.

마음이 요동치니[溢盪]50: 미묘함이 통하지 않음이 없다. 마치 황홀한 듯하고 출입에 짬이 없으며, 보아도 형체가 없고 들어도 소리[聲]가 없으며, 거슬러도 앞이 없고 찾아도 뒤가 없으며, 깊고 미세하고 묘해서 형체에 터럭 하나 없으니, 범천(梵天)37), 불제자, 신선, 성인도 비추어 밝힐 수가 없다. 묵묵히 여기에 종자가 심어져서 저기에 환(化)하여 태어나니, 범부가 볼 수 없는 이것을 음(陰)이라 한다.

그리고 『음지입경주』에는 이런 말이 있다.

신식(神識)은 미묘해서 가고 옴에 표징(表徵)이 없다. 암암리에 가고 묵묵히 이르러서 출입에 짬이 없어 그 형체를 볼 수 없기 때문에 음(陰)이라 한다.

---

36) 생물의 심식(心識)은 영묘(靈妙)하고 불가사의하기 때문에 신식(神識)이라고 한다. 때로는 영혼의 동의어로 쓰이기도 한다.
37) 힌두교의 주신의 하나. 산스크리트어의 브라마(Brahmā)의 음역. 우파니샤드 사상의 최고 원리인 브라만을 신격화한 것이다. 브라마는 조물주라고 하며, 불교가 흥기한 무렵에는 세계의 주재신, 창조신으로 인정되었다.

무릇 부처의 가르침은 내[我]를 타파하는 것이 급선무이다. 강승회가 지닌 음(陰)은 바로 한나라 때 불교의 신명(神明)이 영원히 머문다는 설을 이어받았다. 그리고 불교의 무아(無我)는 구역본(舊譯本)에서는 비신(非身)이라고 하였다. 가령 『음지입경주』에서는 4법인(法印)을 비상(非常)(후에 무상(無常)으로 번역), 고(苦), 공(空), 비신(非身)(후에 무아로 번역)으로 칭했으며, '비신'에 대한 해석을 이렇게 했다.

> 몸[身]은 사대(四大)(땅, 물, 불, 바람)로 이루어졌는데, 마지막엔 각자 근본으로 돌아가서 자기의 영원한 보배가 아니니, 이를 일러'비신(非身)'이라 한다.

그렇다면 소위 신(身)은 바로 형체이다. 사람이 죽으면 신령(神靈)은 소멸하지 않고 형체만 분산되기 때문에 '비신'이라 말한다. '근본[本]'이란 바로 원기로서 사람이 죽으면 원기에 복귀하는 것이다.

사람은 바로 음양의 정기(精氣)이고[51:] 신식의 혼명(昏明; 밝음과 어둠)인데, 역시 원기의 선천적 자질이 얼마나 많고 적은지를 보는 것이다[52:]. 이것은 중국 고유의 학설이다. 그리고 천지자연 자체도 역시 원기의 도야[陶冶]로 이루어진 것이다. 해와 달의 운행, 추위와 더위의 추이도 다 원기의 변화에 의거한다. 가령 원기가 그 질서를 잃으면 음양오행이 조화롭지 않아서 사람 몸의 기운도 조화롭지 않아 질병이 생긴다. 『대장경』에는 오나라의 축률염(竺律炎)이 지겸과 함께 번역한 『불의경(佛醫經)』이 있는데, 그 대의(大意)도 마찬가지이다. 대체로 사람 몸의 편안함을 말하고 있는데 모두 안팎의 원기의 조화에 의거한 것이다.

사람 마음의 병은 안팎으로 정욕(情欲)이 요동쳐 오음에 가려지는 바람에 본래 갖추고 있던 청명(淸明)을 잃는 것이니, 이 때문에 강승회의 『안반수의 경서』에서는 이렇게 말하고 있다.

> 정(情)에는 안과 밖이 있다. 눈, 귀, 코, 입, 몸, 마음은 안[內]이라 하고, 빛깔, 소리, 냄새, 맛, 세활(細滑, 접촉), 사념(邪念)은 밖[外]이라 한다. 경전에서는 "온갖 바다의 열두 가지 일"이라 말하는데, 말하자면 안팎의 여섯 가지 정(情)이 삿된 행(行)을 받아들이는 것이 마치 바다가 지류(支流)를 받아들이는 것과 같으니, 굶주린 남자가 꿈에서 밥을 먹어봤자 배부를 수 없는 것이다.

안팎의 정욕이 끌어당겨서 삿된 행을 받아들이니, 삿된 행이 생겨나지 않도록 하려면 당연히 정욕이 발생하기 전에 다스려야 한다. 이렇게 하여 뜻을 지키는 수의(守意)를 숭상하는 것이다. 『후한기』에서는 불법의 가르침은 뜻[意]을 쉬고 욕망을 없애는데 있다고 했으며, 『사십이장경』에서는 부처님께서 네 뜻[意]을 삼가면서 믿지 말라고 말씀하셨다고 했다. 한나라와 위나라 사이에는 『십사의경(十四意經)』, 『부자수의경(不自守意經)』이 있었고, 『안반수의경』은 한나라와 진나라 사이에 가장 유행한 경전이다.

한나라와 위나라의 불경 중에서 의(意)라는 글자는 산스크리트에서는 두 개의 글자에 해당하는데, 하나는 심의(心意)[53:]를 가리키고 또 하나는 억념(憶念)을 말한다. 소위 '안반수의(安般守意)'란 본래는 선법(禪法) 십념(十念)[38]의 하나이지 심의(心意)의 수호를 말한 것이 아니다. 심의를 수호

---

38) 수행의 과정에서 마음을 집중하여 떠올리거나 마음속에 간직하여 잊지 않아야 하는 열 가지. 염불(念佛), 염법(念法), 염중(念衆), 염계(念戒), 염시(念施), 염천(念天), 염휴식(念休息), 염안반(念安般), 염신(念身), 염사(念死)이다.

한다고 하는 말은 중국에서 경문을 번역하면서 생긴 오해 때문에 나온 것이다. 중국에서 의(意) 자는 본래 마음의 움직임이지만 형태는 없는 것을 말한다. 가령 『춘추번로(春秋繁露), 순천지도편(循天之道篇)』에서는 "마음이 가는 바를 의(意)라고 한다"고 했으며, 『춘추번로, 천도시편(天道施篇)』에서는 "만물이 움직이면서 이루어지지 않는 것은 의(意)이다"라고 했으며, 『안반수의경』에서는 "아직 일어나지 않음을 뜻을 지킴[守意]으로 삼으며, 만약 이미 일어났다면 뜻[意]이 문득 지켜지지 않는 것이다"라고 했다. 의(意)란 바로 『안반수의경서』에서 말한 '마음이 요동치는[溢盪]' 것이다. 심신(心神)의 혼란은 필경 움직임은 있지만 아직 형태가 없을 때 다스려야 하는데, 그러나 심의(心意)의 움직임은 지극히 신속해서[54:] 알기가 어렵고[55:] 수호하기가 지극히 어렵다. 그래서 『음지입경주』에서는 "의(意)는 위태로워 수호하기 어렵고, 그 묘함은 다스리기 어렵다"고 했는데, 의(意)를 다스리는 방법은 안반(安般)의 선법(禪法)을 행하는데 있다.

수의(守意)는 중국 도가의 양생법에서 항상 이야기하는 것이다. 『춘추번로, 순천지도편』은 본래 양생가(養生家)의 말인데[56:], 그들의 말은 "뜻[意]을 수고롭히는 자는 신(神)이 요동하고, 신이 요동하는 자는 기(氣)가 적어지고, 기가 적어지는 자는 오래가기 어렵다"고 했으며, 계속해서 말하길 "군자는 욕망과 악을 그치게 함으로써 뜻[意]을 평탄히 하고, 뜻을 평탄히 함으로써 신(神)을 고요히 하고, 정신을 고요히 함으로써 기운[氣]을 기른다"고 하였다. 도가에서 기운을 기르는 방법을 토납(吐納)이라 하는데, 토납이란 불교의 안반(安般)과 같다. 현존하는 『안반수의경』에도 역시 도가의 말이 많이 섞여 들어갔으니, 가령 "안(安)은 청(淸)이고, 반(般)은 정(靜)이고, 수(守)는 무(無)이고, 의(意)는 위(爲)라 이름하니, 이는 청정무위이다"라고 말한 것이다. 한나라 말엽 이래로 안반의 선법은 도가의 학설과 서로 보완하면서 세상에 성행했다.

도가에서는 양기(養氣)를 하면 죽지 않고 신선이 될 수 있으며, 불가에서
는 안반을 행하면 역시 신(神)을 이룰 수 있다. 대체로 선법의 종지는
마음을 단정히 하고 뜻[意]을 한결같이 해서 악을 없애고 은폐를 제거하는데
있으니, 음폐(蔭蔽)57:가 이미 소멸하면 심식(心識)39)이 맑고 고요해진다.
그래서 마치 밝은 거울이나 정제된 황금과 같으니, 밝은 거울의 보편적인
비춤과 정제된 황금으로 제련된 그릇은 모두 마음이 욕구하는 바를 따를
수 있다58:. 강승회의 『안반수의경서』에서 말한다.

안반의 행(行)을 터득한 자는 그 마음이 즉시 밝아진다. 온 눈이 관찰하는
것이 그윽한 곳까지 보지 못함이 없다. 과거 무수한 겁 이래로 사람과
사물의 변화가 여러 찰나에 나타나 있는데, 그 가운데 있는 세존의 교화,
제자의 독송과 수습(修習)을 멀리서도 보지 못함이 없고 음성도 듣지 못함이
없다. 황홀한 듯 말듯하여 존망(存亡)이 자유롭고, 크게는 팔극(八極; 온
세상)에 가득 차고 세밀하게는 터럭을 꿰고 있다. 천지를 다스리고 수명(壽
命)을 누리며, 신령한 덕을 맹렬히 하고 천병(天兵)을 무너뜨린다. 삼천대천
세계를 움직여 온갖 찰토(刹土)를 옮기며, 여덟 가지 부사의[八不思議40)]는
범천(梵天)이 헤아릴 바가 아니다. 신령한 덕의 무한함은 육행(六行)41)에서

---

39) 심(心)과 식(識)의 병칭. 소승의 구사종(俱舍宗)은 심(心)과 식(識)이 동일한
   본체의 다른 이름이라 주장하고, 대승의 유식종(唯識宗)은 심(心)과 식(識)을
   별도의 본체로 간주하여 제8식을 심(心), 5식과 6식을 식(識)이라 하였다.
40) 바다에 여덟 가지 묘한 덕이 있는 걸 말하는데, 이는 불법의 공덕을 나타내는
   비유로 쓰인다. 1. 점점 깊어진다, 2. 깊고 깊어 바닥을 알기 어렵다, 3. 늘
   하나의 맛이다, 4. 조수(潮水)가 때를 어기지 않는다, 5. 갖가지 보배를 갈무리하
   고 있다, 6. 몸이 큰 중생들이 살고 있다, 7. 시체를 묵혀 두지 않는다, 8. 온갖
   강물과 큰 비가 들어가도 늘거나 줄지 않는다.

말미암은 것이다[59].

생각건대 불법의 선정(禪定)에는 두 가지 효과가 있다. 첫째는 해탈을 이루어 열반에 들어가는 것이며, 둘째는 신통을 얻는 것이다. 한나라와 위나라의 선가(禪家)는 모두 신통에 집착하고 중시했는데, 이 역시 도가에서 신선이 되는 설(說)의 영향을 받은 것이 아닌가 한다.

총체적으로 신령한 기운은 미묘해서 범부가 볼 수 있는 것이 아니며 원기와 서로 합쳐 몸(身)이 있는 것인데, 묵은 것을 벗어버리고 새로운 것을 받아들여 주기적으로 다시 시작한다. 인생의 우환은 밖으로 사대(四大)의 부조화로 인해 질병이 생기고 안으로 심식(心識)의 혼란으로 인해 삿됨에 타락하는 것이다. 삿됨에 대한 대치(對治)는 수의(守意)에 달려 있으며, 의(意)란 마음의 움직임이지만 형태는 나타나지 않은 것이다. 의(意)가 올바르면 신(神)이 밝고, 신이 밝으면 비추지 못함이 없고 능(能)하지 않음이 없어서 부처를 이룬다.

6) 신(神)과 도(道)의 합치

지겸은 대승의 교학을 주로 했다. 그의 역품(譯品)으로 한나라와 위나라에서 유행된 것은 『도행반야경』과 『수능엄경』 등이 있다. 안세고와 강승회의 불교학은 심신(心神)이 혼란한 근원을 밝혀 수양(修養)을 가했고, 지루가참과 지겸의 불교학은 인생의 본진(本眞)을 탐구해 그 근본으로 돌아가게 하였다. 늘 사용하는 명사(名辭)와 중요한 관념은 부처를 말하고 법신(法身)을 말하고 열반을 말하고 진여(眞如)[42]를 말하고 공(空)을 말한 것인데,

---

41) 수(數), 수(隨), 지(止), 관(觀), 환(還), 정(淨) 등의 여섯 가지를 말한다.

이는 『노자』, 『장자』의 현학이 갖고 있는 명사인 여도(如道), 여허무(如虛無)(혹은 본무(本無))와 더불어 모두 본체(本體)를 가리키는 것이다. 그래서 서로 아전인수식으로 견강부회하고 있다. 모자의 『이혹론』에서는 부처를 이렇게 해석한다.

> 부처는 바로 도덕의 원조(元祖)이고 신명(神明)의 근원이다. 부처는 각 (覺)을 말하는데, 황홀하게 변화하며, 신체(身體)를 분산하며, 혹은 존재하기도 하고 혹은 없어지기도 하며, 능히 작아지기도 하고 능히 커지기도 하며, 능히 둥글기도 하고 능히 네모나기도 하며, 능히 늙기도 하고 능히 젊기도 하며, 능히 숨기도 하고 능히 드러나기도 하며, 불을 밟아도 타지 않으며, 칼날을 밟아도 다치지 않으며, 더러움도 물들이지 못하며, 화(禍)가 미치는 재앙도 없으며, 가고 싶으면 날아가며, 앉아 있으면 빛을 발양(發揚)하기 때문에 그 명칭을 부처라 한다.

모자는 또 도(道)를 이렇게 해석한다.

> 도(道)는 도(導)를 말하는데, 사람을 인도해 무위(無爲)에 이르게 한다. 당겨도 앞이 없고 이끌어도 뒤가 없으며, 들어 올려도 위가 없고 억눌러도 아래가 없으며, 보려 해도 형체가 없고 들으려 해도 소리가 없으며, 사표(四表)43)가 크다 해도 그 밖에서 노닐고 터럭이 미세하다 해도 그 속에 들어가기 때문에 도(道)라 말한다.

---

42) 산스크리트어의 tathatā, tattva의 한자 번역어. 있는 그대로의 모습, 진실한 존재방식을 의미하는 불교 용어. '여'(如)라고도 번역된다.
43) 사방(四方)으로 지극히 먼 땅이며, 또한 천하를 가리키기도 한다.

부처와 도의 관계를 모자는 상세하게 말하지는 못했다. 그러나 불교에
대해서는 황홀이라 말하고 능히 작아지기도 하고 능히 커지기도 한다고
말했으며, 도(道)에 대해서는 "형체도 없고 소리도 없다"고 말하고 "사표가
크다 해도 그 밖에서 노닐고 터럭이 미세하다 해도 그 속에 들어간다"고
했으니, 그렇다면 불교와 도는 정말로 두 가지 이치가 없다. 특히 능(能)함을
들면 그걸 부처라 하였고, 소(所)를 말하면 그 호칭을 도(道)라 하였다.
실제로 부처의 능히 크게 함[能弘]과 도의 크게 됨[所弘]은 정말로 서로
떼어놓을 수 없기 때문에 "부처는 바로 도덕의 원조"라고 말한 것이다.
또 『모자』의 이른바 '무위'는 니원(泥洹; 열반)의 의역(意譯)이다[60:].

사람이 무위를 이루는[61:] 것을 도를 터득한다고 하고, 부처를 이루는
것은 바로 허무황홀(虛無怳惚)의 도[62:]와 일체가 되는 것이다. 한나라
변소의 『노자명』에서는 "노자는 천지에 앞서 생겨났다"[63:]고 했으며, 또
"노자는 혼돈의 기(氣)에서 이합(離合)하고, 삼광(三光 해, 달, 별)과 더불어
시작하고 마친다"고 하였다. 이 노자는 도와 더불어 하나이지 둘이 아니라서
모자가 말한 '부처는 도덕의 원조이다'와도 종지가 서로 부합한다[64:].

부처에 대한 모자의 해석은 또한 지겸이 번역한 『대명도무극경』 제1품에
서도 보이는데, 그 경문은 대략 다음과 같다.

　선업[65:]이 말했다; 가령 세존의 가르침은 보살의 명도무극(明度無極)[44]
을 즐거이 설하니, 대도(大道)를 행하고자 하면 반드시 이로부터 시작해야
한다. 무릇 도를 체득해 보살이 되는 것도 공허(空虛)이고, 이 도가 보살이
되는 것도 공허(空虛)이다.(중략) 나는 이 도를 보지도 못하고 얻지도 못하니,

---

44) '도무극'은 바라밀의 의역이고, '명(明)'은 반야의 의역이다. 따라서 명도무극은
　　반야바라밀을 말한다.

이는 보살도 볼 수 없고 명도무극(明度無極)도 볼 수 없는 것과 같다. 그걸 볼 수 없는데, 어떻게 보살이 명도무극을 설하겠는가? 만약 이렇게 설하여 보살의 의지가 변이(變移)하지도 않고 버리지도 않으며, 놀라지도 않고 겁내지도 않으며, 받아들임을 두려워하지 않고, 피로하지도 않고 쉬지도 않으며, 난관을 싫어하지 않아서 이 미묘한 명도무극이 더불어 상응해 행(行)을 발한다면, 이를 가르침을 따르는 자라고 할 수 있다.

이 문장과 한나라의 지겸, 진(秦)나라 구마라집의 번역은 전혀 같지 않다. 또 이 글은 중국 현담(玄談)에서 말하는 소위 도(道)를 원용함으로써 반야바라밀과 서로 가깝다는 걸 드러내고 있다. 현학자들이 도는 미묘하고 허무(虛無)하다고 하는 말은 '도는 또한 허공이다'라는 말로서 역시 모자가 말한 '앞도 없고 뒤도 없는 도'와 같다. 현학자들이 지인(至人)은 담박무위(澹泊無爲)⁴⁵⁾하다고 하는 말은 '보살이 체득한 도는 허공이다'는 말로서 도와 상응하여 변이하지도 않고 버리지도 않고 놀라지도 않고 두려워하지도 않으니, 또한 모자가 '더러움 속에 있어도 물들지 않고, 화(禍)가 닥쳐도 재앙을 받지 않는다'고 말한 것과 같다.

위나라 말엽, 완적의 『노자찬』에서는 이렇게 말한다.

　　음양은 측절할 수 없고, 변화는 비할 바 없고, 바람의 동요 속에서도 질박하고, 허무와 참(眞)에 돌아간다.

또 『대인선생전』⁴⁶⁾을 저술하면서 이런 말을 하고 있다.

---

45) 욕심이 적고 자연 그대로임.
46) 완적이 노장의 세계를 그린 작품이다.

무릇 '대인'이란 조화(造化)와 더불어 동체(同體)이고, 천지와 나란히
생겨나고, 뜬구름 같은 세상을 소요하고, 도와 더불어 함께 이루고, 변화하고
(『모자』에서는 부처의 황홀변화(恍惚變化)) 흩어지고 뭉치며(『모자』에서
는 신체(身體)를 분산시킴), 그 형태가 항상하지 않으며(『모자』에서는 능히
커지기도 하고 능히 작아지기도 함), 하늘과 땅은 안에서 영역을 통제하고,
해와 달은 밖에서 열고 도달한다.

모자의 말과 지겸의 번역과 완적의 글은 이치의 취향(理趣)이 똑같이
부합한다. 서로 간에 뭔가 발췌해서 절취한 관계가 있지 않겠는가? 실제로
『노자』, 『장자』의 가르침과 행(行)으로 인해 사람들이 모두 시대의 풍조에
물들었기 때문에 문장이 이렇게 비슷한 것이다[66]:

변소의 『노자명』에서 "노자는 천지보다 앞서 생겨났다"[67]고 하고, 모자
가 '부처는 바로 도덕의 원조'라고 말한 것은 모두 완적이 말한 소위 '도와
더불어 함께 이룬다'는 뜻이다[68]. 오나라 지겸의 『대명도무극경』 제1품
원주(原注)에는 이런 말이 있다.

스승이 말씀하셨다.
"보살의 마음은 대도(大道)를 실천한다. 도를 체득하고자 하면 마음이
도와 더불어 함께하는데[69], 형상이 없기 때문에 공허(空虛)라고 말한다.

원주(原注)는 아마 지겸이 직접 편찬했을 것이다[70]. 이 중에서 소위
도를 체득한 자는 마음이 도와 함께해서 역시 '도와 더불어 함께 이룬다'는
뜻을 나타내고 있다. 이에 근거하면 지겸이 실제로 『노자』, 『장자』의
설에 깊이 계합한 것은 모자와 동일하다. 또 이 중에서 소위 '형상이 없기
때문에 공허이다'는 '도는 항상 형상이 없기' 때문에 심신(心神)으로도

볼 수가 없다는 뜻이며, 도는 허무의 본체이기 때문에 또한 이름하여 '본무(本無)'라고 한다.

'본무(本無)'란 용어는 위진 시대의 현담과 불교학에서 지극히 중요하다. 위나라 시대 때 하안과 왕필은 『노자』, 『장자』를 천양해 서술하면서 천지만물은 다 무(無)를 근본으로 삼는다고 여겼다(『진서, 왕연전(王衍傳)』). 진나라의 배위(裴頠)가 지은 『숭유론(崇有論)』에 처음 '본무'라는 명사(名辭)가 보인다. 그러나 불교학에서는 한나라 때 이미 항상 사용하고 있었다. 지루가참의 『도행반야경』 제14품의 명칭은 『본무품(本無品)』이다[71]. 그러나 이것은 바로 구마라집이 번역한 『소품』의 제15에 해당하는데 『대여품(大如品)』이라 칭하고, 송나라 때 번역한 『불모반야경(佛母般若經)』에서는 제16품으로 『진여품(眞如品)』이라 칭하며, 산스크리트 팔천송(八千頌)에서는 이 품의 명칭이 tathata parivarta이다.

대체로 '본무'는 바로 '진여(眞如)'(혹은 여(如))의 고역(古譯)이고 산스크리트 tathata[72]이다. 중국의 글에서는 원래 이에 해당하는 고유 명사가 없다. 그러나 진여는 체(體)를 가리키는 것으로 『노자』에서 말하는 도와 동일하다. 그리고 진여의 성품은 공(空)하고 도(道) 역시 허무(虛無)라서 더욱 지극하게 계합하니, 그래서 만물을 '말유(末有)'라 부르고 도체(道體)는 '본무'라 칭하는 것이다[73]. 또 지겸의 번역에는 늘 부처도 본무(진여)라는 말이 있다. 가령 『본무품』에서는 이렇게 말한다.

일체는 모두 본무이며 또한 본무조차 없으니, 진법(眞法) 속의 본무에서는 평등하여 차이가 없다. 모든 법은 본무라서 과거, 미래, 현재가 없고 여래도 마찬가지이니, 이것이 참된 본무이다.

그렇다면 지겸은 일체가 모두 본무이고 여래도 본무임을 인정했기 때문에 부처와 도가 하나이고 본무와 여래가 둘이 아니다. 또 한나라 이래로 『회남자』와 같은 도가는 이미 도가 원기(元氣)라고 말했기 때문에 신과 도의 합치도 즉각 원기에 돌아가는 것이니, 소위 '허무와 참[眞]에 돌아가는' 것이 이에 해당한다. 강승회의 『법경경서』에서도 '신과 도가 함께 함'을 말했으며, 그가 번역한 『찰미왕경』에서도 사람은 본무로부터 태어나 본무로 돌아간다고 말했으니74:, 그렇다면 그가 채용한 원기설(元氣說)로 인해 그가 수립한 논의는 지겸의 불교학과 서로 통할 수 있는 것이다.

그러나 강승회는 끝내 양신(養神)을 주축으로 삼았기 때문에 선법(禪法)을 중시했고, 지겸은 근본을 밝히는 걸 주축으로 삼았기 때문에 지혜(반야)를 중시했다. 선법은 뜻[意]을 쉬고 욕망을 없애는 것이며, 지혜는 바로 능히 체(體)를 증득하고 근본을 통달할 수 있는 것이다. 이 이후로 현풍(玄風)은 점차 번창하고 선법은 점점 교체되면서 양진(兩晉) 남조(南朝)의 불교학의 기풍을 조성했다. 나는 정말로 강승회 불교학 계통은 쇠퇴하고 지겸 불교학 계통은 크게 번창했다고 말할 수 있다. 『대장경』에 있는 『법률삼매경(法律三昧經)』, 『개원록』에서는 지겸이 번역한 것을 말하고 있는데, 그 중에 소위 사제본(四諦本), 제자본(弟子本), 각불본(各佛本), 여래본(如來本)을 언급하면서 제자본은 '본무를 이해하지 못하고' 여래본은 '본무를 여의지 못한다'고 하였으니, 지겸이 특별히 본체(本體)의 경학을 중시한 걸 알 수 있다. 또 여래선(如來禪)47)과 외도의 오통선(五通禪)의 차별을 언급하고

---

47) 당나라 화엄종(華嚴宗)의 승려 종밀(宗密)이 세운 5종선(외도·범부·소승·대승·최상승) 중의 최상승선(最上乘禪). 정확히는 여래청정선(如來淸淨禪)이라고 한다. 《능가경(楞伽經)》에 나오는 이 말을 종밀은 부처의 경지에 머물며 중생을 위하여 묘법(妙法)의 일을 행하는 것이므로 교리와 선의 일치를 주장하며

있는데, 그는 외도선을 해석하면서 이렇게 말하고 있다.

　작은 외도들의 '오통선은 무위를 배우고 귀하게 여기지만 지극한 요체는 이해하지 못하고 있으며, 세상을 피해 자기를 편안히 하고 상념[想]을 지녀 하내一]를 지킨다…. 신(神)을 간직하고 기(氣)를 인도하며, 성품을 길러서 상승하길 구하며, 복의 성대함이 소멸하는 걸 싫어하며, 오통(五通)과 영원한 수명에 이르길 사유하니, 이를 이름하여 선인(仙人)이라 한다. 행(行)이 이 정도에서 지극한 탓에 니원(泥洹)을 알지 못하니, 나중에 복이 다하면 생사가 끊어지지 않는다. 이것이 외도의 오통 선정(禪定)이다.

　한나라 시대의 불교는 생(生)을 양육하고 욕망을 없애는 것이다. 그래서 하나를 지키며[守一] 선정을 닦는 걸 방법으로 삼으며, 청정무위로 영원에 머물러 도를 이루는 걸 목적으로 삼는데, 이는 『태평경』의 가르침과 더불어 똑같이 황로(黃老)의 도술의 지류가 된다. 안세고와 강승회의 불교학은 비록 인간 생명의 시원(始原)을 탐구하지만, 그러나 뜻[意]을 지키고 기(氣)를 길러서 신통 얻는 걸 중시하므로 그 성질이 위로 한나라 시대의 도술을 이어받았다. 그러다가 대승의 반야학(般若學)이 지루가참에게서 시작되어

달마(達磨)가 전한 최상승선이라고 하였다. 그러나 이에 대해 교외별전(敎外別傳)을 주장하는 사람들은 달마의 선을 가리켜, 문자 이해에 치우친 나머지 이(理)에 떨어져 달마가 전한 참다운 선(禪)의 경지에 이르지 못하였다고 비난하였는데, 여기서 조사선(祖師禪)이라는 말이 생겨났다. 그러므로 당나라 이후에는 이 두 말이 함께 쓰였는데, 조사선은 달마의 정전(正傳)인 석가의 마음을 마음으로 아는 참된 선을 말하고, 여래선은 《능가경》《반야경(般若經)》 등의 여래의 교설에 따라 깨닫는 선을 가리킨다. 외도는 모든 번뇌가 다하는 누진통(漏盡通)은 깨닫지 못하고 나머지 다섯 가지 신통만을 깨달으므로 오통선이라 한다.

지겸에 와서 많이 번성하고 그 교설(敎說)도 5천언(千言)의 현리(玄理)와 부합하였다. 이 역시 도가라고 하긴 해도 그러나 모자처럼 학문(學問)하는 인사(人士)들은 96가지 종류 중에 이 도가 가장 존귀하다고 인정하고 있다.

모자는 양기(養氣)와 벽곡(辟穀)을 경멸하고 『노자』의 경전을 잘 지키면서 이를 불법과 병행해 이야기하고 있는데, 이는 한나라 시대 이래의 옛 불도(佛道)가 장차 추락하고 양진(兩晉) 시대의 새로운 불교의 현풍이 일어나리라는 걸 보여주고 있다. 이상의 인용은 『법률삼매경』에서 직접 사용된 명사(名辭)로 말한 것이니75:, 이는 어쩌면 번역자(지겸)가 한나라 때의 불교와 대립해 일으킨 것일지도 모른다.

그러나 진나라 때 반야학의 흥기는 남방에서 지겸의 학설을 확대했을 뿐 아니라 더 나아가 북방 학자의 지속적인 연구도 한몫 했다. 가장 먼저 이 반야학을 열심히 연구하다가 이역(異域)에서 죽은 사람이 있으니 바로 주사행(朱士行)이다.

7) 주사행의 서행(西行)

위진 시대 때 『노자』, 『장자』의 기풍이 유행하던 무렵에 『반야경』, 『방등경』 등이 중국에 전래되어서 공무(空無)의 종지를 크게 신장시켰으며, 이 공무(空無)의 종지가 당시 사람들의 기호에 투합하면서 그 세력을 확장하였다. 『반야경』의 전파와 번역에 대해서는 주사행이 가장 노력을 하였다. 주사행이 불경을 구하러 간 사적은 『우록』 7권에 실린 『방광경기』에 가장 일찍 보이는데, 그 문장은 다음과 같다.

옛날 대위(大魏)의 영천(潁川) 출신 주사행은 감로(甘露) 5년에 출가하여 도를 배워서 사문이 되었다. 그리고 변경을 넘어 서쪽 우전국에 도착해서 정품(正品)의 산스크리트 경전의 호본(胡本) 90장(章) 60만여 언(言)을 필사했다. 태강(太康) 3년에 제자 불여단(弗如檀), 즉 진나라 말로는 법요(法饒)를 시켜서 경전의 호본(胡本)을 낙양에 보냈다. 그곳에서 3년을 머물고 나서 다시 허창(許昌)에 이르렀고, 2년 후에는 진류(陳留) 경계에 있는 창원(倉垣) 수남사(水南寺)에 도착했다.

원강(元康) 원년 5월 15일에 뭇 현자들이 함께 의논해서 진나라 글로 정확히 필사하였다. 당시 호본을 맡고 있던 사람은 운전국의 사문 무차라(無叉羅)이고, 우바새 축숙란(竺叔蘭)이 말로 전수하고, 축태현(祝太玄), 주현명(周玄明)이 함께 받아서 필사하였는데, 그 정서(正書)는 90장 207621언(言)이었다. 당시 창원의 현자들은 많거나 적거나 모두 도와주고 공양했다. 그해 12월 24일이 되자 필사는 모두 끝났다. 경문의 뜻은 심오했고, 또 전후로 필사한 자가 교정(校定)을 보긴 했으나 다 이해할 수는 없었다.

태안(太安) 2년 11월 15일에는 사문 축법적(竺法寂)이 창원의 수북사(水北寺)에 와서 경전의 판본을 구하여 필사했다. 당시 현품(現品) 5부(部)와 호본을 검토하면서 축숙란과 함께 다시 고증과 교정을 거쳐 필사해서 영안(永安) 원년 4월 2일에 마쳤다. 호본을 진나라 글로 필사하며 교정한 것이 큰 차이가 나면, 호본을 필사한 것을 다시 취하여 교정하였다. 진나라와 호(胡)의 음훈(音訓)은 뜻의 표현이 통하기 어렵다. 여러 개사(開士; 보살)와 대학(大學)의 문도들이 필사하고 공양하고 독송하고 읽는다면, 재삼 생각해서 그 부족한 점을 용서해주기 바란다.

주사행은 위나라 감로 5년(서기 260년)에 변경을 넘어 서쪽 우전국에 이르러서 『반야경』 정품인 산스크리트 경전 90장을 필사했는데, 이 경전의 이름은 『방광반야경(放光般若經)』이다. 우전국은 대체로 대승 불교가 성행한 서역의 국가이다. 동진(東晋)의 법현(法顯)은 "이 나라에는 승려들이 수만 명 있으며 대부분 대승을 배우고 있다"(『불국기(佛國記)』[48])고 했으며, 서진 때 우전국의 사문 지다라(祇多羅)는 우전국을 통해 『반야경』의 산스크리트 판본을 들여와서 나중에 축법호를 통해 역출하고 『광찬반야경(光讚般若經)』[76]이라 하였다.

그리고 주사행도 『반야경』의 정본을 구하기 위해 우전국에 가야했다. 주사행의 제자 불여단은 응당 우전국 사람이고, 번역할 때 호본을 맡은 무차라도 우전국의 사문이다. 또 모자의 『이혹론』에서도 우전국을 언급하고 있으니, 한나라 말엽에는 이미 우전국은 불교의 중심지가 된 것으로 보인다. 그리고 모자의 학문이 숭상한 담박무위(澹泊無爲)의 사상 역시 중하(中夏)의 소위 반야의 기풍과 품격에 부합하고 있다. 그렇다면 모자가 특별히 우전국을 언급한 것은 아마 우전국이 한나라 말엽에 이미 『방등경』과 같은 심오한 경전을 갈무리한 발원지임을 가리킨 것일지도 모른다.

『우록』13의 『주사행전』에도 역시 주의할 만한 점이 있는데, 그 말은 다음과 같다.

> 출가한 후에는 대법(大法; 불법)을 자기 임무로 삼아서 늘 도에 들어가 지혜를 갖추겠다고 말했기 때문에 오로지 경전에만 힘썼다. 처음에 천축의 삭불(朔佛)이 한나라 영제 때 『도행경』을 출간했는데, 번역자가 말로 전수했거나 혹은 이해하지 못해서 번번이 지나치게 초록(抄錄)했기[77] 때문에

---

48) 동진(東晋) 때의 승려이자 여행가인 법현(法顯)의 유람기로 『고승법현전(高僧法顯傳)』·『역유천축기(歷遊天竺記)』라고도 한다. 천축 각국의 산천과 풍물과 역사와 불교 상황, 그리고 중국과 인도·파키스탄·네팔·스리랑카 등과의 교통에 관한 내용이 수록되어 있다. 중국 해상교통에 관한 최초의 저술이다.

뜻[意]과 이치[義]의 본말(本末)이 자못 막힘이 있었다.

　주사행은 낙양에서 『소품(小品)』(즉 『도행경』)을 강의한 적이 있었지만 왕왕 통하지가 않았다. 매번 이 경전이 대승의 요체인데도 번역에서 그 이치가 다하지 않은 걸 탄식하였다. 결국 맹세의 뜻을 세운 뒤 자신을 희생하면서 멀리 『대품』을 구하러 나섰다. 마침내 위나라 감로 5년에 옹주(雍州)를 출발하여 서쪽으로 유사(流沙)를 건너 우전국으로 가서 끝내 정품인 산스크리트 경전 호본(胡本) 90장 60여만 언(言)을 필사했다.

　우전국은 낙양에서 1만1천7백리가 떨어져 있고(『후한서, 서역전』), 감로 5년에서 태강(太康) 3년까지는 23년의 사이가 있다. 주사행은 1만여 리를 가서 외국에서 20여 년을 지내다가 마지막에 자신이 구한 경전을 중국에 보냈다. 그 후 끝내 우전국에서 사망하여 그 시신을 이역(異域)에 뿌렸으니[78:], 진실로 불법을 널리 알리기 위해 생명을 아끼지 않은 사람이라고 할 수 있다. 그리고 그가 "도에 들어가 지혜를 갖추어서 『반야경』을 늘 강의했다"고 말했다면, 주사행이 일컫는 불법이란 학문을 중시하는 것이지 동한 때 사당에 재(齋)를 지내는 가르침을 회복하려는 것은 아니다. 4백여 년 후에 현장(玄奘)[49)]이 생사를 도외시한 채 서쪽으로 가서 『십칠지론(十七地論)』을 구했는데, 주사행과 현장의 먼 여정과 공적은 실제로 대등할 수는 없지만 그 의지의 염원과 강인한 기개는 확실히 대등하다고 할 수 있다.

---

49) 중국 불교사에서 가장 위대한 역경사(譯經師) 중의 한 사람으로 속성(俗姓)은 진(陳)이고 이름은 위(褘)이다. 경(經)·율(律)·논(論)에 모두 정통해서 삼장(三藏)이라 불렸다. 인도에 유학해서 막대한 산스크리트 불교 경전을 갖고 돌아와 한역(漢譯)을 했고, 중국에 유식학(唯識學)을 기반으로 한 법상종(法相宗)을 세웠다. 또 『대당서역기(大唐西域記)』를 저술해서 인도 여행을 하면서 거친 여러 나라들에 대해 상세한 기록을 남겼다.

미주

제6장

1) 『전삼국문(全三國文)』 8권

2) 『전삼국문(全三國文)』 18

3) 『열자(列子), 중니편주(仲尼篇注)』

4) 『진서(晉書), 왕연전(王衍傳)』

5) 『진서(晉書), 본전(本傳)』을 참고하라.

6) 문제(文帝)가 즉위한 해(서기 220년)

7) 『개원록』에는 따로 백연(白延)이 있다. 그러나 응당 전량(前涼)에서 『수능엄경』을 번역한 자이므로 위나라 때는 존재하지 않았다.

8) 서진 시대에 광주(廣州)에 있던 강량루지(疆梁樓至)와 동일한 사람일지 모른다.

9) 상세한 내용은 『전삼국문』을 보라.

10) 『유양잡조』에도 실려 있지만 너무 간략하다.

11) 돈황본 『노자화호경』에는 위명제의 서문이 실려 있다.

12) 『광홍명집』, 『불도논형(佛道論衡)[1]』에 나란히 실려 있다.

   1) 『집고금불도논형(集古今佛道論衡)』이라고도 하며 당나라 때 도선 율사가 편찬했다. 후한에서 당나라 때까지 벌어진 불교와 도교 간의 논쟁을 기록했으며 총 4권이다. 불교와 도교 사이의 교섭사를 연구하는데 중요한 문헌이다.

13) 『우록』에서는 위소를 언급하지 않았다.

14) 적오(赤烏) 10년이라고 하는데, 그러나 『광홍명집』에서는 위소의 『오서』를 인용하면서 적오 4년이라고 말했다.

15) 앞으로 상세히 밝힘.

16) 손권이 사리를 시험한 것도 『광홍명집』 1권에 실린 『오서』에도 보이며, 그 중에 불법을 서술하고 추존(推尊)한 것이 『한법본내전』이란 위서(僞書)의 글로 수집되어 언급되었으니, 그렇다면 도선(道宣)이 기록한 『오서』가 거짓이라는 것도 실로 의심할 수 없다.

17) 『건강실록(建康實錄)』[1]에는 "대항(大航)[2] 및 오자서묘를 불태우고, 부도의 탑과 절을 훼손하고 도인을 참수했다"고 하였다.

   1) 당나라 때 허숭(許嵩)이 편찬한 육조 시대의 사료집으로 편년체(編年體)로 이루어져 있다. 건강(建康; 지금의 남경)을 도읍으로 정한 삼국시대의 오나라 및 동진, 송, 제, 양, 진의 육조 역사를 실었기 때문에 『건강실록』이라 했다.
   2) 즉, 주작항(朱雀航). 동진(東晉)의 남조(南朝)에서 건강(建康)의 성(城) 남쪽에 있는 부교(浮橋).

18) 『오지기(吳地記)』에서는 통원사(通元寺)가 손권 부인의 저택에 위치해 있다고 말하는데 확실성 여부는 알 수 없다.

19) 지민도의 『합유마경서(合維摩經序)』에서 칭한 우바새는 지겸이 출가하지 않은 것이다.

20) 승조(僧肇)는 『유마서(維摩序)』에서 "지(支)와 축(竺)이 역출했는데 그 이치[理]가 문장에 걸렸다"고 했는데, '지'는 공명(恭明)이고 '축'은 축법호 혹은 축숙란이다.

21) 卿; 대정신수대장경에선 鄕으로 되어 있다.

22) 『우록』 2권에선 황무 초기라고 했고, 『우록』 13권에선 원년(元年)으로 되어 있다.

23) 『우록』 13에는 그가 번역한 경전이 27부라고 말하고, 『고승전』에는 49부로 되어 있고, 『개원록』에서는 88부라고 한다. 『우록』 7에서는 진나라 말엽 이래로 관중(關中)의 현자들 경록(經錄)에서 '『혜인삼매경(慧印三昧經)』'은 지겸의 역출'이라 한다고 했다.

24) 『정원록(貞元錄)』[1] 3에서는 '지겸이 『법구경서』를 편찬했다'고 하는데, 바로 이를 가리킨 것이다.

> 1) 이 목록은 30권으로 되어 있으며 당나라의 학승 원조(圓照)가 편찬했다. 원래의 명칭은 정원신정석교목록(貞元新定釋敎目錄)이고 『정원록』은 약칭이다.

25) 어느 판본에서는 졸(卒)자가 없다.

26) 두 본(本)에는 나중에 모두 이 명칭이 있었지만 나란히 열거해 내놓지 않았을 뿐이다.

27) 이 경전은 동진(東晉)의 각현(覺賢)이 번역한 판본도 하나 있는데, 그 이름을 『출생무량문지경(出生無量門持經)』이라 한다. 그래서 『우록』 7에는 양나라 섬서대(剡西臺)(즉 법화대(法華臺)) 담비(曇斐, 『승전』에 전기가 있다)기(記)에서는 경전에 총 네 가지 본(本)이 있다고 말한다.

28) 지루가참의 『도행반야경』이 첫 번역이다.

29) 『우록』 12 『법원잡연원시집(法苑雜緣原始集)』의 목록에 제석천의 음악의 신 반차가 거문고를 타고 노래를 했다는 내용이 실려 있는데, 주석에서 '출처는 『중본기경』'이라 말한 것이 증거가 될 수 있다.

30) 경전은 『우록』에 따르면 바로 지겸의 번역이고, 도안의 『경서(經序)』에 따르면 "한나라 말엽에 역출되었고 지겸이 주석을 붙인" 것이다. 『정원록』에서는 지겸이 직접 주석을 붙였다고 말했다. 또 지겸이 번역한 『대명도무극경』 제1품에도 주석한 글이 있다. 그렇다면 어찌 모두 직접 번역하고 직접 주석을 붙였겠는가?

31) 도안의 『합방광광찬서(合放光光讚序)』에서는 '『방광경』은 바로 사문 무차라(無叉羅)가 호본(胡本)을 지녔는데, 그러나 후세 사람이 늘 무라차(無羅叉)라고 개작하였다'고 하였다.

32) 모두 앞서 인용한 것을 보라.

33) 앞으로 상세히 밝힘.

34) 앞으로 상세히 밝힘.

35) 『광홍명집』에서는 『오서』를 인용해 4년으로 되어 있다.

36) 『안반수의경』의 뜻을 질문한 것이다.

37) 스승은 진혜의 스승인 안세고이다.

38) 『우록』 6 도안의 『안반경서』에서는 '위나라 초기의 강승회'라고 칭했다.

39) 『금릉신지(金陵新志)』를 보면, 절터는 현재의 취보문(聚寶門) 밖 서쪽 거리의 대시교(大市橋)에 해당된다고 생각한다.

40) 무릇 10품으로 『도행경』의 이역(異譯)이다.

41) 『우록』 10, 도안 『십법구의서』

42) 현존하는 판본에는 반야바라밀 소인(小引)이 빠져 있다.

43) 표제는 진혜로 되어 있는데, 그러나 서문에서는 자칭 밀(密)이라 하였다.

44) 여기서 인용된 경전은 모두 한나라와 위나라 사람의 번역이다. 다만 인용된 『중심경(中心經)』(또한 『충심정행(忠心政行)』이라 한다)만이 『장경』의 제목이 진나라 축담무란(竺曇無蘭) 번역이라 했는데, 이는 『장방록』에 근거한 것이다. 그러나 『우록』에서는 단지 축담무란이 2부를 편찬해냈다고 말하고 있다. 『중심경』은 실역의 목록에 들어 있다. 아울러 『육도집(六度集)』을 역출했다고 하는데, 비록 현재의 『육도집』에 이것이 빠져 있더라도 어쩌면 옛날에 있던 것이 지금 빠진 것일지도 모른다. 즉 『장방록』에서도 단지 축담무란이 역출했다고 말한 것은 대부(大部)로부터 간략히 역출한 것이다.

45) 『법구경서』에서는 "아름다운 말은 신뢰성이 없다(美言不信)"는 말을 인용하고 있으므로 지겸은 『노자』를 읽은 적이 있다.

46) 『우록』 승예의 『대품경서(大品經序)』

47) 『번역명의집(翻譯名義集)』[1] '오온(五蘊)' 조목에서 인용한 『음의지귀(音義指歸)』의 말로 참고할 수 있다.

1) 불교 사서(辭書). 남송(南宋)의 승려 법운(法雲)이 편찬했으며 7권 64편이다.
   불교경전에 보이는 범음(梵音)으로 한역된 단어를 종류별로 정리하여 해설한
   사전으로 '십종통호(十種通號)'부터 '사탑단당(寺塔壇幢)'까지 64편으로 나누
   어 약 2천여 단어를 수록하고 있다.

48) 스승은 아마도 안세고일 것이다.

49) 강승회의 『안반수의경서』에서는 '하나가 아래에서 썩으면 만 개가 위에서
   생겨난다고 하였고, 모자는 "그러나 몸은 저절로 썩을 뿐이다. 몸은 비유하
   자면 오곡의 뿌리나 잎과 같고, 혼신(魂神)은 마치 오곡의 종자나 열매와
   같다"고 하였다.

50) 이는 마음의 발동(發動)을 가리키는 것으로 바로 뜻[意]이다.

51) 완적의 『달장론(達莊論)』[1]의 말.
   1) 완적은 『달장론』에서 노장사상을 추구하고 그 세계를 그리고 있다.

52) 혜강의 『명담론(明膽論)』[1]의 말.
   1) 혜강은 도가의·연금술사이자 시인으로 죽림칠현(竹林七賢)의 한 사람이다.
      그의 시와 산문은 도덕과 관습을 벗어나 무위자연(無爲自然)을 노래했고,
      그의 행실은 인습을 벗어나 파격적이었다. 결국 귀공자인 종회(鍾會)를 무례하
      게 대하다가 반란죄의 누명을 쓰고 사형을 당했다. 『명달론』은 그의 세계관과
      인생관의 중요한 계기와 위진 시대 현학의 발전에 끼친 의의를 이해할 수
      있는 글이다.

53) 말나(末那)를 말함.

54) 강승회의 『안반수의경서』에서는 "하루 낮 하루 저녁이 13억의(億意)이다"
   라고 한다.

55) 강승회는 이를 종자와 같다고 비유하고 있다. 형태를 이루지 못했기
   때문에 알기 어려운데도 행위의 뿌리가 된다.

56) 동중서의 저작이 아니다.

57) 오음이 바로 음폐이다.

58) 이상은 『육도집경』 7권 첫 단락에 보인다.

59) 육행은 안반의 여섯 가지 묘한 문(門)을 말한다.

60) 『모자』 제1장에서는 먼저 '부처님은 니원에 들어서 가셨다'고 했으며, 계속해서 '평범한 사람이 계율을 지니면 역시 무위를 얻어서 무위를 깨달을 수 있는데, 이것이 바로 니원을 가리킨다'고 하였다.

61) 말하자면 니원에 들어가는 것이다.

62) 『모자』 제4장에 이 말이 보인다.

63) 『도덕경』에서 "어떤 사물이 혼성(混成)하여 천지보다 앞서 생겨났다"고 말했다.

64) 이상의 문장에서 인용된 모자 두 단락의 명사(名詞)는 『노자』의 글에서 취한 것이 많다.

65) 지겸은 경전을 번역할 때 호음(胡音)을 쓰지 말아야 한다고 주장하므로 '선업'은 바로 수보리이다.

66) 『진서(晉書), 완적전』에서는 대인선생이 손등을 가리킨다고 하지만, 그러나 그 사적이 『위씨춘추(魏氏春秋)』¹⁾에는 보이지 않으므로 확실하지 않은 것 같다. 실제로 완적이 말한 대인선생은 바로 노자이다. 혹은 본래 노자를 가리키지만 또한 자기 스스로를 격려한 것이기도 하다.

      1) 저자는 손성(孫盛; 서기302년~373년)이다. 진(晉) 나라 때 태원(太原) 중도(中都) 사람이다. 저서는 『위씨춘추』 20권 외에도 『진양추(晉陽秋)』 32권이 있다 '언사가 솔직하고 이치가 바르다'는 평가를 받는 역사학자.

67) 『도덕경』에서 "어떤 사물이 혼성(混成)하여 천지보다 앞서 생겨났다"고 말한 것은 본래 도를 가리킨다.

68) 기독교도는 옛날에 유대의 예수와 그리스 철학의 로고스(Logos)를 결합하여 일체(一體)로 삼았다. '로고스'는 이(理)이고 도(道)이다. 그 일과 이 일은 서로 유사하다.

69) 원문의 爲는 與로 의심된다.

70) 만약 그렇다면 스승은 아마 지량일 것이다.

71) 지겸이 번역한 『대명도무극경』 14품, 진(秦)나라 축념불(竺念佛) 번역의 제7품도 모두 똑같다.

72) 뜻은 즉여(卽如) 혹은 진여(眞如)

73) 『안반수의경』에는 "유(有)인 것은 만물이라 하고 무(無)인 것은 의(疑)라 하는데 역시 공(空)이다"라는 말이 있는데, 의(疑) 자는 계(谿) 혹은 활(豁)의 오기로 보인다. 이 역시 만물을 말(末)이라 하고 허무를 본(本)이라 하는 것이다.

74) 앞에서 인용한 것을 보라.

75) 가령 무위(無爲), 세상을 피함[避世], 하나를 지킴[守一], 신을 간직하고 기를 기름[存神養氣]. 성품을 기름[養性], 상승하길 구함[求昇] 등등이다.

76) 『우록』 7에서는 『합방광광찬수략해서(合放光光讚隨略解序)』라고 함.

77) '번역자가 말로 전수했거나 혹은 기록하지 않아서' 운운은 지루가참이 번역하고 삭불이 말로 전수한 때를 말하는데, 명료히 이해하지 못하는 곳에 대해서는 도리어 생략을 가했다. 『우록』에서는 이 단락이 매우 명백하다. 그러나 『승전, 사행전(士行傳)』에서는 "축불삭(築佛朔)[1]이 역출한 『도행경』은 문구가 간략하다"고 말했다. 후세 사람은 이에 근거해 축삭불도 이 경전을 번역했다고 여겼지만 지루가참의 판본과는 동일하지 않다. 이 혜교의 행문(行文)이 간략해서 오류를 이루고 있다.

1) 축삭불을 말하는 것으로 보인다.

78) 손작(孫綽)[1]의 『정상론(正像論)』에서 "주사행은 우전국에 시신을 뿌렸다"고 했고, 주사행이 사망할 때 나타난 기적은 『승전』에 보인다.

1) 진(晋)나라 때 중도(中都) 출신으로 자(字)는 흥공(興公)이다. 젊은 시절부터 뛰어난 문재(文才)로 칭송을 받았다. 특히 왕후(王侯)들이 죽으면 반드시 그가 비문(碑文)을 썼다. 특히 난정(蘭亭)의 집회가 열렸을 때 가장 유명한 문장가였다.

7

양진(兩晉) 시기의 명승(名僧)과 명사(名士)

불교는 한나라 말엽에 전래와 번역이 점점 확대되었는데, 그 중 삭불과 지루가참은 공동으로 『도행경』을 역출하였다. 지루가참의 후예로는 지량이 있고, 지량의 제자 지겸은 『마하반야바라밀다경』, 즉 『도행경』을 거듭 번역해서 이를 『대명도무극경』이라 칭했다. 그가 번역에 사용한 글자를 보면 호음(胡音)을 완전히 축출했고 그 뜻[義]의 취지도 『노자』, 『장자』를 본뜬 것이 많았다. 『고승전』에서 "손권은 지겸과 위소로 하여금 공동으로 동궁(東宮)을 보좌하게 했다"고 한 말은 아마도 사실이 아닐 것이다. 그러나 명승과 명사의 상호 결합은 당연히 이 시기에 남상(濫觴)을 이루었다.

그 후 『반야경』은 세상에 크게 유행했고, 승려의 입신(立身)과 행사(行事)[1]가 또한 도처에서 청담(淸談)을 하는 자들과 계합하였다. 무릇 『반야경』의 이취(理趣)[2]는 『노자』, 『장자』와 똑같이 부합하였고, 명승의 기풍과

---

1) 승려가 승려로서의 본분을 정립해 세상에 알리는 것이 입신(立身)이고, 강연이나 의식(儀式) 등 승려로서 하는 모든 일을 행사(行事)라고 한다.
2) 이(理)는 진리, 원리의 뜻이고, 취(趣)는 진리의 종지란 뜻이다.

품격은 청담의 흐름과 아주 비슷해서 불교의 현풍은 화하(華夏)에 크게
떨쳤다. 서진의 지효룡(支孝龍)과 완유(阮庾) 등을 세상에서는 팔달(八達)
이라 칭했고, 동진의 손작은 일곱 도인과 일곱 현인을 서로 비교해서
『도현론(道賢論)』을 지었다. 명인(名人)과 불교 제자는 함께 동일한 흐름에
들어갔으니 세상 풍조의 변화를 알 수 있다. 이 장(章)에서는 양진 시기의
승가(僧伽) 속에 있는 명류(名流)의 사적(事迹)을 간략히 서술하면서 당시
관련 있는 전고(典故)를 부가하겠다.

1) 『반야경』의 유전(流傳)

『반야경』의 번역은 한나라와 진나라 때 가장 많았다. 삭불과 지루가참이
번역한 것은『소품』인데, 지겸이 다시 번역해서 모두 30품이 있다. 어쩌면
이는『우록』에 목록이 실린 강승회의『오품(吳品)』[1]일지도 모른다. 주사행
은 산스크리트 판본 90장을 얻었고 나중에『방광반야경』으로 역출하였다.
서진의 축법호가 번역한『광찬반야경』은 바로『방광대품(放光大品)』의
이역(異譯)이다. 또『소품경』7권을 번역했는데(『우록』) 승우의 시기에
이미 실전되고 약간의 품(品)만이 남아있을 뿐이다.

진나라 혜제(惠帝) 때 위사도(衛士度)에게『마하반야바라밀도행경』두
권이 있었고, 위사도는 궐공칙(闕公則)의 제자로 문사(文辭)를 잘했고
『팔관재참문(八關齋懺文)』을 지었다[2]. 승우는 "뭇 경록(經錄)에서는『도
행경』두 권이 위사도가 간략히 역출한 것이라고 하는데, 이는 위사도가
문사(文事)에 능통했기 때문에 지루가참의 번잡한 번역문을 간략히 해서
두 권으로 만든 것이다"라고 했으며, 동진의 도안이 장안에 있을 때는
담마비축념(曇摩蜱築念)이 번역한『반야경초』[3]가 있는데, 이 중에서 강승
회와 축법호의『소품』과 위사도의 간략한 역출은 모두 실전되었다. 구마라

집 이전에 번역된 『반야경』으로 알려진 것으로는 이것이 전부이다.

지루가참의 『도행경』, 축숙란의 『방광경』, 그리고 지겸의 『대명도무극경』은 응당 세상에 모두 유행했다. 그리고 축법호가 번역한 『광찬반야경』은 도안의 기록에 의거하면[4], 그 경전이 관서(關西)에 있을 때 진나라의 혼란기를 만나 양(涼) 땅에서 소실(消失)되었다. 그리고 "『방광경』은 바로 중화의 경사(京師)에서 크게 유행했고, 식심거사(息心居士)가 모아서 전했다"고 했는데, 도안은 또 이렇게 말하고 있다.

> 중산(中山)의 지화상(支和上)이 창원에 사람을 보내서 명주를 끊어 경전을 필사했다[5]. 그 경전을 갖고 중산에 돌아오자, 중산왕과 승려들이 성의 남쪽 40리에서 깃발을 들고 경전을 맞이했으니, 이 경전은 이렇게 해서 세상에 유행했다. 이 때문에 『광찬반야경』은 아는 사람이 없었다.

지화상은 어떤 사람인지 알지 못한다. 중산왕도 누구를 가리키는지 확실치 않다. 유요(劉曜), 유악(劉岳), 석호(石虎)는 모두 이 호칭을 쓴 적이 있다[6]. 『광찬반야경』은 당시 아는 사람이 없었지만, 곧바로 번역 후 91년이 되어서야 도안의 표장(表章)을 거쳐서 중하(中夏)에서 유행하였다. 그 판본이 존재하긴 하지만, 그러나 『방광경』은 90품이고 『광찬반야경』은 겨우 27품만 존재한다. 도안의 『합방광광찬수략해서(合放光光讚隨略解序)』에 의하면, 당시 이미 '빠진 부분이 있어서 온전함을 갖추지 못했다'고 하였다[7].

주사행이 『반야경』을 제창한 이래로 구마라집에서 마칠 때까지 응당 『반야경』의 추구가 불교 의학(義學)[3]의 대종(大宗)이 되었다. 당시의 중국 『반야경』 학자를 열거하면 다음과 같다.

주사행　　　　『도행반야경』을 강의하고『방광경』의 호본을 구하여
　　　　　　　얻었다.

위사도　　　　『도행경』을 간략히 역출하였다.

백법조(帛法祚) 하내(河內) 사람. 『방광반야경』을 주석했다.

지효룡　　　　회양(淮陽) 사람. 태안(太安) 2년 축숙란에게 가서『방
　　　　　　　광경』 5부를 필사해서 교정하여 정본(定本)을 만들었
　　　　　　　다. 당시는 아직 품목(品目)이 있지 않았으며, 구본(舊
　　　　　　　本)은 14필의 비단이다. 현재의 필사본은 20권이다.
　　　　　　　지효룡은 본래 무상(無相)을 즐겼는데, 경전을 펼쳐
　　　　　　　열람하면서 십여 일이 되자 문득 강의를 개시했다.

중산 지화상　『방광경』을 필사했다.

강승연(康僧淵) 본래 서역인으로 장안에서 태어났다.『방광반야경』과
　　　　　　　『도행반야경』을 외웠다.

지민도　　　　심무(心無)의 이치[義]를 수립했다.

축법아(竺法雅) 격의(格義)를 수립했는데 앞으로 상세히 밝히겠다. 역
　　　　　　　시『반야경』의 학자이다.

축도잠(竺道潛) 자(字)는 법심(法深)이고『대품』을 강의했다.

축법온(竺法蘊) 『방광경』에 능했다.

지둔(支遁)　　자(字)는 도림(道林)이고『도행경』에 능했다.

우법개(于法開) 『방광경』을 강의하고, 지도림과 즉색공의(卽色空義)

---

3) 명칭[名]과 상(相)에 대해 그 의미들을 해설하는 학문으로 해학(解學)이라고도
　 부른다. 예컨대 구사(俱舍)와 유식(唯識)의 학문은 법상(法相)들의 명목과 수량
　 을 분석함과 아울러 수행의 인과적 위계(位階)의 조직과 문자 및 장구(章句)의
　 해석을 상세히 규정하였다. 또한 교의(教義)나 이론(理論)에 관련된 학문.

를 논쟁했는데 앞으로 상세히 밝히겠다.

석도안(釋道安)　『대품』과 『소품』을 강의했는데 다음 장(章)에서 상세히 밝히겠다.

축법태　『방광경』을 강의하고, 극초와 본무(本無)의 이치를 논의했다.

축승부(竺僧敷)　『대품』과 『소품』에 능해서 강의도 했고 또한 의소(義疏)도 있다.

석도립(釋道立)　『방광경』에 능해서 강의한 적이 있다.

우법도(于法道)　『방광경』을 강의했다[8].

석혜원(釋慧遠)　역시 『반야경』 학자인데 앞으로 상세히 밝히겠다.

도의니(道儀尼)　『비구니전』에서는 혜원의 고모라 하는데 『법화경』을 독송하고 『유마경』, 『소품』을 강의했다.

극초　지도림의 즉색공의(卽色空義)를 주축으로 삼았다.

여강하묵(廬江何默)　우법개의 뜻[義]을 주축으로 삼았다.

은호(殷浩)　『소품』을 읽고서 2백 가지 첨(籤)을 달았는데 모두 정밀하고 미묘했다. 은둔한 채 세상에 쓰이지 않은 인물인데, 지도림과 변론하고자 했으나 끝내 이루어지지 못했다[9].

북쪽에서 온 도인　『세설신어』에 실린 북쪽에서 온 도인은 재기(才氣)가 뛰어나서 지도림과 와궁사(瓦宮寺)에서 만나 『소품』을 강의했다.

법위(法威)　지도림이 『소품』을 강의하자 법위는 자신의 스승 우법개의 명을 받들어 몇 번이나 난점(難點)을 공격했다[10].

구마라집이 장안에 들어와서『대품』(『방광경』의 이역(異譯))과『소품』
(『도행경』의 이역)을 번역하게 되자 성공(性空)의 전적(典籍)이 무성하게
퍼지면서『반야경』의 뜻이 더욱 퍼져나갔다. 동시에 사론(四論)이 처음
나오자 그에 대한 연구가 계속 일어나서 마침내『반야경』종지의 중요한
전적이 되었다. 이때부터 담론하는 사람은 모두 갖가지 논(論)으로 자신의
주장을 증명하니, 법성종(法性宗)의 이치[義]가 욱일승천하듯 번창하였다.

2) 축법호(竺法護)

축담마라찰[11]은 한역하면 축법호이다. 그의 선조는 월지(月支) 사람이
고 본래의 성(姓)은 지(支)씨이기 때문에 지법호라 칭하기도 한다[12]. 세속
에서는 돈황군(燉煌郡)에서 살다가 여덟 살 때 출가해 외국의 사문 축고좌
(竺高座)를 스승으로 섬겼기 때문에 성이 축씨가 되었다(『개원록』). 경전을
매일 만언(萬言)씩 외웠는데 눈만 스쳐도 능히 기억할 수 있었다. 천성이
순수하고 덕이 있으며, 품행이 부지런해서 각고의 노력을 했으며, 돈독한
의지로 학문을 좋아해서 만 리 길이라도 스승을 찾아갔으니, 그 결과로
육경(六經)을 널리 열람하고 백가(百家)의 말을 섭렵했다. 비록 세상이
비방하거나 칭찬하더라도 보이거나 들리는 여론에는 전혀 개입하지 않았다.
당시는 진나라 무제(武帝) 때라서 절과 사당과 도상(圖像)을 낙양에서
숭배하긴 했지만,『방등경』과 같은 심오한 경전들은 서역에 있었다. 이
점을 축법호는 탄식하면서 분연히 대도(大道)를 널리 알리겠다는 뜻을
세우고 마침내 스승을 따라 서역으로 가서 여러 나라를 편력하였다. 그
결과 외국의 각 나라 말도 36가지나 했으며 글도 마찬가지였다. 축법호는
학문을 두루 섭렵하면서 옛날의 가르침을 꿰뚫어 종합했으며, 음의(音義)
나 글자체에 대해서도 통달하지 않음이 없었다. 마침내 호본을 많이 갖고서

중하(中夏)로 돌아왔다. 돈황으로부터 장안에 이르기까지 길을 가면서
전역(傳譯)을 했는데[13:], 『안록』에 목록 150부가 실려 있다. 『우록』에서는
온갖 목록을 수집하고 다시 사부(四部)를 얻어서 그것이 존재하는지 실전되
었는지를 고증했는데, 존재하는 것으로 계산된 것이 90부이고[14:] 실전된
것이 64부라서 도합 154부가 되어야 한다. 『장방록』에서는 210부를 열거하
고 있고 『개원록』에서는 175부 354권을 정리해 제정했는데, 연대가 아주
오래되어서 옛 전적(典籍)에 빠진 부분을 상세히 정할 수가 없었다. 지금은
단지 『우록』에 실린 경서(經序)에 입각해 축법호가 경전을 번역한 시기와
장소를 다음과 같이 열거하는데, 그 역출과 가장 관계있는 것도 대략
갖춰져 있다.

진나라 무제 태시(太始) 2년(서기 266년) 11월 8일, 축법호는 장안의
청문(靑門) 안에 있는 백마사에서 구두(口頭)로 『수진천자경(須眞天子經)』
을 역출하였다. 말을 전한 자는 안문혜(安文惠), 백원신(帛元信)이고, 손으
로 받아 적은 사람은 섭승원(聶承遠), 장현박(張玄泊), 손휴달(孫休達)인데,
12월 30일 미시(未時)에 끝났다[15:]. 이 해는 바로 진나라 황제가 황위(皇位)
를 찬탈한 다음 해이고, 촉(蜀)나라가 멸망한 후 3년이 된 해이고, 오나라가
멸망하기 14년 전이다.

생각건대 승우는 '축법호가 태시(太始)에서부터 회제(懷帝) 영가 2년에
이르기까지 경전을 번역했다……'라고 말했고, 또 '진무제 말엽 깊은 산에
은거했다가 나중에 장안의 청문(靑門) 밖에다 절을 세웠다……'라고 했으
니, 이 해에 축법호는 청문 안의 백마사에 있었는데 어떻게 혜제와 회제
시기에 다시 별개로 청문 밖에다 절을 세울 수 있겠는가?

진무제 태강(太康) 5년(서기 248년), 계빈국의 문사(文士) 축후정약(竺候

征若)이『수행도지경(修行道地經)』을 갖고 돈황에 이르렀다. 월지 사람
축법호는 천축의 말을 연구했고 또 진나라 말도 유창했다. 그래서 둘이
만나 함께『수행도지경』을 알기 쉽게 설명했고, 그 경전을 받아 적은
사람은 보살(즉 축법호)의 제자 법승(法乘), 월지 사람 법보(法寶), 현자(賢
者)인 이응(李應), 영승(榮承), 색오자(索烏子), 섬지(剡遲), 시통무(時通
武), 지진(支晉), 지진보(支晉寶) 등 30여 명으로 모두 함께 애써서 도왔다.
태강 5년 2월 23일에야 비로소 마쳤으며, 정서(正書)로 필사한 사람은
영휴업(榮携業), 후무영(候無英)이다16:.

10월 14일 축법호는 돈황에서 구자국의 부사(副使) 미자후(美子候)17:로
부터 산스크리트 경전『부전퇴법륜경(不轉退法輪經)』을 얻어서 진나라
말로 시행하여 사문 법승18:에게 전수했다. 이 해에 축법호는 이미 산스크리
트 경전을 진나라 말로 직접 번역할 수 있어서 말을 전하는(傳言) 사람이
따로 있을 필요가 없었다.

진무제 태강 7년(서기 286년) 3월 10일 장안에서『지심경(持心經)』산스
크리트 본을 설하고 역출해서 섭승원(聶承遠)에게 전수했다19:.

8월 10일 축법호는 손수 호본(胡本)의 경전을 잡고서『정법화경(正法華
經)』27품을 말로 선포하고 역출해서 우바새 섭승원, 장사명(張仕明), 장중
정(張仲政)에게 전수하며 함께 받아 적었다. 축덕성(竺德成), 축문성(竺文
盛)20:, 엄위백(嚴威伯), 속문승(續文承), 조숙초(趙叔初), 장문룡(張文龍),
진장현(陳長玄) 등은 함께 권하고 도우면서 기뻐하였다. 9월 2일에 마쳤다.
천축의 사문 축력(竺力), 구자국의 거사(居士) 백원신(帛元信)이 함께 참여
하여 교정했다. 원년21: 2월 6일에 거듭 번역했고, 또 원강 원년에 장안의
손백호(孫伯虎)가 소해(素解)를 필사했다22:.

이 해에 우전국의 사문 지다라(祇多羅)가『반야경』호본을 갖고 왔다.

축법호가 11월 25일 이 경전을 역출하고 섭승원이 받아 적었으며[23], 백원신과 사문 법도(法度)도 함께 하면서 장안에서 번역했는데 이것이 『광찬반야경』이다. 그러나 역출한 후에 크게 유행하지는 못했다[24]. 『우록』에서는 "진나라 때 지다밀(祇多蜜)이 『보문품경(普門品經)』 1부를 역출했다"고 했으며, 『장방록』과 『개원록』에서는 "축법호의 번역으로 『보살십주경(菩薩十住經)』, 『대지도경(大智度經)』 4권 등 20여 부를 번역했다"고 하였다. 그러나 지다라와 지다밀은 모두 Gitamitra의 음역(音譯)이고, 『보문품경』 등도 또 축법호의 목록에 많이 보이니, 그렇다면 여러 경전에서 아마 지다라가 번역을 도왔을 것이고, 『대지도경』은 아마 『광찬반야경』의 잔권(殘卷)일 것이다.

진무제 태강 10년(서기 289년) 4월 8일, 축법호는 낙양의 백마사에서 『문수사리정률경(文殊師利淨律經)』을 역출하고 섭도진(聶道眞)이 받아 적었으며, 유원모(劉元謀), 부공신(傅公信), 후언장(候彦長) 등은 권하고 도왔다. 12월 2일에 다시 백마사에서 『마역경(魔逆經)』을 역출하고 섭승원의 아들인 섭도진이 받아 적었으며 절원현(折元顯)이 필사하였다[25].

진무제 영희(永熙) 원년(서기 290년) 8월 28일, 비구 강나율(康那律)은 낙양에서 『정법화경』을 필사해 마쳤다. 당시 청계계절(淸戒界節) 우바새 장계박(張季博), 동경현(董景玄), 유장무(劉長武), 장문(長文) 등이 손수 경전의 판본을 잡고 백마사에 가서 축법호와 구두(口頭)로 옛날의 훈(訓)을 교정하고 강의로 깊은 뜻을 역출했다. 9월의 본재(本齋)[26] 14일 동우사(東牛寺)의 시단대회(施檀大會)에서 이 경전을 강의하고 독송하였고, 마지막 날 밤새도록 모두 다 기뻐하면서 거듭 교정했는데[27], 이는 진나라 초기에 『법화경』이 이미 중시되고 있음을 보여준다.

진나라 혜제(惠帝) 원강 원년(서기 291년) 4월 9일, 축법호가 손수 호본을

잡고서 구두(口頭)로 『용복정경(勇伏定經)』을 역출했고 섭승원이 받아
적었는데[28:], 이 경전이 바로 『수능엄경』이다. 축법호는 예전에 이 경전을
역출한 적이 있는데 첫머리에서 아난의 말을 일컬었고[29:], 이 해에 다시
역출했기 때문에 도안이 '다시 『능엄경』을 역출했다'고 말한 것이다[30:].
생각건대 도안은 예전의 번역이 좋지 않았기 때문에 경전을 역출한 것이므
로 다시 번역한 경전도 이 경전만이 아닐지도 모른다. 가령 『유마힐경』을
번역한 적이 있지만, 나중에 그 번역이 번쇄하기 때문에 『산유마힐경(刪維
摩詰經)』을 역출했다[31:].

7월 7일 축법호는 호본인 여래의 『대애경(大哀經)』을 역출하여 섭승원과
섭도진에게 전수해 8월 23일에 마쳤으며, 축법호가 직접 스스로 대조해
교정했다[32:]. 축법호는 중국의 문장도 이미 잘 숙달하고 있었던 것이다.

진혜제 원강 4년(서기 294년) 12월 25일, 축법호[33:]가 주천(酒泉)에서
『성법인경(聖法印經)』을 역출하고 제자 축법수(竺法首)가 받아 적었다.

진혜제 원강 7년(서기 297년) 11월 21일, 장안의 서사(西寺)에서 『점비일
체지덕경(漸備一切知德經)』[34:]을 역출했고, 진혜제 영강(永康) 원년(서기
300년) 7월 21일 축법호는 계빈국의 사문으로부터 『현겁경(賢劫經)』을
얻어 손수 말로 전하였으며, 당시 축법수가 낙양에서 부탁해 와서 조문룡(趙
文龍)이 받아 적었다[35:].

진나라 회제(懷帝) 영가 2년(서기 308년), 태세(太歲)[4)]로는 무진년(戊辰
年) 5월 본재(本齋)[36:] 때 축법호는 천수사에서 손수 『보요경』 호본을
잡고서 진나라 말로 구두 번역을 하였으며, 사문 강수(康殊), 백법거(帛法
巨)[37:]가 받아 적었다[38:].

---

4) 그 해의 간지(干支).

『우록』과 『승전』에서는 "축법호는 진혜제 때 서쪽으로 도주했다. 관중(關中)이 환란에 빠지자 문도(門徒)들과 함께 그 지역을 피해 동쪽으로 내려가 민지(澠池)에 이르렀다가 병에 걸려 죽었다"고 했다. 진혜제 때 서쪽으로 도주했다면 영안(永安) 원년이다(기원 304년). 그 후 4년이 지난 회제 영가 2년에 축법호는 천수사에 있으면서 경전을 번역했으니 혜제 때 죽은 것은 아니다. 그리고 낙양은 원강 이후에 재난과 혼란이 잇달았고[39], 원강 7년 축법호는 장안에 있었고 영강 원년에는 낙양에 있지 않았으니, 이후 낙양에 대란(大亂)이 일어났어도 동쪽으로 도주할 리가 없다. 또 장안에 대란이 일어나 백성이 대부분 양주(涼州)로 피난을 갔지만, 축법호는 돈황에 거주하고 있었으므로 응당 서쪽으로 숨어야지 동쪽으로 가지는 않아야 한다. 도안의 『합방광광찬수략해서』에서는 『광찬반야경』을 "양주 땅에 숨겨두었다"고 했으니, 그렇다면 양주는 축법호가 만년에 있던 곳이라서 번역된 경전들도 그곳에 갈무리된 것이 많을 것이다.

서진 시대 때 경전을 번역한 사람들은 많이 있지만[40], 그러나 축법호는 실제로 후세의 추앙을 받은 사람이다. 도안은 『점비경서』에서 이렇게 말한다.

호공(護公; 축법호)은 보살이다. 그가 남긴 업적과 자취를 찾아보면 사람들은 더욱더 그를 추앙하게 된다. 여러 『방등경』들의 무생(無生)과 갖가지 삼매경(三昧經)들의 종류는 이 호공(護公)이 역출한 것이 많으니, 진정으로 중생의 남모르는 의지처이다.

축법호는 『법화경』을 다시 대조해 교정했으며, 『유마경』을 다시 출간하면서 문장을 산정(刪定)했고, 『수능엄삼매경』을 두 번에 걸쳐 번역했다.

『광찬반야경』은 바로『대품반야경』,『점비일체지덕경』, 그리고『화엄경』
의『십지품(十地品)』인데, 모두 중국 불교의 주요 전적(典籍)으로 진나라
때 유행한 것이다.

축법호가『법화경』을 역출할 때 강나율(康那律)과 장계박(張季博) 등은
이미 상세히 연구하고 있었다. 동진의 혜관(慧觀)은 스스로 '젊어서 일승(一
乘)으로 돌아가는[歸一] 말을 익혔다'41:고 하였으며, 승예는 '이 경전을
백발이 되도록 연구했어도 아직 그 문(門)을 엿보지 못했다42:』고 했으며,
지민도는 '『유마경』은 앞선 철인(哲人)의 격언(格言)이자 도를 넓히는
커다란 지표이다'43:라고 했으며, 지둔은『수능엄경』을 강의한 적이 있고
어떤 사람은 주석을 붙였으며44:, 지민도 역시『합본(合本)』이 있다45:.
그리고『광찬반야경』,『점비일체지덕경』은 도안이 적극적으로 힘써서
천양하였다. 축법호는 불교가 중국에 들어온 이래로 가장 많은 경전을
번역했다. 또 그의 학문은『방등경』의 현묘한 이치를 크게 드러낸지라
세상 사람은 그를 존경했고 그 지위도 불교 현학의 으뜸인 위치에 있었다.

축법호는 중국의 언어와 문자를 익혔고, 지민도는 그를 "기미(幾微)5)를
연구하고 현묘함을 극(極)했다"(『합유마기(合維摩記)』)고 하였다. 그는 또
조수 섭승원과 섭도진 부자, 축법수(竺法首), 간사륜(諫士倫), 손백호(孫伯
虎), 우세아(虞世雅) 등 후인들의 칭송을 받았다46:. 아마도 모두 중국의
학사(學士)로서 불교의 명사(名師)와 접근한 사람들일 것이다.『우록』에서
"축법호는 장안에서 사방을 덕으로 교화하여 명성이 멀리까지 퍼졌다.
승려의 문도가 천 명을 헤아렸는데 모두 와서 그를 우러러 받들었다"고
했으니, 당시 변란(變亂)을 늘 만났는데도 불구하고 축법호를 찾아와 추종

5) 사물이 일어나는 조짐, 낌새.

하는 자가 많았다는 걸 알 수 있다. 『우록』에서는 아울러 이렇게 말하고 있다.

당시 장안에 사는 어느 세가(世家)의 귀족이 불법을 받들고자 해서 축법호의 도덕을 시험했다. 그 귀족은 축법호를 찾아가 20만전(錢)을 급히 빌려달라고 거짓으로 고했다. 축법호가 미처 대답하기도 전에 13살 된 법승이 스승 곁에 모시고 있다가 즉시 손님에게 말했다.

"화상의 뜻은 이미 허락했습니다."

손님이 나가자 법승이 말했다.

"이 사람의 신색(神色)을 살펴보니 실제로 돈을 빌리러 온 것이 아니라 화상의 도덕을 살피러 온 것으로 보이는데 어떻습니까?"

축법호가 대답했다.

"나 역시 그렇게 생각한다."

다음 날 이 손님은 친족 백여 명을 이끌고 와서 축법호를 뵙고는 오계(五戒)를 받겠다고 청하면서 돈을 빌리러 온 뜻을 사과했다.

축법호는 태강 5년에 경전을 번역하고 법승은 받아 적었다. 『우록』에 실린 사적은 아마 이 이전에 있었을 것이다. 진나라 때 청담가들은 늘 돈이나 재물을 천시했다. 그들은 대체로 마음을 고요하고 담박한데 두고서 이익이나 봉록(俸祿)에 연연하지 않았다. 『진서(晉書), 유개전(庾凱傳)』에서는 이렇게 말하고 있다.

당시 유여(劉輿)가 월(越)(동해왕(東海王))에게 신임을 받아 임용되었다. 많은 인사들이 이리저리 얽혀 있었지만, 오직 유개만은 마음을 사물 밖에 놓아버려서 비집고 들어갈 틈이 없었다[47]. 나중에 유개의 성품은 검약(儉約)하나 집안은 부자였기 때문에 월을 설득해 그에게 천만(千萬)의 돈을 빌리도록 했다. 유개가 인색하게 굴면 그걸 핑계로 업신여기려고 했기 때문이다. 그래서 월은 대중들이 있는 자리에서 유개에게 돈을 빌려줄 수 있는지 물었다. 유개는 몸을 가누지 못할 정도로 이미 취해서 머리를 싸맨 헝겊이 궤짝 위에 떨어지자 머리를 위로 쳐들면서 서서히 대답했다.

"저의 집에 2천만의 돈이 있으니, 공(公)의 뜻대로 취하십시오."

유여는 그의 말에 감복했다.

『고승전』에서는 축법승이 어려서부터 정신의 깨우침이 탁월했고 지혜가 남들을 능가했다고 칭송하고 있으며, 또 나중에 돈황에 절을 세워 경학에 매진하고, 이리나 늑대의 마음도 바꾸게 하고, 오랑캐[戎狄]도 예의를 알게 해서 서역에 교화를 크게 행한 것은 법승의 힘이라고 했다[48]. 손작의 『도현론』에서는 불가(佛家)의 일곱 도인을 죽림칠현(竹林七賢)에 비교했는데 법승을 왕준충(王濬沖)에 비하고 있다. 『도현론』에서는 "법승은 안온하고 풍요로운 사람으로 젊어서부터 기미를 깨닫는 지혜가 있었다. 비록 도인과 속인이 종사하는 일은 다를지라도 각자 영역의 경계는 서로 준거할 수 있었다"고 하였다. 고사(高士) 계옹(季顒)도 그에 대한 찬(贊)을 전하였으며, 유송(劉宋) 때 종소문(宗少文)과 하승천(何承天)의 글에서도 그의 신령한 기풍과 절조(節操)를 칭송했다(『홍명집』). 나는 지금 법승의 학문과 행실을 다 알지는 못한다. 그러나 『우록』에 기록된 한 가지 일을 살펴보면, 즉 재물을 경시하는 것이 본래 부처의 가르침이라 해도 그가 돈을 포기하면서 털끝만큼도 인색하지 않았다면[49] 역시 유개와 더불어 유사한 점이 있다.

축법호가 번역한 경전에는 『방등경』과 같은 심오한 경전이 많았는데, 구마라집 이전의 승려들이 연구한 대승의 중요 전적은 대체로 그의 손에서 역출된 것이다. 그 제자의 신령한 기풍과 절조도 세상의 칭송을 받았기 때문에 손작의 『도현론』에서는 산도(山濤)에 필적한다고 했다. 『도현론』에서는 또 "호공(護公; 축법호)의 덕은 사물의 종지에 머물렀으며, 거원(巨源; 산도)의 지위는 도를 논하는데 올랐으니, 두 사람의 기풍과 도덕은 고원(高遠)해서 충분히 동일한 종류의 사람들이라 할 수 있다"고 하였다. 그리고 지도림도 상찬(像贊)⁶⁾의 글에서 축법호를 "호공은 맑고 고요하며 도덕도 깊고 아름다웠다. 깊은 골짜기에서 미묘하게 읊조리면 말라붙은 샘에서 물이 흘렀다. 원대하도다, 호공이여! 하늘이 준 탁월함과 큰 아름다움으로 유사(流沙)에 발을 씻으면서 현묘한 이치를 다 뽑아냈다"⁵⁰⁾고 했다. 말라붙은 샘에서 물이 흘렀다는 사적은 『승전』에 상세히 나오니, 이는 축법호가 장안에서 우법란과 함께 산속에 은거한 사적이다.

3) 우법란(于法蘭)과 우도수(于道邃)

우법란은 고양(高陽) 사람이다. 젊어서부터 행동거지가 기이했으며 15살 때 출가하여 부지런한 정진을 업(業)으로 삼았다. 밤낮으로 경전에 대한 연구를 하면서 법을 구하고 도를 물었는데 반드시 남들보다 앞섰다. 나이 스무 살이 되자 기풍과 신색이 빼어났다. 도(道)가 삼하(三河)⁷⁾에 떨쳤으며 명성이 사방의 먼 곳까지 퍼졌다. 성품이 산과 샘터를 좋아해서 바위 골짜기에 많이 거처했으며 늘 장안의 산사(山寺)에서 살면서⁵¹⁾ 축법호와 함께 똑같이 은거하였다⁵²⁾. 나중에 강동(江東)의 산수(山水)에서 섬현(剡縣)이 가장 기이하다는 걸 듣자 천천히 동구(東甌)로 걸어가 멀리

---

6) 상(像)을 세워서 찬탄하는 글.
7) 한(漢) 나라 때 하내(河內), 하동(河東), 하남(河南)의 세 군(郡)을 삼하라 한다. 즉 오늘날 하남성(河南省) 낙양시(洛陽市) 황하 남북 일대를 말한다.

우승(嵎嵊)을 바라보면서 석성산(石城山) 기슭에 거처했다.

당시 사람들은 그의 기풍과 능력을 유원규(庾元規)에 견주었고, 손작의 『도현론』에서는 완적에 견주었다. 『도현론』에서는 "우법란은 세상을 피해 은둔해서 묘한 자취를 고결히 지킨지라 지인(至人)의 경지에 도달했으며, 완적은 고오(高傲)해서 무리를 짓지 않았으니 역시 우법란과 같은 부류라 하겠다"고 했다. 섬현에 거처하던 젊은 시절에 길게 탄식하면서 "대법(大法; 불법)이 흥기했지만 경전의 내용에 빠진 부분이 많다. 만약 원만한 가르침[圓敎]을 한 번이라도 듣는다면 저녁에 죽어도 여한이 없다"고 말하고는 바로 멀리 서역으로 가서 새로운 가르침을 구하고자 했다. 그러나 교주에 이르렀을 때 병에 걸려 상림(象林)에서 죽음을 맞이했다. 사문 지둔은 그를 추모해 상(像)을 세워서 찬(讚)하기를 "우법란은 세간을 초월해 현묘한 종지를 종합적으로 체득했으며, 산택(山澤)에 기꺼이 은거해서 인자함으로 호랑이를 감화시켰다"고 하였다[53].

우도수는 돈황 사람이다. 나이 열여섯 살에 출가했으며 우법란을 섬기면서 제자가 되었다. 축법호는 늘 우도수를 고아(高雅)하면서도 소박하다고 칭찬하였다. 후에 우법란과 함께 강을 건넜다. 사경서(謝慶緒)는 그를 크게 추앙하며 중시했다. 성품이 산과 물을 좋아해 동쪽에 있으면서 명산을 많이 유람했다. 사람됨이 명예나 비방을 달가워하지 않아서 속세의 흔적에 물들지 않았다. 나중에 우법란을 따라 서역으로 갔는데, 교지에서 질병에 걸려 죽음을 맞이하니 31살 때의 일이다.

극초는 그의 형상을 그림으로 그렸고, 지둔은 명찬(銘讚)을 짓기를 "빼어난 상인(上人)은 식(識)이 통하고 이(理)가 맑으니, 밝은 자질은 아름다운 옥과 같고 덕 있는 말씀은 난초의 향과 같다"고 했다. 손작은 우도수를 완함(阮咸)[8]에 견주었는데, 어떤 사람이 "완함에겐 누기(累騎)[9]의 나무람

이 있지만 우도수에겐 맑고 서늘한 영예가 있는데 어찌 견줄 수 있겠는가?'
라고 묻자, 손작은 "비록 사적에는 높고 낮음이 있어도 고아한 기풍은
동일하다"고 하였다. 『유도론(喩道論)』에서는 "낙양 근처에는 축법행이
있어서 악령(樂令)과 담론을 하였고, 강남에는 우도수가 있어서 식자(識者)
가 뛰어난 부류로 대했으니, 모두 당시에 함께 보고 들은 것이지 동지(同志)
라고 사사롭게 기린 것이 아니다"[54]라고 했다.

진나라 사람은 우법란을 유원규에 견주었고, 지공(支公)은 그가 현묘한
종지를 종합적으로 체득했음을 칭송했다. 우도수는 내전(內典)과 외전(外
典)을 두루 열람했고 의술과 약학(藥學)에 뛰어났으며[55], 다른 풍속도
환하게 이해했고 담론(談論)에는 더욱 능숙했다. 두 승려는 진실로 청담의
기풍과 품격을 갖추었기 때문에 이 스승과 제자는 숙부와 조카인 완적과
완함에 필적하고 있다. 진나라 왕조 이래로 국법이 엄격해서 문인과 학사들
은 늘 기휘(忌諱)를 범하다가 살신(殺身)의 화(禍)를 당했고, 게다가 그런
사람들이 천하에 많았기 때문에 명사로서 온전한 자가 적었다. 그래서
사대부는 자취를 숨겨서 삶을 온전히 보전했고 기미를 살펴 해(害)를
멀리 했으며, 혹은 절조(節操)를 지켜 은둔을 하고 고귀한 정서로 세상을
피했으니, 이를 가둔(嘉遯; 아름다운 은둔)이라 한다. 스승과 제자인 우법란
과 우도수는 성품이 산천을 좋아해서 바위가 있는 골짜기에 많이 거처했다.
양나라 보창(寶唱)[10]의 『명승전』에서는 『은도편(隱道篇)』[56]에 함께 열거

---

8) 서진(西晋) 때 사람으로 죽림칠현 중의 한 사람이다. 자(字)는 중용(仲容). 완적
   (阮籍)의 조카라서 완전은 큰 완(阮), 완함은 작은 완(阮)이라 불렀다.
9) 속세의 비웃음을 마다하고 친구를 쫓아가서 두 사람이 말을 함께 타고 돌아온
   이야기를 말함.
10) 남조(南朝) 양(梁)나라 때의 승려. 속성(俗姓)은 잠(岑)씨로 오군(吳郡) 사람이

되어 있으니, 그렇다면 명류(名流)로 존경받아 인정받은 것도 마땅하다. 혹은 미친 척 방탕한 생활을 하면서 마음을 사물 밖에 두는 것을 임달(任達)이라 하는데, 축숙란과 지효룡이 행한 사적도 이와 비슷한 종류라 하겠다.

4) 축숙란과 지효룡

축법호가 『광찬반야경』을 역출한 9년 뒤에 무차라가 창원에서 축숙란과 함께 『방광경』을 역출했다. 『경기(經記)』에 의하면, "태안(太安) 2년 11월, 축법적(竺法寂)이 창원에 이르러 현품(現品) 5부와 호본(胡本)을 취해서 축숙란과 함께 고증하고 교정해서 영안(永安) 원년 4월에 필사를 마쳤다(기원 402년). 그러나 『승전』에서는 태안 2년 지효룡이 축숙란과 일시에 『방광경』 5부를 필사하여 교정해서 정본(定本)을 만들었다고 말한다. 당시는 품(品)과 항목이 있지 않은 구본(舊本) 14필의 비단인데 지금은 20권으로 필사했다고 말했으니, 이것과 『경기(經記)』가 말한 것이 상당히 비슷해서 『승전』에서는 축법적을 지효룡으로 오인한 것이 아닌가 하는 의심이 든다. 축숙란과 지효룡은 똑같이 호인(胡人)이며[57] 모두 당시의 청담 풍조에 물들어 명사(名士)와 교유(交遊)한 것으로 보인다. 축숙란의 성품은 술을 좋아해서 대여섯 말[斗](승(升)이라 한 곳도 있다)을 마셔야 호탕하게 취했다. 하루는 취해서 길가에 누워 있다가 하남의 감옥에 구금되었다. 당시 하남윤(河南尹)은 악광(樂廣)으로 청담의 리더였다. 그는 이미 술에 취해서 축숙란에게 말했다.

"그대는 외국의 나그네로다. 어찌하여 사람들의 음주(飮酒)를 따라 배우

다. 승우(僧祐)를 스승으로 섬겼으며, 장엄사(莊嚴寺)에서 『명승전』 30권을 편찬했다. 승민(僧旻) 등과 함께 경율이상(經律異相)도 편찬했다.

는가?"

축숙란이 대답했다.

"두강(杜康)이 주조한 술은 천하가 함께 마시는 법인데, 어찌하여 외국의 나그네와 토박이를 묻는 겁니까?"

악광이 다시 말했다.

"술을 마신 건 그럴 수 있지만, 어찌하여 광란(狂亂)을 했는가?"

"(우리 같은) 백성은 미쳐도 난리를 피우지는 않으니, 마치 부군(府君; 악광)께서 취해도 미치지 않는 것과 같습니다."

악광이 크게 웃었다[58:].

지효룡은 젊어서부터 그 풍모가 중후해 보인데다 신형(神形)도 탁월해서 고상한 담론이 시의(時宜)에 맞았다. 항상 『소품』을 펼쳐 음미하면서 마음의 요체로 삼았다. 축숙란이 역출한 『방광경』을 지효룡은 열흘 동안 열람하고서 즉시 강의를 시작했다(『승전』). 『혜교전(慧皎傳)』에서 말한다;

> 진류(陳留)의 완첨(阮瞻)과 영천의 유개(원래는 凱는 지음(知音)의 교분을 맺은 사이로 세상 사람은 팔달(八達)이라 불렀다. 당시 어떤 사람이 비웃으면서 말했다.
> "대진(大晉)의 용(龍: 지효룡을 말함)이 일어나 천하를 집으로 삼고 있다. 사문이 어찌하여 머리카락과 피부를 온전히 해서 가사(袈裟)를 입지 않고, 또 호복(胡服)을 벗고서 비단 옷을 입지 않는가?"
> 지효룡이 대답했다.
> "하나를 껴안고서[抱一] 소요하고 오직 고요함으로써만 정성[誠]을 다한다. 머리카락을 자르는 건 용모를 훼손하고 복식(服飾)을 고치는 건 형태를 바꿀 뿐이다. 그대들은 날 수치로 여기지만 나는 그대들의 영화를 버린다. 그래서 고귀함에 무심함으로써 더욱 고귀해지고, 만족함에 무심함으로써

더욱 만족해진다."

　지효룡의 기미를 살핀 변설(辯說)은 시의 적절했으니 모두가 이런 종류였다.

　도정절(陶靖節)[11]의 『군보록(群輔錄)』에 실린 동창(董昶), 왕징(王澄), 완첨(阮瞻), 유개(庾凱), 사곤(謝鯤), 호모보지(胡母輔之), 사문 우법룡(于法龍)[59], 광일(光逸)을 팔달이라 한다. 『진서(晉書)』에서 호모보지는 사곤, 완방(阮放), 필탁(畢卓), 양만(羊曼), 환이(桓彝), 완부(阮孚)와 함께 머리카락을 풀어 헤치고 나체인 상태로 집 안의 문을 닫은 채 며칠씩이나 술을 마셨다. 광일은 문을 열고 들어가려고 했으나 문지기가 들어주지 않았다. 그러자 광일은 문밖에서 길바닥에다 옷을 벗어놓고 개구멍으로 엿보면서 크게 소리를 질렀고, 마침내 안으로 들어가 밤낮을 가리지 않고 함께 마셔댔다. 당시 사람들은 이들을 팔달이라고 불렀다.

　왕징은 미천(微賤)한 처지에 있는 곽순(郭順)을 발탁했다. 호모보지는 하남의 문을 지키는 졸개 왕자박(王子博)을 천거했고, 군사(軍士)인 왕니(王尼)와 함께 마구간에서 마셨으며, 광일을 빈천한 집안에서 발탁했다[60]. 그렇다면 사문과 좋은 벗이 된 것도 이상한 일은 아니다. 등찬(鄧粲)의 『진기(晉紀)』에서는 "왕징은 방탕하여 예절에 구애받지 않았으니, 당시 그를 달자(達者)라고 불렀다"고 했다[61]. 그러나 임달(任達)한 사람들은 심신(心神)이 담박하고 지취(旨趣)가 심원(深遠)해서 홀로 자족(自足)하는 것을 중시했다. 지효룡이 "하나를 껴안고서[抱一] 소요하고 오직 고요함으로써만 정성[誠]을 다한다"고 한 것이 이에 해당한다. 왕평자(王平子; 왕징)

---

11) 도잠(陶潛)을 말한다. 호는 오류선생(五柳先生)이고 연명(淵明)은 자이다. 동진
　　(東晉) 말기부터 남조(南朝)의 유송(劉宋) 초기에 살았다.

는 모습은 매우 표일(飄逸)하고 활달했지만 실제로는 강경하고 협소했으
니[62], 그렇다면 마음이 조급한 사람이므로 진정한 달자(達者)라고는 할
수 없다.『승전』에서는 진나라의 손작이 지은『지법룡찬(支法龍贊)』에서
이렇게 말했다고 한다.

"작은 모양은 헤아리기 쉽지만 큰 그릇[大器]은 형상화하기 어렵다.
자유롭게 소요하는 지효룡은 지극히 고매하고 활달해서 사물은 다투어
귀의(歸依)하고 사람들은 본받고 추앙할 걸 생각하니, 마치 샘에 안개가
자욱이 낀 것 같고 난초의 향이 그윽이 풍기는 것 같다."

지효룡은 진나라 때 이미 명사로 지극하게 추앙을 받은 것이다.

5) 백법조(帛法祖)

축법란과 지효룡이 하남에서『반야경』을 전파할 때 축법호와 백법조도
함께 관내(關內; 함곡관 서쪽)에서 경전을 번역했고, 장안도 진나라 초기에
는 불교의 중심지였다. 백원(帛遠)의 자(字)는 법조(法祖)이고 본래의 성은
만(萬)씨로서 하내(河內) 사람이다. 아버지 위달(威達)은 깊은 학문으로
명성이 알려져 주(州)의 관부(官府)에서 명을 내려 불렀으나 모두 응하지
않았다. 백법조는 젊어서부터 도심(道心)을 일으켜 아버지에게 출가를
청했다. 그의 언사가 절실하고 지극해서 아버지는 그 의지를 빼앗을 수
없었다. 마침내 옷을 바꿔 입고 불도를 따랐다. 백법조는 재능과 사려가
투철하고 명민함이 절륜했다. 경전을 매일 8,9천언(千言)씩 외웠으며,『방
등경』을 연구하고 음미해서 유현하고 미묘함[幽微]에 묘하게 들어갔으며,
세속의 분색(墳索)[12]을 해박하게 꿰뚫고 있었다. 그리하여 장안에서 정사

---

12) 일반적으로 고대의 전적(典籍)을 가리킨다.

(精舍)를 지어 강습(講習)을 업으로 삼았는데 재가자와 출가자를 합쳐서 거의 천 명이나 모였다. 진나라 혜제 말엽에 태재(太宰)인 하간왕(河間王) 옹(顒)이 관중(關中)을 진압한 뒤 허심탄회하게 존경하면서 사우(師友)의 공경으로 대하였다. 매번 한가한 아침이나 고요한 밤에 도덕을 강의하고 담론했는데, 당시 서부(西府)가 처음 건립되면서 빼어난 인재들이 매우 많았지만 능히 청담을 할 수 있는 인사들은 다 백법조의 원대한 통달에 감복하였다.

백법조는 평소 제주(祭酒)인 왕부(王浮)[63]와 정사(正邪)를 다투었으며, 왕부는 누차 굴복을 당하자 화가 나서『노자화호경』을 지어 불법을 무고하고 비방하였다. 또 백법조는 항상『수능엄경』을 주석하고 아울러 호어(胡語)에 통달해서 경전을 번역하기도 했다. 백법조의 제자로는 법조(法祚)가 있는데 역시 출가하여 관중과 농서에 명성을 떨쳤다. 법조는『방광반야경』을 주석하고『현정론(顯正論)』을 저술했다[64]. 당시 불법과 도가는 이미 싸움을 벌이고 있었는데, 이『현정론』은 아마도 이를 대응하기 위해 나온 것으로 보인다.

영흥 원년(서기 304년) 장보(張輔)가 진주자사(秦州刺史)가 되자 백법조는 그를 수행했다. 장보는 백법조를 승복을 벗고 환속시켜 자신을 보좌하는 막료로 삼으려 했지만 백법조가 받아들이려 하지 않자 불편한 관계가 되었고, 아울러 관번(管蕃)이 백법조에 대한 참언(讒言)을 하자 결국 위해(危害)를 받아 살해되었으며, 백법조 역시 양주(梁州)자사 장광(張光)에게 죽임을 당했다[65]. 손작은『도현론』에서 백법조를 혜강과 견주면서 "백법조의 재앙은 관번이 일으킨 것이고, 중산(中散; 혜강)의 화(禍)는 종회(種會)로 인해 만들어졌다. 두 현자는 모두 준수하고 고매한 기운이 있었지만 자신을 보호하는 사려(思慮)에는 어두웠다. 마음을 사물 밖에 두고서 세상을 경시하다 우환을 초래했으니 결코 이상한 일이 아니다"고 하였다.

6) 현풍(玄風)이 남쪽으로 건너가다

정시(正始)의 풍조는 영가(永嘉)에 이르러서 더 치성해졌다. 명망 있는 준걸들이 집중적으로 낙양에 모여 허현(虛玄)하고 무위(無爲)인 이치를 논쟁하면서 경쟁적으로 청담(淸談)의 언어를 활달하게 펼침으로써 서로를 높이고 숭상했다. 낙양은 한나라 이래로 이미 불법의 교화를 받았다. 서역 사람도 일찍부터 낙양에 흘러들어와 살았으며, 진나라 때도 태학(太學)에 입문한 사람이 있었다[66]. 『낙양가람기(洛陽伽藍記)』에서는 진나라 때 불사(佛寺)가 42곳이 있었다고 했는데, 오늘날 고증할 수 있는 것은 서진 때에도 있었던 열 개 이다.

백마사(白馬寺)[67]:

동우사(東牛寺)[68]:

보살사(菩薩寺)[69]:

석탑사(石塔寺)[70]:

민회태자부도(愍懷太子浮圖)[71]:

만수사(滿水寺)[72]:

반지산사(磐鵄山寺)[73]:

대시사(大市寺)[74]:

궁성(宮城) 서쪽의 법시립사(法始立寺)[75]:

죽림사(竹林寺)[76]:

당시 축법호, 백법조, 축숙란, 지효룡과 같은 후세의 명사들은 모두 현리(玄理)의 기풍과 품격을 찬탄해서 축숙란과 악령(樂令)은 서로 수작을 응대하면서 주고받았고, 지효룡은 완첨[13]과 유개와 왕래했다. 청담과 불교는 점점 서로 접근했으니, 이는 동진 이전에 이미 시작된 것이다.

서진 시기에 불가(佛家)는 청담의 풍취를 더욱 현저하게 갖추게 되었다. 강승연은 본래 서역 사람으로 장안에서 태어났다. 용모는 비록 호인(胡人)이지만 실제로는 중국의 언어를 썼고, 행동거지가 착하고 올바르며 뜻한 바도 넓고 깊었다. 『방광반야경』과 『도행반야경』을 외웠고, 진나라 성제 때 강법창, 지민도와 함께 장강을 건넜다. 항상 맑고 고요함에 스스로 처해서 걸식으로 생활했지만 사람들은 알아채지 못했다. 후에 걸식하는 차례가 되어 나갔다가 진군(陳郡)의 은호(殷浩)를 만났는데, 은호는 처음으로 불경의 심원(深遠)한 이치를 물으면서 세속 서적에 있는 성정(性情)의 뜻으로 변론했다. 아침부터 밤까지 계속해도 은호는 강승연을 설복하지 못하자 자신의 관점을 바꾸었다[77].

강승연은 눈이 깊고 코가 높아서 승상 왕도(王導)는 매번 그를 비웃었다. 그러자 강승연은 "코는 얼굴의 산이고 눈은 얼굴의 연못이오. 산이 높지 않으면 신령하지 못하고, 연못이 깊지 않으면 맑지 못하오"라고 대답했는데, 당시 사람들은 명답이라고 여겼다[78]. 훗날 예장산(豫章山)에 절을 세웠는데 그 이름을 달성군(達成群)이라 하였다[79]. 유공(庾公) 등 여러 사람들이[80] 늘 그를 찾아가 뵈었는데[81], 강승연은 『지심범천경(持心梵天經)』으로 공리(空理; 공의 이치)의 유현함과 원대함을 두루 강설하다가

---

13) 진(晋)나라 때 인물로 '죽림칠현'의 하나인 완함(阮咸)의 아들이다. 회제(懷帝) 영가(永嘉) 말년에 30세의 나이로 죽었다. 귀신이 없다는 주장을 논리적으로 펼쳤다.

후에 산사(山寺)에서 임종을 맞았다(『승전』).

강법창은 재능 있고 사려 깊은 고아한 사람으로 청담의 문답을 잘 주고받았으며 『인물시의론(人物始義論)』[14] 등을 저술했다[82]. 그 논(論)에서 스스로 자신의 훌륭함을 서술하길 "강법창은 날카롭게 깨우쳐 신령함이 있었고 재능 있는 언사는 변설에 능통했다"고 하였다(『세설신어, 언어편주』). 신령한 깨우침과 변설에 능한 재능을 당시 청담가들은 귀중하게 여겼으며, 저술한 논서의 제목을 지을 때도 현자가 지었다고 했다. 강법창은 늘 진미(塵尾; 털이개)를 들고 다녔고 매번 명망 있는 손님을 만나면 하루 종일 청담을 하였다. 유원규(庾元規; 유량)는 강법창을 일러 "어찌하여 이 진미(塵尾)를 항상 가지고 있을 수 있는가?"라고 말하자, 강법창은 "청렴한 자는 진미를 달라고 하지 않고 탐욕스러운 자에겐 주지 않으므로 항상 가질 수 있는 것이오"라고 했다[83].

당시 장강을 건넌 외국의 명승(名僧)으로는 백시리밀다라(帛尸梨蜜多羅)가 있었다. 당시 사람들은 그를 고좌(高座)[15]라 불렀다. 진나라 영가 시기에 처음으로 중국에 도달했으나 난리를 만나는 바람에 장강을 건너 건초사에서 머물렀다[84]. 승상 왕도는 그를 한 번 보고는 기이하게 생각해서 자신의 문도(門徒)로 삼았고, 이로 말미암아 그의 명성이 드러났다. 태위(太尉) 유원규, 광록(光祿) 주백인(周伯仁), 태상(太常) 사유여(謝幼與), 정위(廷尉) 환무륜(桓茂倫)은 모두 일대 명사인데 그를 보자 종일토록 몇 번이나 찬탄하면서 흉금을 터놓고 계합하였다. 대장군 왕처중(王處仲)은 남하(南

---

14) 강법창은 동진 성제(成帝) 때의 승려이며 『인물시의론』은 청담의 인물을 논술한 작품으로 현재는 실전되었다.
15) 일반적으로 설법하는 사람이 앉는 한 단(壇) 높은 상석을 말하는데, 여기서는 '시리밀다라'의 번역으로도 쓰였다.

夏)에 있으면서 왕도나 주백인 같은 공(公)들이 모두 백시리밀다라를 중시하는 걸 보고는 잘못 본 것이 아닐까 하는 의심을 했다. 그러다 백시리밀다라를 보자 흔쾌한 마음으로 달려갔고 한 번의 만남으로 공경을 다하였다.

주백인이 살해를 당하자 백시리밀다라는 홀로 남은 자식을 살피러 갔다. 영전에 마주 앉아 호패삼계(胡唄三契)16)를 지었는데 그 범향(梵響)17)이 구름 너머로 울려퍼졌고85:, 그다음 주문 수천 언(數千言)을 외우는데 음성이 낭랑하고 유창하면서도 안색이 변하지 않았다. 얼마 있다가 눈물 콧물을 흘리다가 다시 거두는데도 정신이 그대로이니, 슬픔과 즐거움의 기복이 모두 이런 식이었다. 백시리밀다라의 성품은 고아하고 검소했으며 진나라 언어를 배우지 않았다86:. 여러 공(公)들이 그와 말할 때 백시리밀다라는 통역이 있더라도 정신적인 오성(悟性)이 뛰어나서 말하기 이전에 그 뜻을 단박에 이해했다. 그의 자연스럽고도 탁월한 깨우침에 탄복하지 않는 사람이 없었다.

백시리밀다라는 주술을 잘 지녀서 할 때마다 증험하였다. 처음에 강동에는 주법(呪法)이 있지 않아서 백시리밀다라는 『공작명왕경(孔雀明王經)』의 갖가지 신령한 주문을 역출했다. 진나라 함강(咸康) 시기에 임종을 맞았으며 춘추는 80여 세였다. 낭야왕 민(珉)이 백시리밀다라를 스승으로 섬겨 그를 위해 서문을 지었는데, 대략 다음과 같다.

"한나라 때 김일제(金日磾)18)가 있었다. 그러나 김일제의 현명함은 인효

---

16) 호패는 인도에서 유래한 범패(梵唄)로서 의식(儀式)에 쓰인다. '삼계'는 세 번 가타(伽陀)를 읊조리며 부르는 것이다.
17) 염불하고 경전을 독송하는 소리를 말한다.
18) 한나라의 제후로 흉노족 출신이다. 한무제의 신임을 받아 한나라 관료로 일하면서 김씨(金氏) 성을 하사 받았다.

(仁孝)와 충성(忠誠)을 다하고 덕과 신뢰성은 순수하고 지극하지만 명달(明達: 밝게 통달함)한 사람이라고 충분히 논할 만큼은 아니다. 반면에 고좌는 마음의 경지가 극치에 오르고 신령함으로 교류해서 기풍과 이해의 밝고 탁월함(風領朗越)이 남들을 훨씬 능가했다."[87:]

소위 풍령낭월(風領朗越)[88:]을 '인효와 충성'보다 훨씬 더 좋아하고 숭상함이 이와 같았으니, 당시 풍속의 변화와 추이를 대강 엿볼 수 있다[89:]. 위나라 때 왕필과 하안은 현리를 담론하면서 고원(高遠)함에 힘썼다. 왕필과 하안, 혜강과 완적은 태어난 해가 서로 비슷하지만, 그러나 왕필과 하안은 일찍 죽었다. 나중에 진나라 초기가 되자 숙야(혜강)와 사종(완적)은 죽림의 교유를 만들었다[90:].

왕융(王戎)은 완적보다 20년이나 어려서 죽림에서 술을 마시며 유유자적하는 일에도 막바지에 참여했다. 왕융은 원강 7년(서기 297년)에 사도(司徒)가 되었고, 이때 왕연(王衍)은 상서령(尙書令)이 되었고 악광은 하남윤이 되었는데, 모두 청담을 좋아하고 마음을 사물 밖에 두어서 당시 명성을 떨치니, 조정과 민간의 사람들이 앞다투어 추앙하며 본받으려 했다. 혜제 원강 원년[91:]에는 여러 명사들이 금곡(金谷)에 있는 석숭(石崇)의 별관(別館)에 모였고[92:], 그 후 왕희지는 난정(蘭亭)의 모임을 열었다. 『진서(晉書)』에서는 "아마 반악(潘岳)의 『금곡시서(金谷詩序)』는 그들의 문장을 비교했는데, 왕희지는 석숭과 견주는 걸 듣고서 매우 기뻐했다"[93:]고 했으니, 그렇다면 동진의 명사들은 정말로 석숭을 청담의 거목으로 인정한 것이다[94:]. 석숭은 부처를 매우 극진히 봉행했으니[95:], 그렇다면 청담이 극히 번성했을 때 조정의 준재(俊才)들은 불교의 교화를 이미 익숙히 알고 있었던 것으로 보인다.

혜제 말년(기원 306년)에 이르자, 동해왕(東海王) 월(越)은 태부(太傅)가

되어서 유개, 완첨, 호모보지, 곽상(郭象), 완수(阮修), 왕도(王導), 사곤(유여(幼輿)), 광일(光逸), 왕승(王承), 위개(衛玠)와 같은 명사들을 불러서 부하로 삼았다. 유량(庾亮)(원규(元規))은 징계를 받아 보조 관리가 되자 취임하지 않았고, 환이(桓彝)(무륜(茂倫))는 젊은 시절 유량과 깊이 교류해서 주의(周顗)(백인(伯仁))의 중시를 받았고, 주의도 역시 동해왕 월의 관부(官府)에 참군(參軍)이 된 적이 있다고 한다(『서초(書鈔)』69에서는 장영서(臧榮緖)[19]의『진서』를 인용했다). 유개 등은 허현(虛玄)을 많이 숭상해서 술에 취해 행동이 방자하였다. 영가 시기의 현학은 마침내 정시(正始) 시기와 나란히 견줄 수 있게 되었다. 세상이 혼란해지자 명사들은 잇달아 장강을 건넜고, 이로 인해 현풍이 남쪽으로 전파되었다. 왕도, 유량, 주의, 환이는 모두 고좌 도인과 함께 누차 찬탄하면서 흉금을 터놓고 계합하였다.

여러 공(公)들과 고좌는 모두 세상이 혼란해지자 앞뒤로 장강을 건넜으니, 그렇다면 그들은 중주(中州)에서 이미 사문과 좋은 벗이 된 것이다. 『고승전』에서 의거한 사료(史料)는 대부분 남방의 저술이기 때문에 남방으로 건너간 이후만 특별히 상세하며, 게다가 정사(正史)에는 또 승려의 사적이 빠져 있어서 낙양의 명사와 명승의 교류는 결국 고증할만한 것이 적다. 그러나 내가 보건대, 서진의 축숙란, 지효룡의 기풍과 동진의 강승연, 백고좌 등의 사적을 보면『노자』, 『장자』의 청담과 불교 현학의 결합은 훨씬 더 빨랐다고 생각한다. 왕필, 하안, 혜강, 완적의 시대엔 학사들이 아마도 짬짬이 불법에 대해 관심을 기울였을 것이며, 명사는 강동(江東)으

---

19) 남조(南朝) 제(齊)나라 사람으로 역사학자이다. 그가 지은『진서(晉書)』는 후대 당나라 때 방현령(房玄齡), 저수량(猪遂良) 등이 편찬한『진서(晉書)』의 중요한 표본이 되었다.

로 피난을 가서 역시 사문과 더불어 왕래를 하였다[96]: 이는 바로 중조(中朝)[20]의 구습(舊習)을 봉행했을 뿐이지 전적으로 남중(南中)[21]에서 새롭게 좋아하고 숭상한 것은 아니다. 『세설신어, 문학편』에서 이렇게 말한다.

구본(舊本)에서 말한다.

"왕승상(王導)은 강좌(江左)[22]를 건너서 다만 성무애락(聲無哀樂; 음성에 슬픔과 즐거움이 없다)[97]:, 양생(養生)[98]:, 언진의(言盡意; 말은 뜻을 다한다)[99]: 세 가지 이치[理]를 말했을 뿐이지만, 그러나 속속들이 파고들어 뚫고 들어가지 못하는 바가 없었다.

그렇다면 강좌에서 담론한 명리(名理)는 진실로 중원으로부터 온 것이다. 『세설신어, 문학편』에서 다시 말한다.

승의(僧意)가 와관사(瓦官寺)에 있을 때의 일이다. 왕구자(王苟子)가 와서 함께 이야기를 나누다가 문득 승의에게 논지를 제시하라고 했다. 그래서 승의가 왕구자에게 물었다.

"성인(聖人)에게 정(情)이 있습니까?"

왕구자가 답했다.

"없습니다."

"그렇다면 성인이 기둥과 같습니까?"

---

20) 남북조 시대 때 남조(南朝)를 일반적으로 중조(中朝)라고 칭했다.
21) 일반적으로 남방 지역을 가리킨다.
22) 동진 및 남조의 송(宋), 제(齊), 양(梁), 진(陳) 각 시대의 기업(基業)이 모두 장강의 동쪽인 강좌에 있었다. 그래서 당시 사람들이 이 다섯 왕조가 통치한 전 지역을 강좌라고 칭했다. 그러나 남조 사람은 오로지 동진을 강좌라 칭했다.

"예컨대 주판은 비록 정(情)이 없지만 주판을 운용하는 자는 정이 있는 것과 같습니다."

"그럼 누가 성인을 운용합니까"

왕구자는 대답하질 못하고 떠나갔다.

왕구자[100:]에 대해서는 『세설신어』 주석에서 명리(名理)를 잘 말했다고 칭송하고 있다. 하안과 왕필은 성인은 희로애락(喜怒哀樂)이 없다고 변론한 적이 있는데[101:], 그렇다면 승(僧)과 속(俗)이 담론한 것도 위로 정시(正始) 때부터 이어받은 것이라고 하겠다. 또 『세설신어, 가휼편(假譎篇)』에서는 이렇게 말한다.

지민도 도인은 처음 장강을 건너려 할 때 어느 창(傖)[23)] 도인과 반려가 되었는데 서로 이렇게 의논했다.

"불교의 옛 뜻[舊義]을 갖고 강동으로 간다면 밥도 얻어먹지 못할 수도 있소."

그리고는 함께 심무의(心無義)를 수립했다.(이하 생략)

지민도가 말한 심무(心無)[24)]의 뜻[義] 역시 북방에서 수립되었다면, 양진(兩晉) 시기에 불교와 현리(玄理)는 정말로 남방으로 건너간 것도

---

23) 남방 사람들이 북방의 중원 사람들을 경멸해서 부르는 호칭.

24) 노장의 현학의 뜻에 의거하여 반야경을 이해한 격의불교는(格義佛敎)는 반야공(般若空) 사상에 대해 갖가지 설을 낳았는데, 이들을 본무종, 즉색종, 식함종, 환화종, 심무종, 연회종, 그리고 본무종에서 갈리진 본무이종까지 육가칠종으로 총괄할 수 있다. 유송(劉宋)의 담제가 주장했다. 자세한 내용은 이 책 〈9장. 석도안 시대의 반야학〉을 보라.

있을 것이다. 식함(識含)의 뜻을 수립한 우법개(于法開), 연회(緣會)의
뜻을 수립한 우도수, 환화(幻化)의 뜻을 수립한 도일(道壹)도 모두 동진
초기에 장강을 건넜다. 하북의 석도안(釋道安)은 성공(性空)을 주창했고
또한 형양(荊襄)에 머문 적이 있으며, 본무이종(本無異宗)에 속한다고
하는 축법태와 축법심도 모두 원래 중주(中州)에 거주한 사람이다[102].
이 중에서 축법심은 더욱 강좌(江左; 강남) 지역에서 중시되었다.

7) 축도잠(竺道潛)

축도잠의 자(字)는 법심(法深)이고 그의 속성(俗姓)은 알지 못하지만
대체로 사대부의 후예이다[103]. 열여덟 살에 출가하니 대략 혜제 태안
2년(서기 303년)의 일이다. 영가 초기에 난리를 피해 장강을 건너니 불과
20여 살 때이다. 성제 말년에 섬현(剡縣)의 산속에 은거했을 때는 나이가
이미 50살을 넘었다[104]. 효무제 강녕 2년(서기 374년)에 산속에서 임종을
맞으니 춘추 89세였다[105].

축법심은 출가해서 중주의 유원진(劉元眞)을 스승으로 섬겼다. 유원진
은 일찍부터 재능이 탁월하다는 명성이 있었기 때문에 손작은 찬(贊)에서
이렇게 말했다.

"공허함 속에서 고요하고 여유로우며[106],
　어슴푸레한 회암(晦暗) 속에서 한가롭고 담박하니,
　누가 이를 체득할 수 있겠는가?
　나의 유공(劉公; 유원진)께서 그러하니
　화려한 언사(言辭)로 담론할 수 있고
　몽매한 이를 충분히 일깨울 수 있어서
　가슴에 품고 있는 회포(懷抱)가

텅 트여서 매양 융화하였다."(『승전』)

이에 의거하면 유원진 역시 서진 시기 청담의 명사이다. 원위(元魏)의
태무제(太武帝)는 불법을 훼손하는 조서에서 불법을 유원진, 여백강(呂伯
彊)이 거짓으로 만든 것이라고 헐뜯고 있는데(『석로지(釋老志)』), 이런 비방을
받는 걸 보면 그의 지위를 알 수 있다. 손작의 찬(贊)에서 "화려한 언사(言辭)
로 담론할 수 있고/몽매한 이를 충분히 일깨울 수 있어서" 라고 한 것은
불법과 현리의 융합에 매우 관련 있는 인물로 생각했기 때문이다. 그래서
지도림은 고려도인(高麗道人)에게 보낸 서신에서 축법심을 찬미하면서
특히 그를 "중주(中州) 유공(劉公; 유원진)의 제자"라고 천양하였다.

축법심의 학문은 내전과 외전을 함께 통달했는데[107] 모두 유원진에게
서 얻은 것이다. 그래서『승전』에서는 축도잠은 스승을 섬긴 후에는 겉모습
의 화려함을 버리고 근본만을 숭상해 학문에 힘썼으며, 미묘한 말로 교화를
일으켜 그 영예가 장안을 진동했다[108]. 젊은 나이[109]에『법화경』[110]과
『대품』[111]을 강의했고 일찍이 환이(桓彝)의 아버지 영(潁)[112]과 지극한
교분을 가졌다[113]. 이 또한 서진의 명사가 이미 불교도와 교류했다는
확고한 증거이다.

원가(元嘉) 초기에 축도잠은 난리를 피해 장강을 건넜다. 원제와 명제,
승상 왕무홍(王茂弘), 태위 유원규는 모두 그의 기풍과 덕을 흠모해서
벗이 되어 공경하였다. 건무(建武) 태녕(太寧) 시기에 축도잠은 늘 신발을
신고 궁전에 들어갔는데, 당시 사람들은 축도잠이 방외지사(方外之士;
세속을 벗어난 사람)로써 덕이 중후하기 때문이라고 여겼다. 원제와 명제가
승하하고 왕무홍과 유원규도 죽자 바로 섬산(剡山)에 은둔해 당시의 세상을
피했는데, 그러나 그를 추종하며 도를 묻는 자들은 다시 산문(山門)에서

도반을 결성하였다. 축도잠은 한가롭게 지내면서 30여 년을 강의했다. 아마도 『방등경』을 창달(暢達)하거나 『노자』, 『장자』를 해석했을 터인데, 그를 스승으로 섬긴 사람들은 내전(內傳; 불교)이든 외전(外傳)이든 모두 다 통달하였다.

축법의(竺法義)는 13살 때(『명승전초』에는 9살) 축도잠을 만나서 물었다.

"인(仁)의 이익은 군자가 행하는 것인데, 공구(孔丘; 공자)는 어찌하여 그에 대한 말을 드물게 했습니까?"

축도잠이 대답했다.

"인(仁)을 능히 행할 수 있는 사람이 적기 때문에 말을 드물게 한 것이네."

축도잠은 축법의가 어린데도 영민한 것을 보자 출가를 권유했다. 축법의는 즉시 축도잠을 따르면서 학문을 배워 온갖 전적에 능통했으며 특히 『법화경』을 잘했다.

또 축법우(竺法友)는 일찍부터 축도잠을 따르며 『아비담』을 배워서 24살 때는 능히 강의할 수 있었다. 후에 그는 섬현(剡縣)의 성 남쪽에다 법화대(法華臺)를 세웠다. 축법온(竺法蘊)114:은 『방광반야경』에 특히 능했다. 대체로 『법화경』, 『대품』은 모두 축도잠이 완전히 통달하고 있었다115:.

애제(哀帝) 때는 불법을 애호하고 중시해서 자주 두 사절을 보내 정중히 징청(徵請)25)하였다. 축도잠은 황제가 조칙으로 정중히 청하자 잠시 궁중으로 들어가 어연(御筵)26)에서 『대품』을 강의하니, 위로는 조정의 인사들까지 모두 훌륭하다고 칭송하였다. 당시 회계왕 욱(昱)이 재상이 되면서

---

25) 조정에서 예의를 갖고 벼슬해주길 청하는 것을 말한다.
26) 황제의 명으로 마련된 연회.

조야(朝野; 조정과 민간)에서 지극한 덕이 있다고 여기니, 축도잠은 도인이나 세속인의 모범이 되었다. 또 이전 왕조의 벗으로 존중과 숭앙을 받으면서 지극한 예우를 받았는데, 이윽고 회계왕 욱이 황제로 즉위하자 경건한 예우는 더욱 돈독해졌다[116].

축도잠은 비록 서진, 동진으로 옮겨 다녔지만 평소의 회포는 즐겁지 않았다. 결국 섬현의 앙산(岬山)으로 돌아와서 산림을 소요하며 여생을 마쳤다. 영강(寧康) 2년에 임종을 맞자, 효무제는 특별히 조칙을 내려 애도하면서 10만 전(錢)의 부의금(賻儀金)을 말을 바꾸어가며 밤낮으로 달려 보내도록 했다[117].

손작의 『도현론』에서는 축도잠을 유령(劉伶)과 견주면서 "축도잠의 도는 평소 깊고 중후해 원대(遠大)한 도량이 있었고, 유령은 멋대로 방탕하면서 우주를 작다고 여겼다. 비록 고답적인 행업(行業)은 유령이 축도잠에 미치지 못하지만 광대하고 활달한 바탕(體)은 동일하다"고 하였다. 『세설신어, 경저편(輕詆篇)』에서는 이렇게 말한다.

> 심공(深公; 축도잠)이 말했다.
> "사람들은 유원규를 명사라고 말하지만 그의 흉중(胸中)에는 가시가 세 말쯤 들어있네."

또 『세설신어, 언어편』에서는 이렇게 말한다.

> 축법심(즉 축도잠)이 간문제(簡文帝)와 자리를 함께 했는데, 유윤(劉尹)이 물었다.
> "도인이 어찌하여 주문(朱門)[27]에서 노닙니까?"
> 축법심이 대답했다.

"그대 스스로가 그걸 주문(朱門)으로 볼 뿐이오. 빈도(貧道)28)에겐 그저 쑥대로 만든 집에서 노니는 것과 같지요."

축도잠의 흉중은 광대하고 활달해서 행실이 고원(高遠)하기 때문에 손작이 원대한 도량을 갖고 있다고 칭송한 것이다118:. 『고승전』에서 말한다.

지둔(支遁)은 사신을 보내 앙산 곁에 있는 옥주(沃州)의 소령(小嶺)을 사서 은거할 곳으로 삼고자 했다. 축도잠은 "갖고 싶다면 즉시 드리고 싶지만, 어찌 소부(巢父)와 허유(許由)가 산을 사서 은거했다고 들었겠소?"라고 대답했다119:.

축도잠의 흉금은 이처럼 지극히 맑고 초탈하였다. 지둔의 자(字)는 도림(道林)으로 청담자들이 가장 흠모하는 사람이다120:.

8) 지둔(支遁)

지도림의 본래 성(姓)은 관(關)씨이고 진류(陳留) 사람이며, 혹은 하동(河東)의 임려(林慮) 사람이라고도 한다. 진나라 민제(愍帝) 건흥(建興) 2년(서기 314년)에 태어났으며, 영가(永嘉)의 난(亂) 때 집안사람을 따라 강좌(江左)로 이주한 것으로 보인다. 『고승전』에서는 "지둔의 집안은 부처를 섬겨서 일찍부터 무상(非常)의 이치를 깨달았다. 여항산(餘杭山)에 은거해서 『도행반야경』의 품(品)을 깊이 사유하고 혜인(慧印)의 경전을 자세히 탐구한 결과 홀로 탁월하게 빼어나서 스스로 천심(天心)을 얻었다"고 하였다.

---

27) 붉은 칠을 한 대문으로 귀족이나 부호의 집안을 뜻한다.
28) 승려가 스스로를 겸손하게 칭할 때 쓰는 말.

지도림은 25살에 출가했으니[121] 바로 성제 함강(咸康) 3년(서기 337년)이다[122]. 아마 이해 이후에 경사(京師)로 유행(遊行)한 것으로 보인다.『세설신어, 정사편(政事篇)』에는 왕몽(王濛), 유담(劉惔)이 지도림과 함께 하표기(何驃騎; 何充)를 보러갔다는 내용이 실려 있다. 강제(康帝)가 즉위하자(서기 342년) 하충을 표기장군으로 삼았는데, 바로 지도림이 경사에 이르렀을 때의 일로서 당시 이미 명사로 격찬을 받고 있었다.『고승전』에서는 "왕몽은 지도림을 지극히 중시했다"고 했으며. 일찍이 "미묘함을 창조한 공(功)은 왕필에 뒤지지 않는다"[123]고 했다. 진군(陳郡)의 은융(殷融)(은호의 숙부)은 일찍이 위개(衛玠)와 교류하면서 그의 정신과 정서가 탁월하게 빼어나 후진(後進) 중에는 계승할 자가 없다고 여겼다가 지둔을 보고 나서는 탄식을 하며 위개를 다시 본 것으로 여겼다[124]. 왕필과 위숙보(衛叔寶; 위개)는 위진 시대 현담(玄談)의 우두머리이다. 지도림은 나중에 오나라로 돌아와 지산사(支山寺)를 세웠는데, 그의『토산회집시서(土山會集詩序)』에 의거하면 이렇게 말하고 있다.

때로 하표기 장군과 팔관재(八關齋)[29]를 함께 지내기로 기약했는데, 10월 22일에 뜻을 같이 한 자가 오현(吳縣) 토산(土山)의 묘(墓) 아래에 모였다. 23일 새벽에 재계(齋戒)한 후 처음으로 도사와 백의(白衣; 일반

---

29) '팔관'은 팔계(八戒), 즉 여덟 가지 계율을 말한다. 팔관재는 불교 신도들이 하루 밤낮 동안 팔계를 지키는 것이다. 팔계는 기본적 오계인 살생하지 말 것[不殺生], 도둑질하지 말 것[不偸盜], 음란하지 말 것[不邪淫], 거짓말하지 말 것[不妄語], 술 마시지 말 것[不飮酒] 외에 몸을 꾸미거나 향수를 뿌리지 않으며 가무를 듣거나 보지 않는 것[不涂飾香及歌舞觀聽], 높고 화려한 평상에 안장서 자지 않는 것[不眠坐高廣華麗床座], 먹을 때가 아니면 아무 음식도 먹지 않는 것[不食非時食] 세 가지를 합한 것이다.

세속인) 24명이 맑고 온화하고 엄숙하고 화목해서 고요하고 안락하지 않음이 없었다. 24일 아침이 되자 현자들은 각자 떠나갔다.

강제 건원(建元) 원년(서기 343년)에 하충은 양주자사(揚州刺史)가 되어서[125]: 경구(京口)에 주둔했는데(본전(本傳)), 그렇다면 토산의 집회는 아마도 대략 이 시기일 것이다. 그 후 지도림은 또 섬현(『승전』)에 들어가 앙산에 거주했는데, 먼저 옥주의 소령(小嶺)에 있다가 나중에 석성산으로 옮겨 서광사를 세웠다[126]:.

『진서』에서는 사안이 벼슬하기 전에 "우거(寓居)[30]하던 회계는 왕희지, 고양(高陽) 출신인 허순(許詢), 사문 지둔과 더불어 교유하던 곳이니, 나가면 산천에서 수렵을 하고 들어오면 시와 문장을 읊조렸다"고 하였다[127]:. 영화(永和) 시기에 왕희지는 회계 내사(內史)가 되었다[128]:. 『진서』에서는 "회계에는 아름다운 산수가 있고 명사가 많이 살고 있는데 사안도 벼슬하기 전에 이곳에 거주했다. 손작, 이충(李充), 허순, 지둔 등은 모두 문장으로 세상의 으뜸이 되었으며, 이들은 나란히 강동의 땅에다 집을 짓고 왕희지와 같은 취향을 가졌다."고 하였다.

애초에 지도림은 경사에 머물면서 『소요유』를 주석한 적이 있었다. 나중에 그가 섬현으로 돌아가려고 고을을 경유할 때 왕희지가 "『소요편』을 들을 수 있겠습니까?"라고 묻자 지도림은 수천 언(言)을 지어 새로운 이치[理]를 표방했는데 그 재능이 놀랄 만큼 탁월했다[129]:. 왕희지는 그에게 영가사(靈嘉寺)에 거주해주길 청하면서 가까이 있기를 바랐다. 그러나 얼마 후에 지도림은 섬산(剡山)에 들어가서 옥주의 소령(小嶺)에 절을

---

30) 남의 집에 붙여 사는 것. 타향에 임시로 사는 것.

세웠다가 나중에 석성(石城)으로 옮겼다.

또 일찍이 산음(山陰)으로 나가 『유마경』을 강의했는데 허순(許詢)이 도강(都講)31)을 맡았다. 『세설신어, 문학편』에서는 지둔이 강의할 때 회계 왕의 서재에 있었다고 했으니, 이때는 간문제(簡文帝)도 역시 회계에 있었을 것이다. 간문제 사마욱(司馬昱)은 진실로 청담을 잘하고 명사를 좋아한 사람이다. 목제(穆帝) 승평(升平) 2년(서기 358년) 이전에 사만(謝萬)은 오흥(吳興)의 태수가 되었고130:, 사안 역시 그를 따라 오흥에 이르렀다131:. 승평 3년에 사만이 자리에서 쫓겨나 폐기되자 사안은 처음으로 벼슬에 나아갔고, 이윽고 오흥 태수에 제수되자(대략 서기 360년) 서신을 써서 지도림을 초청했다132:. 대체로 강제와 목제(서기 343년에서 361년까지)의 시기에 지둔은 먼저 오(吳)에 있다가 나중에 섬현에 있었는데, 이보다 앞서 축법심이 이미 앙산에 있었고 함께 거주하는 명승(名僧)도 적지 않았다133:. 당시 명승과 명사는 동토(東土)32)에 모여서 실제로 한 때 지극히 번성했다.

애제(哀帝)가 즉위하자(서기 362년) 자주 사신을 보내 징청(徵請)33)하였다134:. 지둔이 수도로 나가 동안사(東安寺)에 머물면서 『도행반야경』을 강의하니, 출가인이든 재가 신도이든 모두 그를 흠모하고 숭배했으며 조야(朝野)가 다 기꺼이 복종하였다. 태원(太原)의 왕몽은 논리를 정묘하게 미리 구상하고 재기(才氣) 어린 언사(言辭)를 가려내어 지둔을 찾아가

---

31) 위진(魏晉) 시대 이후 불가(佛家)에서 불경을 강의할 때 한 사람이 경전을 읊으면 다른 한 사람이 해석을 한다. 이때 경전을 읊는 사람을 '도강'이라 칭하고 해석하는 사람을 법사(法師)라 칭한다.

32) 동진(東晉), 남조(南朝) 시기에 특별히 소남(蘇南), 절강(浙江) 일대를 가리킨다.

33) 조정이 예의를 갖춰 벼슬길에 오르라고 초빙하는 것을 말한다.

수백 개의 말을 만들면서 스스로 지둔은 대항할 수 없을 거라고 여겼다. 지둔이 천천히 "빈도가 그대와 헤어진 지 여러 해가 지났는데도 그대의 언어는 전혀 나아지지 않았소"라고 하자, 왕몽은 부끄러워하며 물러가면서 "실로 승가의 왕필이요 하안이로다"[135]라고 찬탄하였다.

극초가 사안에게 "임공(林公; 지둔)의 청담이 혜중산(稀中散; 혜강)과 어떠한가?"라고 묻자, 사안은 "혜중산은 노력해서 헤아려 나갈 뿐이다"라고 말했다. 또 "은호와는 어떠한가?"라고 묻자, 사안은 "은호가 줄기찬 논변(論辯)으로 다그칠까봐 지둔이 곧바로 위로 초월해버리자, 연원(淵源; 은호)는 실제로 덕이 미치지 못하는 걸 부끄러워했소"라고 했다. 극초는 나중에 『친구에게 보내는 글[與親友書]』에서 "지도림 법사는 신령한 이치[神理]를 통한 사람으로 현묘함을 끄집어내 홀로 깨달았으니, 수백 년 이래로 대법(大法; 불법)을 이어 밝혀서 진리가 끊어지지 않게 한 분은 이 한 사람뿐이다"라고 하였다.

지둔이 경사에 머문 지 어느덧 3년이 되었다. 그가 글을 올려[136] 동산(東山)으로 돌아갈 것을 청하자 황제는 조서를 내려 허락하였다. 게다가 출발할 때 노자를 주고 사신을 보내 지극히 후대(厚待)하였다(서기 364년). 태화(太和) 원년(서기 368년) 윤4월 4일 섬현의 석성산에서 임종을 맞으니 나이는 53세였다[137].

훗날 고사(高士) 대규(戴逵)[34]가 지둔의 묘를 지나면서 "덕의 음성[德音]이 멀어지지 않았는데도 아름드리 나무가 이미 무성하니, 신령한 이치[神理

---

34) 자(字)는 안도(安道)이고 예주(豫州) 초군(譙郡) 질현(銍縣) 출신이다. 문학, 음악, 서화에 능했으며 특히 그림에 뛰어나 불상을 그렸다고 한다. 저술로는 『죽림칠현론』, 『석의론(釋疑論)』 등이 있다.

가 면면히 이어져 자연의 기운과 함께 소진(消盡)하지 않기를 바랄 뿐이다"
(『승전』)라고 탄식하였다. 왕순(王珣)의 『법사묘하시서(法師墓下詩序)』에
서는 "나는 강녕(康寧) 2년(서기 374년)에 수레를 타고 섬현 석성산에
있는 법사의 언덕을 찾아갔는데, 높은 봉분은 잡초로 무성했고 분묘(墳墓)
의 앞도 풀밭으로 변했다. 유적은 소멸하지 않았지만 그 인물은 이미
멀어졌으니, 지난 일을 회상하며 묘를 바라보매 감회가 처연하구나"라고
하였다. 당시의 현자(賢者)들이 지둔을 아깝게 생각한 것이 이와 같았
다[138].

　지둔의 용모는 이상하고 추악했지만 현담(玄談)은 묘하고 아름다웠
다[139]. 그는 말을 기르고 학을 놓아 보내면서 산수(山水)에 노닐었으며,
초서(草書)와 예서(隷書)에 능했고 문장도 세상에서 으뜸이었다. 당시
지도림은 『노자』, 『장자』를 숭상해서 『장자, 소요유』를 담론하며 새로운
이치를 천양하였고, 『장자, 어부편』을 통달해서 재기(才氣) 있는 사유를
하고 문장의 재능도 탁월하였다(『세설신어, 문학편』). 손작의 『도현론』에서
는 지둔과 향자기(向子期; 向秀)를 비교하며 "지둔과 향수는 『노자』, 『장자』
를 숭상했다. 두 사람이 시기는 달랐지만 현동(玄同)[35]을 좋아하는 기풍을
지녔다"[140]고 논했다.

　일대 명사들인 왕흡(王洽)[141], 유담(劉惔)[142], 은호(殷浩)[143], 허순(許
詢)[144], 극초(郗超)[145], 손작(孫綽)[146], 원홍(袁弘)[147], 왕희지, 사안[148],
사랑(謝朗)[149], 사장하(謝長遐)[150]는 모두 지도림의 벗이다[151].

　『세설신어, 아량편(雅量篇)』에서는 이렇게 말하고 있다.

---

35) 도와 혼연일체가 되는 것을 말하며 출처는 『도덕경』이다.

지도림이 동쪽으로 돌아가게 되었을 때 현자들이 정로정(征虜征)에서 송별의 연회를 했다. 채자숙(蔡子叔)이 먼저 와서 지도림 근처에 앉았고, 사만석(謝萬石)이 나중에 와서 약간 멀리 앉았다. 채자숙이 잠시 일어나 자리를 비우자, 사만석이 그 곳으로 자리를 옮겼다. 채자숙이 돌아와 사만석이 자기 자리에 있는 걸 보자 사만석을 방석 채 들어서 땅에다 내동댕이친 뒤에 다시 자기 자리에 앉았다. 사만석은 관(冠)과 두건이 흐트러지고 벗겨졌지만 천천히 일어나 옷을 털고 자리로 갔는데 안색이 너무나 태평해 성낸 기색조차 없었다. 그가 자리에 앉으면서 채자숙에게 말했다.

"경(卿)은 기이한 사람이오. 하마터면 내 얼굴을 다칠 뻔 했소."

채자숙이 답했다.

"나는 본래 그대의 얼굴을 노린 것이 아니오."

그 후 두 사람 모두 이 일을 개의치 않았다.[152]

불교가 중국에 전래된 후로 한나라를 지나 전위(前魏)에 이르기까지 불교를 중시하고 추앙한 명사(名士)는 드물었으며 승려를 존경한 사람은 더더욱 드물었다. 그러나 서진 시기의 완적, 유량, 지효룡은 승려와 벗이 되었고 동진의 명사는 지도림을 숭배했으니 전에 없던 일이라고 할 수 있다. 이들의 존경과 숭배는 당시 불법이 흥성했기 때문이 아니다. 실제로 당시의 명승(名僧)은 이미 그 이취(理趣)가 『노자』, 『장자』와 부합했고 풍모나 정신도 청담을 논하는 담객(談客)과 비슷했다. 그리고 "지도림은 특히 빼어나서 현묘한 지취(旨趣)를 이해하고 장악했으며, 대업(大業)이 조화롭고 순정(純正)했으며 신령한 기풍이 맑고 깨끗하였다"[153]고 했기 때문에 명사는 기꺼이 그와 교유하였다. 『세설신어, 문학편』의 주석에서 지도림의 『소요론』이 실려 있다.

무릇 소요(逍遙)란 지인(至人)의 마음을 밝힌 것이다. 장자는 대도를
건립하면서 붕새와 메추라기에 비유했다. 붕새는 삶을 영위하는 길이 광활
하기 때문에 실체[體]를 벗어나면 갈 바를 잃어버리지만, 메추라기는 가까운
구역에 살면서 원대한 것을 비웃으며 마음속으로는 긍지를 느낀다.

지인은 하늘의 올바른 기운을 타고 높이 올라가 무궁한 경지에 노닐면서
방랑한다. 사물과 일체화(一體化)할 뿐 사물을 사물로서 대상화하지 않는다
면 아득하고 광대해 내가 얻는 것이 아니고, 현묘한 감응이 작위(作爲)하지
않아서 서두르지 않아도 신속하다면 유유자적하며 가지 못함이 없으니,
이것이 바로 소요(逍遙)라 하는 것이다.

만약 만족할 바를 이루고자 해서 그 만족할 바에 만족한다면 흔쾌하여
천진(天眞)한 듯하지만, 이는 오히려 굶주린 자가 한 번 배불리 먹고 목마른
자가 한 번 싫컷 마시는 것과 같으니, 어찌 말린 양식 때문에 증상(烝嘗)[36]을
잊고 탁주와 감주 때문에 상작(觴爵)[37]을 끊겠는가? 정말로 지극한 만족이
아니라면 어찌 소요라고 하겠는가?

이 문장은 『장자』를 해석할 뿐 아니라 새로운 뜻도 갖추고 있으며,
아울러 청담가의 흉금을 펼쳐 그 오묘함을 구석구석 다하고 있다. 당시
명사들은 이 문장을 읽고 마음 마음마다 새겼기 때문에 사람들이 더욱
격앙하였다. 나는 오늘 이 문장을 세 번 반복해 읽고서 지도림의 흉금과
당세에 칭송을 받은 이유를 알 수 있었다.

---

36) 본래는 가을과 겨울에 지내는 제사를 가리키다가 나중에 일반적인 제사의
   명칭으로 쓰였다. 정현(鄭玄)은 "겨울 제사를 증(烝)이라 하고, 가을 제사를
   상(嘗)이라 한다"고 하였다. 여기서는 제사의 음식을 말한다.
37) 사(觴)와 작(爵)은 모두 제사에 쓰이는 술 담는 그릇이다. 여기서는 술을 뜻한다.

9) 동진의 황제들과 불법

『세설신어, 방정편(方正篇)』에서 말한다.

후배 젊은이들 중에 심공(深公; 축법심)에 대해 이러쿵저러쿵하는 자가
많았다. 심공은 그들에 대해 말했다.
"풋내기 젊은이는 경험 많은 명사(名士)를 논평하지 말아야 하네. 나는
지난 날 원제(元帝)와 명제(明帝), 왕도(王導)와 유량(庾亮) 두 공(公)과
교류한 적이 있다."154:

원제(元帝)는 영가 원년(서기 307년)에 건업에 도착했지만 명망(名望)이
본디 가벼워서 오(吳)의 사람들이 따르지 않았다. 그래서 왕도(王導)의
계책을 이용해 유명한 현자를 예의를 갖춰 초빙해서 풍속의 인정으로
위문하니 강동의 인심이 돌아섰다155:. 명제는 현자를 흠모하고 빈객을
사랑했으며 문사(文辭)를 애호하였다(『진서, 본기』). 당시 북방에서 큰 환란
이 일어나서 유랑하는 사람들이 장강을 건너니, 명제는 편안(偏安)38)의
국면에서 스스로 새로 유입된 사람들과 예전부터 살던 사람들을 구휼(救恤)
했고 명사와도 교분을 맺었다. 그리고 영가 시기에 태부 월(越)은 청담의
인물을 망라했는데 오래지 않아 변란을 만나자 그 청담의 풍파가 강좌(江左)
에 미쳤다.
『고일사문전』에서는 "원제와 명제는 마음이 허현(虛玄)의 경지에 노닐
고 심정을 도의 맛(道味)에 의탁했다"고 했으니, 대체로 시류(時流)가 좋아하

---

38) 봉건 왕조에서 전국을 통치하질 못하고 구차스럽게 한 지역에 안주하는 것을
말한다.

고 숭상하는 영향을 받아들였다. 그래서 원제와 명제 시기에는 한편으로
현풍이 남쪽으로 건너갔기 때문에, 또 한편으로 원제와 명제 시기에 왕도와
유량 두 공(公)이 모두 명사를 존경했기 때문에 청담이 크게 번성했다.
당시 승려로는 축법심과 지도림 같은 사람이 진실로 명사 중에 빼어난
이였다. 불법을 좋아하고 숭상하는 일을 명제는 더욱 두드러지게 칭송하였
으니, 습착치는『도안에게 보내는 서신[致道安書]』에서 이렇게 말한다.

> 오직 숙조(肅祖)[39]인 명황제(明皇帝)만이 실로 하늘이 내리신 덕(德)이
> 니, 처음으로 이 도(道)를 흠모해서 손으로는 여래의 용모를 그렸고 입으로는
> 삼매의 종지를 맛보았습니다.

명제는 낙현당(樂賢堂)에서 손으로 불상(佛像)을 그렸다[156]. 중국 최초
의 삼대(三大) 불화가(佛畵家) 중에서 고개지(顧愷之)[40]의 학문은 위협(衛
協)[41]에서 나왔고, 위협은 조불흥(曹不興)[42]에서 나왔고, 조불흥은 강승회
로 인해 불법을 신봉했다고 한다. 명제는 대체로 위협과 동시에 불화(佛畵)
로 명성을 날렸다[157].

성제 시대[158]에 팽성황(彭城王) 현(紘)[159]은 낙현당(樂賢堂)에 선대
황제가 직접 그린 부처의 상(像)이 도적들의 환난[160]을 겪었는데도 여전히

---

39) 명제의 묘호(廟號)이다.
40) 동진(東晋) 때의 화가이다. 시(詩)와 부(賦), 서법(書法)에 능했다. 무엇보다
    회화를 잘했는데 인물화, 불상(佛像), 새나 동물, 산수(山水) 등을 잘 그렸다.
41) 서진(西晋) 때의 화가로 조불흥(曹不興)에게 배웠다. 도가나 불가의 인물에
    얽힌 이야기를 그렸으며, 동진의 고개지는 그의 영향을 깊이 받았다.
42) 또한 불흥(弗興)이라고도 한다. 삼국 시대의 유명한 화가로 불화(佛畵)의 시조라
    고 한다.

낙현당에 간직되어 있다고 진언하였다. 그리고 마땅히 저작(著作)[43]에게 명을 내려 가송(歌頌)을 짓게 해야 한다고 하자, 황제는 그에 대한 논의를 지시했다. 채모가 이를 다음과 같이 논했다.

불법은 이적(夷狄)의 풍속이지 우리 경전(經典)의 제정이 아닙니다. 선대 황제께서는 도량이 천지와 같고 재능과 기예가 많았으므로 그저 임시로 이 부처의 상을 그렸을 뿐이지 불도(佛道)를 애호하고 존경했다는 말은 아직까지 들은 적이 없습니다. 도적이 들이닥쳐 왕도(王都)가 파괴되었지만 이 낙현당만은 홀로 건재했습니다. 이는 신령스럽고 상서로운 징조이지만, 그렇다고 해서 이것이 위대한 진나라의 성덕(盛德)을 형용한 것은 아니므로 가송(歌頌)을 앞세워 지을 필요는 없습니다. 신하는 사물을 바라보면 의취(義趣)를 일으키므로 사사로이 부(賦)나 송(頌)을 지을 수 있습니다. 그러나 지금 왕이 사관(史官)에게 명령을 발해서 위로는 선대 황제께서 불법을 좋아한 뜻[志]을 칭송하고 아래로는 이적(夷狄)을 위해 한 불상(佛像)의 가송(歌頌)을 짓는 것은 그 의취(義趣)가 의심스럽습니다.

채모의 상소로 인해 가송을 짓는 논의는 결국 수그러들었다. 채모의 상서(上書)는 아마 후조(後趙) 왕도(王度) 이전의 일로서 중화와 오랑캐를 분별하는데 그 뜻이 있지만, 그러나 왕도의 말처럼 불법의 금지를 청하지는 않았다.

성제 함강 5년 7월에 승상 왕도(王導)가 죽고, 유빙(庾氷)과 하충(何充)이 정사(政事)를 보좌하였다[161]. 유빙은 황제 대신 조서(詔書)를 만들어서

---

43) 저작장(著作郞)을 말하며 관직 이름이다. 삼국시대 위나라 명제(明帝) 때 처음 설치되어 국사를 편찬했다.

사문도 마땅히 왕들에게 무릎을 꿇고 경배해야 한다고 명했다. 조서에서는
'불교는 바로 방외(方外)의 일로서 응당 신명(神明)으로 통하고 흉금(胸襟)
으로 체득해야 하는데, 어찌 방내(方內)에서 본받아서 형해(形骸)를 고쳐야
하고, 평소의 업무를 어겨야 하고, 예의의 전범을 바꾸어야 하고, 명교(名教)
를 버려야 하겠는가? 이것이 내가 매우 의심하는 점이다'라고 하였다.
그러나 평소 불법에 빠져있는 하충이 좌복사(左僕射), 우복사 등과 함께
글을 올려 간(諫)하자, 유빙은 또 대신 조서를 내려서 '마땅히 서로 다른
풍속을 공동으로 다스려서 괴이하고 허황함이 교화에 섞이지 않게 해야만
높고 낮음의 분수가 정해지니, 이것이 바로 국가를 다스리는 법도이다'라고
하였다. 하충 등은 다시 상소를 올려 변론하였고, 결국 유빙의 논의가
수그러들자 사문은 끝내 경배를 드리지 않았다[162]. 사문이 경배를 드리지
않는 것은 바로 오랑캐의 풍속과 중화 사람의 예교(禮敎)가 충돌한 일대
사건이니, 이 사건이 연이은 충돌의 단초가 되었다.

대체로 성제 말년 왕도(王導)가 세상을 떠난 후에 강제와 목제를 거치면
서 남조의 불교는 침체에 빠졌다[163]. 성제와 강제 때 축법심, 지도림은
잇달아 동산(東山)에 은둔했으며, 청담의 기풍은 환온(桓溫), 은호(殷浩)의
북벌 때문에 조정에서 많이 잦아들었다. 비록 간문제가 전적으로 모든
일을 총괄했지만 은호는 조정의 정치에 참여해 결재를 했다[164].

그러나 청담의 명사들은 강동 땅에 많이 살았고 왕희지, 사안이 그들의
우두머리가 되었다. 왕희지는 영화(永和) 시기에 회계에 살면서 여생을
보낼 생각을 갖고 있었다. 사안은 대략 승평 3년에 오흥 태수가 되었는데,
그는 지둔에게 보내는 서신에서 "요즘은 풍류로 득의(得意)하던 일도 거의
사라져서 종일토록 근심에 싸인 채 부딪치는 일마다 처연(悽然)할 뿐입니
다"라고 하였다. 그리고 애제 때가 되자 다시 불법을 숭앙하면서 축법심과

지도림이 경읍(京邑)에 복위하였다. 비록 그 기간은 오래지 않았지만, 그러나 폐제(廢帝), 간문제 시기[165]에 불법과 청담은 다시 일시적으로 지극한 숭상을 받았다.

원제와 명제 이래로 명리(名理)를 중시한 탓에 축도잠과 지도림도 존중을 받았다. 성제 시기에 청담이 수그러들자 명승이 강동으로 내려가서 청류(淸流: 청담의 흐름)의 중심이 회계 일대에 있게 되었다. 그리고 애제 이후에는 불법과 청담이 나란히 조당(朝堂: 조정)에서 번성했으니, 이로 말미암아 명승과 명사의 상호 관계는 더욱 두드러졌다고 하겠다. 효무제(孝武帝) 이후가 되면, 남방의 불교학은 도안과 구마라집의 영향을 받고, 진나라 말엽 도안의 제자 혜원은 나라의 여망(輿望)이 된다. 이는 앞으로 다시 논하고 언급할 것이다.

10) 명사와 불학(佛學)

서진 때 명사들의 불교학은 오늘날 상세히 규명할 수 없다. 동진 때는 사대부들의 불교에 대한 찬술도 적지 않았다. 그러나 『세설신어, 문학편』에서는 이렇게 말한다.

삼승은 불법에서 뜻(義)이 어렵지만 지도림이 분석하고 판별해서 삼승을 환희 밝혔다. 사람들은 법좌 아래 앉아서 경청을 할 때는 모두 '이해할 수 있다'고 했지만, 그러나 지도림이 법좌에서 내려온 후에 자기들끼리 설명을 하면 이승(二乘)까지는 제대로 이해하지만 삼승에 들어가면 문득 혼란에 빠진다. 지금 삼승의 이치를 제자가 전수받긴 했지만 여전히 완전히 터득하지는 못하고 있다.

또 이렇게도 말한다.

지도림과 허연(許掾) 등이 함께 회계왕의 재두(齋頭; 서재)에 모여서
지도림이 법사가 되고 허연이 도강(都講)을 맡았다[166]. 지도림이 하나의
이치[義]를 잘 설명하면 사방에 앉은 사람들이 모두 만족했으며, 허연이
하나의 난제(難題)를 제시하면 사람들이 모두 기뻐 날뛰었다. 그러나 다
함께 두 사람의 빼어남만 칭송할 뿐 그 이치[理]가 어디에 있는지는 가려내지
못했다.

대체로 당시 인사(人士)들은 몸값이 열 배나 치솟는 하나의 등용문으로
청담을 중시했지만, 불법의 이치는 심오하고 미묘해서 일반적인 학자(學
者)는 다 이해할 수 없었다. 지도림이 진술한 이치[義]의 고명함을 진정으로
칭송하지만 그렇다고 해서 불법의 이치를 명사들이 다 이해하지 못했다는
점이야말로 『세설신어』에서 말한 내용이라고 생각할 수 있다. 당시의
인물 중에서 불교 경전을 정밀히 연구한 사람으로는 『세설신어, 문학편』에
서 일컫는 은호가 있다.

은중군(殷中軍; 은호)은 『소품』을 읽으면서 2백 군데에 표시를 해두었는
데, 모두 정밀하고 미묘해서 당시에는 막히고 걸리는 곳이었다. 은호는
일찍이 지도림과 이것을 변론하고자 했으나 끝내 이루지는 못했다. 오늘날
『소품』은 여전히 보존되어 있다[167].

『세설신어, 문학편』에서는 또 이렇게 말한다.

은중군(殷中軍)은 좌천이 되어 동양(東陽)에 갔을 때 불경을 많이 읽고서

다 정밀히 이해했지만, 오직 사수(事數)에 대해서만은 이해하지 못했다. 그러다 어느 도인(道人)을 만나 표시해둔 곳을 묻고서야 이내 의문이 풀렸다.

즉 은호는 불교 경전의 명상(名相)에 대해 처음엔 확연히 이해하지 못하고 있었다. 그가 『소품』에 표시해둔 것은 이미 존재하지 않기 때문에 명상(名相)에 관해 이해했는지 여부는 알 수 없다. 동진 시대 명사의 불교 저작(著作)으로는 『홍명집』에 실린 손작의 『유도론』이 있다. 『유도론』에서는 보응(報應)에는 징조가 있다고 믿으며 성인(聖人)에겐 살생의 마음이 없다고 한다. 말하자면 석가모니는 큰 효자로서 주공(周公)과 공자가 바로 부처이고 부처가 바로 주공과 공자이다. 그래서 『유도론』에서는 부처가 바로 함이 없으면서도[無爲] 하지 않음이 없는 가르침이라 칭송하면서 이렇게 말한다.

무릇 부처란 도를 체득함이고 도(道)란 사물을 인도함이니, 감응(感應)으로 순조롭게 통해서 함이 없으면서도 하지 않음이 없는 것이다. 함이 없기[無爲] 때문에 텅 비고 적멸하여 절로 그러하며, 하지 않음이 없기 때문에 신령스럽게 만물로 화(化)한다.

『홍명집』에는 또 불법의 내용이 상세히 서술되어 있는 극초의 『봉법요(奉法要)』가 실려 있다. 그 중 무아(無我)의 뜻은 바로 비신(非身)을 가리키고 공(空)의 뜻은 지도림과 서로 부합하는데, 이에 대해서는 나중에 말하겠다. 역사에서는 진나라 애제가 복식(服食)[44]을 좋아했다고 실려 있으며[168];

---

44) 도교의 수련 방식. 단약(丹藥)과 초목의 약물을 복용하여 불로장생을 도모하는 것이다. 전국시대 때 방사(方士)로부터 기원했고 위진남북조 시대 때 비교적

간문제는 도사 허매(許邁)⁴⁵⁾를 만나고¹⁶⁹: 청수(淸水) 도사 왕복양(王濮陽)을 섬긴 적이 있으며, 왕희지 역시 천사도(天師道)⁴⁶⁾를 섬겼지만¹⁷⁰:, 모두가 승려를 우대하고 예우하였다. 여기서 동진 때 불교와 도가의 문호(門戶)는 종파의 차이로 인한 편견이 깊지 않아서 서로 크게 저촉되지 않았다는 걸 알 수 있다. 실제로 당시의 명사는 현학을 좋아하고 청담을 중시해서 불법의 현묘함이 극(極)에 이르렀다고 인정했기 때문에 명승의 기풍과 법도는 항상 동일한 무리들의 영수(領袖)가 되었다.

보편적으로 행해졌다.
45) 진(晉)나라의 문인. 자(字)는 숙현(叔玄)이고 일명 영(映)이라고도 한다. 사족(士族) 출신이나 염정(恬靜)을 좋아해 벼슬에 나가지 않았다.
46) 도교 초기의 한 유파로 바로 원래의 오두미교(五斗米敎)를 말한다.

미주

제7장

1) 『우록』에서는 이것이 단지 10품이라고 하는데 오기(誤記)로 의심된다.

2) 『법원주림』 42권에서 『명상기(冥祥記)』를 인용했다.

3) 『장안품(長安品)』이라 말하기도 한다.

4) 『우록』 7 『합방광광찬서(合放光光讚序)』

5) 『방광경』을 가리킨다.

6) 중산왕 악(岳)은 『승전』 11에 보인다.

7) 이상은 모두 『우록』 7에 보인다.

8) 『고승전, 담계전(曇戒傳)』, 『명승전초(名僧傳抄)』

9) 『세설신어』를 보라.

10) 『승전』을 볼 것이며, 또한 『세설신어』에도 실려 있다.

11) 또는 담마라찰이라고도 한다.

12) 『우록』 9 『대애경기(大哀經記)』

13) 이상 『우록』에 보인다.

14) 그러나 현행본은 실제로 95부이다.

15) 『우록』 7 경기(經記)

16) 『출경후기(出經後記)』

17) 美를 羌이라 한 곳도 있다.

18) 『우록』 7 『아유월치차경기(阿維越致遮經記)』

19) 『지심경경기』를 보라.

20) 중국 사람으로 보이는데 축법호의 제자이기 때문에 축(竺)을 성(姓)으로 썼다.

21) 9년이 아닌가 한다. 혹은 원강(元康) 원년을 말한다.

22) 『경기(經記)』를 보라.

23) 『우록』 7 『합방광광찬수략해서』

24) 『우록』 9 『점비경서(漸備經序)』

25) 『우록』의 『경기(經記)』

26) 포살(布薩)¹⁾을 말한다.

   1) 승가에서 보름마다 불제자들이 모여 계율의 조문을 암송하면서 스스로를 반성하는 의식으로 오늘날 동남아시아의 상좌부 전통에서 초기 형태가 가장 잘 지켜지고 있다. 포살을 행하는 날에는 사미와 재가 신자를 제외하고 사원의 모든 승려들이 모여서 바라제목차(波羅提木叉; 계율)의 조문을 일일이 암송하며 서로에게 자신이 지은 죄를 고백한다.

27) 『경후기(經後記)』에 보인다.

28) 『우록』 7 『합수능엄경후기』

29) 즉 '여시아문(如是我聞)'이 없는 것.

30) 이상 모두 『우록』 2에 보인다.

31) 또 『우록』에서는 섭승원이 축법호가 번역한 『초일명경(超日明經)』이 번쇄하기 때문에 산정(刪正)해서 두 권으로 만들었다고 말한다.

32) 『경기(經記)』에 보임.

33) 원문에는 竺을 曇이라 했는데 오기인 듯하다.

34) 『우록』 7 『점비경서』

35) 『경기(經記)』를 보라.

36) 포살하는 날을 말함.

37) 이 사람도 『점비경서(漸備經序)』에 보인다.

38) 『경기(經記)』에 보인다.

39) 영녕(永寧) 원년 제왕(齊王) 경(冏)과 조왕(趙王) 윤(倫) 등이 낙양에서
전쟁을 벌였고, 다음에 장사왕(長沙王) 의(義)도 낙양에서 제왕 경과 전쟁
을 벌였다. 다음 해 장방(張方)이 낙양에 들어가고, 다음 해 영안(永安)
원년이 되자 겁제(劫帝)가 장안에 행차했다.

40) 『개원록』에 의하면, 낙양에 안법흠(安法欽), 법립(法立), 법거(法炬)가
있으며, 창원에는 또 무차라, 축숙란이 있고, 광주(廣州)에는 강양류지(彊
梁婁至)가 있고, 관중(關中)에는 백원(帛遠)이 있다. 이 밖에 섭승원, 섭도
진 부자(父子)가 있고, 지법도 및 약라엄(若羅嚴)이 있어서 합계 11명이다.

41) 『우록』 9 『법화종요서(法華宗要序)』에 보인다. 법화는 삼승을 회통해
일승으로 돌아가는 걸 주축으로 삼고 있다.

42) 『우록』 8 『법화후서(法華後序)』

43) 동서 『합유망경서』

44) 『우록』 7 작자 미상인 사람의 『수능엄경주서』

45) 동일한 곳에 있는 『합수능엄경기』

46) 축법호의 조수는 대부분 현(玄) 자를 이름으로 삼았다.

47) 유개는 당시 월부(越府)의 군자제주(軍諮祭酒)였다.

48) 법승은 나중에 주석한 곳에서 임종했다.

49) 『고승전』에서는 축법호의 재물이 상당히 많았다고 하므로 그가 축적하지
않은 것은 아님을 알 수 있다. 그러나 근본 취지는 능히 희사(喜捨)할
줄 아는데 있는 것이다.

50) 이상은 『승전』에 보인다.

51) 『명승전초(名僧傳抄)』 목록에서는 장안 산사의 우법란이라 칭했다.

52) 『법원주림』 63에서 인용한 『명상기』

53) 이 사적은 『승전』에 상세하다.

54) 『홍명집, 유도론』에는 이 말이 없다. 종소문이 하승천에게 답하는 글에서도 "손작은 우도수를 빼어난 부류로 대하면서 유문병(庾文秉)이라 했는데, 그렇다면 위의 글도 실제로는 손작이 직접 쓴 것"이다.

55) 우법란의 제자 우법개도 의술의 묘리(妙理)를 통달했고, 명사(名士)인 은호(殷浩)도 경맥(經脈)을 이해했다.

56) 종성(宗性)의 『명승전초』

57) 축숙란은 천축 사람이다. 조부가 나라의 혼란으로 화를 당했기 때문에 아버지가 진나라로 도주해 하남에 거주한 뒤 축숙란을 낳았다. 『고승전』에 상세하다. 지효룡은 회양(淮陽) 사람이지만, 그러나 또한 월지국 사람의 후예인 듯하다.

58) 이 일은 『우록』에 상세하다.

59) 응당 지효룡이어야 한다.

60) 모두 『진서』에 보인다.

61) 『세설신어, 간오편(簡傲篇)』 주(注)

62) 『세설신어, 일험편(逸險篇)』에서 유곤(劉琨)이 왕징의 말을 고한 걸 언급하고 있다.

63) 도사(道士) 기공(基公)이라 말한 곳도 있다.

64) 『명승전초』에서는 백법조가 『현정론』을 지었다고 했는데, 조(祖)는 조(祚)의 오기이다.

65) 장광은 태안 2년(서기 303년)에 양주자사가 되었다.

66) 『벽옹비(辟雍碑)』에 근거함.

67) 『우록』 8 『정법화엄후기(正法華嚴後記)』

68) 앞과 동일

69) 낙양성 서쪽, 『우록』 7 『도행경기(道行經記)』에 보인다.

70) 『가람기(伽藍記)』 광보사조(光寶寺條)

71) 『수경(水經), 곡수주(穀水注)』

72) 『명승전초』

73) 도읍과 백여 리 떨어졌다. 『승전』 10에 보인다.

74) 『승전』 10

75) 『비구니전축정검니전(比丘尼傳竺淨檢尼傳)』

76) 앞과 동일

77) 『승전』에 보인다. 『세설신어, 문학편』에도 실려 있으나 약간 차이가 있다.

78) 『승전』과 『세설신어』에 다 기록되어 있다.

79) 『개원록』에서는 지민도를 예장산 사문이라 불렀다. 그렇다면 두 사람은 함께 장강을 건넜고 또 함께 이 산에 거처한 것이다.

80) 유공은 어쩌면 유원지(庾爰之)를 가리킬지 모른다. 『진서, 유익전(庾翼傳)』, 『범선전(范宣傳)』에 보인다.

81) 『세설신어, 서일편(棲逸篇)』

82) 『삼보기(三寶記)』에 『인물시의론』 1권이 실려 있다.

83) 이는 『수뢰경(須賴經)』에서 수뢰가 파사익왕(波斯匿王)이 증여한 채의(彩衣)에 답한 말로 의심된다. 앞에서는 『세설신어, 언어편』, 『고승전』을 인용하고 있다.

84) 『세설신어』 주석에서는 『고좌별전(高座別傳)』엔 대시(大市)[1]로 되어 있다고 인용했다.

1) 고대에 오후에 설립한 장터를 가리킨다. 사람이 아주 많이 모였으므로 '대시'라고 했다.

85) 고좌는 음악[1]에 뛰어났고, 그의 제자 멱력(覓歷)은 고좌의 범패(梵唄)를 음악을 이어받았다. 『승전, 경사편론(經師篇論)』에서는 "진나라 때가 되자 고좌 법사가 처음 멱력에게 전했는데, 오늘날 세상에서 사용되고 있는 인문(印文)[2]이 바로 이에 해당한다"고 하였고, 『우록』 12 『법원집(法苑集)』에 『멱력고성범기(覓歷高聲梵記)』가 실렸고 아울러 주석에서는 『수뢰경』을 범패로 불렀다고 말했다.

1) 음성(音聲)은 고대에 음악을 가리킨다.
2) 찍어 놓은 도장 위의 문자.

86) 『세설신어, 언어편』에서 고좌 도인은 한어(漢語)를 쓰지 않았다. 어떤 사람이 그 이유를 묻자, 간문제(簡文帝; 사마욱)는 "응대(應待)의 번거로움을 간소화하기 위한 것이다"라고 하였다.

87) 이상은 『승전』에서 간략히 인용했으며, 또한 『세설신어』와 그 주석에서도 간간히 보인다.

88) 『세설신어, 언어편』에서 고좌 도인은 한어(漢語)를 쓰지 않았다. 어떤 사람이 그 이유를 묻자, 간문제(簡文帝; 사마욱)는 "응대(應待)의 번거로움을 간소화하기 위한 것이다"라고 하였다. 『세설신어, 상예편(賞譽篇)』에는 주후(周候; 주개)가 고좌를 낭탁(朗卓; 밝고 탁월함)하다고 제목으로 삼은 것이 실려 있다. 인재의 그릇을 낭(朗)이라 하는 것이 당시 청담가들의 청담에서 가장 칭찬하는 것이라 생각된다.

89) 또 『세설신어, 상예편』 주석에서는 환선무(桓宣武; 환온)가 백씨(帛氏)의 정신이 심오하고 두드러져서 당대의 걸출한 인재라고 칭송하는 걸 인용하고 있다. 『승전』에 정신(精神)이 당대에 특출났다고 실려있는 것은 잘못된 인용이다.

90) 죽림이란 말은 본래 불교 경서에서 보인다. 서진의 낙양에 죽림사가

있었다. 그러나 죽림의 고사(高士)와 불교는 관계가 없으며 그에 대한 분명한 문장도 없다.

91) 『수경, 곡수주(穀水注)』에서는 7년으로 되어 있다.

92) 『세설신어, 품조편(品藻篇)』에 석숭의 서문이 실려 있다. 『유취(類聚)[1]』 9 대연지(戴延之)[2]의 『서정기(西征記)』에서는 "금곡 안의 묘(廟)에 현자와 달자(達者)가 모였는데, 이곳은 석숭의 거처이다"라고 하였다.

    1) 『藝文類聚』는 당나라 때 고조(高祖) 이연(李淵)의 지시로 편찬된 유서(類書)이다. 급사중(給事中) 구양순(歐陽詢)을 비롯한 10여 명이 참여해 무덕(武德) 7년(624년)에 오나성했다. 『예문유취』, 『북당서초(北堂書鈔)』, 『초학기(初學記)』, 『백씨육첩(白氏六帖)』을 합쳐서 당대(唐代)의 『사대유서(四大類書)』라고 한다.

    2) 대연지는 동진 사람이다.

93) 역시 『세설신어, 기선편(企羨篇)』에 보인다.

94) 이해 이전에 석숭은 성양태수(城陽太守)가 되었고, 산도(山濤)는 일찍이 그를 조정에 두 번 천거했다. 『태평어람』 247과 『서초(書鈔)』 65에 보인다.

95) 『홍명집, 정무론(正誣論)』

96) 지겸 등은 강남에서 먼저 현학과 불법으로 서로 견강부회했으므로 이것 역시 영향이 있었을 것이다.

97) 혜강은 『성무애락론』을 지었다.

98) 혜강은 『양생론』을 지었다.

99) 구양건(歐陽建)은 『언진의론』을 지었다.

100) 이름은 수(修)이고 자(字)는 경인(敬仁)이다.

101) 『위지(魏志), 종회전주(鍾會傳注)』

102) 여러 종파의 뜻은 앞으로 상세히 밝히겠다.

103) 『세설신어, 덕행편주』. 그러나 『승전』에서는 "성은 왕(王)이고 낭야의

사람이며, 진나라 승상 무창군공(武昌郡公)의 동생이다"라고 했다. 축법
심이 죽은 후에 효무제는 조서를 내려서 그가 "재상의 영예를 포기했다"고
했으니, 여기서 축법심이 실제로 명문 출신임을 알 수 있다.

104) 왕도(王導)는 성제(成帝) 함강(咸康) 5년에 죽었고 유량(庾亮)은 6년에
죽었다. 그 후 축법심은 동쪽으로 떠났다.

105) 『세설신어』의 주석에서는 79살이라 했다. 이상은 『고승전』에 근거한
것이다.

106) 유(裕)라고 한 곳도 있다.

107) 역시 『승전』에서 지도림의 글에 나오는 말을 인용했다.

108) 『세설신어, 덕행편주』에서도 "도행(道行)의 깃발을 높이 휘날려서 그
영예가 산동까지 전파되었다"고 하였다.

109) 『승전』에서는 24살로 되어 있다. 그러나 그가 장강을 건넜을 때의 나이는
단지 21살에 불과했다.

110) 축법호는 태강 7년에 『정법화경』을 번역했다.

111) 축숙란이 원강 원년에 『방광경』을 번역했다.

112) 『진서』에서는 호(顥)로 되어 있다.

113) 『세설신어, 덕행편』 환상시(桓常侍; 환이)의 주석에서는 "아버지 영은
명성이 높았다"고 했고, 『진서, 이전(彝傳)』에서는 "아버지 호는 관직이
낭중(郞中)에 이르렀다"고 했다.

114) 바로 심무(心無)의 뜻을 주장한 온법사(蘊法師)이다.

115) 축도잠의 제자로는 또 강법식(康法識), 축법제(竺法濟)가 있다.

116) 이상은 『승전』에 보인다. 『승전』에서는 다시 사공(司空) 하차도(何次道)
가 심공(深公; 축도잠)을 스승으로 섬겼다……고 하는데, 그러나 하충(何
充)은 영화(永和) 2년에 죽었으므로 사공을 증(贈)[1]하고 그가 축도잠을

예의로 섬긴 일은 응당 성제(成帝) 때 이전이어야 한다.

1) 죽은 자에게 작위나 영예의 칭호를 하사하는 것을 말한다.

117) 이상은 『승전』을 인용했다.

118) 『세설신어, 덕행편』, 『세설신어, 방정편(方正篇)』에서는 모두 후세 사람들의 축도잠에 대한 말이 많이 실렸는데, 아마도 축도잠이 활달하고 거칠 것이 없기 때문에 세세한 행동에 대해서는 사람들의 비호를 받았을 것이다.

119) 역시 『세설신어, 언어편』에 보인다.

120) 『승전, 우법개편』에는 당시 사람이 "축법심은 도량이 있고, 우법개는 사려가 깊으며, 지도림[林]은 청담을 잘 하고, 강법식[識]은 기억이 뛰어났다"고 말한 내용을 기록하고 있다. 축법심은 위대한 도량으로 칭송을 받았으며, 지도림은 청담을 잘 하는 사람으로 추앙을 받았다. 개(開)란 우법개이고, 식(識)은 강법식(康法識)이다.

121) 『세설신어, 언어편』에 인용된 『고일사문전(高逸沙門傳)』이 이와 대략 동일하다.

122) 『지둔집, 술회시(述懷詩)』에서 "총각(總角) 때 대도(大道)를 돈독히 이해했고, 약관(弱冠)의 나이에 쌍현(雙玄)¹⁾을 농(弄)했다"고 하였다.

1) 『노자』와 『장자』를 쌍현이라 하고, 여기다 『주역』을 더한 것을 삼현(三玄)이라 했다.

123) 역시 『세설신어, 상예편(賞譽篇)』과 그 주석에 보인다.

124) 『승전』에서는 이 두 가지 일을 지둔의 출가 이전으로 서술하고 있는데, 어찌 지둔이 출가 이전에 건업에 온 적이 있단 말인가?

125) 제기(帝記)에 근거함.

126) 『세설신어, 언어편』 주석에서는 "지공(支公; 지도림)의 글에서 앙산과 회계의 거리는 2백 리이다"라고 했으며, 『명승전초』 목록에서는 '섬현 석성산 산사(山寺)의 지둔'이라 했다.

127) 『사안전』, 『세설신어, 상예편주』에 보인다. 『속진양추(續晉陽秋)』에서는 "처음부터 사안은 집을 회계 상우현(上虞縣)에 두고서 산림을 소요했다"고 하였다.

128) 영화 9년 난정(蘭亭)에서 연회(宴會)가 열렸다(기원 353년).

129) 자세히는 『승전』과 『세설신어, 문학편』과 그 주석을 보라.

130) 『진서, 목제본기』에 의거함.

131) 『태평어람』 701에 의거함.

132) 『고승전』에 글이 보인다.

133) 예컨대 우법개, 우도수, 축법숭(竺法崇), 축법건(竺法虔) 등

134) 『둔집(遁集), 상황제서(上皇帝書)』에서는 "자주 영명한 조서를 받들어 상경(上京)해서 황제를 뵈게 했다"고 하였다.

135) 『세설신어, 문학편』에 실려있는데, 다만 마지막 구절은 빠져 있다.

136) 『지둔집』과 『고승전』에 보인다.

137) 『고승전』에서는 "여요(餘姚)의 오산(塢山)에서 임종을 맞았는데, 어떤 사람은 섬현에서 생을 마쳤다고 한다"고 했으며, 『세설신어, 언어편』 주석에서 인용한 『고일사문전(高逸沙門傳)』에서는 "나이 53세에 낙양에서 생을 마쳤다"고 했으며, 『세설신어, 상서편(傷逝篇)』 주석에서 인용한 『지둔전』에서는 "태화 원년에 섬현의 석성산에서 생을 마쳐 그곳에다 장례를 지냈다"고 하였다.

138) 『세설신어, 상서편』과 주석

139) 『세설신어, 용지편(容止篇)』 주석에서 완광록(阮光祿)은 "지둔의 말은 듣고자 했으나, 그의 얼굴 보는 것은 싫어했다"고 하였다.

140) 『승전』에서는 『유도론(喩道論)』에서 지도림을 칭송하고 찬미했다고 말한다. 그러나 그 문장은 『홍명집』에 실린 『유도론』에는 보이지 않는다.

---

141) 지도림과 즉색(卽色)의 뜻을 논한 것이 『우록』 12권에 보인다.

142) 『세설신어, 용지편』 등에 유담과 지도림이 교유한 일이 실려 있다.

143) 『세설신어, 문학편』에 은호가 『소품 반야경』을 읽고서 지도림과 그 유체(幽滯)[1]를 해석하고자 한 것이 실려 있다.
   1) 감추어져서 세상에 쓰이지 않은 것.

144) 지도림을 위해 도강(都講)을 한 적이 있다. 두 사람의 관계는 『세설신어』 여기저기서 보인다. 허순은 영흥산 북쪽에 절을 세우고 부처를 받들었다. 상세한 내용은 『건강실록(建康實錄)』에 실려 있다.

145) 앞에서 상세히 밝혔다. 지도림이 죽은 후에 극초는 서전(序傳)을 지었다.

146) 『세설신어, 문학편』에서 손작은 지도림과 함께 왕희지를 만났다고 한다. 왕몽(王濛) 부자(父子)(아들의 이름은 수(修)이고 자(字)는 경인(敬仁)이다. 그 사적이 『세설신어』 여기저기서 보인다.

147) 지도림을 위해 뇌사(誄詞)[1]를 지었다.
   1) 죽은 사람의 명복을 빌기 위한 조문(弔文).

148) 앞에서 상세히 밝힘.

149) 자(字)는 장도(長度). 『세설신어, 문학편』에서는 사랑과 지도림이 강론을 했는데 결국 서로 비슷했다고 한다. 역시 『진서』 본전(本傳)에 보인다.

150) 『승전』에 보인다. 또 『우록』 12권 육징(陸澄)의 목록에도 지도림의 『사장하에게 보내는 서신[與謝長遐書]』이 있다. 사장하가 어떤 사람인지는 알지 못한다. 어쩌면 사랑일지도 모르는데, 사랑의 자(字)인 '장도'는 실제로 '장하'의 와전일 수도 있다.

151) 『세설신어, 경저편』에서는 왕탄지(王坦之)와 지도림이 사이가 좋지 않았다고 말하며, 『세설신어, 품조편(品藻篇)』에서는 왕탄지의 동생 왕위지(王褘之) 역시 지도림을 경시했다고 한다. 이 밖에 지도림과 벗이 된 사람은 풍회(馮懷), 유계지(劉系之), 환언표(桓彦表) 등으로 『세설신어』와

『승전』에 보인다.

152) 『승전』에 이 일이 실려 있는데, 고려본에는 사만석, 다른 본에서는 안석(安石)으로 되어 있다. 사만(謝萬)의 자(字)가 만석이다. 『진서, 본전』에도 이 일이 실려 있는데, 다만 지도림의 송별연이라고 말하지는 않았다. 『세설신어』 본 조항의 원주(原注)와 『승전』 모두가 애제 때 지도림이 경사로 간 사적이라고 말한다. 그러나 사만석은 목제 때 이미 죽은 것으로 보이므로 실제로는 안석의 사적일지도 모른다.

153) 『홍명집』, 『일촉(日燭)』 속의 말.

154) 『고일사문전』에서는 "진(晉)나라의 원제와 명제는 마음이 허현(虛玄; 텅 빈 현묘함)의 경지에 노닐고 도(道)의 맛에 심정을 의탁해서 손님의 예우로 법사를 대우했다. 왕도와 유량은 심공에 대해 마음을 기울여 상석(上席)을 양보하고 기꺼이 친우(親友)로써 함께했다.

155) 『진서, 본기』 및 『왕도전』

156) 낙현당은 궁성(宮城)의 서남쪽 밖에 있는데, 명제가 태자였을 때 지어졌다. 이상은 『홍명집』에 보인다. 『문선(文選), 두타사비문(頭陀寺碑文)』의 이주(李注)를 참고하라.

157) 남제(南齊) 사혁(謝赫)의 『고화품록(古畵品錄)』[1]을 참고하라.

　　1) 남조(南朝) 제(齊)나라의 사혁(謝赫)이 저술한 회화 비평서. 사혁은 초상화를 잘 그렸지만 현재 그의 그림은 전하지 않는다. '6법론(六法論)'에서는 인물화의 창작과 품평에 대해 여섯 가지 법칙을 들고 있는데 후대에 큰 영향을 주었다.

158) 『진서』 72 『채모전(蔡謨傳)』에 의거하면, 이 사적은 아마 석륵이 죽고 석호가 즉위했을 때에 있었을 것이다.

159) 현(紘)은 함화(咸和) 4년에 팽성왕으로 봉해졌으며 함강(咸康) 8년에 죽었다.

160) 소준(蘇俊)의 난을 가리킨다.

161) 유빙은 자(字)가 계견(季堅)이고 하충은 자가 차도(次道)이다.

162) 이상 『홍명집』에 보인다.

163) 『홍명집, 정무론(正誣論)』에서는 주숭(周嵩)이 불사(佛事)를 신봉한 일을 인용했다. 주숭은 명제 태수 2년에 죽었다. 어쩌면 『정무론』에서 말한 부처를 비방한 것도 성제 시기의 일일 것이다.

164) 은호는 동양(東陽)으로 좌천된 후에야 불경을 읽었다는 내용이 『세설신어』에 보인다. 은호는 좌천을 당해 동양의 신안(信安)으로 갔는데, 오늘날 절강성 구주(衢州)이다.

165) 간문(簡文)은 황제가 된 후 직접 불경을 경청했다. 이 내용은 『고승전』 5에 보인다.

166) 『고일사문전』에서는 '지도림은 당시 『유마힐경』을 강의했다'고 하였다.

167) 원주(原注)에서 말한다; 『고일사문전』에서는 "은호는 명리(名理)를 능통하게 말했지만 스스로 이해하지 못한 점이 있어서 그 점을 지둔을 찾아가 묻고자 했다. 그러나 끝내 만남이 이루어지지 않자 깊이 유감으로 여겼다. 지도림이 명사들에게 칭송을 받고 존중을 받는 것이 이처럼 지극했다'고 하였다. 『어림(語林)』에서는 "은호는 불경을 완전히 이해하지 못하자 사람을 보내 임공(林公; 지도림)을 영접하고자 했다. 지도림이 허심탄회하게 가고자 했으나, 왕우군(王右軍; 왕희지)이 만류하면서 연원(淵源; 은호)은 생각이 치밀하고 깊고 풍부해서 쉽게 대적할 수 없습니다. 또 그 자신이 이해하지 못하는 것을 상인(上人)께서 반드시 통할 수 있는 것도 아닙니다. 설사 그를 설득한다 해도 상인의 명성이 더 높아지는 것도 아니고, 만약 그를 경시하다가 제대로 부합하지 못한다면 문득 10년간 유지해온 것을 잃을 수도 있으니 갈 필요가 없습니다'라고 하였다. 임공(林公)도 그렇다고 생각해서 결국 그만두었다.

168) 최후는 중독사 때문이라고 하는데 『진서, 본기』에 보인다.

169) 『진서, 효무문이태후전(孝武文李太后傳)』

170) 『진서, 본전(本傳)』

지은이

탕융동(湯用彤; 1893년~1964년)

자(字)는 석여(錫予)이고 호북성 황매(梅) 사람으로 감숙성 통위(通渭)에서 태어났다. 그는 중국 근대의 유명한 국학대사(國大師)로서 중앙연구원의 수석위원이다. 스스로 "어려서 가정교육을 받아 일찍부터 역사서를 공부했다"고 하였으며, 평생 한학을 연구한 아버지의 영향을 크게 받았다. 1911년에 청화(淸華) 학교에 들어가 1917년에 졸업한 후에 미국으로 유학하여 산스크리트어와 팔리어를 배웠다. 하버드대학에서 석사 학위를 받고 1922년에 귀국한 이후로 국립 동남(東南) 대학, 북경 대학 철학교수, 북경 대학 문학원 원장, 북경 대학 교무위원회 주석(主席)을 거쳐 1951년 10월 이후에는 북경대학 부총장을 역임하다가 1964년에 병으로 서거했다.

중국불교사와 위진 시대의 현학(玄學)에 대해 정통한 그는 대표작으로 『한위양진남북조 불교사』, 『위진현학논고(魏晉玄論稿)』가 있는데, 이는 오늘날까지도 그 학술적 가치를 높이 평가받고 있다. 아울러 수·당 시대의 불교사를 기술한 『수당불교사고』를 비롯하여 『인도철학사략(印度哲學史略)』, 『왕일잡고(往日雜稿)』, 『강부찰기(康復札記)』 등이 있다.

옮긴이

장순용

고려대학교 사학과를 졸업하고 동대학원 철학과를 수료했다. 민족문화추진회 국역연수원과 태동고전연구소 지곡서당을 수료하고, 백봉 거사 문하에서 불법과 선을 참구하였다. 주로 불교를 비롯한 동양 철학과 역사서를 많이 번역했다. 현재는 고려대학교 역사연구소 연구원으로 있다.

편저로는 〈허공법문〉, 〈도솔천에서 만납시다〉, 〈십우도〉, 〈같은 물을 마셔도 뱀에게는 독이 되고 소에게는 젖이 된다〉가 있고, 역서로는 〈신화엄경론〉, 〈참선의 길〉, 〈설무구칭경(유마경)〉, 〈화엄론절요〉, 〈선문촬요〉, 〈티베트 사자의 서〉, 〈대장일람집〉, 〈반경〉, 〈채근담〉, 〈공자연의〉 등 다수가 있다.

한국연구재단
학술명저번역총서
[동양편] 612

한위양진남북조 불교사 ❶

초판 1쇄 인쇄 2014년 11월 20일
초판 1쇄 발행 2014년 11월 30일
초판 2쇄 발행 2016년 10월 15일

지 은 이 | 탕용동(湯用彤)
옮 긴 이 | 장순용
펴 낸 이 | 하운근
펴 낸 곳 | 學古房

주   소 | 경기도 고양시 덕양구 통일로 140 삼송테크노밸리 A동 B224
전   화 | (02)353-9908 편집부(02)356-9903
팩   스 | (02)6959-8234
홈페이지 | http://hakgobang.co.kr/
전자우편 | hakgobang@naver.com, hakgobang@chol.com
등록번호 | 제311-1994-000001호

ISBN   978-89-6071-445-8   94220
         978-89-6071-287-4   (세트)

값 : 32,000원

■ 이 저서는 2011년 정부(교육과학기술부)의 재원으로 한국연구재단의 지원을 받아 수행된 연구임 (NRF-2011-421-A00061).
This work was supported by National Research Foundation of Korea Grant funded by the Korean Government (NRF-2011-421-A00061).

이 도서의 국립중앙도서관 출판시도서목록(CIP)은 서지정보유통지원시스템 홈페이지 (http://seoji.nl.go.kr)와 국가자료공동목록시스템(http://www.nl.go.kr/kolisnet)에서 이용하실 수 있습니다.(CIP제어번호: CIP2014032825)